主编简介

张卫平，男，山东人，1979年考入原西南政法学院法律系，1983年本科毕业。1986年研究生毕业留校执教。1993年从讲师直接破格晋升为教授。同年赴日本留学，先后在东京大学法学部和一桥大学法学部学习。1996年获得博士生导师资格，同年任《现代法学》主编。1999年初调清华大学法学院任教至今。现为清华大学法学院教授、博士生导师，中国民事诉讼法学研究会会长。代表著作：《程序公正实现中的冲突与衡平》（1992）、《破产程序导论》（1993）、《诉讼构架与程式》（2000）、《探究与构想：民事司法改革引论》（2004）、《民事诉讼：关键词展开》（2005）。在《法学研究》《中国法学》等杂志上公开发表学术论文百余篇。

齐树洁，河北武安人，1954年8月生。1972年12月自福建泉州一中应征入伍，1978年4月从新疆军区39487部队退役。同年7月参加高考。1982年7月毕业于北京大学法律系，获法学学士学位。1990年8月毕业于厦门大学民商法专业，获法学硕士学位。2003年11月毕业于西南政法大学诉讼法专业，获法学博士学位。曾在西南政法学院、中国人民大学、香港大学、澳门大学、台湾政治大学、菲律宾Ateneo大学、英国伦敦大学、德国Freiburg大学、法国巴黎第二大学、美国佛罗里达大学研修和访问。现为中国民事诉讼法学研究会副会长，中国仲裁法学研究会副会长，厦门大学法学院教授、博士生导师、司法改革研究中心主任。

Access to Justice

第二十四辑

Judicial Reform Review
司法改革论评

张卫平 齐树洁 主编 唐 力 执行主编

厦门大学出版社
国家一级出版社
全国百佳图书出版单位

图书在版编目(CIP)数据

司法改革论评.第24辑/张卫平,齐树洁主编.—厦门:厦门大学出版社,2017.12
ISBN 978-7-5615-6816-3

Ⅰ.①司… Ⅱ.①张…②齐… Ⅲ.①司法制度-体制改革-文集 Ⅳ.①D916-53

中国版本图书馆 CIP 数据核字(2017)第 315480 号

出版人	郑文礼
责任编辑	李 宁
美术编辑	蒋卓群
技术编辑	许克华

出版发行 厦门大学出版社

社　　址	厦门市软件园二期望海路 39 号
邮政编码	361008
总 编 办	0592-2182177　0592-2181406(传真)
营销中心	0592-2184458　0592-2181365
网　　址	http://www.xmupress.com
邮　　箱	xmup@xmupress.com
印　　刷	厦门市明亮彩印有限公司
开本	720 mm×1 000 mm　1/16
印张	19
印张	2
字数	362 千字
版次	2017 年 12 月第 1 版
印次	2017 年 12 月第 1 次印刷
定价	88.00 元

本书如有印装质量问题请直接寄承印厂调换

厦门大学出版社
微信二维码

厦门大学出版社
微博二维码

目录

《《《 卷首语

民事司法改革与民事诉讼法制的联动
——改革开放四十周年之随想 ………………………………… 张卫平(1)

《《《 本辑聚焦：基层法院的组织与制度

法官员额制的结构反思与解决路径 ……………………………… 王亚明(4)
论基层法院组织结构设计的原则和方法 ………………………… 余亚宇(17)
基层法院未入额初任法官成长路径探析 ………………… 林 挚 韩 斌(30)
司法改革背景下民事简易程序再简化制度之构造 ……………… 刘光辉(44)

《《《 民商法律前沿

论保险人解除权与撤销权的适用
——兼评《保险法》第16条 ……………………………………… 肖 旭(57)

《《《 民事诉讼专论

民事抗诉权的性质与功能变迁 …………………………………… 刘英俊(72)
民事二审适用独任制之理性思辨与进路探索 …………………… 荣明潇(87)
论被监护人侵权诉讼中被监护人和监护人的诉讼地位
——兼评《民诉法解释》第67条 ………………………………… 严金容(102)

《《《 司法制度研究

主审法官本质与内涵的法理思辨 ………………………………… 刘伟超(114)
审判中心主义视角下刑事法官依职权调查取证之再改造
 ………………………………………………………… 陈龙伟 姚迦译(135)

检察官司法责任豁免制度探析 　　　　　　　　　　　　钟　琦(155)

检察委员会议题范围之合理界定:问题与进路
　　——以检察官办案责任制改革为视角　　　杨爱民　韩东成(166)

《《《 刑事法律前沿

审查逮捕诉讼化改造若干问题辨析　　　　　　曾祥璐　薛　培(185)
我国刑事庭前会议制度的实践检视与优化路径
　　——基于以审判为中心语境下的分析　　　黄冬阳　吴成杰(197)
"重大刑事案件侦查终结前讯问合法性核查制度"的现状与完善
　　　　　　　　　　　　　　　　　　　　　　　　张　平(210)

《《《 经济法研究

迷走于实体与程序之间:立案登记制下的破产案件受理问题
　　　　　　　　　　　　　　　　　　　　封延会　贾晓燕(220)
数据产业法律规制路径研究
　　——以美国数据经纪人制度为视角　　　　　　　金　耀(237)

《《《 宪法与行政法论坛

刑事诉讼中的行政诉讼
　　——刑事诉讼行政先决问题之司法审查　　　　　马生安(248)

《《《 比较法研究

专业化与职业化:新加坡知识产权纠纷调解制度略考　　欧　丹(260)
美国定向制裁制度对我国之影响　　　　　　　　　许恺彧(277)

民事司法改革与民事诉讼法制的联动
——改革开放四十周年之随想

张卫平*

1978年迄今,我国改革开放走过40年艰辛、复杂、迂回曲折的历程,一段如歌的历史。正是这一改革开放的壮举,才有了我们今天所有的进步和成就。改革开放对于我国社会的发展无疑是革命性的。由此,导致我国社会地覆天翻的变化。这些变化不仅体现在经济、政治、文化、观念等方面,也体现在法制方面。

在法制方面,民事诉讼制度的变迁从一个侧面反映改革开放对社会的影响,以及对法制影响的过程。欲论及民事诉讼制度的变迁,就不能不论及民事司法改革的嬗变过程。民事诉讼制度的变迁在我国存在两条彼此相关,但又不完全重合的主线——《民事诉讼法》文本的变迁和民事司法改革的变迁。这种复线交织的变迁模式是我国独特的制度变迁模式。这与我国特殊的社会结构有密切的关系,也与改革在我国发展方式上的特殊性有直接的关联。我国社会的发展始终是在改革推动之下的发展。改革成为我国变化和发展的一种主要的推动力量,并已成为一种社会观念和思维方式。

民事司法改革与民事诉讼法的变迁和发展具有内在联系。一方面,民事司法改革的任务和目标之一是落实《民事诉讼法》的规定,推动《民事诉讼法》的具体实施成为民事司法改革的一条主线。《民事诉讼法》的具体落实需要克服、消除原有的诉讼方式,甚至需要改变原有的审判思维方式。因此,以改革的名义,改革原有的审判方式、思维方式,具体落实民事诉讼法的规定,是民事司法改革

---

* 作者系天津大学卓越教授,中国民事诉讼法学研究会会长。

的主线。例如,实践中推行的以审判为中心的改革、关于审判公开的改革等。另一方面,民事司法改革又与民事诉讼法保持扩展的关系。可以说,民事司法改革的过程也就是民事诉讼规则或规范进一步细化和创新的过程。各种关于改革的规定、通知等都是细化的规则;同时,民事司法改革也推动了《民事诉讼法》文本的完善和发展。民事司法改革是一种探索、实验和尝试。民事司法改革中的某些探索会转化和吸收到新民事诉讼法之中。民事司法改革也是我国民事司法制度或民事诉讼制度的试验田。通过改革尝试不断总结经验,不断丰富和发展我国的民事司法制度、民事诉讼制度。这一作为在世界上是绝无仅有的。

民事司法改革是我国社会改革在司法领域的直接投射。改革的内在属性是有破有立。改革之所以可以轻易破茧,与我国社会的特性有关。我国社会的突出特点是泛政治化,即广泛的政治性,强调政治的重要性。人们习惯从政治的角度认识问题,思考问题,解决问题。在人们的观念中,改革就是最大的政治。就人们的一般心理而言,改革总是正能量的、积极的,是我们应有的一种姿态和作为。在政治因素具有强烈统合作用的我国,正是由于改革的这种政治性特征,因而在人们的一般观念中,改革本身自带正当性。

改革不断得到政策的支持,政策的支持在我国社会是正当性的根据,甚至是最重要的根据。在我国,政策在实践上具有与法律几乎同样的效力,甚至更具有实效性。例如,党的十八届四中全会通过的《中共中央关于全面推进依法治国若干重大问题的决定》就是我国法治建设的纲领性文件。在这一文件中,党中央明确提出若干有关民事司法改革的基本方向,甚至基本制度框架和原则,例如,关于立案制度的改革、公益诉讼等。这与政策的特性有密切的关系。从历史发展的现实来看,人们认为政策的适时性、灵活性最适合于我国这样高度政治化、处于急速变化中、复杂多样的国度。政策在许多方面总是走在法律规制的前面。在人们的法治认识的范畴中,政策在实际具有规范作用的意义上已经被纳入法治的范畴。我国法治从而也具有了与西方法治国家完全不同的含义。

正是由于改革的政治性,也由于改革的困难,因此,为了适应改革的政治性,改革的内涵也就变得多样和灵活。改革并非仅指特定事物体制性、结构性的改变,非基础性的制度更新,甚至改变,往往也被赋予改革的名义,置于改革的范畴之内。于是改革的范围也就变得非常宽泛了。改革由此具有更加广泛的社会性。处于极端时,改革可能仅仅变成名称、说法、表述方式、形式的变化而已。当然,这种改革是我们不提倡的,需要予以避免。

改革的尝试性和实验性是改革自身的内在特性。因此,改革在某些层面上必然冲击既有的法律规定,尤其是体制性的改革。改革与合法性之间的确具有比较微妙的关系。法律文本规定的简约和原则也为改革提供了较大的空间。尤其是在具体制度的改革方面具有更大的空间。民事司法改革典型地反映了这一点。《民事诉讼法》规定的简约和原则比较典型地反映了我国立法的一贯指导思想和理念。正是这样的法典模式为民事司法改革提供了合法性空间。

虽然,我们也强调改革的合法性,但对于改革合法性的理解具有相当的柔性与灵活性。因此,只要坚持政治的基本方向,也就取得最基本的合法性。在我国这种特殊的政治与法的关系为改革提供了较大的空间。在不违反法律基本制度和基本框架的前提下,司法改革的各种尝试都是被承认的。虽然在立法组织层面可能有些障碍,但没有构成根本性的障碍。

在改革开放后的法制初级阶段,法律制定的滞后是完全可以理解的。由于法律研究,尤其是对外国法律制度的研究几乎空白,法学界无法提供足够有关法律构成、运用的知识,在强调国情、本土和传统时,我们不可能提取并形成法律制度的实践经验。我们几乎需要在一张白纸上勾画法律的蓝图。虽然,有些情况下我们可以大体勾画出一个草图,例如1982年的《民事诉讼法(试行)》。但即使是1991年正式制定的《民事诉讼法》也无法提供一个较为完整的民事诉讼规范根据。立法部门由于立法机制的原因,难以充分吸引和调动社会力量使其服务于具体立法工作,因此,面临着压力巨大的实体法制定重任。鉴于立法的被动性,加之民事诉讼与司法的复杂关系(其中包括司法本身的政治性),使得要在较短的时间内提供一个完善的民事诉讼法规范文本几乎成为一个不可能完成的任务。于是只能依靠法院系统自身通过的探索,在基本的法律框架内予以完善。

民事司法改革承担起了这方面的重任。法院系统基于自己的利益——民事诉讼规范系统,对法官司法统一性的要求,充分吸收来自当事人和社会的不满——需要通过民事司法改革摸索经验形成规则。在改革试点和形成相应的规则方面,法院甚至比立法机构更具有条件。最高人民法院自身就是一个具有很强研究能力的法律研究单位,全国法院系统也有一整套与之配套的法律研究和政策研究的机构,该机构备有庞大的研究队伍。即使属于非专职的研究人员,作为法官,其也可根据需要对相应的法律和法律实践问题进行研究。每年由此产出大量的与法律实践相关的调查研究报告。法院作为审判、执行机构是一个与法律实践联系最为密切的系统。这也为司法改革提供最好的条件。法院可以针对司法改革的实践和政策需要进行调整。法院的司法改革成为规范效果的超级"试验田"。

改革开放已经成为一种国人的思维方式,一种社会集体行为,一种政治要求。在法制领域,民事司法改革仍将继续,但以什么样的方式推进,与民事诉讼法的建设形成怎样的联动关系,以便继续成为民事诉讼法制建设的推动器和有益的"试验田",将是我们今后面临的挑战和课题。

2018年盛夏于清华荷清苑"凉斋"

本辑聚焦：基层法院的组织与制度

法官员额制的结构反思与解决路径

王亚明*

摘要：从实践历程来看，法官员额制的改革并未达到预期效果，最为突出的问题便是职能权责不清晰和行政化的干预，导致法官员额在基层少而在市级以上较多，存在员额制与案件数量不对称的结构性矛盾。法官员额制改革应该在两个方面实现突破：一方面，根据不同层级法院的职能定位来确定员额制结构和员额法官数量，依据不同案件类型、数量确定员额法官人数；另一方面，员额制改革的核心还在于逐步建立审判事务与行政事务的分离模式，以及法官身份的认同和确认机制，并减少司法行政干预，尤其是上级法院的干预，以实现员额制配置的结构优化。

关键词：员额制；现状；原因；结构；出路

一、员额制改革的现状分析

本次法官、检察官员额制改革的一个突出特点是，中央统一确定员额制改革比例的上限：不超过中央政法专项编制的39%，各地可以根据本地实际确定员额制改革的目标，但只能低于这一比例，不能高于这一比例。关于这一比例的确定标准，学界和实务界也有很多文章对此展开批判，而在员额制改革基本完成的大环境下，关于员额制的内部结构问题则更值得我们思考。因为，对四级法院的职能进行分层定位，明确低层级法院的案件分流与相应程序，以缓解法官员额制改革所面临的精英司法与亲民司法的紧张关系，才应该是此次员额制改革的关键所在。[①]

以职能和权限的区分作为审判人员分类的基础，意味着四级法院之间员额

---

* 作者系南京信息工程大学公共管理学院兼职教授，南京市建邺区法院法官。

① 傅郁林：《司法改革的整体推进》，载《中国法律评论》2014年第1期。

法官的比例应该不同,对不同级别法官的要求也不同,它们的差异取决于四级法院职能和案件类型的差异。例如,在基层法院,调解案件、小额案件等案件的比例要远远高于中级人民法院,因此,基层法院所需要的法官结构是不同于中级人民法院和高级人民法院的。① 而中级人民法院和高级人民法院承担着一审和二审的案件,所需要的法官结构则要取决于多种因素。本文通过调查了解到江苏省各级法院的入额人员情况,对江苏省各级法院入额人员构成比例、入额前后审判法官数量变化、各级法院入额人员数量对比进行了统计,发现员额制改革中存在结构性问题。

(一)江苏各级法院入额人员构成百分比

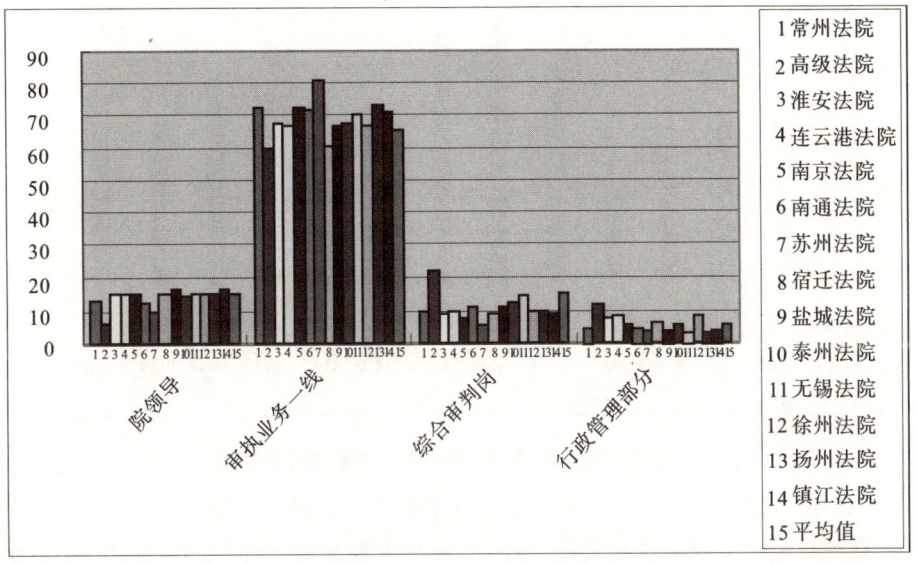

图1 江苏各级法院入额人员数量图

从图1可以看出各级法院入额法官的构成,就总体而言,审执业务一线人员仍是入额的主体,占据了近七成,而剩余的三成左右则主要是来自审判辅助部门和院领导岗位。那么,我们可以发现员额制改革的实际运行逻辑则在某种程度上是背离员额制改革的制度逻辑的。因为审判辅助部门和院领导岗位也占据了相当一部分员额制名额。当然,并不是否定这部分人员的办案能力和水平,因为

---

① 李立新:《法院人员分类管理改革探析——以新一轮司法体制改革为背景》,载《法律适用》2010年第5期。

这部分人员很多是以往经验丰富、业务能力较强的一线法官,而员额制改革的目标是增强法官队伍的专业化和精英化,集中优势资源审理案件以缓解案多人少的压力。而这部分人员本身在承担着行政职务和管理工作的前提下,很难实现审判职能和管理职能的有效协调,则是毋庸置疑的问题。尤其是很多中、基层法院院领导入额占据了一定比例,但各级法院院领导是很少办案的。①

(二)入额前后审判法官数量对比

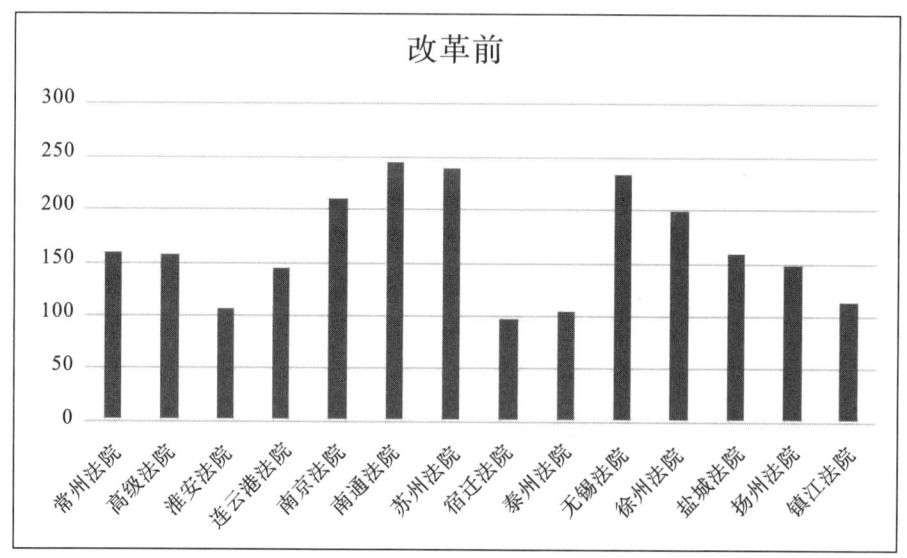

图 2 江苏各级法院员额制改革前法官数量图

如图 2、图 3 所示,从入额前后实际审判法官的数量来看,就总体而言,审判法官的数量是呈现下降趋势的,虽然入额总人数增加了,但是审判法官岗位的人数减少了,在此次改革中院庭领导入额较多,导致实际在一线法官的数量减少,入额后法官数量增加的法院则主要是院领导及综合部门人员入额导致的。由此出现这样的局面:员额数与实际办案人员不一致,实际办案人员减少或者说是办案队伍质量和效率并未提高。

---

① 这一点左卫民教授研究得很深入,他认为在法院院长(实际上领导班子成员也一样)选任过程中,业务能力不是最重要的,但对于政治素质、沟通协调能力和行政管理能力则极度强调。法院很多人都认为,院长不需要有多强的业务能力,最重要的是能够为法院争取到足够的人员和经费。参见左卫民:《中国法院院长角色的实证研究》,载《中国法学》2014 年第 1 期。

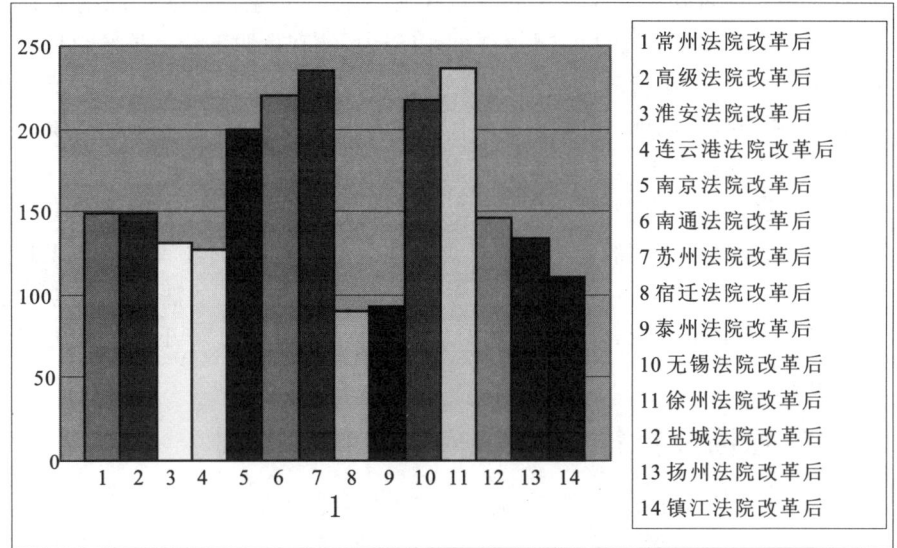

图3 江苏各级法院员额制改革后法官数量图

(三)入额前后上下级法院受案数量变化及影响

从入额前后各地区两级法院员额法官结构和受案数量对比来看,员额法官的结构呈现倒三角形状,而案件较少的最高院和各省高级法院员额法官数量要远远大于中院和基层法院,就案件数量来看,呈现正三角形状,这样的结构对应就导致受理案件多、办案人员少的矛盾,而且这样的结构也不符合各级法院的职能定位。基层法院作为中国司法系统运转的最主要部分,承担了绝大多数案件的初审工作,而基层法院的民事法官承担了基层法院的大部分案件,因此,其具有广泛的代表性。[1] 目前,全国共有 3117 个基层法院,占法院总数的 87.58%;全国共有 14.6 万基层法官,占全国法官人数的 76.84%;2012 年全国法院共审结各类一审案件 844.3 万件,其中民事案件为 731.6 万件,占 86.7%。[2] 正是由于员额制结构设计在基层法院、中级法院不够合理,才引发了全国一些基层法院及中级法院的离职潮。由于立案登记制与员额制改革的双重影响,根据笔者的了解,在江苏全省各级法院民事审判条线离职人员增长明显,各中级法院民事审

---

[1] 王静、李学尧、夏至阳:《如何编制法官员额——基于民事案件工作量的分类与测量》,载《法制与社会发展》2015 年第 2 期。

[2] 李浩主编:《员额制、司法责任制改革与司法的现代化》,法律出版社 2017 年版,第 15 页。

判条线均有一名副庭长或庭长辞职做律师。2015年全国法院辞职的法官达到1000多人,占法官总数的0.5%左右。应当说,法官离职不全是员额制目标失灵的结果,但至少这是检验员额制成效的一项重要指标。① 正是在人案矛盾压力过大、职业前景不明朗、员额制结构不合理的因素影响下,法官通过离职表达了对改革不认同的诉求。笔者认为,不能将离职都认为与是否能入额有关,很多庭长、副庭长能够入额仍然要离职,主要是对职业预期不满意,认为法院工作强度太大,从而丧失了入额的动力而选择离开法院。调查表明:法官群体离职倾向非常强烈:94.47%的法官考虑过要离开法院,其中57.37%的法官认真考虑过要离开法院,而着手进行离职准备的有9.81%,从没有想过离开法院的法官仅占5.53%。②

二、原因分析:司法系统内部干预与压制

(一)顶层设计的局限性:员额制度预设与实践偏差

顶层设计中有关员额制改革的规划存在明显的先天不足。尽管中央对于员额制改革有着理想化的目标设定——让真正称职的法官入额办案,并且,有着防范改革误入歧途的原则要求——不能让徒有法官职务的领导者法官自然入额,不能简单粗暴地剥夺助理审判员们的办案资格令其"就地卧倒"转任法官助理,但这些显然远不足以防止在具体改革方案的制定和实施过程中出现游离目标、规避原则要求的变通之举。因为改革方案的参与制定者和组织实施者,其自身也恰恰是改革的对象。

尽管破除司法地方保护主义已经成为我国司法改革长期以来的目标,贯彻司法改革的一个重要理念也是减少地方政府干预,③但我们应该反思的是:在一味批判司法地方保护主义的同时,是否心存"更相信上级法院管理"的观念,那么,依靠上级法院管理是否能摆脱这种行政化困境,或者说就法院系统内部而言,地方政府和上级法院哪一个更容易深入地对审判进行干预,则是一个需要精细计算的问题,而不应该是固有理念和价值的先入为主。正如有的学者所言:1992年启动的经济、社会、政治的结构性变革,使得地方党政官员进行地方保护主义的激励逐渐弱化,障碍性条件增多。诉讼当事人多诉诸上级法院对案件进

---

① 宋远升:《精英化与专业化的迷失——法官员额制的困境与出路》,载《政法论坛》2017年第2期。
② 宋远升:《精英化与专业化的迷失——法官员额制的困境与出路》,载《政法论坛》2017年第2期。
③ 刘忠:《司法地方保护主义话语批评》,载《法制与社会发展》2016年第6期。

行干预。因此,相比较而言,地方保护毕竟是低概率、小比例发生的现象,而研究者显然对此给予过度的关注,上级法院也借此极力地将高概率、大比例发生的上级法院干预现象虚化,将其遮蔽于地方保护主义的阴影之中。①

(二)内部系统反思:司法行政化与上下级法院关系

除了这些年理论和实务界一直在呼吁的减少地方政府干预,增强司法独立性的问题之外,笔者发现司法在一味强调摆脱地方干预之外,还会进入另外的困境:法院系统内部的行政化倾向。它主要体现在两点:一是法院内部的管理,行政管理挤压审判空间;二是上下级法院之间的行政化管理关系。

司法行政化管理的弊端自然而然地渗透于这次员额制改革,甚至使这次改革目标在一定程度上异化为对原有法院内部权力格局的确认和巩固。因为就员额法官选任标准的设定和具体入额人员的考核来看,不可能完全脱离现行法院工作实际,因此必然会导致院庭长队伍掌握考核过程和结果的主导权。这就使得本应当作为一种身份机制改革的法官员额制,在法官身份"行政化"的现实情境下,被局限成一种素质筛查机制以及利益分配的铺垫机制,因此也就难免在很多试点地区出现法院行政管理领导优先纳入员额的现象,法院行政领导成为分享一线法官利益增收的搭便车者。② 同时院庭长和综合部门占用大量员额名额导致的严重后果主要在于两点:一是员额法官队伍素质相比较以前并没有增强,并且由于行政事务占据大量时间也使得院庭长队伍难以集中精力审理案件,或者入额后不办案、委托办案、挂名办案。这导致办案的压力集中在那些一线法官身上,即便我们筛选出来的一线法官都是精英化和专业化的法官,在这样的压力下,也难以保障办案的质量,因为审判法官队伍的精英化和专业化并不是能够有效缓解办案压力的绝对保障。二是案多人少压力的缓解不能仅仅靠提高法官队伍的素质,合理地确定法官的数量也是必要的,2016 年,全国各级法院收案 2305 万多件,结案 1979 万多件,但是法官人数根据官方给出的数据是 11 万人,这样的办案压力可想而知。

除了法院的行政化管理模式之外,员额制改革异化的内部原因还在于上下级法院之间的关系模式上,对于上下级法院关系,我国《宪法》第 127 条第 2 款明文规定:"最高人民法院监督地方各级人民法院和专门人民法院的审判工作,上级人民法院监督下级人民法院的审判工作。"我国现行司法体制在文本中所要建构的目标,是要将上下级法院关系界定在"监督与被监督"的框架中,从而有别于

---

① 刘忠:《司法地方保护主义话语批评》,载《法制与社会发展》2016 年第 6 期。
② 丰霏:《法官员额制改革的目标与策略》,载《当代法学》2015 年第 5 期。

上下级行政机关的"领导与被领导"模式。① 然而,在"司法行政化"的大环境下,这一制度设计很难做到百毒不侵。反地方保护主义,成为上级法院领导下级法院的外观充分理由。在我国,司法地方化突出表现在:法院财政权和人事权受制于地方党委和政府;各级法院要对同级人大及其常委会负责并报告工作,在这种情形下,上级法院领导下级法院似乎具有反地方保护主义的合理性借口,但由于上级法院同样受着地方化的干扰,实行垂直领导只会使法院审判机制从一个围城走向另一个围城,这就相当于给下级法院加上了两个紧箍咒,分别来自地方政府和上级法院。我们批判地方保护主义,但上级法院在对下级法院进行监督和管理的过程中不可避免地又落入行政化的窠臼。

(三)四级法院人员分配和职能定位的不对称

四级法院所承担的职能不同意味着所需要的员额数量的不同,比如,虽然各级法院原则上均需明显压缩综合部门和司法行政管理人员、研究人员,应随其所在法院的职能及实现方式的变化而逐渐减少上述人员,但在高层法院审判指导职能的实现方式尚未转变为通过对具体案件的示范性裁判之前,当转型时期司法改革和应用法学仍是高层法院的一项重要职能之时,最高人民法院和高级人民法院对于专职研究人员的合理需求规模和趋势与中级人民法院和基层法院显然不同,因而所占用的法官员额也不可能相同,因此,员额法官和审判人员分类改革的具体方案直接取决于司法改革对于各级法院的职能目标定位。② 另外,在我国法院系统中,在法院"人员编制内"确定法官的员额,还要取决于审判工作与司法行政管理工作的比重关系。在这一点上,各国法院在不同级别上如何配置审判法官与辅助人员的比例,在数据来看并无清晰的共同规律,但就总体来看,职能分工则是其核心因素。

我国四级法院的结构从外观上来看是呈现金字塔形。法院体系由最高人民法院、高级人民法院、普通中级人民法院、专门法院、基层法院构成。四级法院的职能配置与职能运行方式大致相同。比如,四级法院都承担一审功能,主要按照争议金额划分级别管辖权;各级法院、各个审级(一审、二审、再审)、各类程序(普通、简易、小额)的审理范围都是全面审理(即事实审+法律审);各级法院的审判模式也没有实质的差异。而且每一级法院的内部结构也大致相同,各级法院均设刑事审判庭、民事审判庭、行政审判庭。另外,还有立案庭、审监庭等审判业务庭;执行庭或执行局为并列于审判庭的业务庭,以及研究室等业务部门。除此之

---

① 廖奕:《司法行政化与上下级法官关系重塑》,载《华东政法学院学报》2000年第6期。
② 傅郁林:《以职能权责界定为基础的审判人员分类改革》,载《现代法学》2015年第4期。

外,各级法院都设有办公室、政治部或人事处等非业务机构。但又由于各地区和各层级司法的多样性,上下级法院之间却并未形成这种制度理想下的审判业务对口关系。① 例如,最高人民法院和大部分高级人民法院各有4个民事审判业务庭,中级人民法院和基层法院的民事审判业务庭少则3个,多则7个。但各级法院、同级各法院内部在划分各民事审判业务庭之间的案件管辖权时标准并不一致,这就导致不同地区不同级别法院案件数量和所需要法官人数要结合实际情况来设置,而不是一种自上而下的整齐划一的僵化结构。

三、域外视角下法官数量和结构的考察

(一)员额法官数量和结构的确定

美国法官人数是法定的,不得轻易增减。据美国"国家州法院中心"2010年年度报告反映,当年联邦法院和州法院共有法官31193名,其中,全国州法院系统共有法官30319名,联邦法院系统共有法官874名,州法院法官人数是联邦法官人数的34.7倍。②

日本法官的种类比较复杂,既有最高法院法官与下级法院法官之分,又有高等法院法官与简易法院法官之分,在高等法院法官中又有院长、法官、候补法官之分。候补法官无权单独审理案件。目前,日本全国共有法官2919人,其中,最高法院法官15人,高等法院院长8人,法官1360人,候补法官699人,简易法院法官794人。③ 需要说明的是,候补法官虽然不能单独审判案件,但在法官统计中,将之统计在法官人数范围内。

和美国一样,澳大利亚也有联邦和各州两套法院系统。根据联邦高等法院提供的数据,2013—2014年,联邦法院总共有147名法官,其中包括7名高等法院法官、47名联邦法院法官、62名联邦巡回法院法官、32名家庭法院法官。④

根据印度最高法院编辑的季度公报,印度最高法院规定职数31位大法官,高等法院应有906名法官,地区法院应有1.97万名法官,但是各级法院都存在不少空缺。截至2014年6月30日,最高法院实际职数只有25名大法官,高等法院641名法官,地区法院1.54万名法官,各级法院加起来总共1.6万名法官,

---

① 王禄生:《法院人员分类管理体制与机制转型研究》,载《比较法研究》2016年第1期。
② 陈陟云、孙文波:《法官员额问题研究》,中国民主法制出版社2016年版,第46页。
③ [日]六本佳平:《日本法与日本社会》,刘银良译,中国政法大学出版社2006年版,第181页。
④ 张千帆:《如何设计司法——法官、律师与案件数量比较研究》,载《比较法研究》2016年第1期。

队伍非常精简。①

德国不同级别和不同审级的法院因承担的审判功能差异,法官员额的比例也存在明显的差异。例如,德国的初审法院包括地方法院(local court)、地区法院(regional court)。2012年兰德市地方法院司法人员总数为49119人,其中法官8014人,法官员额比例为16.3%,地区法院司法人员总数为14286人,法官人数为4916人,员额占34.4%,地区高等法院司法人员总数为6507人,员额比例为28.4%,这种差异的原因在于德国地方法院的案件类型明显不同于地区法院和高等法院。有比例很高的非诉案件是由审判辅助人员承担的,因此员额法官比例较小。② 虽然德国也是联邦制,但是司法体制比美国和澳大利亚简单,全国只有一套法院系统。和单一制的中国相仿,德国的联邦法院就是国家的最高法院。根据联邦司法局的统计,截至2012年年底,德国共有联邦法官459人,各州法官19922人,法官总数加起来20381人。2012年德国人口为8052万,折合每万人2.5名法官。

(二)审判事务与行政事务的分工明确化

譬如美国,其法院内部治理的制度设计就是通过加强专业化的分工来使审判事务尽量少受行政事务的干扰。一方面,法院院长也承担着一定的管理职能。这是因为,现实中的法院都由人(法官以及其他辅助人员)组成,财政预算和支出还必然涉及其他办公室的工作,因此,总是会有法院内部的行政管理事务。一般说来,这些事务性工作至少有一部分是由或必须由法院自己承担。③ 即使在关于美国司法的著作中被当作纯粹司法之标志的美国联邦首席大法官和大法官们,也仍然要履行着某种行政管理职能。以首席大法官为例,除了要负责最高法院案件的上诉状清单,主持最高法院的会议,以及当其属于多数意见派之际,有权分配法院意见的撰写这类与司法有关但又显然具有行政性的事务之外,他还要负责最高法院的其他行政管理。作为法院内部分权治理的结果之一,美国在法院组织管理中基本实现了专业化的运作。④ 在司法审判事务中,基于美国法院内部在司法审判事务方面各个审判团队只是协作式关系,法院院长也无权通过行政管理功能实现对审判权的控制,因此在司法审判事务方面也形成了专业

---

① 周道鸾:《外国法院组织与法官制度》,人民法院出版社2000版,第167页。
② 傅郁林:《以职能权责界定为基础的审判人员分类改革》,载《现代法学》2015年第4期。
③ 宋远升:《精英化与专业化的迷失——法官员额制的困境与出路》,载《政法论坛》2017年第2期。
④ 宋远升:《精英化与专业化的迷失——法官员额制的困境与出路》,载《政法论坛》2017年第2期。

化的运作。

(三)"以案定人"与"以职分人"

通过对比可以发现各国员额法官结构的确定,虽然不存在什么固定的规律,但有一点可以肯定的就是根据各级法院的职能定位和案件数量来确定员额法官的数量和结构。各国的各级法官数量一直保持着这样的一个固定结构,就是上下级法院法官数量依据案件数量和职能定位来决定,而且案件数量是一个核心因素。

目前国内对法官员额的研究走向了两个极端。一是宏观列举,要求在进行法官员额测算时应当考虑到经济社会发展、人口、辖区面积等因素,但这并不能穷尽各种因素,且无法把握各因素之间的相互关系。二是微观计算,通过静态的"标杆案件"和"标准工作时间"测算法官工作量,继而确定法官员额。这种方式无法体现出案件的难易程度,往往"只见树木不见森林"。

四、员额制改革的出路

(一)不同层级法院设置不同的员额结构

最高人民法院在"四五"纲要中提出,根据法院辖区经济社会发展状况、人口数量(含暂住人口)、案件数量、案件类型等基础数据,结合法院审级职能、法官工作量、审判辅助人员配置、办案保障条件等因素,科学确定四级法院的法官员额。在不同审级的法院中,法官员额比的设计并不是固定的。在我国四级两审制的结构中,基于具体的地方性纠纷解决机制的需求及审理目标的差异,不同审级法院对法官需求量是不同的。

就最高人民法院而言,在我国目前还未确立由审判方式来指导下级法院的体制下,最高人民法院主要是通过发布司法解释的方式来予以指导,但是这种方式在向去行政化逐渐过渡的趋势下,应该渐进地实现两个方面的转变:一是区分审判职位上的大法官与其他职位上的普通法官;二是非审判部门应该严格压缩,增强司法研究和审判管理的一体化。这同时也有利于使我国最高人民法院实现从普通案件的全面审理转向具有法律价值或结构性意义的典型案件的审理,形成典型裁判规则的模式。[1]

就各高级人民法院而言,高级人民法院应当在案件监督和消化再审案件方面承担起更多责任,成为原则上终结审判程序的终审法院。这就要求高级法院

---

[1] 傅郁林:《以职能权责界定为基础的审判人员分类改革》,载《现代法学》2015年第4期。

在员额法官的设置上也要明显不同于中级法院和基层法院。由于高级法院的主要职能定位是指导各省的下级法院,因此在员额制结构的设置上,一方面,要满足消化再审案件和二审案件的基本要求;另一方面,对于高级法院的非审判部门的入额应实现审判职能和管理职能的有机结合,不能只履行管理职能不履行审判职能而占用员额名额,否则应当退出员额,而且这种类型入额人员不得超过总体入额的3%~5%。同时由于司法改革形成的省级统管模式,高级法院承担这项新职能需要增设一两位员额法官为审判管理职。此外,还应该建立高级法院员额法官与下级法院的互动交流机制,高级法院员额法官应当在一定范围内到中级法院和基层法院挂职锻炼,特别是审理疑难复杂案件,这样有利于促进上级法院对下级法院的指导和监督,也避免对员额名额的浪费。

中级人民法院由于其职能定位于专业性、重大复杂案件。特别是随着民事案件一审级别管辖逐年下沉的趋势,中级人民法院成为绝大多数案件的终审法院和大多数重大复杂专业案件的一审法院。因此,中级人民法院的审判资源配置应该成为司法改革的重中之重。[①] 而法官员额制所包含的司法精英化也是以中级人民法院为重心的。然而,中级人民法院在审判职能和程序安排上,没有得到独立的考量和科学的安排。因此中级法院的员额制改革应该结合中级法院专业化和精英化的定位来设置员额法官结构。

目前,法官员额比例基本确定为39%,该比例没问题,但基数有问题。目前实行员额制改革的法院法官人数都以1982年政法专项编制数为基数,这个数字是根据当时计划经济体制下城市辖区人口数、经济发展水平和当时的发案率来定的,虽然有的法院编制基数进行过调整,但没有达到最新编制数的要求,有的地方经过了几轮区划调整,但法院编制没有及时调整,导致员额制计算时法院编制数很少,不能反映真实的需求。

(二)不同类型案件设置不同员额结构

自20世纪80年代改革开放以来,我国经济发展速度非常快,与之相应,民事案件急剧增加,由于审理民事案件法官的增长速度远远跟不上民事案件的增长速度,导致审理民事案件的法官办案压力最大,而行政诉讼由于由中级法院统管,因而行政诉讼案件数量很少,法官人均办案数很低,刑事案件介于这两者之间:自改革开放以来刑事犯罪增长速度很快,但低于民事纠纷的增长速度,因而审理刑事案件的法官人均办案数低于审理民事案件的法官,但高于审理行政案

---

① 傅郁林:《以职能权责界定为基础的审判人员分类改革》,载《现代法学》2015年第4期。

件的法官。譬如2007年,全国法院共审理民事一审、二审案件5108391件,全国审理民事案件的法官共65843人,人均办案数为77.6件;全国法院共审理刑事一审、二审案件812177件,全国审理刑事案件的法官共1.9万人,人均办案数为42.7件;全国法院共审理行政一审、二审案件130669件,全国审理行政案件的法官共8482人,人均办案数为15.4件。从以上数据来看,审理民事案件的法官的办案压力大致是审理刑事案件的法官的2倍,是审理行政案件的法官的5倍。① 因此在员额法官数量和结构的配置上,应当结合不同类型案件设置不同的法官员额数,以案件来决定法官员额数,而不是根据岗位部门均等化来分配员额法官的人数。

除了根据不同案件设置不同员额外,还应当建立员额动态平衡机制,即员额比例初次设定后不能"一劳永逸"。要建立不同地区、不同类型法院法官员额的动态平衡机制,由省级法院在全省统管的基础上,根据案件数量、人员进出情况统筹协调,形成内外循环与上下循环的良性机制。具体来说,上级法院法官员额富余的,应当选派一批员额法官到下级法院挂职办案,同样,上级法院员额法官不足时,应从下级法院遴选产生,同级法院之间受理案件数量发生巨大差异时,除了及时进行员额调整外,上级法院可以通过指定管辖,实现员额法官的均衡办案,既防止忙闲不均,又防止员额法官在各级法院之间人为地隔离开来,使员额法官不仅人员可以流动,案件也可以流转,实现审判资源的动态合理配置。②

(三)减少行政干预对员额改革的影响

正如上文所言,员额制改革的关键在于减少行政化的渗透,因为在员额人数总数不变的情况下,员额队伍行政化渗透越多,意味着实际审判案件的法官越少。而且改革之前的法官助理等人员也因为这个原因未能入额单独审理案件,这就会造成员额制改革后,审判法官的办案压力更大,因为法官助理在员额制改革后只能从事辅助性事务,不能再实际审理案件,而院领导和行政管理人员占用员额却因为大量行政事务不能有效审理案件,造成大量员额名额的浪费。在既有的改革状况下,我们应当建立区分管理人员和审判人员的分类职务序列薪酬标准,推行双轨制的模式,即在员额法官的遴选过程中,对于本身承担一定行政职务的人员,应当尊重其自身意愿,如果加入审判人员队伍就应该集中审理案件,而不能再审判和行政混合,行政事务挤压审判事务空间,否则的话,应当退出

---

① 陈永生:《法官、检察官员额制改革的限度》,载《比较法研究》2016年第2期。
② 李浩主编:《员额制、司法责任制改革与司法的现代化》,法律出版社2017年版,第33页。

员额队伍。而对于法院的管理阶层(院领导队伍)而言,一方面,他们本身所承担的行政事务不可能完全卸下,一定的行政管理是法院审判工作得以有效运行的保障;另一方面,他们本来也都是从各个岗位逐渐通过自身努力提拔上来的业务骨干,审判经验丰富,所以对于院领导队伍应该结合各部门群体的实际设置单独序列,但是应该在严格落实院领导办案和逐渐减少院领导队伍对行政晋升的依附。

就落实院领导办案方面,最根本的举措在于增强院领导队伍的紧迫感和危机感。一方面,在办案数量和案件质量上设置严格考核机制,防止只审简单案件和形式审、挂名审现象,且应当着重审理疑难复杂案件,难以达到考核标准的,应当退出员额队伍。另一方面,最为关键的一点在于确立审判岗位的尊荣感,减少院领导阶层对行政级别的依附,法官员额制改革要从"利益分配逻辑"转向"身份塑造逻辑",在未来的实践中将改革重心放在"去行政化"的核心目标上,缓和法官员额的稀缺性与开放性、法官身份的终身性与流动性的矛盾,逐步实现人员身份安排上"行政管理/案件审判"的分离模式和通过确立法官身份从而塑造法官独立性和权威性的去行政化方向与趋势。① 而目前的兼顾模式尝试通过对从事审判活动"量"的划分来区别对待司法行政人员与审判人员。该模式的优势在于以较小的利益波动使得法官们对"以审判活动为中心"的职业特征有所认知,但是其存在的严重劣势在于并不对司法活动"行政化倾向"产生显著触动,甚至这种"案数指标的量化分配"更进一步强化了审判人员对从事司法行政领导工作的追求,反而对"行政化倾向"有所加剧。② 所以,法官员额制所应当破除的是法官职业行政化的制度情境,实现法官身份的"去行政化"。

---

① 丰霏:《法官员额制改革的目标与策略》,载《当代法学》2015年第5期。
② 丰霏:《法官员额制改革的目标与策略》,载《当代法学》2015年第5期。

论基层法院组织结构设计的原则和方法

余亚宇*

摘要：合理的结构是组织有效发挥功能和实现目标的重要保障。组织结构不但是审判主体存在的场域,也是审判权运行的依托和边界。本文在组织设计原理的视域中,为基层法院的组织结构设计提供可供参考的原则和跨学科的路径设计。从样本法院组织结构设置的历史和现实入手,考察30年间其组织结构的动态发展趋势和现阶段的静态结构要素。依据组织设计基础理论和思路,结合基层法院实际,提出设计结构时需把握的原则及对应实现方式:设立法官自治委员会和以培养知识权威为目的的参谋型机构;区分属性,采取不同的权力配置方式;构建比例合适的组织层级和管理幅度,构建相互协调的纵向控制与横向协作脉络;组建取消结构壁垒、可临时拆并组合的审判单元;将审委会等隐形结构进行显性化改造。

关键词：基层法院；内部机构设置；原则与方法

合理的结构是组织有效发挥功能和实现目标的重要保障。人民法院作为被赋予审判职能、以从事裁判纠纷和适用法律为主要工作内容的公共组织,蕴含着组织管理与组织设计的一般原理。组织结构不但是审判主体存在的场域,也是审判权运行的依托和边界。同时,基层法院的组织结构由于特殊的历史背景及内外部环境的影响,又应该具有不同于一般组织结构甚至不同于上级法院组织结构的独特内涵。本文所做的尝试,并不局限于提出具体的设计方案,而是更加侧重于在组织设计原理的视域中,为司法改革继续推进过程中基层法院的内部组织结构设计提出可供参考的原则和跨学科的思考。

一、基层法院组织结构设置的历史维度和现实维度

当我们试图使基层法院的组织结构变得更健康、更利于审判职能的实现时,

---

* 作者系北京市东城区人民法院法官。

需要从时间和空间维度出发①,既考察其组织结构的"前世",又分析其组织结构的"今生",以此把握其中的动态发展趋势和静态结构要素,形成对基层法院组织结构样态和特征的立体认识。

由于公共组织的机构设置具有相对稳定性、规范性和普遍性,本文选取某基层法院为考察对象,以其作为分析和论证基层法院组织结构设计问题的样本。

(一)历史维度:样本法院30年组织结构动态发展趋势

经过分析比对,本文选取了以下三个带有结构分化意义的时期展开讨论。为使讨论更直观,将样本法院不同时期的组织结构以图1、图2、图3方式展示如下:

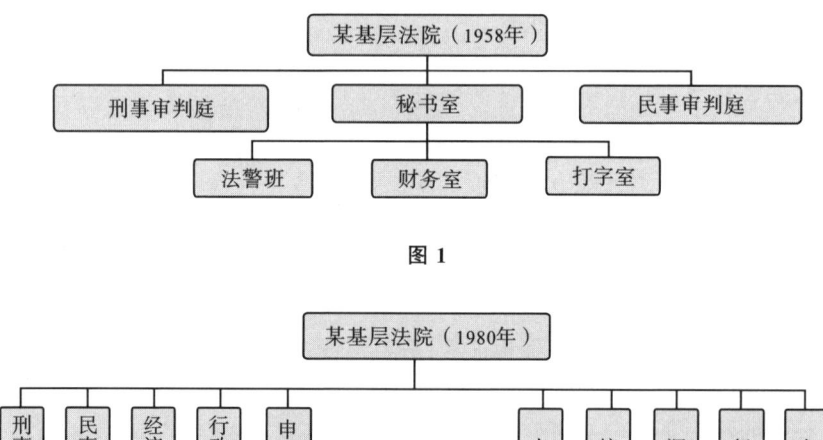

图1

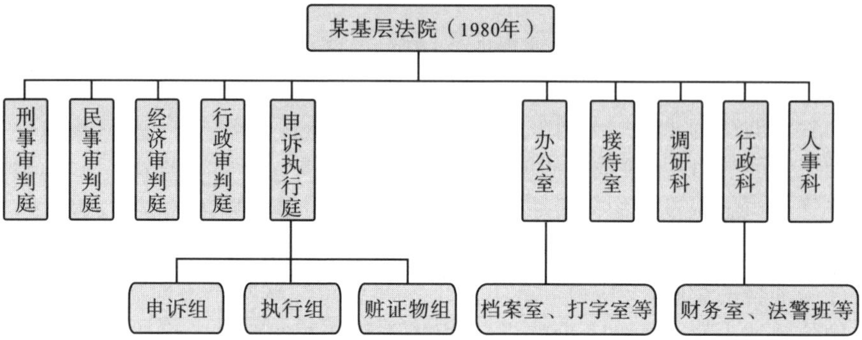

图2

样本法院组织结构呈现以下动态发展趋势:

1.结构逐步分化,功能不断补充

与其他组织一样,样本法院的组织结构经历了结构逐步分化,功能不断补

---

① 李书玲:《组织设计:寻找实现组织价值的规律》,机械工业出版社2016年版,第49页。

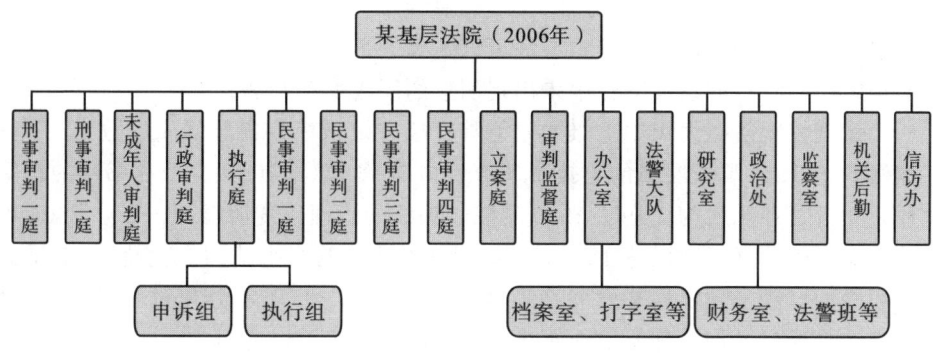

图 3

充,分工愈发精细的过程。① 1958年样本法院仅设刑庭、民庭与秘书处。1980年其组织机构开始分化,从民庭中分立出经济庭,增设行政庭、申诉执行庭,从秘书室分立出调研科、行政科等。2006年其组织机构进一步分化,将刑庭分立为刑一、刑二、未审庭,将民庭分立为民一庭至民四庭,新设立案庭和监察室,并对综合职能进行了归并整合,已经基本呈现出现阶段机构设置的雏形。样本法院经历了从规模偏小、分工简单、功能混合到规模日益庞大、分工日趋精细及职能逐渐明晰的组织结构分化脉络。

2. 始终依赖于自上而下的权力治理结构

任何时期的法院权力配置结构都是特定时期社会政治制度和社会治理体系的组成部分,其结构的改变和角色的形成必然受制于宏观背景,甚至可以说本身就是政治结构分化的一个方面。② 因此,法院的权力治理结构必然体现出当时权力控制的需要。样本法院初期的内部权力配置结构脱胎于政府机构的设置习惯,自始就强调自上而下的权力控制逻辑,其权力治理结构明显是为了上下一致的稳定性、政令服从及运行效率,不但远未体现出按照分工和职能特性等内部结构因素加以区别对待的取向,更不具备区别于行政机关等外部结构因素的尝试。

3. 组织层级相对稳定,管理幅度不断增大

如将部门视为一个组织层级,样本法院的组织层级稳定在2～3个;如将职位视为一个层级,则样本法院的组织层级可以达到4～6个③。审判庭一般情况

---

① [美]斯科特、戴维斯:《组织理论:理性、自然与开放系统的视角》,高俊山译,中国人民大学出版社2011年版,第395页。

② 左卫民:《司法审判职能之分化:传统型与现代型法院制度的比较研究》,载《学术研究》2001年第12期。

③ 职位以每个层级的部门均设正、副职计算。正职视为一个层级,副职为下一层级。

下具有 5 个层级,自上而下分别为院长、副院长、庭长、副庭长、普通法官。而下设管理单元的综合部门的组织层级可以达到 6 个以上。样本法院的组织层级相对稳定,近 30 年的发展变化中未出现明显的层级增多趋势。

管理幅度是指组织中上级主管能够直接有效指挥和领导下属的数目。[①] 样本法院 1958 年院长层级的直接下属数目为 3~6 位(刑庭、民庭及秘书室的正副职),对应管理幅度为 3~6。1980 年院长层级的管理幅度增至 10~20。2006 年院长层级的管理幅度已达 18~36。纵观样本法院的组织结构变化轨迹,似乎其组织结构已经呈现出扁平发展趋势,至少在规模扩大、职能分化过程中,法院设计者选择通过增加管理幅度而不是增加组织层级来加以应对。

4. 组织协作与联络方式从单一的纵向型向混合型转变

样本法院三个时期的组织协作和联络方式均以垂直方向为主,呈显著的纵向型组织构造。如将样本法院看作企业,将裁判文书看作司法产品,那么其主要是按照产品分类来设置部门的,组织设计理论认为属于单一的纵向型组织协作和联络构造。样本法院 2006 年出现了研究室、监察室、信访办等关注调研指导和作风纪律等在办案流程中应一以贯之的横向职能部门,开始关注部门之间的横向协作脉络;但其组织目的仍是通过较为紧密的垂直控制以保证司法产品的质量和效率,组织协作和联络方式自此开始向以纵向型为主、横向型为补充的混合型结构转变。

(二)现实维度:样本法院的静态结构分析

样本法院现阶段的组织结构设置既承袭了"前世"的发展方向和路径,又具有自身的显著特点,它是讨论基层法院组织机构设计的逻辑起点。

1. 组织框架呈非典型的矩阵型结构

在承继过去的基础上,样本法院现阶段的组织结构继续朝着纵向和横向控制相结合的方式发展,呈现类似矩阵型组织结构。矩阵型结构以垂直控制和水平控制并重,存在纵横的机构交叉和人员重合,是对"产品"和某流程或功能并重的常见结构设置。[②] 以近年新设的审管办为例,其具有明确的加强流程管理和横向控制的职能,但由于横向控制线上的审判管理人员和纵向控制线上的审判庭人员不存在机构交叉和人员重合,相关人员亦不肩负双重职责,因此样本法院并不具备典型矩阵型结构的特点。

---

① 周三多:《管理学》,高等教育出版社 2010 年版,第 182 页。
② 孙宗虎:《组织结构设计实务与范例》,人民邮电出版社 2014 年版,第 8 页。

2.呈现显性结构与隐形结构①并存现象

组织设置下的显性结构与审判运行机制下的隐形结构并存的情况其实早已存在,但对隐形结构的讨论更适合针对现状展开。样本法院既设置了正式组织架构中的显性等级结构要素,如法官相对于院庭长属下一层级;又设置了审判运行机制中的、缺乏组织框架保障的隐形同等结构要素,如合议庭、审委会在评议案件、讨论案件中的多数决规则。结构并存二元性和异质性②,必然导致相互功能碰撞和作用消磨。一旦审判人员同时处于两种结构交叉领域,如庭长加入合议庭、院长在审委会发表意见,那么显性等级结构会迅速侵蚀隐形同等结构,使后者的功能难以发挥甚至虚置。

3.与上级法院的机构设置存在同质化

样本法院现阶段的组织结构虽然外观上已经体现出自身特点,但仍然未能摆脱对上级法院组织结构的复制和依赖。经对比,样本法院相较某中级法院、某高级法院的机构设置,除某些专属于上级法院职能范围的机构(如赔偿办)其未予设置外,其他部门设立与分工与上级法院基本一一对应。由于基层法院与上级法院的组织目标必然存在区别和联系,因此组织结构设计也应该相应存在区别和联系。样本法院对上级法院机构设置的过度关注和承袭,说明其从未找到适合自身目标和职能特点的结构设计方式和治理逻辑。

二、基层法院组织设计原则及实现方式

组织设计理论认为,决定和影响组织结构的因素有组织目标、制度环境、组织规模、组织文化等。但由于该理论主要以企业为研究对象,现有研究成果无法对法院直接适用。面对以样本为代表的基层法院组织机构设置的"前世"和"今生",产生如下问题:影响基层法院组织结构设计的因素究竟有哪些?如需调整现有结构有何参考因素和需要把握的原则?下面本文尝试在组织设计理论的框架下对基层法院的组织设计原则及相关实现方式展开讨论。

(一)同业自治原则:实行同业控制及树立知识权威

1.应建立自我施加的规制标准和决策体系

组织设计理论认为,专业型组织的设计应着眼于同业自我管理和规制。审判权作为对争议双方利益进行衡量和矫正的权力,具有极强专业性。因此对审判权的引导和约束也带有专业的审判属性,而非单纯的管理属性,不能简单将法

---

① 本文所谓隐形结构是指缺乏正式组织架构保障的结构,即相对于组织结构树是隐形的。

② 张洪涛:《司法之所以为司法的组织结构依据》,载《现代法学》2010年第1期。

院工作群体当作被管理者看待,来自审判主体之外的管控恐难以触及权力运行内部。如果引导者和规制者处于单向控制的权力运行结构中,那么其制造错误的概率并不低于发现并纠正错误的概率。因此在法院组织结构顶端应该设立具备同业控制和双向制约属性的自主管理和决策机构①,使法官群体实现内部自我约束的同时,也拥有合理且适度的制衡力量。

2. 应以知识权威取代等级权威

自治原则还体现在应当改变目前法院内部仍以等级管理和等级权威为支撑的权力治理体系。根据知识管理原则,②应将产生显性审判知识(如法条的立法目的)和隐形审判知识(如审理思路、审判经验的总结)的活动作为法院内部的核心资源,依托成员的集体智慧,对知识的获取和共享,知识的创新和传播,以及如何建立利于内部知识共享和创新的组织构造,进行针对性解决。在此过程中,对知识管理的支持应成为设置机构和保障运行的中心课题,随之带来知识权威替代等级权威的结果。知识管理不重视等级身份的确立和维持,其在乎的是知识占有者所实际具有的话语权和影响力,围绕知识管理的任务一旦完成,相关组织机构的使命便可告一段落。

(二) 区分属性原则:根据不同子目标设立权力配置结构

1. 基层法院的组织目标为"查明事实基础上的纠纷解决"

组织目标描述了组织的愿景、共享的价值观和信念,说明组织存在的理由。③ 机构设计的宏观导向和微观设置都应围绕不同的组织目标展开。那么基层法院的组织目标是什么?有观点认为是实现审判业务的高度专业化④;有观点认为是实现内部的规范化以圆满履行法院职能;有观点认为应在区分传统型和现代型法院的基础上讨论组织目标是复合还是单一的问题。⑤ 现有观点均未对基层法院的组织目标作进一步讨论。本文认为,基层法院的组织目标是"查明事实基础上的纠纷解决",与中级法院的"依法纠错、定分止争"以及高级法院的

---

① 杨知文:《法院组织管理与中国审判管理体制的构建》,载《河北法学》2014年第10期。

② [美]迈克尔·J.马奎特:《学习型组织的顶层设计》,顾增旺、周蓓华译,机械出版社2016年版,第109页。

③ [美]理查德·L.达夫:《组织理论与设计》(第7版),王凤彬、张秀萍等译,清华大学出版社2003年版,第64页。

④ 梁三利:《论法院的组织属性》,载《边缘法学论坛》2007年第2期。

⑤ 左卫民:《司法审判职能之分化:传统型与现代型法院制度的比较研究》,载《学术研究》2001年第12期。

"再审监督、审判指导"的组织目标明显不同。还可将该基层法院的组织目标向下分解为三类子目标:具有典型审判属性的办理具体案件;具有协作属性的监督本院案件质效、总结本院业务经验;具有服务属性的处理组织运行必备的行政事务。

2.应在区分子目标属性基础上设置权力治理结构

为完成不同属性的子目标,需设计相应的权力配置和治理结构,以适应各个职能顺利运作的需要。对于办理具体案件的子目标,由于其实现依赖具有专业素养的人员查明法律事实、进行法律解释并加以独立判断,如何在横向或纵向上分配权力似乎都难以奏效,唯有采取赋权型的权力配置结构,即不对具体案件审理权进行过多介入式的分配,将权力完整赋予审判主体,并在审判板块内部实行平权型的权力运作方式才能奏效。

对于监督本院案件办理质效、总结本院业务经验的子目标而言,承担此目标的机构须与审判单元之间建立有效的沟通联络和信息交流,另外还应注重信息反馈、知识管理及再加工的过程,因此采取传统的集权型权力控制方式、设置纵向分布的组织机构不能完全满足需要。考虑到实现该子目标需要完成和传达来自外部的统一指令,故对这部分机构可采取平权和集权相结合的权力配置方式。

对于处理法院组织运行所必备的行政事务,承担该子目标需要命令高效传达和统一执行,采取传统的集权型的权力配置较为合适。

(三)比例适度原则:处理层级与幅度、纵向与横向的关系

1.组织层级与管理幅度的比例应适当

组织设计理论认为,如果组织规模相对固定,那么组织层级和管理幅度呈反比关系。[1] 也就是说,如果法院设置的组织层级多而管理幅度小,则呈现瘦长型的锥形式结构;如果法院设置的层级较少而管理幅度大,则呈现扁平式结构。[2] 锥形式机构具有较多的组织层级和较小的管理幅度,其管理人员能对下属进行及时指导和有效控制,层级联系更为紧密,利于任务的分派和衔接。扁平式机构具有较少的组织层级和较大的管理幅度,使信息沟通和管理速度更快,信息失真度低,上级对下属的控制更柔性,利于激发员工的积极性和创造性。如本文第一部分所述,样本法院的结构某种程度上已呈现扁平发展趋势,如需继续实行"扁平化",则应着力减少层级尤其是审判板块的内部层级。但管理幅度和组织层级显然都应该是有限的,超出适当比例的管理幅度会使法院内部职能被过细拆分,

---

[1] 周三多:《管理学》,高等教育出版社2010年版,第183页。
[2] 孙宗虎:《组织结构设计实务与范例》,人民邮电出版社2014年版,第5页。

使协调和衔接同一层级中的各部门成为新的工作任务。因此,使基层法院的组织层级和管理幅度的比例得当,是结构设计中必须考量和把握的原则。

2.纵向控制和横向协作的比例应协调

将组织设计为能够实现组织目标所必需的纵向和横向信息流动的结构状态,是组织设计努力实现的目标之一。[①] 然而,是依靠纵向还是横向结构似乎存在着固有矛盾。纵向结构主要是为了效率和实施控制,而横向结构能促成更好协调和合作却往往意味着减弱控制。由于基层法院一直以纵向型结构为主,因此讨论纵横结构相互协调的问题,应主要专注于如何适当减弱或改造纵向控制,并相应加强横向协作。以知识增长为主要设计目的的横向结构,有利于任务共享和信息交流,可有效专注和处理某一核心流程和重要职能,通过机构设置交叉(即部分人员配备重合)的方式,衔接和打通基层法院的纵向控制和横向协作结构,可使信息上下左右畅通衔接以利于组织目标的实现。

(四)适应环境原则:对内外制度环境和群众司法需求的适应

1.结构需应对内外部环境的差异

法院的机构设置现状之所以不得不借助于行政的管理体制和逻辑,直接原因是欠缺专属的法院管理理论和方法,但深层原因仍是制度环境对组织结构的决定作用。法院当前的内部管理模式形成于外部政治生态和权力行使惯性的背景下,盲目脱离外部环境去谋划法院内部的行权模式改革恐怕难以奏效。如何妥善处理法院内部管理模式的转变以及外部行政管理氛围的未变;当外部制度环境相对稳定,如何通过有效的组织设计,使法院仍具有实现扁平化、分权型管理的底气和离心力,成为考验设计者的关键。当外部制度环境仍以行政型的集权化管理为主,基层法院的结构中就应特别加入有助于审判单元适应外部环境的针对性设计,缓冲甚至隔离外在不良渗透,借此营造内外有别的内部制度氛围。

2.结构需回应群众的司法需求

任何现代组织想成功运转,都必须积极回应客户的需求并作出有效反应。如将法院视作产出司法产品的组织,那么诉讼群众的司法需求便可视为组织边界之外的客户需要,在相应结构设计中应该加以回应。例如,可以改变将不同案由分配到不同的民事审判庭审理的现状,通过拆并民事审判庭,减少该审判板块

---

① [美]理查德·L.达夫:《组织理论与设计》,王凤彬、张秀萍等译,清华大学出版社2010年版,第104页。

的管理幅度,以减少诉讼群众因错误选择案由而可能承担的撤诉、重新起诉的负担。① 如可以弱化刑事与民事审判庭、民事与行政审判庭的组织结构壁垒,让不同领域的专业人员和专业知识更好地流动和共享,以针对性回应群众对于一揽子解决刑民纠纷、行民纠纷等复合型法律纠纷的迫切需要。②

(五)显性化原则:应将隐形结构纳入显性组织结构保障

显性的正式组织结构与资源分配、人事安排等权重因素密切相关,而隐形的审判权运行所设定的结构仅源于具体规则,显性与隐形结构孰轻孰重一目了然。审判人员自发遵循权重结构(如更高的行政职务)的行为选择必然导致隐形结构(如平权的合议庭)的式微。从显性结构和隐形结构不兼容的角度,具体而言从法院组织层级结构对审判权运行结构的侵蚀角度,似乎又多了一层对合议庭、审委会"形合实独"的解释,相应也多了一个加以解决的思路。结构决定功能,如果使隐形结构显性化,将隐形结构中的平等平权逻辑纳入显性的正式组织机构设置中予以保障,以帮助审判权运行决策中"多数决"的实现,不失为结构设计角度的可行之策。

三、基层法院组织设计的具体路径探寻

遵循以上原则的具体设计方案并不是唯一的,法院可根据不同的规模③、不同的人力资源水平④等实际情况予以调整,下文仅讨论体现和遵循相关原则的一种较为典型的设计路径。

(一)顶层决策机构设计

1.建立委员会制的法官同业控制机构

可以设立对本法院内部事务享有自主决策权的法官自治委员会,全体委员必须由真正实际办理案件的职业法官担任,委员总人数为单数,议事实行投票多数决。院长对外代表法院,是该委员会的召集人和主持人,享有固定的委员身份。其他委员由各审判单元和协作性审判部门的法官推举产生,为避免因成员固定而滋生新的等级权威,应当定期轮换。为防止委员群体决策失当或内部制

---

① 实践中,由于当事人案由选择错误,而正确案由不属于该审判庭分工范围,法官往往劝说当事人撤诉重新立案。

② 复合纠纷虽在诉讼法中有一并审理的规定,但由于分工、法官专业的限制,实践中适用并不顺畅。

③ 如对于人员规模为数十人的基层法院,具体的机构设置还可整合精简;而对于人员规模为数百人的基层法院,具体的机构设置还可细化。

④ 如在人员能力素质水平有限,仍有必要保留庭长的审判监督管理权时,也可暂时保留该层级。

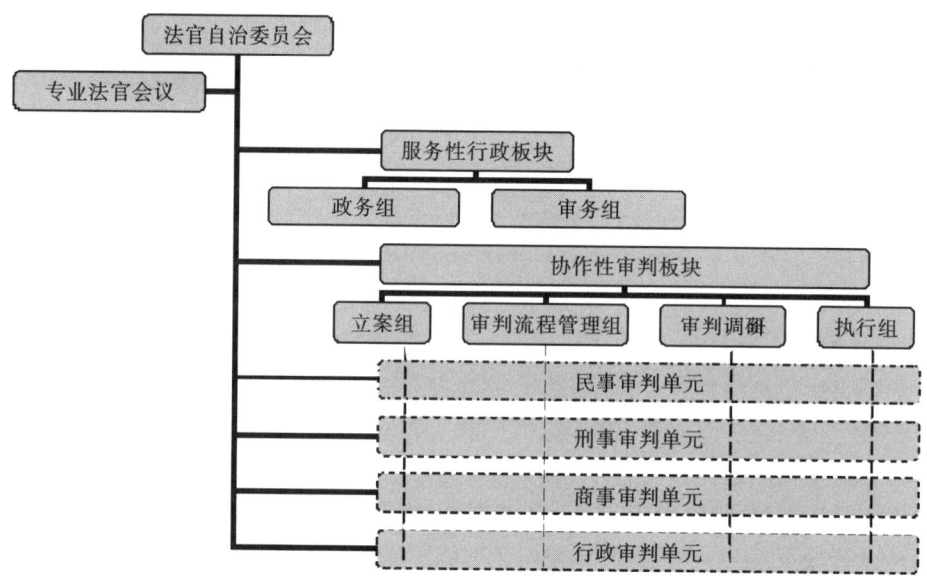

图4

度缺乏相对稳定性,可进一步将其他委员席位分为相对固定席位和不固定席位,固定席位最多连任两届,不固定席位定期轮换。另外,为确保司法行政工作的服务性和从属性,服务类行政板块的人员不享有该委员会席位。委员会以实现"查明事实基础上的纠纷解决"的目标为中心任务,对审判质效提高、审判经验总结、内部日常管理决策以及服务类行政工作的保障水平,均享有评价、诫勉和规制的权力。

2.设立以培养知识权威为目的的参谋型机构

虽然法官之间的政治待遇和等级服从位阶不必然利于查明事实和解决纠纷,但不等于法院权力运行中不需要权威。前文相关部分已经论证,应加入具体的机构设计以促成知识权威的产生和树立。由于审判知识的掌握分散于不同主体,因此结构设计中试图寻找和建立的知识权威也同样分散且不确定。相应的,当审判板块或协作类审判板块拟进行审理经验和思路的获取或再创造时,应设置临时型、组成人员非固定的参谋型机构,以积极分析和挖掘有价值的组织记忆及隐性知识储备,将其转移和传播并加以运用。可在法院内部公布拟召开法官会议的议题及相关信息,除根据审判专长和审案经历指定发言人选外,其他发言人员和列席旁听人员均可自愿报名。该临时型的参谋组织并非常设的结构安排,围绕具体知识管理和权威发现的过程一旦完成,其使命即告一段落。

(二)各板块权力治理模式的设计

1.审判板块权力配置的设计：完整赋权式

可将基层法院的内部机构根据不同属性划分为审判板块、协作类审判板块和服务类行政板块。审判板块内部，应将完整权力赋予具体办理案件的审判单元，避免分权模式对个案判断权和认定权的分割或耗散。具体设计层面，在审判单元层级之上自治委员会层级之下，不再设置管理个案审理的机构或职位；审判板块内部不再设置主管职位，着力割裂和阻拦审判单元以外的主体以层级职位为媒介，对具体案件实施控制或干预。

2.协作类审判板块权力配置的设计：扁平分权兼顾纵向传递

协作类审判板块内部，职能行使模式应围绕审判板块建立有效的沟通联络和信息交流，其中既包括立案、执行组对所掌握个案信息及所处状态（如立案调解阶段掌握信息及纠纷调处阶段、判决执行及执行和解阶段掌握信息及所处状态等）的联络和协作；又包括审判管理、审判研究组对流程节点及业务调研等宏观层面的沟通和交流。由于协作类审判板块仍可能承担直接审理案件的任务，因此进行权力配置时应参照审判板块，避免单一的纵向分布带来信息损耗和丢失，应通过减少板块内部层级，如压缩各组（立案组、审判管理组等）的主管职位，改设信息传递职位，以搭建平权型的治理结构。但考虑到该板块仍需承接来自上级法院宏观层面的要求和指引，为实现该板块工作的统一性和效率，仍需设立负责该板块的主管职位，以统筹内部的联络和协作，并满足对接外部总体指导和监督的需要。

3.服务类行政板块权力治理结构的设计：以纵向分权为主

服务类行政板块承担的具体职能是高效并统一执行自治委员会指令，具体承接和缓冲来自法院外部行政型指令。因此纵向型权力控制结构能较好实现以上职能。具体设置中既保留板块主管层级，又设置政务组（包括办公、财务、人事服务等）和审务组（负责诉讼服务、出警安保等）的组别主管层级。

(三)内部结构要素设计

1.设计合适比例的组织层级和管理幅度

对审判板块应着力减少层级设置，适时逐渐取消副院长职位层级和庭室层级，对应减少3个职位层级，减少1个部门层级。对协作性审判板块适当减少层级设置，取消副院长职位层级和板块内部组别（立案组等）主管职位层级，保留该板块的主管职位，将板块下内设组的主管职位改设为信息传递职位，由此对应职位减少了2个层级。

为避免超出恰当比例的管理幅度使法院内部职能被过细划分，导致协调和衔接各部门成为新的工作负担，在原有管理幅度改造方面，对于审判板块，以刑、民、商、行政等专业审判单元集团划分取代行政性的庭室隔离,可以实现自治委员会(即原院长层级)对审判板块的管理幅度从17变为4①。但此"幅度"已不是典型的管理幅度,而是侧重信息接收和反馈,以及为实现组织目标而进行的宏观专业指导和对日常行为的规制。对于协作性审判板块,将承担立案、执行、审判流程管理、审判调研等职能整合纳入,实现自治委员会对协作性审判板块的管理幅度从7以上变为4②。自治委员会对服务性行政板块的管理幅度由10以上变为2。

2. 构建纵向控制与横向协作相互协调的组织联络方式

组织结构中的纵向控制脉络与效率、稳定性等目标相关,横向协调脉络则与学习、创新和适应性相关。基层法院以"查明事实基础上的纠纷解决"为组织目标,对效率及上下一致稳定性的追求也必然蕴含其中。因此,基层法院纵向控制结构虽然总体上应予减少,但仍需保持在合理范围。而对于横向协调方面,组织结构除了应对现有的、需前后贯穿的职能继续加以保障外,还须关注板块之间的正式横向协作,对于立案、审判、执行这三项基本业务流程领域,应设立正式机构加强前后衔接协作。具体可在各专业审判单元集团内设置诸如审判管理监督、业务调研指导、立审执协调等席位,该席位人员隶属纵向和横向两个部门,具有双重身份和职责,可兼顾不同板块的任务特点。需指出的是,为避免以纵向结构为主的服务类行政板块对其他板块的过度介入,应杜绝与行政板块结构和席位的交叉和重叠。

(四)微观结构审判单元的样态设计

上文已经讨论,在审判单元之上不再设立个案审理管理层级的方式可以阻断来自组织边界之外的制度环境不良干预,在此不再重复。

为适应诉讼群众关于一次性解决实际纠纷的外部需求和期待,在仍对审判单元进行刑、民、行等专业分工的基础上,打通单元之间的组织结构壁垒和组合方式限制,如遇有刑民交叉、行民交叉或多专业交叉案件,可临时拆并或组建具有多专业知识储备的审判单元,构建审判板块内部动态组合、优势互补的微观结构状态,以适应诉讼参与群众期待一揽子实质化解矛盾纠纷的需要。

(五)对隐形肌理的显性化设计

以现有的典型隐形结构审判委员会为例,可将作为审判运行组织的审委会人员和功能一并纳入作为组织管理和决策机构的法官自治委员会,即显性机构

---

① 审判板块原有17个部门,改造后变为4类审判单元。
② 属于该板块的部门原有7个以上,改造后为4个。

自治委员会吸收原隐形机构审委会的机构和职能,其中审委会的部分职能如统一本院裁判尺度及业务指导职能可由专业法官会议等参谋型结构所吸纳。不具有正式组织结构保障的隐形结构如此消除以后,审判权运行机制中要求的平权规则便与正式组织结构中的平权规则合二为一,原有的等级结构对平等结构的对冲和消磨不复存在。由于审判庭层级和主管职位的取消,合议庭中原来可能出现的等级结构对平权结构的对冲和消磨将随之改观。

结　语

基层法院的组织结构设计是当前跨学科的空白领域。本文尝试探讨的过程虽然艰难,但不乏意义,期待本文能在后司改时期,为基层法院内部机构设置提供不同视野的铺垫和探索。

基层法院未入额初任法官成长路径探析

林 挚* 韩 斌**

摘要：文章立足于改革政策指导实践，实践不断促使政策完善的理论大前提，从2015年以来的司法改革实践操作和改革政策中存在的不一致性出发，论述未入额初任法官①系法院未来办案主力人员，是目前最容易成长起来的人群等特性，通过实证调研的方式阐述该部分人员在一线审判部门和二线综合部门工作中遇到的实践困境及其原因。同时，立足于中央强调的未入额法官"不能独立办案"和"参与案件"的理解，提供将全部未入额初任法官集中在速裁法庭和立案部门的诉前调解中心工作；或是在审判部门的人员依照民事诉讼的程序节点参与辅助工作、综合部门的人员"适度参与案件审理，明确行政发展引导"两种路径，为政策的进一步制定提供参考，在实现法院后备人才培养的基础上最大限度地分流入额法官的案件审判压力，以小见大地为司法改革配套制度的设定提出来自基层实践的意见。

关键词：未入额初任法官；成长困境；路径设计

引 言

改革政策是指导、推进改革的纲领，是党为了实现国家治理的现代化、推进依法治国方略而确定的行动指导原则和准则。2013年11月12日，党的十八届三中全会审议通过的《中共中央关于全面深化改革若干重大问题的决定》提出，建立符合职业特点的司法人员管理制度。2014年6月6日，中央全面深化改革领导小组在《关于司法体制改革试点若干问题的框架意见》中，首次提出实行法官"员额制"，将法院工作人员分成法官、司法辅助人员、行政管理人员三类，设置

---

* 作者系北京市海淀区人民法院研究室助理审判员。
** 作者系北京市海淀区人民法院民三庭助理审判员。
① 未入额初任法官系司法改革之前最后一批新任命为助理审判员，司法改革之后转为法官助理的法院工作人员。

三年至五年的过渡期。2016年员额制政策正式铺开之后,全国约有6.7万名法官不能入额。① 依照所属工作部门②和是否承办案件的分类标准,未入额法官主要可以分为三类,分别是在审判部门从事审判业务,但未入额的人员;在司法改革启动时刚被任命为助理审判员,在审判部门工作已承办案件或未承办的人员;以及在司法改革启动时刚被任命为助理审判员,在综合部门工作未承办案件的人员。

现有文献中对于已经在审判部门从事审判业务工作但是未入额的人员讨论颇多,但对于第二和第三类人员则鲜有涉及。在关于未入额法官协助办案模式的探讨文章中,并未将未入额初任法官同其他未入额法官进行区分,文献提出的"协助办案"③模式即使在理论层面可行,但在实践层面的可操作性有待进一步讨论。此外,江苏等高院2017年最新公布的改革政策指出:包括未入额法官在内的未入额初任法官自通知下发之日不再独立办案,正在办理的案件,可以继续办理。但是基层人民法院可以将未入额审判员、助理审判员调整至速裁机构办理简单案件。④ 这些内容启发了本文从改革政策和司法实践二者关系的视角发现问题。改革政策的原则性和方向性决定了其指导实践但是不能完全预测实践发展的属性,实践不断摸索、问题反复讨论才能为政策的完善提供实践意见。未入额初任法官作为改革政策与司法实践中产生的特殊群体,对该群体的分析是弥合政策与实践不统一的着眼点,是深化改革的动力和源泉。为此,本文以A省三级法院目前存在417名⑤未入额初任法官的客观实际为例,通过实证数据分析与研究,结合中央提出的到2017年年底初步建立分类科学、分工明确、结构合理和符合司法职业特点的法院人员管理制度的工作要求⑥,就未入额初任法官的成长问题展开讨论。

---

① 李少平:《当前深化司法体制改革的形势、任务及重点》,载《法律适用》2016年第8期。

② 依照法院的部门分类,承办案件的部门被称为审判部门,包括民一庭、民二庭等;承担司法辅助性事务的部门被称为综合部门,包括研究室、审管办等。

③ "协助办案"即未入额法官承担入额法官的部分案件压力,参与案件承办。

④ 江苏省高级人民法院:《关于未入额审判员、助理审判员协助法官办案的通知》,苏高法[2017]81号。

⑤ 该数据来源于A省高级人民法院统计,其中2012年入院直到2014年或者2015年才任命为助理审判员的为192名,2013年入院直到2015年任命为助理审判员的为225名。

⑥ 最高人民法院司法改革领导小组:《最高人民法院关于全面深化人民法院改革的意见》,人民法院出版社2015年版,第24页。

一、开门见山:探讨未入额初任法官成长的必要性

(一)未入额初任法官群体特殊性

未入额初任法官在司法改革进程中,刚被任命为助理审判员,缺少独立办案经验或者独立办案时间较短,属于法官助理一种。与一般的法官助理相比,其特殊性在于依照《人民法院组织法》的规定,其享有办案权;同时,该类人员已经参加工作三年至五年,是现行司法体制下最后一批被任命的助理审判员,实践经验丰富,属于未来法院办案的主力人员。

现行《人民法院组织法》第37条规定了各级人民法院按需要可以设助理审判员,由本级人民法院任免助理审判员协助审判员进行工作。但对于何时任命助理审判员,特别是法官助理需要多长时间可以被任命为助理审判员无直接规定。司法改革之前,全国普遍适用的程序为第一年时参加省(直辖市)高院统一组织的预备法官资格考试,考试通过后第二年参加省级统一培训,培训完成,无特殊情况,则可由本院任命为助理审判员,且任命之后,基本都开始独立办案,因此,未入额初任法官所接受的工作训练相对全面。在审判业务部门工作的未入额初任法官成长模式通常为"师傅带徒弟"的方式,因此经过一定时间的训练,在未来的三年至五年中最可能成长为独立的办案人员;在综合部门工作的未入额初任法官则主要在以学术研究的部门为主,经过三年至五年工作经验的积累,能够独立开展主体工作。此外,未入额初任法官基本在2015年被任命为助理审判员,且均是法学硕士研究生毕业,具有扎实的学理基础和丰富的知识储备。

(二)未入额初任法官专门讨论的必要性

在司法改革对未入额法官的制度设计初期,即有学者提出,随着改革的深入推进,将法官助理作为"限权法官"的思路可以进行进一步研究探索。[①] 2015年的中央司法改革精神指出法官员额制度全面推开后,各级人民法院不再任命助理审判员。改革之前任命的助理审判员,改革中不宜整体转为法官助理。[②] 政策探索、推进、实施中的争议以及司法改革全面推开之后不再任命助理审判员的实际赋予了本文专门讨论未入额初任法官的现实意义。此外,本文以为,专门讨论未入额初任法官的必要性还在于未入额初任法官是法官队伍的主要后备力量,是除入额法官外最能承担案件压力的人员并且积极性相对容易调动。

---

① 最高人民法院司法改革领导小组:《最高人民法院关于完善人民法院司法责任制的若干意见》,人民法院出版社2015年版,第156页。

② 最高人民法院:《权威解答:未入额法官不得独立办案,职务待遇保留,参照法官助理晋升》,载《人民法院报》2017年4月19日。

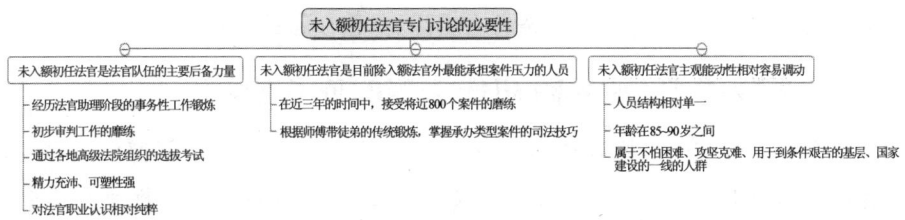

图 1　入额初任法官专门讨论的必要性

司法价值论指导下的法院工作首要定位为"纠纷解决"。① 在 A 省收案量最大的两个基层法院中,在综合部门工作的未入额初任法官自入职至改革之前被任命为助理审判员的时间里,一年协助审判员承办的案件数量均超过 300 件,经过三年近 800 件②的案件磨炼,以及"师傅带徒弟"传统的学习锻炼之后,掌握了承办类型案件的司法技巧,是除有独立承办案件经验之外的法官人群外最具备独立办案综合能力的人员。

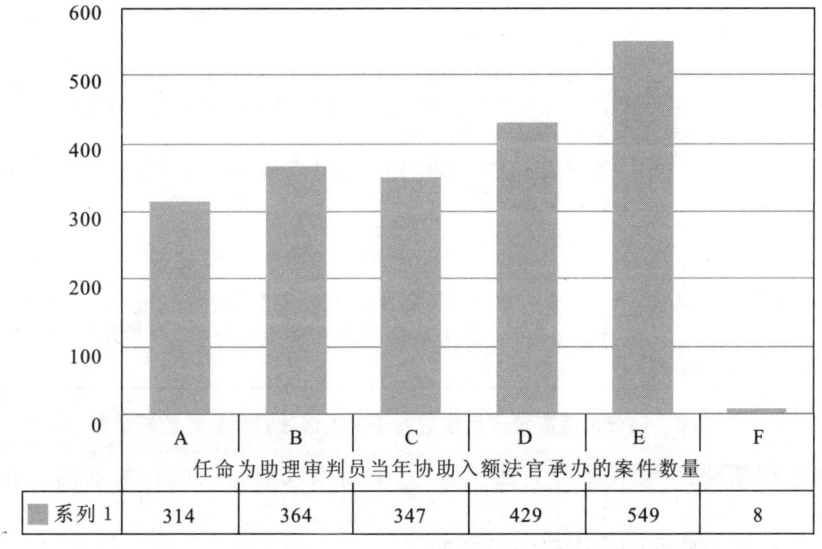

图 2　未入额初任法官 2016 年协助审判员承办的案件数量

---

① 最高人民法院司法改革领导小组:《最高人民法院关于全面深化人民法院改革的意见》,人民法院出版社 2015 年版,第 20~22 页。

② 该数据来源于 W 基层法院 2014—2016 年未入额初任法官在担任助理期间协助师傅年承办案件数量的统计。

基于此，本文专门选择未入额初任法官作为讨论主体，并从基层法官对民商事案件的承办切入，以讨论出一条符合实际、操作性强的成长方案。

二、实践透视：未入额初任法官的成长困境

结合司法改革的机构调整，未入额初任法官可以分为在审判部门工作和在综合职能部门工作。① 根据中央司法改革的精神，未入额法官不能独立承办案件，然自改革以来，全国大部分地区的法院，因为案件量巨大、办案力量有限的客观实际，实际上也承担一定的办案任务。截至 2017 年 1 月，仅 W 基层法院的未入额初任法官就已经独立承办案件 300 余件。其他未入额法官则承担了更重要的案件承办任务。2017 年年初，全国法院为了进一步落实未入额法官不能独立承办案件的指示，分别出台各类文件以缓解现实的情况。从文件的表述也可以看出，在改革的过渡期内，包括未入额初任法官在内的未入额法官实际承担了独立审判案件的任务。

江苏省高级人民法院	自本通知下发之日起，未入额审判员、助理审判员不再独立办理案件。本通知下发时未入额审判员、助理审判员正在办理的案件，可以由其继续办理。 未入额审判员、助理审判员可以协助员额法官办理案件。基层人民法院未入额审判员、助理审判员可以在员额法官指导下办理经繁简分流确定的简单案件。 基层人民法院可以将未入额审判员、助理审判员调整至速裁机构办理简单案件。
广西壮族自治区高级人民法院 山西省高级人民法院	今后未入额法官不能独立办案，不能作为合议庭成员参与办案。自 2017 年 2 月 1 日起，全省法院不再给未入额的法官分配案件。

图 3　部分地区高级人民法院对于未入额法官办案的最新意见

在此基础上，笔者结合实证调研，列举出未入额初任法官目前的主要成长困境：

（一）在审判部门工作的成长困境

1."揠苗助长"——案件承办压力大

立案登记制改革实施，各类新法新规叠加，全国各地的大部分法院案件数量

---

① 由于全国各地法院在司法改革过程中对研究室的归类做法不一，本文依照 A 省高级人民法院的做法将其列入不分配员额的司法行政部门。

均呈几何倍数增长。以 W 基层法院为例,该基层法院 2015 年收案量突破 7 万件,2016 年收案量突破 8 万件,结合当前的收案形式,2017 年收案量可能突破 10 万件。该院在进行两批入额考试之后,入额法官数量为 175 人。以 2016 年的民商事收案数量为例,入额法官人均结案数量超过 400 件。在案件量巨大的现实背景下,依托司法改革过渡期中未入额法官可以承办部分适用简易程序的案件的规定,未入额初任法官亦开始承办案件,在该法院 2016 年新任命的 14 名在民商事审判部门的未入额初任法官,其中 5 名在任命未满一年时开始独立承办案件,具体情况详见图 4:①

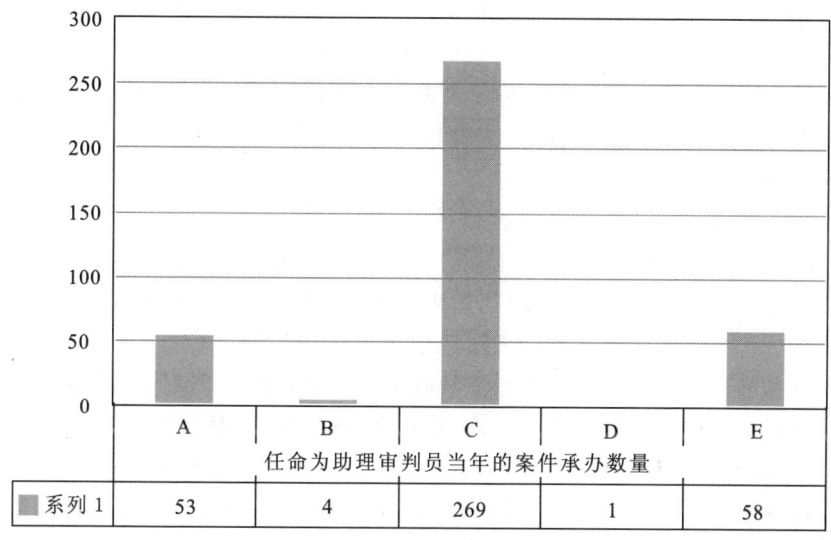

图 4　W 基层法院 14 名未入额初任法官任命 2016 年工作情况

从图 4 可以看出,未入额初任法官在任命不到一年的时间里,办案量最多的未入额初任法官已经承办 200 余件案件,该同志在 2017 年年初已新收案件 300 余件。在较大的案件压力下,未入额初任法官需要迅速适应快速的办案节奏,从案件的突发问题到细节的处理,都需要未入额初任法官相对成熟地应对,尽管短期内会让未入额初任法官成长迅速,但繁重的工作压力容易挤压所遇到真问题的总结和思考时间,容易让经验的积累流于形式。从长远发展看,不利于未入额

---

① 2016 年 4 月,W 基层法院共任命 25 名 2012 年和 2013 年入职的法官助理,其中 11 名在民商事、知识产权审判部门工作,3 名在综合部门工作(其中 1 名工作调动已离开该院),其余的在刑事和执行部门工作。本文依据论文的主题,统计在民商事、知识产权审判部门工作的 11 名未入额初任法官中已经独立承办案件的未入额初任法官基本情况。

初任法官成长为专家型、精英型法官。

2."忐忑不安"——裁判安全感缺失

近年来,全国各地暴力伤害法官事件层出不穷,①给法官执业造成消极影响。同时,《最高人民法院关于完善人民法院司法责任制的若干意见》第25条规定了"让审理者裁判,让裁判者负责",要求法官对其履行审判职责的行为承担责任,在职责范围内对办案质量终身负责。未入额初任法官可能发生对自己的裁判缺乏足够的经验和信心,尽管可以向资深法官请教,但是仍然存在因为缺乏社会阅历和社会经验,对复杂问题的细节把握上存在疑虑的客观现象,例如近年来的"彭宇案""天价过路费案"都是由助理审判员担任主审法官审理的案件。② 这些负面舆情尽管同媒体炒作相关,也着实反映了主审法官对舆情的风险防控意识不足。同时,一旦开始独立办案,裁判安全感的缺乏容易对未入额初任法官造成心理上的压力,如果实际发生了影响法院声誉的事件,保护机制的缺失容易影响未入额初任法官对职业的憧憬。

3."左支右绌"——岗位职责混同

基层法院审判部门人员配比不合理的情形目前依然存在。当前,在引入社会化购买服务、司法辅助人员招聘的机制之后,基层法院入额法官基本实现审助书1∶1∶1的分配。未入额初任法官由于被纳入法官助理行列,实践中不再给其配备书记员。缺乏书记员的辅助导致了未入额初任法官需要自行承担自收案到结案的全部审判性和事务性工作,仅在开庭时有书记员协助记录,未入额初任法官既不能专注于案件的审判,又不能真正落实个案的精细化管理,司法改革提倡的权责划分没有被彻底地贯彻和落实,对人员的分类管理也未切实践行。未入额初任法官承担的责任实则不低于真正的入额法官。

(二)在综合职能部门工作的成长困境

1. 案件历练表面化

与审判部门"揠苗助长"成长相反的是在综合部门工作的未入额初任法官在案件上的历练不足。以W基层法院为例,在2016年任命的助理审判员中,目前有两名在综合部门工作。尽管这些综合部门会涉及与审判部门的沟通交流,但是实际参与案件承办和磨炼的机会则不足。即使参与了案件的审理工作,由于

---

① 2015年9月,湖北省十堰市中级人民法院四名法官遭袭;2016年2月,北京市昌平区人民法院马彩云法官遇害;2017年1月,广西壮族自治区陆川县人民法院傅明生法官遇害;2017年2月,江苏省沭阳县人民法院周龙法官遭袭。

② 傅郁林:《以职能权责界定为基础的审判人员分类改革》,载《现代法学》2015年第3期。

主责工作的职责所在,无太多的机会和场合讨论个案存在的法律适用等问题,总体而言,在综合部门工作的未入额初任法官在案件经验的积累上相对不足。

2. 发展路径模糊化

在司法改革不断推进的情况下,司法改革对法官队伍"职业化、精英化"的要求决定了优秀的干警都需要充实到一线审判部门。而在综合部门工作的未入额初任法官发展前景相对不明确。这类未入额初任法官可以在任助理审判员满两年之后参加入额考试。然前期对于案件积累量的不足有可能导致实际入额之后的案件承办陌生感。同时,在没能顺利通过入额考试的情况下,如何在其他部门、其他单位进行岗位轮换也未真正制定出落实细则。

3. 岗位调整动态化

基层法院工作的客观实际使得岗位轮换呈现常态化,综合部门因为工作的重合性高,更容易通过"以岗定人"的方式进行人员调整。未入额初任法官的成长路径不确定性很大。W基层法院25名未入额初任法官,自2012年入院工作至2015年司法改革初期,共有5名未入额初任法官发生了部门调动,其中3名是在审判部门和综合部门之间的岗位调整。

三、正本清源:成长困境形成的原因分析

(一)客观环境

1. 司法改革引起的客观环境改变

依照《人民法院组织法》第37条第2款的规定,助理审判员由本院院长提出,经审判委员会通过,可以代行全部法官职务。依照司法改革对于员额法官的精英法官和全权法官定位,《人民法院工作人员分类管理制度改革意见》将法官助理的主要职责确定为:审查诉讼材料、组织庭前证据交换、接待案件诉讼参与人、准备与案件审理相关的参考资料、协助法官进行调解以及草拟法律文书。

司法改革试点地区结合上述意见对法官助理的职责进行细化,包括审查诉讼材料、协助法官组织庭前证据交换、协助法官庭前调解、草拟文书、完成法官交办的其他审判辅助性工作等。为了减少改革对实践工作产生的冲击、保持助理审判员的积极性,保留了未入额法官参与承办适用简易程序案件的规定。江苏、山西、广西高级人民法院2017年最新出台的文件也印证司法改革过渡期以来,包括未入额初任法官在内的未入额法官承办案件的事实。政策更迭需要一段相对长的适应、调整时间。在新旧变革的过渡期内,未入额法官不能独立办案的中央精神和发达地区基层法院案件数量巨大、实践中入额法官数量无法完全满足实际的差异,使得未入额初任法官承办案件成为客观所需。

2. 案件数量持续性上涨

案件数量大幅度攀升,现有的入额法官不足以完全承担案件裁判任务,是法院将未入额初任法官等人员纳入办案人员行列的主要原因。W 基层法院依照现有的入额法官人数,人均每年需承办约 428 件案件。即使按照目前部分法院推行的"三五一"速裁模式下承办案件数量最多的法官为参照,在 2017 年第一季度,结案数最多的法官当月审结案件数量超过 100 件,庭室法官平均结案量为单月 80 件。① 如果保持该结案速度,法官年人均结案数量约 960 件。普通民商事审判庭法官承办案件的难度远大于速裁法庭中的简单案件,通常适用普通程序,且难以当庭结案、宣判,普通庭审的法官一年承办的案件数量难以超过 400 件。在此背景下,法院不得不考虑将未入额初任法官等人员纳入案件承办序列。

(二)主观原因

1. 职业预期改变引起的发展不确定

根据笔者对江苏、浙江、福建、北京等地的法官访谈,司法改革之前,法官助理通常在入职的三年至五年内经院长任命后成为助理审判员;即使最初被分配在综合部门工作,一定时间后也能够轮换到审判部门工作。该背景下的成长路径相对明确,无须未入额初任法官投入太多精力思考成长方向。在司法改革的大环境中,政治处、办公室属于司法行政部门,工作人员身份属于司法行政人员;而审管办、研究室能否配置员额各地做法并不统一,此外,司法行政人员和审判人员岗位并不能相互轮换等规定使得年轻法官需要更早地面临职业选择。由于法院的案件压力给予未入额初任法官参与办案的机会,在未入额法官未完全明确未来职业规划的情况下,未入额初任法官愿意尝试案件的承办,从而为未来的发展铺垫,创造更多的可能性。

2. 职业多样化触发的选择焦虑

"80 后"成长在社会环境变化剧烈的时代,时代特性赋予这类人群爱奋斗、求上进同时也易焦虑等特质。职业选择关乎个人发展前景,并且工资待遇也有一定的差别。在此情况下,面对继续在综合部门工作还是尽量争取到一线审判部门工作的抉择,基于自身工作资历尚浅,经验有限等实际情况,即使在组织能够给予一定的选择权的情况,未入额初任法官还是容易出现迷茫的状态。因此,

---

① 海宣:《北京海淀法院繁简分流改革再创新 民商事速裁见成效》,载中国法院网 http://193.1.8.85/Views/ArticleDetail.aspx?InfoID=b9ac32d8-3397-4b5c-9c4d-db025c161edf,最后访问日期:2017 年 6 月 14 日。

如果法院要求未入额初任法官参与案件承办,其主观上不会有强烈的抵触情绪。

四、因才制宜:未入额初任法官的成长路径探寻

结合司法政策和司法实践的对立统一、相互作用的关系,从实践反馈政策改进的角度而言,在对未入额初任法官的培养路径上,本文以为既需要在制度允许的框架内进行探讨,在考虑过渡期间内的发展情况同时,也需要为过渡期后的发展进行铺垫,以实现制度设计的连续性。在目前的讨论中,支持将包括未入额初任法官在内的未入额法官转任为限权法官受到相对一致的认同,然而,"限权法官"限制的内容,现行讨论中并无太多着墨。笔者将从审判权的内涵着手,在明确"不独立办案"和"参与办案"二者区别的基础上,以未入额初任法官为例,进行过渡期内的路径设计,以更好地调动未入额初任法官的主观能动性,为司法改革背景下的人员分类管理,为司法改革预设的目标顺利实现奠定基础。

审判权是国家赋予的裁判权力,从诉讼的程序分析,包括案件的受理、审理和裁判,其中,裁判是对外公示最主要的环节,署有法官姓名的文书将正式对外签发。笔者认为,目前司法改革精神中所要求的"未入额法官不独立办案但是不停止参与案件的办理"应该指未入额初任法官等人员不能独立地全部行使审判权的内容,只能部分行使。具体到案件的受理、审理、裁判环节,应该能够参与案件的受理和审理,但是不参与裁判。① 在该基础上,笔者分别对审判业务部门和综合部门的未入额初任法官进行成长路径设计。

(一)审判业务部门工作的路径设计

根据前文阐述的"限权"的认识,笔者建议可以从民事诉讼的程序和从案件审理的角度分别对未入额初任法官的发展路径进行规划,以在过渡期内最大限度地调动未入额初任法官的工作积极性。

路径一:立足"多元调解+速裁"背景的限权法官

《民事诉讼法》中的程序依照不同的分类标准可以分为简易程序和普通程序,诉讼程序和非诉程序,其中,简易程序中包含小额程序。2015年以来,为了提高工作效率,法院依据案件繁简分流的宗旨设立了诉前调解中心,并专门成立速裁法庭,将速裁法庭适用的民事程序简称为"速裁程序"。小额程序和速裁程序均不是独立的程序,小额程序只是在简易程序的基础上取消了当事人的上诉权,速裁程序的适用则同简易程序相一致。所以,笔者建议不依照《民事诉讼法》

---

① 林挚、韩斌:《基层法院未入额初任法官的"限权"发展路径探析》,载《中国应用法学》2017年第5期。

中的程序分类,而是依照法院实践中的程序分类,让未入额初任法官参与案件承办,达到"限权不限办理"的目的。

1. 速裁程序

按照目前基层法院的实践,速裁法庭主要审理物业、供暖等易调解、易审结的案件。速裁法庭的案件数量巨大,法官每月的结案数量超过80件。尽管该类案件较普通案件难度系数低,但由于案件量大,对办案人员的体力等要求高。未入额初任法官基于前述的年龄、经验各方面综合分析,参与速裁程序的办理,一方面,能够发挥其案件承办积累经验,满足速裁案件对法官提出的在相对短的时间内以一定速度消化简单案件的要求;另一方面,确保未入额初任法官对于案件持续的接触和消化,积累应对当事人的经验。需要说明的是,由于未入额初任法官是限权法官,不参与裁判权的行使。为了防止最终的裁判文书签发人"判而不审"等问题的出现,所以具体的操作应为未入额初任法官参与起诉书的签发、庭前的准备工作和法庭审理的问题罗列,入额法官(负责)庭审工作,裁判文书由未入额初任法官草拟,入额法官签发。

2. 诉前调解程序

2015年10月,中央全面深化改革领导小组通过《关于完善矛盾纠纷多元化解机制的意见》,2016年,最高人民法院公布《关于人民法院进一步深化多元化纠纷解决机制改革的意见》。随后,全国各地法院围绕上述意见,进行了多元化解的尝试,表现之一即在法院的立案部门设立诉前调解中心。诉前调解中心多由法官负责引导当事人和人民调解员开展工作,一旦案件无法顺利调解,则直接转入速裁法庭进行调解对接。基于此,笔者建议将未入额初任法官安排一部分在诉前调解中心或是立案部门,通过发挥其工作经验在法院前端引导当事人,开展必要的调解工作,一旦调解不成,则直接由其和速裁法庭的未入额初任法官对接,节约其他入额法官对于案件对接等工作所花费的时间。从而确保未入额初任法官始终围绕案件的发展开展工作,既积累群众工作经验,又能切实地缓解入额法官的案件裁判压力。

部分学者提出,改革必须打包进行。[①] 为了更好地在形成未入额初任法官的成长路径设计,除了前述在参与案件的办理类型中依照其特性进行设计之外,对于配套的制度考核,笔者建议如下:

一是人员序列安排。为了保持司法改革政策的连贯性,在未进行入额考试成为入额法官之前,未入额初任法官的职务序列依然为法官助理。结合上述让

---

① 傅郁林:《司法改革的整体推进》,载《中国法律评论》2014年第1期。

其参与承办案件的类型设计,可以将未入额初任法官全部安排在立案庭和速裁法庭,在两个部门中形成对这批人员的集中化管理。由于法院原本对于速裁法庭法官的考核就不同于一般部门的法官,因此,在方案设定时加入未入额初任法官的单独考核,并不会造成太大的工作负担。

二是团队配置。在速裁法庭中,未入额初任法官应该属于入额法官的助理,其所在团队可以按照入额法官配备一名法官助理、一名司法辅助人员的形式进行,而在立案庭工作的未入额初任法官,则可以由其独立完成案件的诉前引导和调解,以及在调解不成功时对速裁法庭的未入额初任法官对接。

三是绩效考核。相较于一般法官助理,在速裁法庭工作的未入额初任法官工作量略大,因此,在绩效考核的时候可以适度调高协助办案数量的比重,从而达到相对公平的效果。对于立案庭的未入额初任法官,则根据其接待的案件量和调解率以及和速裁法庭对接的案件数进行综合考核。需要说明的是,为了尽量保证两个庭室的未入额初任法官考核的一致性,建议法院每半年对二者进行轮岗,以形成相对公平的考核环境。

路径二:以案件审理节点为划分依据的"限权法官"

路径一是采取将未入额初任法官集中管理的方式,通过发挥其优势将其安排在速裁法庭和立案庭的诉前调解中心。而考虑到未入额初任法官目前已经参与承办了部分案件,部分已经独立承办案件,甚至有几百件未结案的情况,路径二则是将未入额初任法官继续安排在现在所在庭室,以法官助理的身份,协同入额法官共同办理其剩余的未结案件,具体的工作安排可以依据《民事诉讼法》列明的案件审理节点为划分依据,最大化发挥未入额初任法官的积极性和能动性。需要说明的是,下文的法官助理主要指本文所强调的未入额初任法官。

1. 审前阶段——重在庭前化解矛盾

审前阶段指的是在立案到正式开庭前的阶段,依照《美国法官助理手册》的规定该阶段法官助理会在法官的要求下召开一次或者数次审前会议,以安排各项事务的时间。① 在我国,依据通常的工作流程规范,法官在收到案件后会第一时间进行浏览,之后对案件进行难易程度预判,并交给法官助理。法官助理启动送达工作,并在送达过程中穿插调解工作。未入额初任法官助理的优势在于专业性强,将调解工作交给这部分人员能够顺利地开展。在无法进行调解的情况下,法官助理将送达过程中的情况结合经验预判是否需要组织庭前证据交换,并

---

① Federal Judicial Center: Law Clerk Handbook—A Handbook for Law Clerks to Federal Judges, Third Edition, p. 87.

向法官请示。笔者认为,是否组织证据交换的权限交给法官助理的原因在于目前基层法院的分案机制以类型化为主,法官多是审理某类案件的专家,法官助理也长期以接触某类案件为主,其具备独立判断的能力,如医疗纠纷,首要工作就是组织当事人确定是否进行鉴定等。在法官助理进行预判后,将安排告知法官,法官再根据案件的重要性决定其是亲自参加庭前证据交换会议还是交代部分注意事项即可。

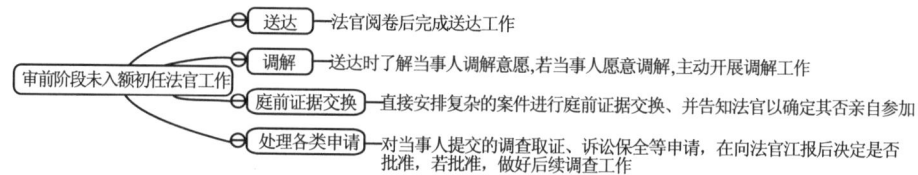

图 5　审前阶段助理重点工作一览表

2. 审理阶段——重在协助调查

在复杂程度较低的案件庭前启动调解工作,复杂案件庭前已经证据交换的情况下,法官对于案件的具体情况则有了相对明确的预判。通常情况下,对于一庭审结的案件法官助理此时无其他特定职责,但是对于需要二次开庭,特别是法官在审理过程中需要继续调查了解的内容,法官助理记录在册,并且庭后主动开展。

3. 裁判文书写作阶段——重在文书草拟

将文书全部交给法官助理草拟,能够锻炼法官助理的写作能力,将法官从案件裁判的事务性工作中解脱出来。但是笔者不建议将全部的裁判文书草拟工作交给法官助理。首先,裁判文书写作是法官裁判思想的凝练,不属于千篇一律的事务性工作;其次,法官助理的写作能力在浏览大量的文书和适当的写作练习后就能够得到培养;再次,全部将文书交给法官助理草拟容易造成法官助理心里不平衡,认为自己工作负担过重。根据对实际的观察,本文以为应该采用"法官写作为主,助理草拟为辅"的模式。对于可以套用模板,法官助理可以自行草拟,对于当事人众多、法律关系复杂的案件,法官则需要自行对于案件事实查明和本院认为等部分进行写作。法官在写作过程中可以引入讨论机制,就案件争点问题写作与法官助理交流讨论,以激发法官助理的积极性。

4. 判后阶段——重在整理归纳

案件裁判后,法官负责宣判,对于判后答疑环节,基于对司法权威和司法公信力的树立,需要由法官进行答疑。法官助理对于当事人提出的上诉进行上诉状审核、送达及上诉卷宗整理、移送。同时,笔者建议,法官助理自行建立一个案件库,以将个案出现的问题进行整理,以形成规范化的模板,从而方便未来的工作。

(二)过渡期内综合部门工作的路径设计

过渡期内综合部门的未入额初任法官的突出问题表现为无法实际参与案件的审判,对于审判经验的积累相对欠缺。所以对于在综合部门工作的未入额初任法官的路径设计理念为"适度参与案件审理,明确行政发展引导",在前述路径一的背景下,可以将综合部门的未入额初任法官全部调配至速裁法庭和立案庭的诉前调解中心工作,而如果是采取路径二的普通法官助理培养模式,按照最高法院提出的"顶层设计、经验借鉴和自身探索"有机结合,① 可适当引入案件协助办理机制,将未入额初任法官分别指派一位入额法官形成"师徒传帮带"机制,每年允许综合部门的未入额初任法官参与一定数量的案件办理。

而综合部门可适度地给予未入额初任法官更多地参与相对重要的如全院上传下达性质的工作,以此考验未入额初任法官参与行政工作的潜力和可能性,通过给予未入额初任法官工作上的重视,挖掘其内在兴趣,从而引导未入额初任法官作出正确的工作选择。

结　语

实现分类科学、分工明确、结构合理和符合司法职业特点的法院人员管理制度设计的目标,需要全方位统筹考虑各类人员的特点,做到人尽其才、物尽其用,通过合理的人员职能定位和设置,能够充分发挥群体和个人的积极性能动性。未入额初任法官这支正在茁壮成长、蓄势待发的审判队伍,将会通过良性的制度设计成长为专业型、精英型法官队伍的重要组成部分,为司法改革目标的顺利完成和社会公平正义价值的最终实现增砖添瓦。

---

① 李少平:《当前深化司法体制改革的形式、任务及重点》,载《法律适用》2016年第8期。

司法改革背景下民事简易程序再简化制度之构造

刘光辉[*]

摘要：近年来，为解决"案多人少"难题，基层人民法院大量运用民事简易程序解决各类纠纷。新民事诉讼法及其司法解释从制度层面对简易程序进行了重新设计和布局，但能否对民事简易程序进一步再简化，新民事诉讼法解释未予以正面回应，也未提出具体的实践操作方法。在司法改革之当要关头，应当构建简易程序再简化的具体路径，将简易程序再简化定位于普通程序和小额速裁程序之间，真正体现民事简易程序应有之义。

关键词：民事简易程序；再简化；制度构造

一、民事简易程序再简化制度构造之必要

民事诉讼简易程序以简便、快捷、高效的程序设计已经成为诉讼程序中不可或缺的单元，新出台的民事诉讼法及其司法解释在法律条文和诉讼理论方面给予相应的完善。然而，民事简易程序再简化理念和诉讼程序却未完全提及，也未自成体系，其程序之间相互混淆适用，甚至有将简易程序再简化解释为普通程序或小额速裁程序之嫌。诚然，民事简易程序再简化的目标应当是将简易程序设计定位于普通程序与小额速裁程序之间，通过对民事简易程序再简化，将完善和推动简易程序制度不断向前发展。因而，为推进司法改革进程，民事简易程序再简化制度，应有其现实的必要性和理论的正当性。

（一）民事简易程序再简化制度之现实必要性

民事简易程序再简化应当在民事简易程序的基础上，再进一步简化诉讼程序，不断提高诉讼效率，从而节约司法资源，最终达到方便当事人诉讼的目的。特别近几年，随着司法改革的不断深入，"案多人少"问题突显，大量案件积压在

---

[*] 作者系湖北省孝感市孝南区人民法院党组成员、审委会委员、一级法官。

基层人民法院,而案件类型相对单一、简易程序不简易、诉讼程序适用不清等现实问题,长期制约基层人民法院各项工作的开展。为了切实解决当事人纠纷,不断提高案件审判效率,真正让简易程序的效用在审判环节完全发挥,民事简易程序再简化应当作为提高诉讼效率之最佳途径,这也是简易程序再简化制度之现实需要。

1. 缓解案件激增之需要

自2015年4月30日最高人民法院调整级别管辖和次日实行的立案登记制度以来,案件数量激增现象在基层人民法院普遍存在。面对堆积如山的未结案件和大量新受理案件,"案多人少"问题是摆在人民法院和法官面前的难题。为了缓解案件激增与办案人员减少的压力,应当有一种较好的程序或制度设计解决现实存在的问题。诚然,简易程序以其独特的快捷简便和高效等优点,能够较好地解决案件激增给基层人民法院带来的压力,应当为解决案件数量激增之优先选择。然而,在审判实践中,法官不全面适用简易程序,简易程序不简易、简易程序普通化等现象比较普遍。为缓解案件激增压力之需要,有效地解决案件激增与办案人员减少的矛盾,最大限度地提高案件审判效率,应当在适用简易程序的基础上再简化。

2. 提高审判效率之需要

X市Y区基层人民法院某城区人民法庭提供的近三年案件数据类型如图1所示:

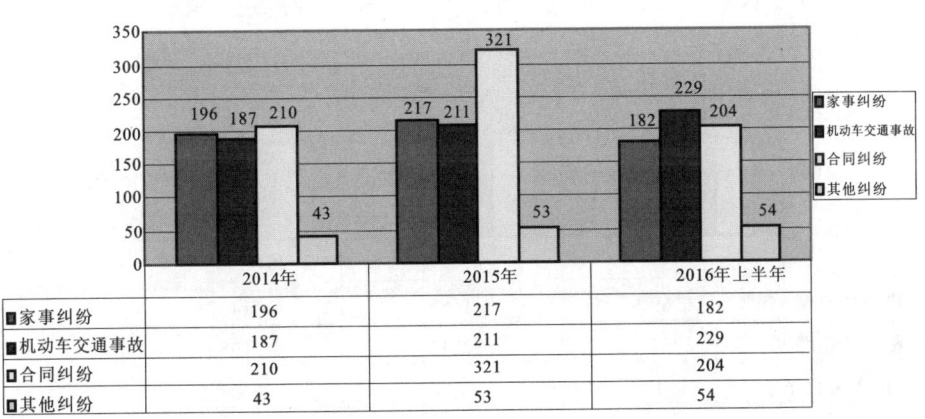

图1　X市Y区人民法院城区人民法庭近三年受理案件类型

X市Y区基层人民法院提供的近三年审理案件数据类型如图2所示:

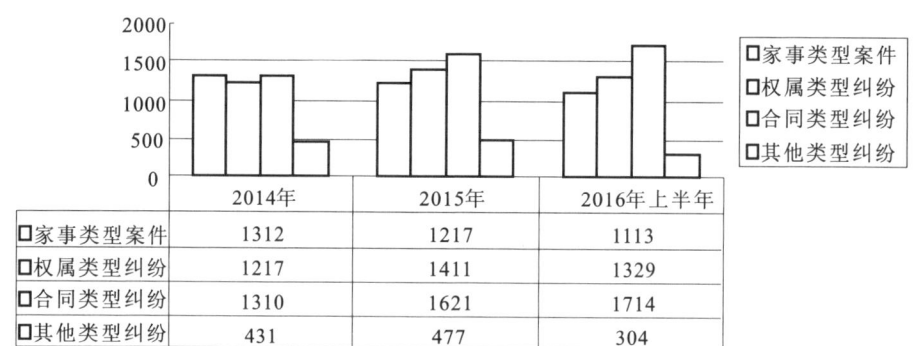

图 2　X 市 Y 区人民法院受理案件类型

从图 2 中可看出,基层人民法庭和基层人民法院审理的案件类型并不复杂,一般为家事、机动车交通事故损害赔偿、合同纠纷三类案件,上述几类案件占案件总数的 90% 左右。由于基层人民法院主要审理三大类案件,而对于这三大类型案件,按照法律规定均可适用简易程序审理。为提高审判效率,基层人民法院审理案件适用程序应当以简易程序为原则,普通程序为例外。简易程序普遍适用为其程序再简化提供了生长的土壤,同时,简易程序再简化制度可以提高类型案件审判效率,真正缓解基层人民法院"案多人少"困境。

3. 明确诉讼程序之需要

X 市 Y 区基层人民法院适用普通程序与简易程序数据如图 3 所示:

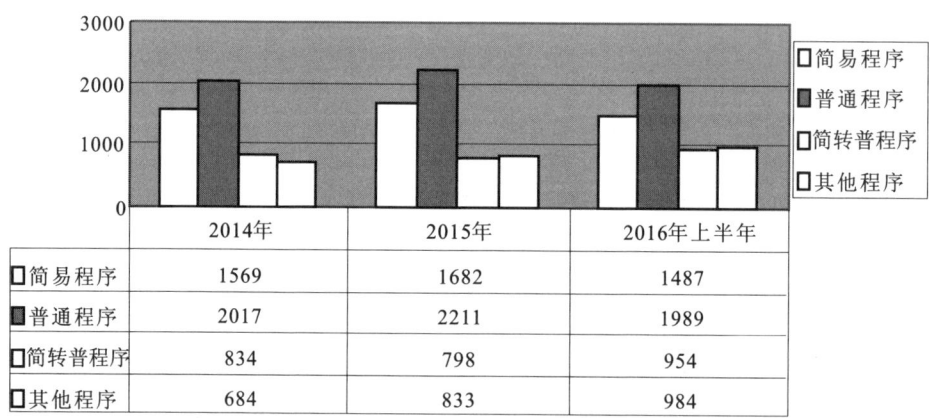

图 3　X 市 Y 区人民法院适用程序图表

从图 3 可以看出,在基层人民法院,应当适用简易程序审理的案件,最终按简易程序结案的只占 50%;近 50% 的案件都通过程序转换,即简易程序转化为普通程序进行审理。因此,民事案件在形式上简易、实质上普通以及程序适用不清、转换不明的现象在基层人民法院司空见惯,该程序设计没有发挥简易程序应有的作用,应当在明确诉讼程序适用的基础上,对简易程序再简化。同时,应当严格区别并扩大简易程序与普通程序之间界限和差异,让法院及当事人能够清晰地运用简易程序,为简易程序再简化提供充分的保障。

(二)简易程序再简化制度之理论正当性

民事简易程序作为一项独立的诉讼程序,是相对于普通程序而言的,它作为一项法律制度并不是一开始就有的,其产生有一个"普通程序—普通程序简易化—简易程序—简易程序的再简化"过程。① 简易程序是一种快速而不草率、简化而不随意、廉价而非劣质的程序解决方案。其应当遵循的理念是在保证程序公正的前提下,追求程序的简便和效率优先,为人民群众提供一种简便快捷的纠纷解决机制和程序设置。一般认为,民事诉讼程序的法理基础就是公正与效率,对于简易程序再简化的理论基础,应当有其特定的诉讼程序法理基础。

1. 符合诉讼便民价值目标

便利人民群众诉讼和便利人民法院办案,是我国民事诉讼的重要立法原则,也是我国司法制度的显著特点。② 为落实"两便"原则,我国民事诉讼法在专门章节规定了简易程序,并以司法解释的形式予以补充与完善。人民法院通过对大量案件适用简易程序,真正实现方便当事人诉讼,便于人民法院及时审结案件的终极目标。"无论审判能够怎样地完善正义,如果付出的代价过于昂贵,则人们往往放弃通过审判实现正义的希望。"③因此,进入法院的诉讼案件,当事人都希望通过简易、快捷和高效的方式解决纠纷或实现公平正义。然而,随着简易程序不断向前发展,简易程序再简化必将会对便利人民群众诉讼和人民法院办案起到非常重要的作用,并通过提高诉讼程序的公正与高效不断提高法律在人们心目中的威信。

2. 符合繁简分流价值目标

案件激增、"案多人少"等问题一直是困扰法院工作的难题。近年来,法院受理的民事案件呈"爆炸式"增长,特别是基层人民法院面临的形势将更为严峻。基层人民法院面对巨大的案件数量,首选的解决之道就是实行案件繁简分流、简案快审,同时应当选择一种简便快捷的诉讼程序解决机制。根据不同类型的案

---

① 肖建中:《民事诉讼程序价值论》,中国人民大学出版社 2000 版,第 280 页。
② 江伟主编:《民事诉讼法》,高等教育出版社 2004 年版,第 303 页。
③ [日]棚濑孝雄:《纠纷的解决与审判制度》,王亚新译,中国政法大学出版社 2004 版,第 267 页。

件适用不同程序的价值目标,在立案源头上实行案件的繁简分流,既能够保证对简单案件简便高效处理,又能够保障重大、复杂、疑难案件精细审理,确保审判的公正与效率。比如,某些债务纠纷,双方当事人对债权债务关系并无任何分歧,原告也能举出确凿有力的证据,对于诸如此类案件"法官用简单的三段论逻辑便足以作出判决,完全没有必要花费更多的时间走完一个又一个冗长的诉讼环节"。① 因此,对于简单的民事案件应当适用简易程序,同样,适用简易程序案件的具体程序予以再简化,相关程序的简化必将符合案件繁简分流的价值目标。

3. 符合诉讼多元价值目标

多元化是指事物的发展,到了一个很丰富的境界,有多种分类,多种行业。多元化纠纷解决机制,即通过多种方式方法,多行业多个部门共同参与各种解决纠纷的方式。从世界范围来看,加快诉讼程序进程,适应多层次的法律需求,实行多元化的程序设计和运作,减轻当事人的讼累,便于当事人诉讼是民事诉讼制度改革的主要内容。② 民事诉讼中,可以选择适用诉前调解、督促程序、速裁程序、简易程序、普通程序以及特别程序,以解决当事人对多种程序选择的需求以及不同类型案件适用程序之需要。在同一种程序中,如适用简易程序,为提高诉讼效率,方便当事人诉讼,在确保公开公正的情况下,对简易程序中某些环节和步骤进行简化,也是符合诉讼多元化的价值目标和要求的。

在司法改革背景下,简易程序再简化应当在体现公正与效率的价值基础上,符合诉讼程序应有的诉讼便民、繁简分流以及诉讼多元价值目标,应当有其理论正当性,民事简易程序再简化必将推动诉讼进程的进一步发展。

二、民事简易程序再简化制度之考量

我国修订的《民事诉讼法》及其司法解释的相继出台,填补了理论界以及实务界对民事简易程序提出的种种不足以及亟待完善的空白。但是纵观两个法律文本中涉及简易程序的部分,却并未完全体现民事简易程序真正的内涵,由此,民事简易程序再简化,应当通过制度设定,并充分体现民事简易程序的精髓——简便和高效。因此,在构造民事简易程序再简化制度之前,应当对民事简易程序进行立法和实践方面考量,为民事简易程序再简化提供立法和实践依据。

---

① 章武生、吴泽勇:《简易程序与民事纠纷的类型化解决》,载《法学》2001年第1期。
② 江伟主编:《民事诉讼法》,高等教育出版社2004年版,第304页。

(一)民事简易程序之立法反思

1. 标的额未限制

2015年4月30日,最高人民法院发布法发〔2015〕7号通知,将基层人民法院管辖第一审民商事案件标准相应地调整为3000万元和2000万元,基层人民法院承担起原来由中级人民法院审理的一审民事案件,案件数量和诉讼标的均呈现上升趋势。在法院长期存在"案多人少"的情况下,扩大简易程序适用的范围在一定程度上将缓解案件井喷的局面。随着基层人民法院受理案件标的额不断增加,对于适用简易程序案件的诉讼标的额也应当予以相应调整和限制。由于我国《民事诉讼法》只规定了对于事实清楚、权利义务关系明确、争议不大的简单的民事案件适用简易程序,但没有对案件的诉讼标的额予以明确规定或相应限制,容易造成诉讼标的额较大或巨大的案件仍然适用简易程序审理,导致案件适用程序不当、繁简分流不准、裁判标准不一,容易造成案件出现瑕疵,引起当事人对诉讼程序、裁判结果的质疑,不利于化解当事人的纠纷和矛盾。

2. 答辩期间过长

我国新出台的《民事诉讼法》及其司法解释,并未考虑简易程序的答辩期限,仅对小额速裁程序进行了修改,即答辩期限不超过7天。由于适用简易程序案件一般为较为简单民事案件,期限不宜过长,当事人可以不需要较长的时间准备答辩,如果确定简易程序答辩期为15天,则与普通程序无异,不能体现简易程序的快捷和高效。如果答辩期间规定过长,诉讼效率相应会降低,诉讼便民、高效的价值无法体现,当事人有可能依据较长的答辩期间提出管辖异议、申请延期审理或调查证据等,这样无形地延长了案件的审理周期,使当事人的纠纷不能得到及时的化解。因此,简易程序如果仍然适用普通程序答辩期15天,已不能适应其程序设置的目的和需求,无法体现简易程序之简便特点,应当通过立法规定有别于普通程序与小额速裁程序相适宜的简易程序答辩期限。

3. 送达方式不优

简易程序的送达方式应当体现简便和高效,在当前互联网思维和"大数据+"的背景下,现行的简易程序的送达效率过低,方式过于传统,不能适应人民法院信息化和智能化发展的步伐。简易程序的送达方式应当在传统的送达方式基础上有所创新,在送达方式上应当有"互联网+"思维,充分利用微信、QQ、电子送达平台等即时通信工具弥补传统的送达方式,创新其他送达方式,让当事人在送达方式上感受到法院在信息化和智能化的充分运用,通过简化或优化送达方式,提高送达效率,最大限度地减少审理周期,真正体现简易程序送达方式的便民和快捷。

4. 审理期限过长

我国《民事诉讼法》解释规定,简易程序审理期限可以延长3个月,延长后的审理期限不超过6个月。诚然,设置简易程序的亮点就是简便高效,如果能够将简易程序的审理期限延长至6个月,就与普通程序审理期限毫无差别,不能体现简易程序的价值所在。当然,也不能因为法官办理案件数量较多,通过延长简易程序审理期限的方式提高审判质效;相反,为了能够及时解决当事人纠纷,提高诉讼效率,不仅不能延期审理期限,还应当对简易程序审理期限进行严格控制,适时缩短简易程序审理期限,真正体现诉讼之高效,通过限制或缩短审理期限真正体现简易程序之高效与快捷。

(二)民事简易程序之实践考量

1. 审理机构不明

我国《民事诉讼法》第157条规定,"基层人民法院和它派出的法庭审理事实清楚、权利义务关系明确、争议不大的简单的民事案件,适用本章规定"。该条款明确规定了基层人民法院和它派出的人民法庭为适用简易程序的机构,但具体由基层人民法院哪个机构或部门负责,法律并未予以明确规定。在不同的基层人民法院机构设置也各不相同,造成了适用简易程序的机构混乱,不利于简易程序统一规范适用。为顺利审理小额速裁案件,众多法院都相继设立了速裁庭,或在立案庭组建速裁审理小组,明确了专门的审理机构,有利于小额速裁案件的处理。由于小额速裁程序是简易程序案件的分支,属于简易程序范畴,在司法实践中,容易造成简易程序案件与小额速裁案件混合适用,甚至简易程序与普通程序案件混合审理的情况。因此,明确适用简易程序的审理机构,对于合理、高效地审理案件,正确适用相对应的诉讼程序显得至关重要。

2. 繁简分流不畅

近几年来,大量案件涌入基层人民法院,导致基层法院民事案件井喷。面对堆积如山的新受理案件,法院立案诉讼服务中心主要精力集中在接收案件,仅作形式性上审查,并未详细审查案件事实和相关证据,仅依据案件的标的额就简单地确定适用简易程序还是普通程序,大量能够通过简易程序审理的案件却适用了普通程序,导致案件繁简分流不畅,造成案件不能快速、高效地解决,案件繁简分流机制在立案受理阶段也未予充分体现。为了实现案件繁简分流,应当在立案阶段对案件进行严格审查,对于诉前能够调解的案件,实现多元化纠纷解决机制分流案件;对于适用简易程序的案件,应当适用简易程序;对于复杂的案件,实现精细化审理,即"简案快审,繁案精审"。而对适用简易程序审理的案件,应当对简易案件程序进一步简化,为案件繁简分流机制提供前提和保障。

3. 适用程序不清

案件受理后,法官往往是按照案件审理进度确定适用何种程序,对于能够及时调解或诉前调解的案件,可能直接适用简易程序;对于不能及时解决的案件,迫于法官责任制的压力,大部分案件都会选择适用普通程序,极少适用简易程序。另外,由于适用简易程序与普通程序界限不清,随机转换、直接运用普通程序挂名;有的案件承办法官害怕超审限,直接将简易程序变更为普通程序,造成简易程序不简易的情况非常普遍。因此,适用简易程序界限不清,导致当事人和办案法官不能从简易程序中感受到简易程序之内涵。

4. 诉讼程序不简

民事简易程序以其简便、快捷和高效之优点成为基层人民法院审理案件之首要选择。然而,在审判实践中,表面适用简易程序,实质上仍适用普通程序审理的现象非常普遍;即使有些案件适用简易程序,案件审理期限随意延长的情况比比皆是,简易程序不简易随处可见。简易程序之特色和亮点在司法实践中并未完全发挥,造成简易程序形同虚设,不能发挥简易程序之功效,简易程序再简化之制度更加形同虚设。

三、构建民事简易程序再简化制度之路径

民事简易程序无论在立法还是实践层面都有亟须完善的地方,构建民事简易程序再简化制度,应当在不断完善民事简易程序制度缺陷的同时,适时简化和优化相应的程序,为民事简易程序再简化提供具体的路径选择。

(一)设立专业审理机构

设立专业的审理机构即简易法庭,仅用于审理简易程序案件,简易法庭可根据案件数量设立一个或数个。针对基层人民法院设有基层人民法庭的特殊机构配置,可以将基层人民法庭设立为简易庭专门审理简易程序,所有基层人民法庭的法官只审理简易程序案件,不审理普通程序案件或其他类型案件。如果需要由简易程序转化为普通程序的案件,可以将案件移送到法院民事审判庭审理。这种设置可以从源头上解决案件繁简分流的问题,也可以解决基层人民法庭因审判人员配备不齐,以及不能组成合议庭的客观现实问题。另外,由于基层人民法庭是法院的派出机构,是审判的前沿阵地,为了能够及时将矛盾纠纷化解在基层,将人民法庭设置为专业审理简易程序案件的机构,应当作为首要和优先之选择。

当然,基层人民法院也可以根据自身特点,设立专门审理简易程序或小额速裁程序的审理机构,如简易庭、速裁庭等。通过设立简易或速裁审理庭等形式,组建专业审判团队,由专门法官审理相同类型的简易程序案件,不仅可以统一裁判尺度,做到同类同判,还可以通过类案审理提高案件审判效率。

(二)设置相应诉讼程序

1. 限制案件标的额

我国《民事诉讼法》对于适用简易程序的案件,未对诉讼标的额予以限制,在

司法实践中,容易引起当事人因诉讼标的额过大而对裁判产生怀疑,也容易造成法官独任审理大额诉讼标的案件而产生行为或心理上的压力,不利于化解当事人的纠纷和矛盾。建议通过立法或司法解释的形式,将适用简易程序案件诉讼标的额限制在 500 万以下。即对于事实清楚、权利义务关系明确、争议不大、诉讼标的在 500 万以下的民事案件,应当适用简易程序;对于案件标的超过 500 万元的民事案件,应当适用普通程序。通过限制诉讼标的额,能够明确区分简易程序与普通程序在诉讼标的额上的差异,方便法官正确适用或当事人合理选择诉讼程序,避免让当事人产生不合理的怀疑,进一步提高审判的质量和效率。

2. 取消案件类型限制

由于基层人民法院审理案件类型主要集中在家事纠纷、权属纠纷以及合同纠纷等,依照我国《民事诉讼法》及其解释的规定,这几类案件均可以适用简易程序,法官在办理案件过程中,适用简易程序的案件大体不会超过上述几种大类型。对于适用简易程序再简化的案件可以适用除外条款,即对下列民事案件不适用简易程序,如:各类新类型案件;群体性集团诉讼案件;被告在管辖法院辖区以外的案件;当事人提出管辖异议、反诉、申请鉴定、重新鉴定、追加当事人等情形的案件;被告下落不明不能及时送达以及缺席审理的案件;涉及离婚案件分割财产、劳动争议、医疗事故、损害赔偿、房地产、建设工程纠纷等较为疑难复杂的案件;特别程序、督促程序、公示程序及身份关系确认等特别类型的案件;其他不适宜适用简易程序简化审理的案件。因此,我国《民事诉讼法》对适用简易程序的案件类型或性质进行限制已经没有现实及理论之必要。即只需要规定:基层人民法院受理的案件,均可以适用简易程序,不必限制适用简易程序的案件类型和性质,同时,在案件审理过程中应当对简易程序予以简化。另外,也可以规定将不适宜适用简易程序的案件以清单化的方式予以列明,对于清单之外的案件均应当适用简易程序进行审理。

(三)简化庭前准备程序

1. 完善庭前准备程序

在开庭前将琐碎的诉讼程序进行优化,避免因诉讼程序不完备而造成审判延迟,通过不断完善和简化庭前准备程序,提高诉讼效率。对于适用简易程序的案件,立案庭或人民法庭在受理案件时,应当告知原告提供原、被告正确的送达地址,收件人,原、被告的电话号码等联系方式,并签订送达地址确认书。同时,应当告知未提供原、被告正确地址的法律后果。在向被告送达应诉通知书时,应当书面告知案件适用简易程序简化审理以及原、被告享有的异议权,当事人应当开庭前或开庭时提出。简易程序简化审理的案件,可以不进行排期开庭和开庭前公告。对诉讼当事人权利义务,员额法官和书记员名单,回避事项、当事人及其他诉讼参与人的自然情况等内容的释明和告知,开庭前由法官助理或书记员口头宣布完成或制作相应的权利义务告知书由当事人签字确认,开庭时主审法官不再另行告知。在庭前准备阶段,也可以根据案件不同情况,可以由法官助理或书记员组织双方当事人进行庭前调解,可以提前查明案件事实,了解案件症结所在,为案件顺利审理提供支撑。

2. 强化庭前会议职能

对于适用简易程序审理的案件,应当充分运用庭前会议职能,合理简化并分配审理环节,不断提高审理效率。法官或者受法官指导的法官助理主持召开庭前会议,解决核对当事人身份、组织交换证据目录、排期开庭、庭前调解等相关程序性事项。对于适宜调解的案件,应当积极通过庭前会议促成当事人和解或者达成调解协议。对于庭前会议已确认的无争议事实和证据,在庭审中作出说明后,可以简化庭审举证和质证。对于有争议的事实和证据,征求当事人意见后归纳争议焦点。在排期开庭时,将同类型案件、疑难复杂案件进行集中排期,集中开展庭前会议,集中组织交换证据,集中进行开庭审理,为庭审做好充分准备,保证庭审顺利高效开展。

(四)简化开庭审理方式

1. 书面审理方式

民事诉讼,在不违反禁止性法律规定的情况下,均应当充分尊重当事人意思自治。对于是否允许书面审理,我国《民事诉讼法》及其解释均未予明确规定,为体现便利当事人诉讼以及提高效率的诉讼原则,对于适用简易程序的案件,可以规定在双方当事人对案件事实无争议的情况下,或者双方当事人同意的情况下,基层人民法院应当对庭审程序进行简化,可以不作开庭审理,直接进行书面审理,径行调解或判决。

2. 集中审理方式

由于适用简易程序案件的法律关系较为简单,大部分案件均为公开开庭,对于同类型案件和不同当事人或者不同类型、相同当事人的案件,可以在庭审前经过当事人同意,由人民法院进行集中审理。对于公开开庭的相同案由案件,可以通知案件当事人在相同的时间和地点到庭同时开庭进行审理。集中开庭审理时,由书记员提前完成开庭审理前的程序性事项后,引导当事人轮候参加庭审。通过集中审理方式,简化庭审程序,有利于方便当事人诉讼,集中化解当事人纠纷,避免诉讼延迟,极大地提高庭审效率。

3. 简化审理方式

为了探索推进案件繁简分流、快审速裁,对于适用简易程序的案件,可以尝试更简化的审理方式,即要素式、表格式和令状式审判。要素式审判是指不再按照以往"法庭调查"与"法庭辩论"来划分阶段,而是按照案件相关的要素确定审理顺序。由双方当事人在庭审前将要素表填写好,在庭审时对无争议的事项,法官将不再主持双方进行举证及辩论,而着重于查清双方有争议的内容。表格式审判是指用表格的形式列举当事人诉辩主张、对于法院查明的事实、裁判理由和裁判主文均通过表格的形式予以审查。令状式审判是指对于案情简单、事实清楚、标的较小、法律关系不复杂的案件,只审理当事人存在争议的地方,在判决书中仅载明诉讼参与人身份情况、裁判主文,不记载当事人诉辩主张和裁判理由。适用简易程序审理的案件,通过运用要素式、表格式和令状式方式审判,最大限度地缩短了庭审时间,在确保公正的前提下极大地提高了审判效率。

(五)简化裁判文书制作

1. 员额法官签发文书

当前,我国的司法改革正在进行中,有些法院已经实行了司法责任制由员额法官签发文书,有些法院仍然沿用原来的行政领导审批制。随着司法改革深入推进,对于适用简易程序的案件,应当由员额法官直接签发文书,这与当前司法改革不谋而合。通过让员额法官签发文书,能够让当事人通过最快的方式领取法律文书,让公平正义以更快的方式实现,真正体现简易程序之高效。

2. 使用格式化裁判文书

对于适用简易程序的案件,可以根据不同种类案件的特点制定出格式化的判决书、调解书等样式,使用时根据不同情况填上相应的内容。简易程序简化审理的案件,可以通过以下方式缩短法律文书的制作时间:一是可以使用格式化的法律文书,但不得使用手写填充式的法律文书;二是民事调解书和撤诉裁定书,可以由院长授权业务庭庭长或员额法官签发;三是民事调解书正文部分可以不要求写明事实,只要双方当事人达成合意,可直接记录双方当事人协议内容;四是对于能够调解和好的离婚案件、调解维持收养关系的案件、能够即时履行的案件、口头撤诉的案件以及其他不需要制作调解书的案件可以不制作民事调解书和民事裁定书。

3. 适用简易裁判文书

对于民事简易程序案件可以根据案件类型适用要素式、令状式、表格式等简式裁判文书,简化说理。要素式裁判文书正文可以不集中记载当事人诉辩意见、法院认定的事实和裁判理由,直接围绕争议的特定要素载明当事人诉辩意见、相关证据以及法院认定的事实、裁判理由和裁判主文。令状式裁判文书正文可以只载明当事人基本情况、案由、诉讼请求、案件基本事实、裁判依据、裁判主文和尾部。表格式裁判文书正文可以用表格列举的方法载明当事人诉辩意见、法院认定的事实、裁判理由和裁判主文,并以附表列举金钱给付项目。因此,使用要素式、表格式和令状式裁判文书,文书格式清晰,制作时间减少,在不强调文书说理的简易程序案件中诉讼效率明显提升。

(六)优化简化送达程序

传统的送达方式已经不能适应现行法学理论及司法实践的需求,特别是信息高速发展以及全面建设智慧型法院的今天,人民法院应当适时引入"互联网＋"以及大数据思维,不断优化简化送达程序和方式。当今,大部分当事人都在使用微信、QQ等即时通信软件,简易程序的送达方式应当跟随信息化和智能化的发展,将民事简易程序送达方式进行优化,扩大到通过微信、QQ、电子送达平台等即时通信工具方式。通过优化简化送达方式,不仅能够方便当事人接收各种法律文书,还能构建法官与当事人交流平台,最终能够方便当事人诉讼,最大限度提高法官办案的效率。

1. 提高送达效率

当事人在纠纷发生之前约定送达地址的,在审理中,可以将该地址作为送达诉讼文书的确认地址。当事人起诉或者答辩时应当依照规定填写送达地址确认书,因该地址不准确或者受送达人拒绝签收,导致诉讼文书未能被受送达人实际接收的,文书退回之日视为送达之日。

2. 简化送达方式

对于可以采取捎口信、电话、短信、传真等简便方式传唤当事人、通知证人和送达裁判文书以外的诉讼文书,经当事人确认或者有其他证据证明当事人已经实际接收的,视为送达。

3. 创新送达举措

人民法院应当积极引导当事人在填写《诉讼文书送达地址确认书》时选择电子送达方式,使用人民法院提供的专用电子邮箱。积极与国家邮政部门协商,逐步实行外包送达的方式,由国家邮政部门以法院专递进行送达。

4. 推行电子送达

人民法院应当积极与公安机关、网格管理中心、互联网企业等相关主体建立电子数据共享平台,查询、提取案件当事人基本信息(包括手机号码、微信、QQ、E-mail等),逐步建立并完善电子送达平台,积极推行电子方式送达。当事人同意电子送达的,应当提供并确认传真号、电子信箱、微信号、QQ号等电子送达地址。

(七)简化其他诉讼程序

1. 缩短答辩期限

由于普通程序和简易程序的答辩期限均为15日,对于简易程序答辩期限的规定,已经不能体现简易程序的快捷便利,应当在普通程序和小额速裁程序之间,选择适合简易程序的答辩期限。由于普通程序答辩期限为15日,小额速裁程序可以不受答辩期限的限制,或者规定答辩期为7日以内,为使简易程序有别于普通程序和小额速裁程序,应当将简易程序的答辩期限规定为7日或10日,让法官及当事人能够迅速甄别或选择相适宜的诉讼程序,最终让简易程序定位于普通程序与小额速裁程序之间,以体现简易程序应有之义。

2. 缩短审理期限

简易程序制度设计就是方便当事人快速解决纠纷,而《民事诉讼法》的解释允许延长简易程序审理期限,这无疑为法院提高案件结案率找到了一个合理的借口,有利于法官可以在较长时间内结案。殊不知,该规定违背了简易程序之亮点——快捷与高效。对于简易程序的审理期限不仅不能延长,相反应当缩短,为突显简易程序快捷高效的价值追求,适用简易程序审理案件应当在60日内审理完毕,对于不能审理完毕的案件,可以依照法定程序由简易程序转为普通程序进行审理。

3. 设立当庭宣判

适用简易程序的案件,绝大部分案件事实清楚,不需要多次开庭审理,应当以连续一次性审结为原则,二次开庭审理为例外。除非有特别理由,原则上应当在庭审结束后当庭宣判;对于因其他原因不能当庭宣判的案件,应当在开庭后7日内制作判决书并送达给当事人。因此,对于适用简易程序案件的宣判方式,应当予以再简化,即以当庭宣判为原则,不当庭宣判为例外的宣判制度,通过简化宣判方式,提高裁判效率。

4. 减少诉讼费用

当事人基于利益的考量,对于适用简易程序诉讼费减半已不能满足其利益期待,如果大幅减少诉讼费,当事人选择适用简易程序的动机更加强烈,更能扩大简易程序的适用范围。对于适用简易程序诉讼费收取标准,可以考虑大幅减少诉讼费或定额收取诉讼费,如比照劳动争议案件,诉讼费收取方式为每件50元或100元;或者根据案件诉讼标的额,仅按诉讼费的20%~30%收取。

综上,在司法改革背景下,民事简易程序再简化不仅能够解决基层人民法院"案多人少"的现实问题,也能为案件繁简分流机制提供可资操作的程序指引。诚然,现行民事简易程序制度在立法和实践方面之缺陷显而易见,通过设计民事简易程序再简化之具体程序,让简易程序的适用更加清晰和规范,使其不再游离于普通程序与小额诉讼之边缘而含糊不清,应当让其定位于两者之间,真正地体现简易程序应有的简便、快捷和效率,最终构造民事简易程序再简化之制度。

论保险人解除权与撤销权的适用
——兼评《保险法》第 16 条

肖 旭[*]

摘要：两年可抗辩期间届满后，保险人才"知道或者应当知道"投保人未履行如实告知义务构成欺诈，其能否行使撤销权，存在"排除说"和"选择说"两学说。基于竞合理论的思考，"选择说"关于保险人解除权和撤销权系权利竞合关系的认识更具合理性。基于利益平衡的思考，"选择说"基本符合最大诚信原则的要求，但需反思——撤销权只能有条件的补充适用。也即两年可抗辩期间内，保险人只得行使解除权；期间届满后，只有满足投保人未如实告知的事项"足以影响保险人决定是否同意承保"等条件，保险人才能行使撤销权。

关键词：解除权；撤销权；竞合；利益平衡；适用

一、问题的提出

《中华人民共和国保险法》（以下简称《保险法》）第 16 条（保险人解除权）[①]

---

[*] 作者系西南政法大学民商法学院民商法学专业 2016 级硕士研究生。

[①]《保险法》第 16 条第 1 款至第 3 款规定："订立保险合同，保险人就保险标的或者被保险人的有关情况提出询问的，投保人应如实告知。投保人故意或者因重大过失未履行前款规定的如实告知义务，足以影响保险人决定是否同意承保或者提高保险费率的，保险人有权解除合同。前款规定的合同解除权，自保险人知道有解除事由之日起，超过三十日不行使而消灭。自合同成立之日起超过二年的，保险人不得解除合同；发生保险事故的，保险人应当承担赔偿或者给付保险金的责任。"《保险法》第 16 条第 3 款第 2 句的规定，被称为"不可抗辩条款"。关于该"二年"的性质，存在"除斥期间说"和"时效说"两学说，本文采通说，认为两年乃除斥期间。同时，该除斥期间被称为"可抗辩期间"或者"不争期间"。参见樊启荣：《保险法诸问题与新展望》，北京大学出版社 2015 年版，第 500～501 页。

和《中华人民共和国合同法》(以下简称《合同法》)第54条第2款(撤销权)①之间的适用问题,理论与实务争议已久,至今未取得共识。争议主要聚焦于当《保险法》第16条第3款规定的两年可抗辩期间届满后,保险人才"知道或者应当知道"投保人未履行如实告知义务构成欺诈②,保险人能否请求撤销与投保人签订的保险合同,以达到让保险合同溯及无效并不承担保险责任之目的。

保险人解除权与撤销权的适用主要存在"排除说"和"选择说"两学说。首先,本文对两学说进行了简单阐述,并进行了实务考察,提出了"选择说"基本合理的观点。其次,基于竞合理论的思考,指出保险人解除权与撤销权系权利竞合关系,"选择说"对此问题的认识更具合理性。再次,基于利益平衡的思考,本文就《保险法》第16条的理论基础及其价值取向进行了探究,认为"选择说"基本符合最大诚信原则的要求。最后,本文再次从利益平衡的角度出发,对"选择说"进行了反思,认为撤销权只能有条件的补充适用。即在《保险法》第16条第3款规定的两年可抗辩期间内,保险人只得行使解除权;期间届满后,只有满足投保人未如实告知的事项"足以影响保险人决定是否同意承保"等条件,投保人方才构成投保欺诈,保险人才能行使撤销权。

二、学说见解与实务考察

大体上,"排除说"认为保险人解除权应排除撤销权的适用,撤销权在投保人未履行如实告知义务的场合没有适用空间;"选择说"则认为保险人自始可以自由选择行使解除权或撤销权,《保险法》第16条第3款规定的两年可抗辩期间届满后,保险人就投保人未履行如实告知义务构成欺诈的行为可以行使撤销权。

---

① 《合同法》第54条第2款规定:"一方以欺诈、胁迫的手段或者乘人之危,使对方在违背真实意思的情况下订立的合同,受损害方有权请求人民法院或者仲裁机构变更或者撤销。"此外,《合同法》第55条第1项规定:"有下列情形之一的,撤销权消灭:(一)具有撤销权的当事人自知道或者应当知道撤销事由之日起一年内没有行使撤销权。"同时,据2017年10月1日施行的《中华人民共和国民法总则》第148条、第152条第1款第1项、第2款之规定,受欺诈方有权请求人民法院或者仲裁机构予以撤销,但是不能请求变更;同时当事人自知道或者应当知道撤销事由之日起1年内、自民事法律行为发生之日起5年内没有行使撤销权的,撤销权消灭。

② 据《保险法》第16条的规定,保险人解除权包括投保人主观上故意或者重大过失两种情况。鉴于投保人重大过失不可能构成欺诈,本文仅讨论"投保人故意"的情形。此外,在笔者查阅的文章中,只有少数将投保人"故意"与"欺诈"作了明确区分,本文认为,"投保人故意"与"投保人欺诈"并不能完全等同,具体下文详述。参见窦文伟、李劲:《论保险合同解除权与撤销权的竞合》,载尹田、任自力主编:《保险法前沿》(第2辑),知识产权出版社2014年版,第62~63页。

相应的,"排除说"认为《保险法》第 16 条和《合同法》第 54 条第 2 款系"特别法与一般法"的法律规范竞合关系;"选择说"则认为保险人解除权和撤销权系权利竞合关系①。我国实务中,就两者的适用虽两次尝试在司法解释中进行明确,但都无疾而终,各地各级法院的判决也不尽相同。

(一)学说见解

主张"排除说"的理由主要有:《保险法》乃《合同法》的特别法,根据法律规范竞合理论,特别法应优于一般法适用,否则会使保险法有关解除权除斥期间的规定形同具文,②甚至有观点进一步认为保险人解除权乃撤销权之"谬误",③其与撤销权属同一性质,并不存在权利竞合的问题;"选择说"将导致法律关系长期不稳定、置投保人完全被动而纵容保险人粗放承保;④两年的可抗辩期间足以让保险人履行合理调查义务,对于投保人的同一行为给予保险人两次救济的机会,会使《保险法》的规定形同具文,与不可抗辩条款保护投保人利益的初衷相违背。⑤

主张"选择说"的理由主要有:保险人解除权与撤销权在立法目的、构成要件、法律效果等方面均存在相当的差异,两者并不构成"特别法与一般法"的关系,因此可以分别适用;⑥"排除说"符合恶意者不受法律保护的上位原则,《保险

---

① 学理上亦存在例外,例如夏元军虽秉持"排除说"的观点,但认为保险人解除权与撤销权之间是权利竞合的关系;刘宗荣认为违背据实说明义务并构成诈欺时,同时侵害保险人资讯正确权利以及自由形成意思表示之权利,宜有不同的救济方法;任以顺与刘宗荣持类似观点,认为《保险法》对合同撤销问题未作规定,《合同法》作了详尽的规定,"一有一无"的情形下不存在不一致、矛盾的情况,也即其认为两者不存在法律规范竞合或者权利竞合的关系而相互独立。参见夏元军:《保险法上解除权与民法上撤销权之竞合》,载《法律科学(西北政法大学学报)》2010 年第 2 期;刘宗荣:《论违背据实说明义务之解除权与意思表示被诈欺之撤销权——"最高法院"1997 年台上字第二一一三号判例之检讨》,载《月旦法学杂志》2002 年第 81 期;任以顺:《论投保欺诈背景下的保险人合同撤销权》,载尹田主编:《保险法前沿》(第 3 辑),知识产权出版社 2015 年版,第 223 页。

② 赖上林:《保险法第六十四条保险契约解除权之探讨》,载《法令月刊》第 52 卷第 6 期。

③ 赖上林:《保险法第六十四条保险契约解除权之探讨》,载《法令月刊》第 52 卷第 6 期。

④ 夏元军:《保险法上解除权与民法上撤销权之竞合》,载《法律科学(西北政法大学学报)》2010 年第 2 期。

⑤ 王林清:《保险法理论与司法适用——新保险法实施以来热点问题研究》,法律出版社 2013 年版,第 135 页。

⑥ 江朝国:《保险法基础理论》,台湾瑞兴图书股份有限公司 2009 年版,第 290 页。

法》在权利义务分配上偏向于投保人、被保险人以及受益人,但仅限于保护其合法利益,①公正的司法不应当以任何理由和方式支持欺诈行为;②投保人和保险人之间因经济实力的差距、格式合同的限制而处于不平等地位的现状,在现代保险制度的运行中已经得到一定程度的矫正,③过分强调保险公司的核保义务不具有合理性和正当性。④

(二)实务考察

首先,最高人民法院曾先后在两份司法解释的征求意见稿中明确涉及了这个问题,并且存在截然相反的观点⑤。但在正式颁布的文本中删去了征求意见稿中的相关规定。

其次,笔者在"北大法宝"网站上进行检索⑥,同时进行文献考察⑦,经整理,与保险人解除权与撤销权适用的相关案例共计25件。其中,人寿保险合同相关纠纷22件,占比88%;财产保险合同相关纠纷3件,占比12%。这些案例主要分三种情况:

---

① 窦文伟、李劲:《论保险合同解除权与撤销权的竞合》,载尹田、任自力主编:《保险法前沿》(第2辑),知识产权出版社2014年版,第64页。

② 任以顺:《论投保欺诈背景下的保险人合同撤销权》,载尹田主编:《保险法前沿》(第3辑),知识产权出版社2015年版,第221页。

③ 梁昊然:《论投保人法定解除权的当下立法及制度构建》,载《学术论坛》2012年第8期。

④ 谷昔伟:《保险合同解除权和撤销权的竞合适用——兼谈保险法若干问题的解释(三)征求意见稿第10条》,载《人民司法》2015年第5期。

⑤ 《最高人民法院关于适用〈中华人民共和国保险法〉若干问题的解释(二)(征求意见稿)》第9条规定:"投保人投保时未履行如实告知义务构成欺诈的,保险人依据《合同法》第54条规定行使撤销权的,人民法院应予支持。"《最高人民法院关于适用〈中华人民共和国保险法〉若干问题的解释(三)(征求意见稿)》第10条规定:"(解除与撤销关系)投保人在订立保险合同时未履行如实告知义务,保险人解除保险合同的权利超过保险法第十六条第三款规定的行使期限,保险人以投保人存在欺诈为由要求撤销保险合同,符合合同法第五十四条规定的,人民法院应予支持。(另一种意见)投保人在订立保险合同时未履行如实告知义务,保险人根据合同法第五十四条规定要求撤销保险合同,人民法院不予支持。"

⑥ 笔者于2017年5月7日在"北大法宝"网站上检索,检索条件为案由:民事——与公司、证券、保险、票据等有关的民事纠纷——保险纠纷;文书类型:判决书,审结日期:2010年1月1日至2017年4月30日;其他条件均为"全部"。在此检索基础上全文搜索"保险法第十六条",检索到38件案例;全文搜索"合同法第五十四条",检索到3件案例;全文搜索"撤销权",检索到204件案例,以上共计245件案例。

⑦ 笔者从文献中考察到3件案例,分别是(2013)二中民终字第13977号、(2015)佛城法民二初字第108号、(2013)渝五中法民终字第85号。

第一,持"排除说"之观点,此乃主流,共计15件(2件为财产保险合同纠纷),占所有相关案例的60%。其中13件(1件为财产保险合同纠纷)均将"特别法优先一般法适用"作为不予支持保险人行使撤销权的理由(之一)。

第二,持"选择说"之观点,共计5件,均为人寿保险合同纠纷,占所有相关案例的20%。其中2件案例援引了诚实信用原则作为支持保险人行使撤销权的理由(之一)①,1件案例间接支持了保险人行使撤销权的反诉请求②。

第三,无法从判决书中明确判定法院之观点,共计5件(1件为财产保险合同纠纷),占所有相关案例的20%。其中4件案例均是保险人败诉。特别的,剩下的1件案例(人寿保险合同纠纷)③,涉及投保人滥用两年的可抗辩期间规避保险人行使解除权,对此,两审法院均以有违保险合同的法理和公平原则驳回了投保人要求保险人承担保险责任之请求。

可见,实务中并未就此问题达成一致。本文认为,"选择说"相较而言更具合理性。笔者将在下文对此作出详细阐释,并对"排除说"作出一定回应。

三、基于竞合理论的思考

在投保人不履行如实告知义务构成欺诈的场合,要解决保险人解除权和撤销权的适用问题,前提是厘清《保险法》第16条和《合同法》第54条第2款之间的关系。

学理上认为,两法律规范要成立"特别法与一般法"之关系应满足:立法目的一致;一般规范与特别规范的构成要件是包含与被包含的关系,也即特别规范的适用范围应完全包含于一般规范的适用范围中④;法律效果不一致或不类似。据此,对上述两法律规范进行分析。

第一,规范目的并不一致。撤销权的规范目的,学理上有比较一致的理解。一般而言,可撤销事由涉及撤销权人意志自由之维护问题,旨在保护自由的意思

---

① 这2件案例分别是(2013)二中民终字第13977号、(2015)佛城法民二初字第108号。
② 该案例判决书指出:"要求撤销合同,时间已经远远超过行使撤销权一年的除斥期间,其权利同样已消灭。"见案例:郭世瀚与中国平安人寿保险股份有限公司河南分公司人寿保险合同纠纷案,河南省太康县人民法院,(2016)豫1627民初1495号。
③ 见案例:钟钢强与工银安某某人寿保险有限公司浙江分公司人寿保险合同纠纷二审民事判决书,浙江省杭州市中级人民法院,(2016)浙01民终2114号。
④ [德]卡尔·拉伦茨:《法学方法论》,陈爱娥译,商务印书馆2003年版,第146页。

形成。① 保险人解除权的规范目的,有观点认为,保险人解除权亦是回复保险人意思自由的途径,完全可以引申为确保保险人意思表示真实。② 但是,本文认为,据下文所述,该条款兼具最大诚信与对价平衡的宗旨,也即其规范目的在于课以投保人如实告知义务,保障保险人测定危险因素资料的正确性,并督促保险人及时履行核保调查义务。③

第二,违法性要件上存在重大差别。保险人解除权(仅探讨故意之情形)与撤销权构成要件有相似之处:一是客观上,前者投保人未如实告知保险人就保险标的或者被保险人的有关情况提出的询问,与后者一方当事人告知对方虚假情况或者隐瞒真实情况没有实质差别。二是主观上,要求行为人具有故意,且后者要求具有使相对人陷于错误和因其错误而为一定意思表示的"双重故意"。④ 三是行为与结果具有因果关系⑤。四是保险人(撤销权人)善意。⑥ 两者最大的差别在于后者有违法性要求,也即欺诈行为的成立要以达到违反交易上要求的诚信为必要,必须是达到了社会生活所不能容许的程度。⑦ 这从两者成立的主观要件可以窥见一二,后者要求"双重故意",认定标准更高。同时,违法性要件对于保险人解除权和撤销权的适用有着重要影响(下文详述)。

第三,法律效果并不完全一致。据《保险法》第 16 条第 4 款,保险人对于合同解除前发生的保险事故不承担赔偿或给付保险金的责任,且不退还保险费。关于解除合同是否具有溯及力,据《合同法》第 97 条,需"根据履行情况和合同性质"而定,结合《保险法》第 16 条第 4 款的规定,可以认为,原则上具有溯及力。准确地说,就不承担保险责任而言,对保险人具有溯及力;就不退还保费而言,对

---

① 朱庆育:《民法总论》,北京大学出版社 2016 年第 2 版,第 236 页;[德]迪特尔·梅迪库斯:《德国民法总论》,邵建东译,法律出版社 2013 年版,第 594 页。

② 刘勇:《论保险人解除权与撤销权的竞合及适用》,载《南京大学学报(哲学·人文科学·社会科学)》2013 年第 4 期;夏元军:《保险法上解除权与民法上撤销权之竞合》,载《法律科学(西北政法大学学报)》2010 年第 2 期。

③ 刘宗荣:《论违背据实说明义务之解除权与意思表示被诈欺之撤销权——最高法院八十六年台上字第二一一三号判例之检讨》,载《月旦法学杂志》2002 年第 81 期;樊启荣:《保险法诸问题与新展望》,北京大学出版社 2015 年版,第 498 页。

④ 韩世远:《合同法总论》,法律出版社 2011 年第 3 版,第 187 页。

⑤ 前者是指投保人的行为足以影响保险人决定是否同意承保或提高保险费率;后者是指相对人因欺诈陷于错误而作出意思表示。

⑥ 《保险法》第 16 条第 6 款、《最高人民法院关于适用〈中华人民共和国保险法〉若干问题的解释(二)》第 7 条,对保险人善意有明确规定。《合同法》第 55 条第 1 项"知道或者应当知道"也可以解释为保险人善意。

⑦ 韩世远:《合同法总论》,法律出版社 2011 年第 3 版,第 188 页。

投保人、保险人无溯及力。至于保险人保有的保险费之性质,一般认为其目的在于惩罚投保人故意之恶意。但也有观点认为在民事法律中规定惩罚性条款具有争议,从而主张就保险费可从危险对价承担的角度理解,①本文对此深表赞同。据《合同法》第 56 条至第 58 条,被撤销的合同溯及无效(有关解决争议方法的条款除外),同时产生债务清算的效果,保险人应当退还保险费。因投保人有过错给保险人造成损失的,保险人还可请求投保人承担损害赔偿责任。

综上,纵使《保险法》与《合同法》有关合同的规定逻辑上构成"特别法与一般法"的关系,也不能当然地认为其各法条之间均是这样的关系。只有当逻辑上之特别性的法条规定之法律效力排斥具有逻辑上普通性的法条规定之法律效力时,该特别法才有必要排斥该普通法之适用②。保险人解除权与撤销权的法律规范在立法目的、构成要件、法律效果上均存在差别,两者并非"特别法与一般法"之关系。进一步,投保人违反如实告知义务构成欺诈的,其同时符合解除权和撤销权的构成要件,保险人有行使撤销权的可能。故而,保险人解除权与撤销权系权利竞合的关系,"排除说"对《保险法》第 16 条和《合同法》第 54 条第 2 款之间的关系认知有误,"选择说"对这一前提问题的认知更具合理性。

四、基于利益平衡的思考

(一)《保险法》第 16 条的理论基础

本文认为,除了竞合理论外,现行学理对保险人解除权和撤销权适用问题的探讨欠缺系统的理论支撑。对此,有必要对《保险法》第 16 条的理论基础进行探究,以求理解该规范的价值取向,并以此进行利益取舍与平衡,最终解决投保人未履行如实告知义务构成欺诈场合的保险人解除权和撤销权的适用问题。

1. 三原则的交错

本文认为,投保人的如实告知义务首先基于最大诚信原则和对价平衡原

---

① 叶启洲:《要保人告知义务法制之改革:消费者保护、对价平衡与最大善意原则之交错与位移》,载《政大法学评论》2014 年 3 月(第 136 期)。

② 黄茂荣:《法学方法与现代民法》,法律出版社 2007 年第 5 版,第 211~212 页。

则。① 就最大诚信原则而言,鉴于保险合同高度射幸的性质,《保险法》将其作为基本原则在第 5 条进行了明确规定。本文认为这是民法"帝王条款"——诚实信用原则在保险法中的具体体现。同时,在保险合同的缔约过程中,保险人对于投保人或者被保险人的相关情况并不知晓,因而要求投保人就保险人询问的相关事项作如实告知,保险人根据投保人告知的相关情况进行合理调查和"危险测定",以决定是否承保和承保的保险费率。此即关系对价平衡原则——《保险法》要求投保人如实告知以求平衡保险人所受风险和投保人(被保险人)可能获得的利益,进而达到"保险契约订立时,危险共同体之危险得以正确地加以确定和控制"的目的②。如上文所述,对价平衡原则亦体现于《保险法》第 16 条的法律效果之中。

此外,本文认为,从《保险法》的修订历程来看,第 16 条的相关规定还蕴涵消费者保护这一原则。例如:能够一定程度上减少保险人完全免责可能的不可抗辩条款在 2002 修订的《保险法》第 17 条中并未有规定;2002 年的《保险法》对解除权主观要件规定比较宽松,包括投保人故意和过失的情形。同时,相关的修法说明也直接阐述了"保护投保人和被保险人"之意图③。

总体上,上述三原则在《保险法》第 16 条中互相交错。前两者与后者存在一定的紧张关系,愈贯彻诚信原则与对价平衡原则时,其法律效果将对要保人愈不利;愈强化消费者的保护时,愈容易减损诚信原则与对价平衡原则的达成④。

2. 价值取向——首取最大诚信原则

本文认为,《保险法》第 16 条体现的上述三原则中,最大诚信原则应是需首先坚守的价值取向。

---

① 有关投保人如实告知义务的理论基础(立法依据)学界有不同的观点,例如"最大诚信说""危险测定说""射幸契约说"等,"最大诚信说"是我国的主流通说。本文认为其理论基础包括:最大诚信原则、对价平衡原则、消费者保护原则。参见杜万华主编:《最高人民法院关于〈保险法〉司法解释(三)理解适用与实务指导》,中国法制出版社 2016 年版,第 117~119 页;詹昊:《保险新型疑难判例解析》,法律出版社 2016 年版,第 117~119 页;樊启荣:《保险法》,北京大学出版社 2011 年版,第 70 页。

② 江朝国:《保险法上解除权与民法上撤销权之竞合》,载《月旦法学杂志》1997 年 11 月,转引自刘勇:《论保险人解除权与撤销权的竞合及适用》,载《南京大学学报(哲学·人文科学·社会科学)》2013 年第 4 期。

③ 陈跃扬:《保险法修改情况介绍》,http://www.npc.gov.cn/huiyi/lfzt/bxf/2009-03/02/content_1480632.htm,最后访问日期:2016 年 10 月 19 日。

④ 叶启洲:《要保人告知义务法制之改革:消费者保护、对价平衡与最大善意原则之交错与位移》,载《政大法学评论》2014 年 3 月(第 136 期)。

第一，如上文所述，最大诚信原则是我国当前的主流通说。

第二，考察投保人如实告知义务的发展历程，在保险制度的初期，投保人应当主动告知保险人自己所知悉的一切重要事实（主动告知、无限告知），理论依据乃是诚实信用原则。随着保险业的发展，过分强调投保人的主动如实告知义务容易导致保险人滥用权利，损害投保人（被保险人、受益人）的利益，因而引入了对价平衡、"危险测定"等学说，投保人的告知义务被限定于保险人询问的范围内（询问告知、有限告知），以平衡双方利益，但这仍然建立在诚实信用原则的基础之上。

第三，就该条规定来看，在投保人故意的场合，最主要的法律效果是保险人不承担赔偿或者给付保险金的责任，更偏重最大诚信原则。同时，现今被多数国家立法所采纳的解除主义系从无效主义（例如英国1906年《海上保险法》第17条）演变而来，实因"值兹保险技术精进时代，保险人对于危险之承受，实可从容考虑，定其取舍，自不必遽为无效"[1]。本文认为，这同样是诚实信用原则汲取对价平衡等学说进行利益平衡的结果。

（二）基于利益平衡的思考

本文认为，上文提及的包括权利竞合等"选择说"主张的理由大都成立，除此之外，基于利益平衡的思考，最大诚信原则是解决保险人解除权和撤销权适用问题应首先坚守的价值取向。"选择说"基本符合最大诚信原则的要求，详述之：

第一，"选择说"并不会导致法律关系长期不稳定，纵容保险人粗放承保。

首先，恶意者不受法律保护是基本原则，否则将有违最大诚信原则和对价平衡原则的要求。例如（2015）浙甬民二终字第561号、（2015）浙甬民二终字第547号两案中，同一投保人就同一事项在不同保险公司进行投保，并均故意未履行如实告知义务，属于明显的欺诈行为。但是，两案的法院（同一法院）均认定即使保险人在两年可抗辩期间届满后，才"知道或者应当知道"撤销事由，基于"特别法优先一般法适用"等理由，保险公司关于撤销保险合同并不承担保险责任之请求均不能成立。

具体而言，撤销权行使的目的一方面是使法律关系趋于稳定，但是之所以该法律关系不稳定，是因为投保人实施了不能容忍的欺诈行为；另一方面，撤销权正是法律赋予撤销权人（保险人）回复其真实意思的救济途径。因而，结束这种不稳定法律关系的权利在保险人，而不是投保人。典型如2008年实施的新《德国保险合同法》，其相较旧法，除继续坚持"保险人因欺诈撤销契约之权利不受影

---

[1] 陈云中：《保险学》，台湾五南图书出版公司2002年版，第174页。

响"外,一方面,基于保护消费者之原则,大幅限缩保险人解除保险契约的机会;另一方面,在排除恶意要保人的保障方面也增订了数项规定,形成加强保护善意要保人及扩大排除恶意要保人之保障的双重原则。①

其次,在投保人之如实告知义务与保险人应履行的合理调查义务发生冲突时,避免恶意的投保人滥用保险制度更符合最大诚信原则的要求。

再次,从反欺诈之体系来看,欺诈不受保护是应有之意②。

复次,保险人的调查义务并非漫无边际。倘若将投保人的如实告知义务视为保险人进行危险测定的唯一依据,将使法律课以投保人的告知义务失去意义。同时,由于全有(不得解除合同)或全无(解除合同)原则的存在,可能还会反向激励投保人的故意不如实告知和滥用可抗辩期间的背信行为。例如(2015)白中民二终字第 81 号、(2016)浙 01 民终 2114 号两案中故意不履行如实告知义务的投保人为规避两年的除斥期间,在可抗辩期间经过后再向保险人寻求理赔。

最后,根据《中华人民共和国民事诉讼法》第 64 条第 1 款及其司法解释第 90 条的规定,保险人应承担投保人主观故意、"足以影响保险人决定是否同意承保"③及自己已履行合理告知、调查义务的证明责任。该较高的证明责任足以敦促保险人在合同订立时和两年的可抗辩期间内履行合理的调查义务。

第二,"排除说"亦不排除保险人行使其他救济权利的可能。

首先,保险人既无解除权也无撤销权并需对投保人承担赔偿或给付保险金的责任,其"无任何足以维护对价平衡的方法"④,实属不妥。

其次,即使采"排除说"之立场,也可能被赋予其他救济手段。典型如台湾地区,即使司法实践中普遍持"排除说"之观点⑤,不排除保险人行使其他救济权利

---

① 叶启洲:《德国保险契约法之百年改革——要保人告知义务新制及其检讨》,载《台大法学论丛》2012 年 3 月(总第 41 卷第 1 期)。新增规定例如:第 21 条第 2 项第 2 句(若要保人意图欺诈而违反,即使告知义务的违反与保险事故的发生或确定及保险人给付义务范围无关者,保险人也不负给付义务)、第 21 条第 3 项(排除要保人拖延请求给付对除斥期间的影响,同时如要保人故意或意图欺诈而违反告知义务者,可抗辩期间延长为 10 年)。

② 例如《保险法》第 27 条(欺骗理赔及后果)、第 32 条(申报年龄虚假的双方权利义务),《中华人民共和国刑法》第 198 条(保险诈骗罪)。

③ 至于为何不包括"足以影响保险人提高保险费率"之情形,下文详述。

④ 王林清:《保险法理论与司法适用——新保险法实施以来热点问题研究》,法律出版社 2013 年版,第 168 页。

⑤ 台湾地区"最高法院"1997 年台上字第二一一三号判决明确主张"排除说"之观点,"最高法院"1997 年第九次民事庭会议决议、2000 年第八次民事庭会议决议对"排除说"进行了进一步的确定。

的可能。台湾地区"最高法院"2010年台上字第七四二号判决指出:"期间届满,解除契约权即消灭。……未查保险金请求权人倘有恶意,或者行使权利违反诚信之情形,则属应否依'民法'第一百八十四条①予以规范之问题;又被上诉人倘有侵权行为损害赔偿或其他债权,自非不得行使,均并予指明。"

五、利益平衡之再考量——撤销权的有条件补充适用

"选择说"可能赋予保险人在解除权和撤销权之间自由选择的权利,不合理地赋予保险人两次救济机会,以致《保险法》第16条的相关规定被架空,似是对恶意不受法律保护的过分倾斜,此亦受到了持"排除说"观点学者的质疑。

对此,本文认为,解除权位于保险人行使权利的第一顺次,撤销权只能有条件的补充适用②。具体而言,在《保险法》第16条第3款规定的两年可抗辩期间内,纵使保险人解除权和撤销权系权利竞合关系,保险人也只得行使解除权。可抗辩期间届满后,满足一定条件,保险人可以行使撤销权,该条件主要有:最重要的条件是投保人未如实告知的事项"足以影响保险人决定是否同意承保",此时投保人的行为方才构成欺诈,保险人方能行使撤销权,而非只要是保险人在期间届满后才"知道或者应当知道"投保人故意未履行如实告知义务,保险人就能主张撤销合同;保险人已尽合理调查义务,对在两年可抗辩期间内未行使解除权没有过错。理由详述之:

就《保险法》第16条等规定进行利益平衡之再考量,撤销权的有条件补充适用相较"选择说"而言,更具合理性。

首先,实践当中,就笔者查阅到的案例来看,发生保险人解除权和撤销权适用争议的绝大多数都集中在人身保险合同中带病投保的情形,此时投保人未如实告知的事实属于典型的"足以影响保险人决定是否同意承保"的重要事实。本文认为,此时投保人未如实告知的行为符合欺诈的"违法性要件",投保人的行为构成欺诈。换言之,当投保人存在诸如"先前疾病并不属于投保范围,为避免麻烦故意未如实告知"等情形时,可以将投保人未如实告知或虚构的事实理解为"足以影响保险人决定是否提高保险费率"的重要事实,此时投保人的行为并未达到"社会生活所不能容许的程度",不符合欺诈的"违法性要件",其行为不构成

---

① 台湾地区"民法"第184条规定:"因故意或过失,不法侵害他人之权利者,负损害赔偿责任。故意以背于善良风俗之方法,加损害于他人者亦同。违反保护他人之法律,致生损害于他人者,负赔偿责任。但能证明其行为无过失者,不在此限。"

② 《最高人民法院关于适用〈中华人民共和国保险法〉若干问题的解释(三)(征求意见稿)》第10条列明的第一种观点可理解为解除权和撤销权的行使有先后之分。

欺诈,故而当两年可抗辩期间届满后,保险人不能就投保人实施的上述行为行使撤销权;《保险法》只是基于最大诚信和对价平衡的要求,课以投保人较一般交易中的当事人更高的义务,并相应赋予保险人在可抗辩期间内当投保人实施上述行为时解除保险合同的权利。

其次,虽有观点认为,一段时间经过后保险事故仍未发生,足以表示该危险估计之误差已不至于影响原本所要求的对价平衡,从而主张限制保险人撤销权的行使,①但是"可抗辩期间时长"之确定本就因各国立法价值取向的不同而有所差异。② 故而该观点不能成为支持"排除说"的理由。相反,我国的《保险法》同时吸纳了英美法系和大陆法系的相关规定,众多制度还处于完善之中;我国保险行业的发展亦不够完善,违背诚信的情况并不鲜见。此时,就防止投保人欺诈而言,要么延长可抗辩期间之时长,要么在最大诚信原则的价值引导下,保留撤销权适用之可能。在现行立法并未就可抗辩期间作出修改的情形下,保留撤销权适用之可能更具有可行性和现实性。

进一步,从现代各国人寿保险实务及立法例来看,在不可抗辩条款的设计中,均包含了"被保险人生存期间"之限制③。典型如美国,1918 年 Monahan v. etropolitan Life Insurance Co. 一案之后,保险人在设计不可抗辩条款时,往往加入了生存期间的限制。就整个保险制度而言,可抗辩期间之适用亦以该期间内未发生保险事故为前提。典型如《德国保险合同法》第 21 条第 3 项。就上述限制,我国《保险法》第 16 条并未作出规定。此亦可以成为保留撤销权适用之可能的理由。

再次,虽然保险人进行危险测定的前提是投保人履行如实告知义务,但是保

---

① 江朝国:《保险法论文集(三)》,台湾瑞兴图书股份有限公司 2001 年版,第 188 页。
② 例如英、美着眼于"当事人双方之安定性",可抗辩期间为两年;日本基于"保险业之技术"的考虑,将期间定为 5 年,但是当事人可约定缩短期间;德国基于"最大诚信原则之不可侵犯性"的价值取向,将该期间定为 5 年,在投保人故意或者意图欺诈之情形,可抗辩期间为 10 年。同时,台湾地区"保险法"第 64 条规定的除斥期间分别为一个月、两年。参见樊启荣:《保险法诸问题与新展望》,北京大学出版社 2015 年版,第 499~501 页。
③ 樊启荣:《保险法诸问题与新展望》,北京大学出版社 2015 年版,第 486 页。

险人作为专业机构,须履行调查义务①。我国《保险法》第 16 条对此没有相应规定。本文认为,在保险人未履行合理调查义务之场合,应认定其具有过错,不得行使撤销权。倘若凡是投保人故意违反如实告知义务、"足以影响保险人决定是否同意承保",即赋予保险人撤销权,显是将投保人的告知作为保险人进行危险测定的唯一依据,不利于敦促其履行合理调查义务,过分保护保险人的利益。给予保险人两年可抗辩期间的限制即有敦促其履行调查义务之考虑,否则可能会导致保险人滥用撤销权的后果。至于保险人履行合理调查义务的理论限度和实践情况,有待另文探讨,本文不作进一步探究。

最后,除第 16 条外,《保险法》的其他规定亦不足以在保险人解除权和撤销权的适用问题上作出有效的利益平衡,故而撤销权的有条件补充适用具有合理性。例如,《保险法》第 21 条虽规定"投保人、被保险人或者受益人知道保险事故发生后,应当及时通知保险人。因故意或者重大过失未及时通知保险人,致使保险事故的性质、原因、损失程度等难以确定的,保险人对无法确定的部分,不承担赔偿或者给付保险金的责任",但是以健康保险为例,保险事故的发生往往有充分的证据证明,不会导致无法确定之情况,该规定不能有效防止恶意之投保人规避可抗辩期间。典型如上述(2015)白中民二终字第 81 号、(2016)浙 01 民终 2114 号两案。此时,若投保人滥用权利导致保险人无法行使解除权,撤销权就成了利益平衡的有效方式。

再如,《保险法》第 17 条及司法解释虽已对保险人的说明义务进行了较为充分的规定②,但主要集中在保险人对格式条款、免责条款的说明义务,欠缺对保险人法律效果之说明义务的规制。作为专业机构,保险人应有义务为不专业的相对方阐明违反如实告知等义务的法律后果,以达到促使投保人履行义务、保障其法律知情权的目的。我国《保险法》不仅对此未作规定,《最高人民法院关于适用〈中华人民共和国保险法〉若干问题的解释(二)》第 9 条第 2 款甚至明确指出

---

① 据笔者所考察之案例,凡是涉及保险人之调查义务,法院大都明确指出保险人应履行之,甚至将其作为不支持保险人行使解除权的理由之一。例如:吴某某与华夏人寿保险股份有限公司泰安中心支公司人身保险合同纠纷案,山东省泰安市中级人民法院,(2015)泰商终字第 310 号。但是亦有例外,认为"投保人黄某某及被保险人王某某对询问事项均给予了否定回答,被告平安人寿公司基于对合同对方当事人诚信的信任,并未再行对被保险人健康状况进行特别调查,符合保险合同订立流程及保险行业惯例,并无不当"。见案例:王某某诉中国平安人寿保险股份有限公司温州中心支公司人身保险合同纠纷案,温州市鹿城区人民法院,(2016)浙 0302 民初 12440 号。

② 司法解释主要见于《最高人民法院关于适用〈中华人民共和国保险法〉若干问题的解释(二)》第 7 条至第 13 条。

"保险人因投保人、被保险人违反法定或者约定义务,享有解除合同权利的条款,不属于保险法第 17 条第 2 款规定的'免除保险人责任的条款'"。此时,若赋予保险人选择适用解除权或撤销权的权利可能导致保险人滥用权利,损害投保人等的利益。

此外,就法律体系的角度视之,广义民法的概念下,较《合同法》而言,《保险法》规定了有关保险(合同)法律关系这一特殊的商事法律关系,在发生保险纠纷时应优先选择更具针对性的《保险法》,以求不使其形同具文,此亦符合建立合理民法法律体系的要求;保险人撤销权是对《保险法》第 16 条不可抗辩规则的重大突破,自由选择适用将不利于保险交易活动的稳定并可能加重投保人之负担,因而在适用撤销权时需要慎重,即保险人撤销权应有条件的补充适用。

附本文涉及的案例(以"北大法宝"网站的数据或考查文献为准):

1. 信泰人寿保险股份有限公司宁波分公司与林某某等意外伤害保险合同纠纷上诉案,浙江省宁波市中级人民法院,(2015)浙甬民二终字第 863 号。

2. 中国平安人寿保险股份有限公司白银中心支公司与赵某人身保险合同纠纷上诉案,甘肃省白银市中级人民法院,(2015)白中民二终字第 81 号。

3. 王某某诉中国平安人寿保险股份有限公司温州中心支公司人身保险合同纠纷案,温州市鹿城区人民法院,(2016)浙 0302 民初 12440 号。

4. 郭某某与中国平安人寿保险股份有限公司河南分公司人寿保险合同纠纷案,河南省太康县人民法院,(2016)豫 1627 民初 1495 号。

5. 钟某某与工银安某某人寿保险有限公司浙江分公司人身保险合同二审判决书,浙江省杭州市中级人民法院,(2016)浙 01 民终 2114 号。

6. 天安财产保险股份有限公司吉林中心支公司与马某某财产保险合同纠纷案,江苏省淮安市中级人民法院,(2015)淮中商终字第 00336 号。

7. 丁某某与中航三星人寿保险有限公司天津分公司人身保险合同纠纷案,天津市第一中级人民法院,(2015)一中民三终字第 0457 号。

8. 中国人寿保险股份有限公司宜昌分公司与鲜景庚人身保险合同纠纷二审民事判决书,湖北省宜昌市中级人民法院,(2015)鄂宜昌中民二终字第 00461 号。

9. 华夏人寿保险股份有限公司东营中心支公司与贾某某人身保险纠纷二审民事判决书,山东省东营市中级人民法院,(2015)东商终字第 267 号。

10. 吴某某与华夏人寿保险股份有限公司泰安中心支公司人身保险合同纠纷二审民事判决书,山东省泰安市中级人民法院,(2015)泰商终字第 310 号。

11. 中国太平洋人寿保险股份有限公司宁波分公司与杨某人寿保险合同纠

纷上诉案,浙江省宁波市中级人民法院,(2015)浙甬民二终字第561号。

12. 中国平安人寿保险股份有限公司宁波分公司与杨某等人寿保险合同纠纷上诉案,浙江省宁波市中级人民法院,(2015)浙甬民二终字第547号。

13. 王某与中宏人寿保险有限公司人身保险合同纠纷上诉案,上海市第一中级人民法院,(2015)沪一中民六(商)终字第322号。

14. 温某某与华夏人寿保险股份有限公司河南分公司人身保险合同纠纷上诉案,河南省郑州市中级人民法院,(2014)郑民四终字第1678号。

15. 中国人寿保险股份有限公司北京市分公司与田某某等人寿保险合同纠纷上诉案,北京铁路运输中级法院,(2014)京铁中民(商)终字第97号。

16. 王某某与平安养老保险股份有限公司佛山中心支公司、平安养老保险股份有限公司广东分公司人身保险合同纠纷案,广东省佛山市禅城区人民法院,(2014)佛城法民二初字第304号。

17. 杨某某诉中国人寿保险股份有限公司沭阳支公司人身保险合同纠纷案,江苏省沭阳县人民法院,(2014)沭商初字第0061号。

18. 中国人民人寿保险股份有限公司海门市支公司与徐某等撤销保险合同纠纷上诉案,江苏省南通市中级人民法院,(2014)通中商终字第0126号。

19. 中华联合财产保险股份有限公司鄂尔多斯市中心支公司诉毛某某财产保险合同纠纷案,安徽省六安市裕安区人民法院,(2013)六裕民二初字第01671号。

20. 中国人民人寿保险股份有限公司绵阳中心支公司与骆某某等人身保险合同纠纷上诉案,四川省遂宁市中级人民法院,(2014)遂中民终字第101号。

21. 王某某与太平人寿保险有限公司连云港中心支公司保险合同纠纷上诉案,江苏省连云港市中级人民法院,(2013)连商终字第0457号。

22. 中国人寿保险股份有限公司綦江县支公司与朱某某健康保险合同纠纷上诉案,重庆市第五中级人民法院,(2013)渝五中法民终字第85号。

23. 唐某某与新华人寿保险股份有限公司达州中心支公司人寿保险合同纠纷一审民事判决书,四川省宣汉县人民法院,(2013)宣汉民初字第1422号。

24. 中国人寿财产保险股份有限公司齐齐哈尔中心支公司与吕某某保险合同纠纷上诉案,江苏省扬州市中级人民法院,(2012)扬商终字第0042号。

25. (2013)二中民终字第13977号、(2015)佛城法民二初字第108号、(2013)渝五中法民终字第85号。

民事诉讼专论

民事抗诉权的性质与功能变迁

刘英俊[*]

摘要：检察机关民事抗诉权包括二审民事抗诉权和再审民事抗诉权，其中二审民事抗诉权仅针对民事公益诉讼案件而言。民事抗诉权的性质在职权本位上是一元化的法律监督权，在职权行使上是一种复合型态的权力，体现了民事公诉权与诉讼监督权的融合。在社会转型时期，民事抗诉权的功能定位已经从过去单一的"诉讼监督"，维护法制的统一功能，转变为"诉讼监督""保护公益"与"权利救济"的有机统一，体现了以权力制约权力，以权力保障公益和以权力救济权利的现代司法理念。

关键词：民事抗诉权；民事公诉权；诉讼监督；公益保护；权利救济

一、问题的提出

"在当前法学界内，对于检察监督议题之争论可谓盛况空前。综观全局，可以说迄今为止，还没有任何其他一场争论能够引起法律各界如此之长久的关注，也没有任何其他一场论争能够如此深层次地触动学界、立法、司法和检察等实务界的神经。如果对检察制度史略加考察，则不难发现，有关检察监督制度的争论在我国至少已经延绵了一个多世纪。"[①]在民事诉讼检察监督制度中，相比于检察建议、纠正违法通知书等监督方式，抗诉是最有力、最有效的检察监督方式。从我国民事诉讼立法和司法解释层面，在2015年前，检察机关所享有的民事抗诉权仅仅表现为再审程序抗诉权，其性质为检察机关基于法律监督者宪政地位

---

[*] 作者系北京师范大学珠海分校副教授，法学博士。
[①] 刘澍：《司法生态：我国民事诉讼检察监督制度架构的逻辑取向——基于法律社会学的深描》，载张卫平主编：《民事程序法研究》（第9辑），厦门大学出版社2013年版。

中立行使的诉讼监督权,关于这一点在民事诉讼理论界和实务界不持异议。正如龙宗智教授所言,在民事案件中,诉权(包括起诉权与应诉权)是在相关的单位与个人,检察机关是诉讼外主体,它作为国家的审判监督机关对不公正的判决提出纠正意见,代表的是国家意志而非诉权持有者的个体意志。它提出抗诉从而发动法院再审程序,是拟制的国家意志主体对诉讼程序的强行进入。① 但是,随着 2015 年最高人民检察院《检察机关提起公益诉讼试点方案》、2016 年最高人民检察院《人民检察院提起公益诉讼试点工作实施办法》和最高人民法院《人民法院审理人民检察院提起公益诉讼案件试点工作实施办法》的颁布与实施,检察机关对民事公益诉讼案件享有二审民事抗诉权和再审民事抗诉权。至此,关于民事抗诉权的性质开始变得扑朔迷离,尤其是民事二审抗诉权是否还属于诉讼监督权,这对学术界产生严重困扰。遗憾的是,目前学术界对民事抗诉权的性质未有人进行系统的、深入的研究。

此外,关于民事抗诉权的功能,一直以来民事抗诉权都发挥着诉讼监督,维护法制统一的效用。但是,随着 2012 年《中华人民共和国民事诉讼法》的第二次修正和 2015 年之后检察机关提起公益诉讼制度的实施,民事抗诉权的功能也在悄然发生变化,值得关注和深入研究。事实上,对民事抗诉权性质的科学界定和功能的转向研究和阐释,不但是科学配置民事抗诉权的基础,而且是追寻民事抗诉权发展和完善的根据。

二、民事抗诉权的性质界定

从严格意义上来说,性质是指事物的本质,是一个事物区别于其他事物的根本属性。民事抗诉权的性质是民事抗诉权研究中的前沿性理论问题,如何定位民事抗诉权,民事抗诉权到底是一种什么性质的权力,这是一个带有终极意味的问题。

(一)认识民事抗诉权性质的理论准备

1. 法律监督权与检察权之关系

从我国《宪法》文本角度来看,对于检察机关的职权只存在"检察权"这一术语,并未出现"法律监督权"一词。可以说,"'检察权'一词是我国检察机关职权的'法定'用语,'法律监督权'一词则是理论术语"。② 关于检察权和法律监督权之间的关系,学界有两种不同的观点:

---

① 龙宗智:《论检察》,中国检察出版社 2013 年版,第 47 页。
② 王玄玮:《中国检察权转型问题研究》,法律出版社 2013 年版,第 89 页。

其一,同一论观点,认为检察机关所行使的职权均包含在法律监督范围内,都是法律监督的实现方式和途径,检察权即为法律监督权,其代表学者主要来自检察系统,如石少侠、孙谦、张智辉等。其中,石少侠认为,检察权与法律监督权之间既不是并列概念关系,又不是上下位概念关系,二者的含义相同。[1] 这实质上是坚持法律监督一元论,反对将检察职能定位多元化。对此,孙谦也认为,检察机关不能定位为法律监督机关和刑事诉讼中的公诉机关,法律监督职能不能与刑事诉讼中检察机关行使的侦查职能与公诉职能相并列。只有坚持法律监督一元论的观点才符合检察机关的宪法定位,才能正确认识检察机关各种职能之间的相互关系。[2]

其二,区别论观点,认为检察权和法律监督权是两个不同的概念。有学者认为,在刑事诉讼中,检察权表现为以刑事公诉权为本质和核心的各种程序性权力,与法律监督权并不具有必然的相关性。[3] 这种观点实际上否定了检察机关在刑事诉讼中的法律监督权。也有学者认为,我国检察机关具有检察权和法律监督权这两种不同的权力,二者之间存在明显的分野。法律监督的对象是违法行为,其目的在于预防和纠正,实践中采取的手段为检察建议、纠正违法通知书等;而检察权的对象是犯罪行为,其目的在于实现对犯罪的惩罚,所采取的手段为侦查和公诉。[4]

对于上述"同一论"和"区别论"之争,笔者赞同"同一论"观点。从比较法的视野来看,"古今中外各种类型的检察权在不同的范围内和不同的程度上以不同的形式具有法律监督的性质,因而法律监督是检察制度的本质属性"。[5] 在检察权与法律监督权之间的关系上,二者是对同一事物从不同角度的两种表述,"当我们提及法律监督权的时候,强调的是它的性质和功能;当我们提及检察权的时候,强调的是它的具体权能和实际行使"。[6]

2. 诉讼职权与诉讼监督职权之关系

在刑事司法实践中,因检察机关承担公诉与审判监督的双重任务,扮演着双

---

[1] 石少侠:《论我国检察权的性质——定位于法律监督权的检察权》,载《法制与社会发展》2005年第3期。

[2] 孙谦主编:《中国特色社会主义检察制度》,中国检察出版社2009年版,第42页。

[3] 陈卫东:《我国检察权的反思与重构——以公诉权为核心的分析》,载《法学研究》2002年第2期。

[4] 蒋德海:《论我国检察机关的双重国家权力》,载《复旦学报(社会科学版)》2010年第5期。

[5] 李征:《中国检察权研究》,中国检察出版社2008年版,第162页。

[6] 张智辉:《检察权研究》,中国检察出版社2007年版,第21页。

重角色,这两个角色之间有着不可调和的矛盾,犹如同一竞技场上的一方既是运动员,又是裁判员,这本身就带有一定的"乌托邦"的意味,对于这种身兼两职角色冲突的现象颇为学界所诟病。在这种情况下,学者们在研究检察权这一理论问题时会按照检察机关的职权功能将检察权职能划分为诉讼职权和诉讼监督职权,并主张在职权行使上保持诉讼职权和诉讼监督职权的适当分离。诉讼职权行使的重心在于追求诉讼目的的实现,保障诉讼程序的完成。具体到民事诉讼中,检察机关典型的诉讼职权为支持起诉权和起诉权。诉讼监督职权行使的重心在于监督其他公权力依法行使,保障国家法律正确实施。① 实践中,在这种"分离论"理论的指导下,一些地方的检察机关在刑事诉讼中已经积极进行探索和实践。但是,也有学者提出反对意见,认为诉讼职能与诉讼监督职能完全分离的模式是不可能的,因为这两种职能难以完全分开,非此即彼,如果分开的话可能影响监督的效能,损害司法效率。虽然职能分离在一定程度上避免了检察人员一身二任,但是,在我们国家实行检察长负责制和一体化管理的情况下,两种职能的分离仅具有技术意义,不能从根本上解决角色冲突问题。②

综上,上述学界的争论从不同的角度分析都有一定的合理性,为我们研究民事抗诉权的性质提供了新的视角和思路。民事抗诉权究竟属于检察机关的诉讼职权还是诉讼监督职能,或者二者兼而有之,需要进行准确的定位。诉讼职能体现了诉权的行使,而诉讼监督职能表现为法律监督权在民事诉讼领域的运用。

(二)民事抗诉权职权本位"一元":法律监督权

在我国民事诉讼程序中,检察机关的民事抗诉权包括二审程序抗诉权和再审程序抗诉权,其中二审程序抗诉权专指民事公益诉讼案件二审抗诉权。首先,民事抗诉权从属于民事检察权,对于民事检察权的范围,学术界有不同的观点。有学者认为,民事检察权包括民事公诉权、诉讼监督权和司法弹劾权。其中,民事抗诉权属于诉讼监督权能。③ 也有学者认为,一方面,基于"公益维护"目的下的检察机关在民事诉讼中配置的职权为民事起诉权;另一方面,基于"诉讼监督"目的,检察机关在民事诉讼中配置的职权为民事参诉权、抗诉权和执行监督权。④ 其次,"民事检察权是检察权在民事诉讼领域的体现,而检察权的性质也直接决定了民事检察权的性质"⑤。换言之,检察权的法律监督性质决定了民事

---

① 王玄玮:《中国检察权转型问题研究》,法律出版社 2013 年版,第 44 页。
② 龙宗智:《诉讼职能与监督职能的关系及其配置》,载《人民检察》2011 年第 24 期。
③ 徐汉明、蔡虹:《中国民事法律监督程序研究》,知识产权出版社 2009 年版,第 8 页。
④ 甄贞、温军:《检察机关在民事诉讼中的职权配置研究》,载《法学家》2010 年第 3 期。
⑤ 王德玲:《民事检察监督制度研究》,中国法制出版社 2006 年版,第 13 页。

检察权的性质为法律监督性质。为此,民事检察权的法律监督性质决定了民事抗诉权职权本位应为法律监督权。

2015年7月,最高人民检察院发布的《检察机关提起公益诉讼改革试点方案》中第1条目标和原则中已经明确,检察机关提起公益诉讼是立足于检察机关的法律监督的职能定位,既强化对公共利益的保护,又严格规范行使民事检察权。2015年12月16日,最高人民检察院通过了《人民检察院提起公益诉讼试点工作实施办法》,该《办法》第25规定:"地方各级人民检察院认为同级人民法院未生效的第一审判决、裁定确有错误,应当向上一级人民法院提出抗诉。"该条表述的检察机关民事二审抗诉权与我国《刑事诉讼法》第217条中检察机关的刑事二审抗诉权的规定是一致的,检察机关提起二审抗诉的条件均为"确有错误",其背后的理论基础为检察机关的法律监督权理论。事实上,通过抗诉引发的民事二审程序与当事人通过上诉所引发的二审程序本身并无本质的区别,只不过抗诉体现了对检察机关法律监督权的重视。2016年3月1日,《人民法院审理人民检察院提起公益诉讼案件试点工作实施办法》开始实施,在该《办法》第10条规定了对于公益诉讼案件,检察机关不仅具有二审抗诉权,还具有再审抗诉权。检察机关对公益诉讼案件具有的再审抗诉权与对普通民事案件具有的再审抗诉权背后的理论基础均为法律监督理论,但是从程序上来看,这两类案件的再审抗诉权存在一定的区别。检察机关对公益诉讼案件行使再审抗诉权以检察机关参与了第一审、第二审程序为前提,而检察机关对普通民事案件行使再审抗诉权不以检察机关介入民事诉讼为前提。

(三)民事抗诉权职权行使"二元":公诉权与诉讼监督权

在我国,检察机关行使民事二审抗诉权前提是检察机关以公益诉讼人身份提起了一审民事公益诉讼。检察机关直接提起民事公益诉讼体现了国家干预原则,"无论从理论上或实际上说,提起诉讼是检察机关实现其法律监督职能的基本手段"①。基于前文对诉讼职能与诉讼监督职能的区分,检察机关提起公益诉讼行使的是诉讼职权,而非诉讼监督职权。因此,对于当前理论界和实务界部分学者将检察机关提起诉讼的职权作为诉讼监督职权加以研究的观点和做法是值得商榷的。

1. 对民事公诉权的正确理解

(1)关于公诉权理论

现代的公诉权理论认为,公诉权作为专属于检察机关的一项法定职权,其功

---

① 王桂五:《敬业求是集》,中国政法大学出版社1992年版,第330页。

能在于请求国家司法机关启动诉讼程序,对案件予以裁判。从诉讼的结构进行分析,公诉权对法院的审判权具有制约作用:其一,基于不告不理原则,没有公诉就没有审判,公诉的主动性决定了审判的被动性;其二,基于诉审一致原则,法院的审判范围受公诉请求的限制,法院不能超过公诉请求作出裁决,否则违反了中立的诉讼地位。由于公诉权是一种绝对权,其行使乃是检察机关的职责要求,当具备提起公诉条件的时候,检察机关必须提起公诉,不适用处分原则。同时,基于权力行使的特性,公诉权的行使也要受到法律规范的限制,要遵循合法、合理和程序性原则,以防止公诉权的滥用。为此,现代公诉权理论的两个基本立足点为:一是保障公诉权的行使;二是防止公诉权的滥用。其中,防止公诉权的滥用是现代公诉权理论的重点。

对于公诉权所包含的具体权能,龙宗智教授认为,公诉权是公诉权力要素的集合体,其基本权能有四项:提起公诉、支持公诉、变更公诉(包括公诉的改变、撤回和追加)和上诉(抗诉)。在这四项权能中,提起公诉权是其他三项权能存在和行使的前提和基础。提起公诉意味着一个诉讼的产生,即诉讼法律关系的成立。无提起公诉,就无所谓支持和变更公诉,支持公诉是公诉权的重要体现,但其作用因诉讼的结构和性质而有所不同。在职权主义庭审中,庭审的推进由法官主导,在事实查明上实行法官探知主义,检察官的作用不十分积极;相反,在当事人主义的庭审中,根据谁主张谁举证的原则,检察官要充分举证证明自己的主张成立,其行为积极主动,对诉讼结局产生关键性影响。对于公诉变更职权,是公诉权的酌定性和灵活性的体现,意在保证公诉的正确和有效性。上诉(抗诉)作为对法院裁判不服要求重审并因此而引起再审判程序的一种法定方式,是特殊情况下对公诉的继续和补充,是公诉权制度中的一项救济性权能。①

长期以来,公诉权作为刑事诉讼的专有名词而使用,使人产生一种误解,认为公诉权这个概念是专属于刑事诉讼的,或者一提到公诉权就理解为刑事诉讼中追究犯罪和刑罚的权力。对此,有学者指出:"不能认为是刑事诉讼的出现孕育了公诉权,公诉权只源于诉权。那么,公诉权实际上就可以认为是诉讼法意义上的诉权与刑事诉讼中所要求的诉权具体表现方式的结合。"也就是说,"公诉权也是一种诉权,是一种高级形态的诉权。或者说,公诉权是诉权的一种发展形态。历史已经证明,并非刑事诉讼孕育了公诉权,而仅仅是由于公诉权表现的诸多特征与刑事诉讼有着更多的共通性,从而使公诉权与刑事诉讼紧密相连,但并

---

① 龙宗智:《相对合理主义》,中国政法大学出版社1999年版,第295~296页。

非因为公诉权更适合于刑事诉讼就断定公诉权专属于刑事诉讼"。[①] 在民事诉讼中也存在公诉权,将公诉权长期禁锢在刑事诉讼领域中实际上扼杀了诉权本应具有的旺盛的生命力,与诉权发展的未来趋势也不符,这种观点和做法应予改变。在当前的学术研究中,检察机关的提起民事公益诉讼的权力被有些学者称为民事公诉权。从世界各国立法和实践情况来看,在两大法系国家检察机关作为国家利益和公共利益的代表提起民事公诉是一个非常普遍的现象,已成为各国立法通例和发展趋势,公诉权发展到民事诉讼领域的势头方兴未艾。

(2)民事公诉权的性质

在民事公益诉讼案件一审程序中,虽然检察机关以公益诉讼人的身份提起诉讼,但是其不是为了维护自身的利益,也不是单纯地实施法律监督,而是为了保护公共利益。在诉讼主体上,检察机关仍然属于民事诉讼原告的范畴,享有诉权。"如果不承认检察机关是原告,在诉权理论和诉讼结构上,就难以定位,所有的诉讼权和程序都难以安排。因此,检察机关是原告,这是一个十分重要的理论前提。"[②]根据2016年《人民法院审理人民检察院提起公益诉讼案件试点工作实施办法》第3条、第4条、第8条、第9条等规定,检察机关在诉讼中的权利和义务参照原告诉讼权利义务的规定,在一审诉讼中有和解、调解、申请撤诉的权利。

检察机关行使民事公诉权是对传统当事人适格理论的重大突破,传统的当事人适格理论从实体法律关系角度来界定在具体案件中当事人适格的标准,强调当事人与诉讼案件应该具有直接的利害关系。但是,在司法实践中,传统的当事人适格理论不能解释诉讼担当、群体诉讼中当事人适格的问题,在这种情况下需要创设新的理论来回答实践问题。"诉的利益"理论的提出突破了传统当事人适格理论的局限,使诉讼中当事人的概念也从实体意义的当事人向程序意义上的当事人进行转变。需要说明的是,在民事公益诉讼中,检察机关作为程序意义上的当事人已经被各国立法和司法实践所确认。比如说,作为现代检察制度的发源地,法国现行的新《民事诉讼法》与过去民事诉讼立法一脉相承,规定检察机关可以主当事人或从当事人(联合当事人)身份参与民事诉讼。在日本,"就民事而言,检事于裁判有关公益时参与裁判,提出裁判所所不知之诉讼材料,或陈述

[①] 宋世杰、王志华:《公诉权理论新探》,载孙谦、张智辉主编:《检察论丛》(第5卷),法律出版社2002年版。

[②] 邓鹏程:《如何认识检察机关在公益诉讼中的地位》,载《检察日报》2016年12月11日,第3版。

意见,或立于当事人之地位而为诉讼"。① 在普通民事诉讼中,一般不存在检察官参与诉讼的情况,这是因为当事人争讼的对象为在诉讼外可以进行自由处分的私法上的权利或法律关系,并无须检察官加以维护的公益存在。然而,由于人事诉讼、破产案件和非讼案件本身具有公益性的原因,立法赋予检察官提起诉讼权。以人事诉讼为例,检察官参与人事诉讼的方式之一为以当事人身份参与,检察官可以原告身份提起婚姻撤销诉讼。②

综上,民事公诉权属于检察机关的诉讼职能,在本质上是一种司法请求权,这是民事公诉权最重要的特性。检察机关行使民事公诉权,将公益纠纷提交给法院,请求法院行使审判权,对公共利益进行保护。但是,启动民事诉讼程序不是民事公诉权行使的目的,民事公诉权行使的最终目的是通过法院向被告主张实体权利。

2. 民事抗诉权的重新定位

当前以立法者和中国检察系统为代表的"官方派"的观点认为无论是二审民事抗诉权还是再审民事抗诉权的性质均为诉讼监督权,从检察机关对法院的审判活动的合法性以及审判结果的公正性进行监督角度来看,笔者对此不持异议。但是,在前述公诉权理论的指导下,如果仅仅把民事抗诉权定位于诉讼监督职能将不能形成与实践相符合的理论自洽,明显缺乏理论上的解释力。

(1) 民事抗诉权公诉职能的回归

在我国公益诉讼中,根据2016年最高人民法院《人民法院审理人民检察院提起公益诉讼案件试点工作实施办法》第4条规定,人民检察院可以提出要求公益诉讼中的被告停止侵害、排除妨碍、消除危险、恢复原状、赔礼道歉或赔偿损失等诉讼请求。基于不告不理,诉审一致的司法原则,法院的判决对停止侵害、排除妨碍、消除危险等诉讼请求或者支持或者不支持,对赔偿损失的请求如要支持的话,对于具体的数额法官有自由裁量权。如果一审判决未能满足检察机关的诉讼请求,检察机关认为"确有错误"时,基于我国民事诉讼两审终审制和司法救济原则,检察机关作为程序意义上的原告人有权通过抗诉的方式启动二审程序。根据民事诉讼审判规律与司法经验,检察机关提交的二审抗诉书将指出一审判决在事实认定、适用法律,以及程序方面的错误,其指出错误的目的仍然是希望二审法院在实体上支持自己在一审中的诉讼请求,并不会出现在实体上不利于

---

① 何勤华主编:《检察制度》,[日]冈田朝太郎、松冈正义、小河滋次郎、志田钾太郎授,郑言笔述,蒋士宜主编撰,陈颐点校,中国政法大学出版社2003年版,第100页。
② [日]松本博之:《日本人事诉讼法》,郭美松译,厦门大学出版社2012年版,第128~129页。

自己而有利于被告进行抗诉的情况。这是民事诉讼二审抗诉与刑事诉讼二审抗诉的区别,刑事诉讼的二审抗诉可能存在有利于被告和不利于被告的抗诉情形。比如说,如果检察机关认为一审刑事判决量刑过重,可提起二审抗诉主张轻判,这时刑事二审抗诉权的目的不是惩罚犯罪,而是保证法律的正确实施,检察机关针对的对象不是被告人,而是一审的判决,检察机关与被告不存在对抗的关系,因此这样的抗诉属于检察机关履行诉讼监督职能。

　　检察机关通过行使抗诉权启动的民事二审程序,与民事一审程序相比较而言,具有以下共同点:首先,在诉讼结构上,二审程序和一审程序没有实质性的区别,仍然是诉讼中两造平等对抗,法官听取诉辩双方意见居中裁判的诉讼构造。检察机关提起抗诉的目的是希望二审法院作出有利于自己,而不利于被告的裁判。如果一审被告同时提起上诉,则诉辩双方之间的对抗就愈加突出。其次,在诉讼地位上,检察机关的角色没有变化。无论是一审程序还是二审程序,检察机关一直站在与对方当事人对立的立场,检察机关与被上诉人(一审被告)的地位没有改变,双方仍然要围绕一审的诉讼请求是否应该获得支持展开诉讼活动,二审庭审中检察机关的地位不仅不具有明显的居中性和超然性,而且检察机关仍置自己于纠纷之中。最后,在法律效力上,检察机关的抗诉权与被告享有的上诉权没有区别,都具有启动二审程序的效力。因此,不能将检察机关享有的二审民事抗诉权简单地理解为诉讼监督权。基于我国民事诉讼的二审终审制度,第二审程序给第一审程序的双方当事人提供了一个救济机会,相比于一审程序,第二审程序体现权利救济功能。检察机关在一审程序中出庭支持公诉,一审结束后如进入二审程序,民事诉讼活动继续进行,检察机关支持公诉的任务并没有结束。当事人上诉或检察机关抗诉而使案件进入二审程序后,检察机关仍需出庭支持公诉。为此,检察机关提起的二审抗诉,以及出庭支持公诉应作为民事公诉职能的延伸。由此可见,在公益诉讼案件中,检察机关的二审抗诉其实行使的就是诉权,可以说是检察机关民事公诉行为的延伸。实际上,这与一审被告不服一审未生效裁判提起上诉没有实质性的区别,甚至也可以用"上诉"这一概念。在我国民事诉讼立法中之所以采用抗诉而非上诉一词,主要是在于强调检察机关的法律监督职能。在域外国家,检察机关不服一审判决是通过行使上诉权来启动二审程序的。

　　肯定二审民事抗诉权的公诉职能,在理论上可以实现圆融,在实践中也可以产生积极的效果:其一,强化检察机关责任承担,充分调动行使公诉权的积极性。检察机关履行民事公诉职能,必须在庭前认真搜集证据,积极进行庭审准备,履行充分举证的义务,在庭审中积极进行辩论,否则将承担败诉的结果。如果仅仅把二审民事抗诉权定位为诉讼监督权,就会使检察机关有一种天然的优势感,可能造成举证、辩论等行为的懈怠,认为如果一审判决没有满足自己的诉讼请求,就通过诉讼监督权来制约审判权,靠权力而不是靠证据赢得诉讼。其二,有利于实现诉辩平等和程序正义。诉辩平等对抗是程序正义的底线要求,如果检察机关在二审中仅履行监督职能,而不履行公诉职能,诉讼平等对抗的格局就要被打破,民事诉讼的三角结构会发生变异。所以,检察机关的二审民事抗诉权必须回归到公诉职能上。在这里,也许有人会提出质疑,认为检察机关行使民事抗诉权启动的二审程序中,出庭支持抗诉的检察人员不是原一审检察机关指派的,而是其上一级检察机关指派的,因此以主体变更为由来否定二审民事抗诉权的公诉职能。对此,笔者认为,基于检察一体化原则,整个检察系统作为一个有机整体统一行使检察权,该权力在行使过程中已经形成上下一体、配合协作的机制。由此,这种质疑的理由是不成立的。

对于公益诉讼审判监督程序中的民事抗诉权,根据公诉权理论,检察机关对二审生效裁判行使再审抗诉权,应当认定为公诉权的进一步延伸。① 正如有学者所言,赋予检察机关作为代表国家利益、社会公共利益提起诉讼、参加诉讼的当事人的主体地位,使其享有完整的诉权——起诉权、上诉阶段的抗诉权、再审阶段的提起抗诉权,这些权力产生的基础是检察机关的当事人诉权。② 因此,公益诉讼再审抗诉权具有诉权的性质。但是,再审抗诉权与当事人申请再审权不同,再审抗诉权必然启动民事再审程序,而当事人申请再审权不一定启动再审程序,在司法实践中表现极低的比率。检察机关再审抗诉权超强大的启动再审能力,与当事人再审申请权不对等,诉权理论不能进行合理的解释,在这种情况下,只有诉讼监督的法理才能提供支持。因此,公益诉讼再审抗诉权也具有诉讼监督的性质。申言之,检察机关对生效判决的抗诉基于诉权,但还是受到了诉讼监督权的影响。正如有学者所言:"从法理上分析,在判决确定后,对同一案件的起诉权已经'耗尽',抗诉已缺乏法理资源,而监督权法理可以为诉权耗尽情况下的诉权延伸提供某些支撑。"③

(2)民事抗诉权的复合型态

基于前文的论述,民事抗诉权的性质不能一概而论,完全纳入诉讼监督权的范畴。在职权行使上,对于诉讼职权与诉讼监督职权在理论上和实践中严格进行区分是十分困难的,某些"职权的履行既具有诉讼职权的性质,又具有诉讼监

---

① 龙宗智:《论检察》,中国检察出版社2013年版,第221~222页。
② 宋朝武:《关于改革民事再审程序的几点思考》,载《法学评论》2003年第2期。
③ 龙宗智:《相对合理主义视角下的检察机关审判监督问题》,载《四川大学学报(哲学社会科学版)》2004年第2期。

督职权的性质,有时可能诉讼职权的成分浓一些,有时监督职权的成分更多一些,在'灰色'地带中有时'偏黑'一些,有时'偏白'一些,但都不能归为真正的'黑色'或'白色'地带"①。民事抗诉权就是这样一种权力,兼具诉讼职能与诉讼监督职能。民事抗诉权在本质上具有法律监督的性质,在职权行使上既是诉又是监督,二审民事抗诉权中诉的因素较重,而再审民事抗诉权监督的因素较重。因此,检察机关提起抗诉的行为兼有两种要素,体现了诉讼活动和诉讼监督活动的统一性。

综上,民事抗诉权是一种复合型态的权力,具有民事公诉权与诉讼监督权的双重属性。具体来说,在公益诉讼案件中,检察机关具有双重地位:一是提起诉讼的原告,处于当事人的诉讼地位;二是诉讼监督者,对审判活动进行监督,按照二审程序或者审判监督程序提起抗诉。对于公益诉讼案件的二审抗诉权和再审抗诉权,体现了民事公诉权和诉讼监督权的有机融合,但是对普通民事案件的再审抗诉权则仍仅体现检察机关的诉讼监督权。

三、民事抗诉权的功能转向

在学界,有学者指出现行《民事诉讼法》对抗诉的功能与监督的目的仍不明确,必须予以重新定位,否则会导致制度设计和运行失序。② 事实上,民事抗诉权的目的与功能是两个密切相关但又不尽相同的范畴。民事抗诉权的目的是一种观念形态。从哲学角度来说,目的应该属于意识、观念形态上的范畴。立法赋予检察机关民事抗诉权的目的也是通过观念预先设计行使民事抗诉权所指向的结果,是国家对民事抗诉权的运行期望所达到的理想状态。无论是二审民事抗诉权还是再审民事抗诉权,国家立法设置该权力的本意在于实现对审判权的监督,以达到维护司法公正、司法权威和法制统一的目的。这三个方面,可谓是"三位一体"的目的:首先,司法公正是诉讼的生命与灵魂,是司法的本质要求和追求的永恒目标。"公正之于司法的重要性,犹如人的灵魂之于人的肉体,缺乏公正的司法犹如没有灵魂的行尸走肉,失去了存在的价值和意义。"③司法公正包括实体公正和程序公正,公正的程序是实现实体公正的保障。检察机关通过行使民事抗诉权,纠正诉讼违法和裁判不公,实现矫正正义,有力地维护了司法公正。

---

① 苗生明:《诉讼职权与监督职权优化配置的模式选择》,载穆平主编:《检察理论探索与机制创新》,法律出版社2012年版。
② 范愉:《司法监督的功能及制度设计(上)——检察院民事行政案件抗诉与人大个案监督的制度比较》,载《中国司法》2004年第5期。
③ 韩成军:《司法公正权威与检察监督的关系》,载《当代法学》2015年第6期。

其次，司法权威的树立来源于司法公正。当前，司法不公、司法失范颇为人们所诟病，司法公信力缺失，也毫无司法权威而言。检察机关民事抗诉权的构建与行使，成为修复司法公信力，增强司法权威的一条重要路径。最后，我国检察制度是现代法治的产物，承担着制约审判权，维护法制统一的重要使命。法制统一既是立法的要求，又是司法的要求，司法公正是法制统一在司法领域的重要表现。检察机关通过行使民事抗诉权，强化审判监督，使错误的裁判得以审理与纠正，履行了维护法制统一的职责。

民事抗诉权的目的体现了立法者的主观意图，而民事抗诉权的功能指的民事抗诉权在运行过程中产生的效用及可见的客观后果。民事抗诉权功能的实现有助于民事抗诉权目的的实现。站在当前社会转型的立场，考察民事抗诉权的立法和司法轨迹，我们发现民事抗诉权的功能已经从过去单一的"诉讼监督"，维护法制的统一功能，转变为"诉讼监督""保护公益"与"权利救济"的有机统一，实现了对审判权的制约和对当事人权利的救济，体现了以权力制约权力，以权力保障公益和以权力救济权利的现代司法理念。

(一)诉讼监督

法治的首要问题是实现对公权力进行有效的约束和规制，以公权力监督公权力是一种常规的司法逻辑和治理思路。任何权力缺乏监督都有失控甚至被滥用的可能，民事审判权也不例外。民事抗诉权定位为诉讼监督权，体现了对审判权的制约。这种审查机制的存在，为防止民事审判权的滥用和专横提供了特殊的保障，也是法治秩序得以建构的关键性因素之一。

在具体的案件中，民事抗诉权的诉讼监督功能表现为以下几个方面：其一，文书的检验与评判。检察机关对法院作出的判决、裁定和调解书，从事实认定、法律适用、证据问题以及诉讼程序是否合法等方面进行检验，以确定原裁判所认定的事实清楚与否、证据是否确实充分、适用的实体法和实体判决是否符合法律规定，提出评判意见和处理主张。其二，对诉讼程序进行评判。检察机关对原审诉讼程序是否合法以及不合法的诉讼行为是否影响实体判决等程序问题进行评判。其三，对审判人员违法行为的制裁。2010年7月，最高人民法院、最高人民检察院、公安部、国家安全部、司法部发布了《关于对司法工作人员在诉讼活动中的渎职行为加强法律监督的若干规定（试行）》，规定检察机关对于司法工作人员的渎职行为可以行使调查核实权。经调查属实认定审判人员在审理案件时有贪污受贿、徇私舞弊、枉法裁判或者其他违反法律规定的诉讼程序的行为，可能影响案件正确判决、裁定的，经检察长批准应当依照民事诉讼法规定的程序对该案件的判决、裁定提出抗诉。由此可见，检察机关在抗诉案件的审查中，通过行使调查核实权，有可能发现审判人员违法线索，对司法腐败行为进行查处，修复司法正义。

(二)公益保护

当前,"公益原则作为检察机关或检察官活动的一项基本准则,已为世界各国所普遍承认和确立"①。在两大法系国家,检察机关作为社会公益的代表,参与民事诉讼,在具体的民事诉讼案件中行使民事起诉权、参诉权和上诉权,以维护公共利益。法国的诉讼理论认为,检察官是国家利益和社会公共利益的代表,凡是涉及国家利益、社会公共利益、公民的重大利益的民事活动,检察官参与其中,就可以充分地维护国家利益和社会公共利益。"在民事诉讼程序中,听取检察院的意见,已经构成一项'法律一般原则'。"②从检察机关和检察官的产生和发展的进程来看,经历了作为国王、国家和公共利益代表的历程,检察机关或检察官从其产生之日起就作为公益代表参与诉讼活动。作为现代检察制度的发源地的法国,其新《民事诉讼法》第421条规定"于法律规定之情形,检察院代表社会"。

在我国公益诉讼制度的构建与运行中,检察机关作为公益诉讼人提起诉讼以保护社会公益,二审民事抗诉权和再审民事抗诉权在公益诉讼案件中仍承担着保护公益的职能。对于检察机关在普通民事案件中行使的再审民事抗诉权,根据最高人民检察院《人民检察院民事诉讼监督规则试行》第41条规定,对于损害国家利益或者社会公共利益的民事案件,检察机关行使民事抗诉权不以当事人申请再审和申请抗诉为前提。只要检察机关发现生效的判决、裁定和调解书存在损害国家利益或者社会公共利益的情形,检察机关都应依职权行使再审民事抗诉权,启动民事再审程序。由此可见,在我国普通民事案件中再审抗诉权维护公益的功能显明。

(三)权利救济

关于民事抗诉权,一直以来主要强调它的监督属性,视为以公权力制约公权力的制度安排,而对其权利救济功能无论是理论界还是实务界并没有引起足够的重视,被学者们有意无意地忽略了。正如有的学者所言:"抗诉是一种纯粹的诉讼监督方式,而不是一种救济方式。"③笔者对此种观点持反对态度。就二审民事抗诉权而言,检察机关作为一审中程序意义的当事人,对于一审判决不利于自己的裁判行使抗诉权,其救济功能显明。对于再审民事抗诉权,实践中,据统

---

① 邓思清:《检察权研究》,北京大学出版社2007年版,第130页。
② [法]让·文森、赛尔日·金沙尔:《法国民事诉讼法要义》(下),罗结珍译,中国法制出版社2005年,第729页。
③ 张步洪:《修改行政诉讼法与优化检察权配置》,载《国家检察官学院学报》2013年第3期。

计一直以来检察机关提起抗诉的案件90%以上都来自于当事人的申诉或申请抗诉，"检察机关在当事人未申诉的情况下基于公共利益而'自行发现'的案件微乎其微，公民、组织基于公共利益主张检察机关行使抗诉权的案件也不多见"①。当事人申请抗诉的目的，与其提起诉讼、提出上诉、申请再审的目的是一致的，都是为了维护自身的利益。所以，对于当事人而言，民事抗诉权就是一种救济手段。

2007年我国《民事诉讼法》进行了第一次修正，其中一个标志性的变化为检察机关抗诉事由与当事人申请再审事由的统一，对此有学者认为："将当事人申诉事由与检察院抗诉事由予以统一，是对当事人申请再审和检察院民事抗诉这两个制度的一种有意识的'糅合'和无意识的'混同'，使检察院分担原来由法院承担的部分权利救济职能，可以在人民法院之外为当事人增加一个权利救济的管道。从2007年民诉法修改的过程来看，参与修改和决策的学者们也多将抗诉制度视为一种当事人权利救济的重要途径。"②此外，2012年第二次修正的《中华人民共和国民事诉讼法》第209条规定了当事人在法定的三种情形下可以向检察机关申请抗诉，这实际上规定了当事人通过申请再审不能获得权利救济后，赋予当事人向检察机关申请抗诉的权利。为此，申请抗诉权不但成为一种法定的诉讼权利，而且是程序上的救济性权利。当事人申请抗诉权是由宪法上公民的申诉权延伸而来的，当事人请求检察机关行使抗诉权，强制法院启动再审程序，从而获得同申请再审后法院启动再审程序同样的法律效果。从这个意义而言，立法赋予当事人申请抗诉权凸显民事抗诉权的救济功能。

需要强调的是，在承认民事抗诉权具有权利救济的功能的基础上，我们也应该清醒地认识到检察机关对当事人权利的救济不是无限的，而是只能提供有限的司法救济。民事纠纷主要是私益纠纷，基于意思自治和民事主体处分权理论，检察机关对私权不提供主动的救济，对于不损害国家利益或者社会公共利益的民事裁判和调解书，如果当事人未申请检察机关提起抗诉，检察机关就不应当依职权提出抗诉。

四、结语

综上所述，在民事公益诉讼案件中，检察机关行使民事抗诉权体现了公诉权

---

① 李文庆：《民事申请抗诉权研究》，载张爱军主编：《民事行政检察监督理论与实践（2013卷）——民事行政检察·黄河口论坛》，山东大学出版社2013年版。

② 史溢帆：《从法制统一到权利救济：当代中国民事检察监督制度的功能变迁》，载《兰州大学学报（社会科学版）》2016年第3期。

与诉讼监督权的融合。由此,检察机关在民事公益诉讼中的身份和地位是双重的:一方面,民事公诉人属于诉讼中的诉讼主体,享有诉讼当事人所应有的诉讼权利,负有诉讼当事人所应负的诉讼义务;另一方面,民事公诉人又是诉讼中的监督者,其对公益诉讼的公正高效以及法院对公益诉讼的中立客观裁判有权实施法律监督。① 此外,随着立法的变化与实践的发展,民事抗诉权的功能定位已经发生了深刻的变化和调整,实现了从"诉讼监督"到"诉讼监督""保护公益"和"权利救济"三位一体的转向。一方面,这种转向不是民事抗诉权三种功能的简单相加,而是有机的统一;另一方面,这种转向不是主观想象,一蹴而就的,而是根植于中国的司法实践需求,尤其是社会转型时期凸显保护公益和权利救济的需求。

关于检察机关的双重角色是否冲突问题,是民事抗诉权在运行过程中的重要理论问题,对于这个问题的研究与解决,直接关系到民事抗诉权功能的发挥。基于逻辑和经验事实分析,诉讼监督者的角色要求检察机关尽可能保持中立、超然和公正,而当事人的诉讼角色却要求检察机关要保持积极、主动,追求自身最大限度内胜诉。由此,在民事公诉权和民事抗诉权行使过程中,检察机关的当事人角色与诉讼监督角色在一定程度上是对立和冲突的。但是,我们知道角色的多元实际上是一种常见的社会现象,社会生活的复杂性和多面性决定了同一社会主体有时需要扮演多重角色。角色的多元化虽然有可能引起冲突和紊乱,但只要安排妥当,冲突和紊乱也并非不可避免。② 对于如何解决民事公益诉讼案件中检察机关角色冲突问题,在保留检察机关民事公诉职能与诉讼监督职能的情况下,从根本上解决是不可能的,也是不现实的。对此,笔者认为,基于前文论述,为充分发挥民事抗诉权"诉讼监督""公益保护"和"权利救济"三位一体的功能,站在相对合理主义的立场上,笔者认为在强化检察官客观义务的同时,保留检察机关在公益诉讼中二审民事抗诉权,限制检察机关不利于被告的再审民事抗诉权的提起,应为协调检察机关角色冲突的最可行办法。

---

① 汤维建:《检察机关提起公益诉讼试点相关问题解析》,载《中国党政干部论坛》2015年第8期。
② 李浩:《关于民事公诉的若干思考》,载《法学家》2006年第4期。

民事二审适用独任制之
理性思辨与进路探索

荣明潇[*]

摘要: 民事审判领域中独任制扩展至二审符合民事审判组织设置的一般规律,且具有内在正当性。故通过将独任制合理扩展至二审来完善我国民事审判组织体系进而完善诉讼和司法制度势在必行。为此,一方面,应以独任制合理扩展至二审为核心重构二审民事审判组织体系,即应将独任制和简易程序脱钩并增设独任制普通程序;另一方面,则应在司法改革过程中以独任制与"员额制""团队制"和"责任制"的结合为重点实现二审独任制审判组织的合理建构。

关键词: 民事二审;独任制;理性逻辑;进路探索;司法改革

引 言

在民事审判领域,独任制与合议制无疑是最基本的审判组织形式。但根据我国法律规定只有基层法院的一审案件可以适用独任制,二审案件[①]则只能适用合议制。虽然二审案件依法应为合议制审理,然而司法实践中"形合实独"现象的大量存在却使得二审的合议制只是徒有其表,合议制适用被逐步"侵蚀"。无论是业界对此进行的研究,还是多轮司法改革对于审判组织的完善,其着力点多在于如何加强合议制的落实上,对于二审案件到底能否适用独任制审理这一问题却鲜有涉及。而在我们大谈如何落实合议制的过程中,"形合实独"却依然生机勃勃。这不禁引人深思。笔者认为,对于二审案件适用独任制的问题,我们不能因为"法律已有明确规定"就避而远之,而应深入现实,以一种积极的态度加以关注,要上升到改革的高度上加以思考和研究并作出相应的诠释。对此笔者

---

[*] 作者系山东省淄博市中级人民法院审判员、二级法官,法律硕士。

[①] 本文中的"二审案件""二审"均仅限定于民事案件范畴,所称的民事案件包含商事案件,即本文中的民事案件实际指民商事案件,但行文中均采用民事案件这一称谓。

进行了深入考察和思辨,以独任制合理扩展至二审为核心提出了完善我国二审民事审判组织体系的建议,同时还结合司法改革以"独任制+"为视角对二审独任制审判组织的合理建构提出了自己的一管之见。

一、检视:"形合实独"的现实透析——民事二审案件适用独任制问题的提出

(一)隐性扩张:"形合实独"使法定的二审合议制成为现实的变相独任制

《中华人民共和国民事诉讼法》(以下简称《民事诉讼法》)第39条、第160条明确规定,只有基层法院的一审案件可适用简易程序的独任制进行审理;①《民事诉讼法》第40条、第169条则确定了二审案件只能适用普通程序的合议制进行审理。② 因此从我国的立法定位来看,民事二审案件应适用合议制而不能适用独任制。虽然法律对此具有明确规定,且从表面运行来看也不存在二审适用独任制的情形,但现实是二审以合议之名而行独任之实的现象极为普遍,二审合议制在实践中呈现独任化的态势,即业界所谓的"形合实独"。而二审合议制亦因此而逐步虚化至徒有其形而无实,具体表现在:一是"实为独任"。无论是从当事人的外部视角还是审判人员的内部视角来看,合议庭虽有其名,但实际上绝大部分的程序性和实质性审理活动都是案件承办人包办,承办人对案件的最终处理基本具有决定性的影响,其他合议庭成员不过是承办人的"职业陪衬"。二是"名为合议"。在合议制中最为精华的合议环节,合议庭经常常是"合而不议";即便真搞合议,其过程也不过是承办人汇报案情后其他成员简单附议并表示"同意"了事,论辩式的交锋合议成为稀缺。浙江省高级人民法院的调研显示,"在合议庭讨论案件时,有68.3%的法官表示会以承办人的意见为主,而只有不到10%的法官主动选择以自己意见为主或认为正确的意见为主。特别是对案件的事实

---

① 《中华人民共和国民事诉讼法》第39条规定:"人民法院审理第一审民事案件,由审判员、陪审员共同组成合议庭或者由审判员组成合议庭。合议庭的成员人数,必须是单数。适用简易程序审理的民事案件,由审判员一人独任审理。陪审员在执行陪审职务时,与审判员有同等的权利义务。";第160条规定:"简单的民事案件由审判员一人独任审理,并不受本法第一百三十六条、第一百三十八条、第一百四十一条规定的限制。"

② 《中华人民共和国民事诉讼法》第40条第1款规定:"人民法院审理第二审民事案件,由审判员组成合议庭。合议庭的成员人数,必须是单数";第169条第1款规定:"第二审人民法院对上诉案件,应当组成合议庭,开庭审理。经过阅卷、调查和询问当事人,对没有提出新的事实、证据或者理由,合议庭认为不需要开庭审理的,可以不开庭审理。"

问题,绝大多数接受调查的法官表示'事实问题由承办人负责'"①。

(二)缘由探究:民事二审为何会出现"形合实独"

其实就"形合实独"现象而言,基层法院一审出现并不算奇怪,毕竟目前基层法院一审多采取简易程序适用独任制审理,而这种独任制审理的惯性会传导至普通程序的合议制,另外则是由于一审案件不断增多所产生的结案压力。而二审案件由中级以上法院审理,其根本不存在独任制审理的问题,为何也会出现这种"形合实独"?

1. 缓解人案矛盾的无奈选择

"人案矛盾"是指日益增多的案件与有限的审判资源之间的矛盾。其实不只是基层法院一审存在案件日益增多的压力,中级法院二审亦同样如此。尤其是在立案登记制实行以来,更为大量的民事案件涌入基层法院,一审案件数量急剧增多,在上诉案件比例并无明显降低的情况下,客观上导致了上诉案件绝对数量的激增。② 以笔者所在的Z市中院为例,在2015年5月1日实行立案登记制前的2015年1—5月的民事二审收案数为988件,而一年之后即2016年1—5月的民事二审收案数则剧增至1784件,同比上升高达80.57%;并且2016年上半年还进行了员额制改革,入额法官只占原先法官总数的半数左右。这种严峻的形势无疑使得二审人案矛盾进一步加剧。作为终审法院,二审法院一方面要应对案件数量压力,另一方面要保证案件质量。"为维系自身的超负荷运作,其不得不在审判中降低司法的职业化水准和司法程序的技术含量"③,变相采用独任制审理从而提高效率也便不难理解。

2. 规避制度缺陷的权宜之计

独任制向二审的隐性扩张其实与我国诉讼制度的设计缺陷密不可分。因为在大陆法系国家,虽然简易程序一般为普通程序的简化形态,但大陆法系各国划分简易程序与普通程序的标准不是独任制或合议制,而是法院的级别、案件的类型和争议标的额④,即其审判程序与审判组织形式并非单一对位。但是"我国立法对普通程序的倚重以及对合议制的尊崇直接造成了'普通程序=合议制,简易程序=独任制'等式性的格局,并使审判组织的适用具有明显的'合议制为主,独

---

① 叶向阳:《对当前职业法官合议制实施情况的调查与思考》,载《法律适用》2004年第7期。

② 例如某基层法院若每年审结民事案件5000件,按5%的上诉比率计算则上诉案件为250件。如果年审结数量因收案增长而上升至10000件,按同样比率计算则上诉案件会达到500件。若一中级法院下辖的多个基层法院均如此,则该中级法院的民事二审收案显然会激增。

③ 蔡彦敏:《断裂与修正:我国民事审判组织之嬗变》,载《政法论坛》2014年第2期。

④ 傅郁林:《繁简分流与程序保障》,载《法学研究》2003年第3期。

任制为辅'的特征"。① 而合议庭所占用的司法人力资源至少是独任庭的 3 倍,如果对依法需要适用普通程序的案件都实行具有实质效果意义的合议制,在不改变法官编制的前提下,法院处理纠纷的能力就会降低 2/3。司法实践对于不合理的立法总是本能地寻找变通方式加以抵制,在无法改变我国这种审判组织与诉讼程序的对应方式的前提下,合而不议的普通程序实现了普通程序与(变相)独任制的有效结合,在不违反现行法的前提下一定程度上缓解了减少法庭人员配备与确保审判受普通程序控制之间的矛盾。②

(三)总结启示:民事二审案件适用独任制审理问题的提出

从上述分析不难看出,尽管我国在立法上明确规定民事二审案件应适用合议制而不能适用独任制,但客观地讲,由于上述深层性问题的存在,多年以来独任制在二审的这种隐性扩张早已在现实中成为一种常态,这种常态则使得二审审判组织的"形合实独"在目前来看也确实难有改变之势。而且从当前形势来看,一方面,最高人民法院强调过要强化合议庭职责,以期实现"实合",另一方面,从推行审判长负责制,到加强主审法官职责,再到如今的"承办案件的主审法官担任审判长",③这客观上又对"实独"提供了制度便利。总之,独任制变相扩张至二审虽有"以身试法"之嫌,但其并未因此而失去生命力,反倒是在实践中展现出了勃勃生机,而对此最经典的诠释莫过于民事二审案件在不断增长的同时仍保持了极高的质效,笔者所在的 Z 市中院近几年来的民事二审收结案和服判息诉率情况就非常鲜明地反映出了上述特点(见图1)。

总结过后,其实我们已经可以从中得到这样的启示:第一,从总体上看,独任制变相扩张至二审虽有"违法"之嫌,但正所谓"存在即合理",对其长期存在的合理性,法学研究和立法完善均不应忽视,而法律应有的"德性"也要求法律应切合实际,与社会发展情况和社会需求相适应④;第二,实践中二审适用合议制的案件在"形合实独"的运作下依然能够圆满结案并服判息诉,就表明相关案件采用独任制审理并非不可行,进而表明独任制可以进一步扩展适用,而反过来讲这样才能保证合议制的落实,"即只有将那些真正需要合议制的案件划归于合议制的适用范围,合议制才能在实践中得以名副其实的实施"⑤。因此,虽然学界对于

---

① 蔡彦敏:《断裂与修正:我国民事审判组织之嬗变》,载《政法论坛》2014 年第 2 期。
② 傅郁林:《繁简分流与程序保障》,载《法学研究》2003 年第 3 期。
③ 参见《最高人民法院关于全面深化人民法院改革的意见——人民法院第四个五年改革纲要(2014—2018)》第三部分第 27 条。
④ 江必新:《严格依法办事:经由形式正义的实质法治观》,载《法学研究》2013 年第6 期。
⑤ 张晋红、赵虎:《民事诉讼独任制适用范围研究》,载《广东社会科学》2004 年第 4 期。

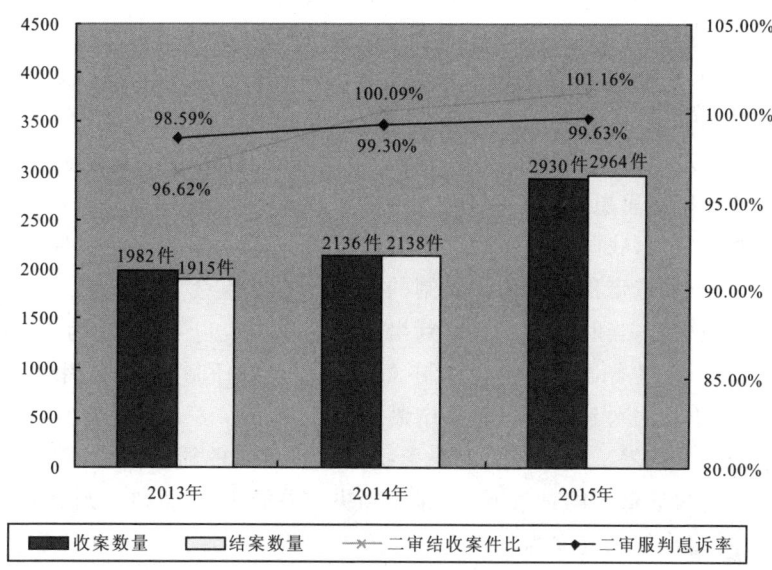

图1 Z市中院2013—2015年民事二审案件收结案和服判息诉率情况

民事二审案件适用独任制这一问题鲜有探讨,但其无疑是一个具有现实意义的重要课题。

二、思辨:民事二审案件适用独任制的理性逻辑

民事二审案件适用独任制涉及司法制度和诉讼制度的变革,因此必须从理论的高度对其必要性和可行性予以充分论证,即从理论上弄清楚"独任制为什么能扩展至民事二审案件",而这需要我们以一种理性的逻辑对此进行深入思辨。

(一)深度考量:我国民事二审审判组织设定之辩证反思

1. 基础判断:独任制扩展至二审符合审判组织设置的一般规律

从理论上讲,重要性和难易程度不同的案件对审判力量的内在要求是不同的。简单或一般的案件通常由一名法官就足以作出符合认识规律的正确判断,而复杂疑难的案件则需要相对多的审判人员共同决策才能保证作出正确的判断。这种对应关系的内在规律,应是合理定位独任制与合议制适用范围的基本依据,[①]而无论案件是一审还是二审。从案件本身来看,不仅一审是简单和一般的案件占多数,二审同样如此;重大疑难案件无论在一审还是二审中相对还是少数。因此,适用独任制的案件应然多于适用合议制的案件,二审适用独任制审理

---

① 张晋红、赵虎:《民事诉讼独任制适用范围研究》,载《广东社会科学》2004年第4期。

也并无理论障碍。

2. 规则审视:法律设定二审只适用合议制而不适用独任制之根源追溯

不过从我国《民事诉讼法》的规定来看,其在对二审审判组织的规则设定之初则将二审定位为只能适用合议制而不能适用独任制,这种设定显然与当时的司法环境和指导思想是密不可分的。在《民事诉讼法》从试行到正式出台的二十世纪八九十年代,我国的民事案件不仅总量较少,重大疑难复杂案件更是少之又少,因此对于二审审判组织为合议制的设定基本上不会产生影响。而且从立法的指导思想来看,当时对于民事审判组织的定位就是以"合议制为主,独任制为辅",并且进行了"普通程序＝合议制、简易程序＝独任制"的对位捆绑。"究其思想根源,在于立法对建立在民主集中制基础上的依靠多数人的智慧解决民事纠纷理念的充分信赖。这实际上反映了我国一以贯之的司法理念,因为在审判人员整体专业素质低下的背景下,要保证判决结果的正确,将错误判决的概率降到最低,就应将合议制确立为审判组织形式的主流。"[①]在这样的理念指导下,二审作为终审自然更应适用合议制。因此当时的立法将二审审判组织直接设定为合议制自然也就不难理解。

3. 实然呼唤:司法环境变迁客观需要独任制扩展至二审

我国立法对于二审完全适用合议制的规则设定虽不符合前述的"重要性和难易程度不同的案件对审判力量的内在要求不同"这一审判组织设置的一般规律,但在20世纪民事案件总量较少且审判人员整体专业素质不高的背景下,这样的设定可以说是严格贯彻了程序保障的理念,当时《民事诉讼法》制定时对于确保当事人的诉讼权利和强化国人的程序意识确实具有积极的意义。当然不可否认的是,这种较为理想化的设定在当时二审民事案件数量不多的背景下并无不当,但在案件激增而司法资源增幅有限的今天,所有案件的程序完全保障意味着司法资源的透支,二者矛盾逐渐积累无疑会造成"案多人少"的现实困境,同时又会让"普通程序＝合议制、简易程序＝独任制"这种对位捆绑的制度设定所产生的缺陷得以显现并且不断放大。因此,随着司法环境的变迁,二审完全适用合议制的优势或者说合理性已逐渐式微,司法实践客观上需要独任制扩展至二审。换句话说,在过去我国法官整体素质不高和案件相对较少的背景下,立法出于对终审的重视将二审设定为合议制审理可以理解,而在法官素质早已普遍提升且案件激增的今天,依照前述的"重要性和难易程度不同的案件对审判力量的内在要求不同"这一审判组织设置的一般规律将独任制合理扩展至二审则顺理成章。

---

① 张晋红、赵虎:《民事诉讼独任制适用范围研究》,载《广东社会科学》2004年第4期。

(二)理论探源:独任制扩展至二审之内在正当性

1. 决策博弈:独任制较合议制具有自身特有优势

就审判而言,其无论是一审还是二审,从本质上来说都是一种决策。合议制审判属群体决策,独任制审判属个体决策。从一般意义上讲,群体决策的优势在于集思广益,并通过纠正个体偏差来保证正确,但缺陷则在于缺少效率;个体决策虽然相对高效,但在正确性上似乎又让人难以放心。不过二者的博弈并非如此简单。从作为决策的角度来分析,我们并不能得出合议制就一定优于独任制的结论,相反独任制在许多方面却是优于合议制,而这种优势不仅在于效率方面。

——正确性。美国学者里德·黑斯蒂与盖尔·希尔分别在各自的实验中证明:群体只比其水平居中的成员作出的判断更为准确,但经常不如群体中最优秀的个体。① 而群体中的优秀者是可以通过观察和实验发现的。

——创造性。一般人都认为"三个臭皮匠顶个诸葛亮",然而群体决策的创造性在很多时候并不比个体决策高明,原因就在于群体思维的存在。这是一种为了维护群体和睦而压制异议的现象,或者说是注重保持群体凝聚力更甚于务实思考事实的思维方式。群体思维的存在极易导致群体决策产生偏差甚至重大错误。②

——风险性。群体决策的风险性即"群体极化"现象,是指群体决策中群体在经过讨论后通常会增强已有的倾向。也就是说,群体讨论容易增强群体成员达成一致的倾向,且这种一致具有冒险化和极端化的特点。③ 例如美国学者研究发现,当模拟陪审团仅得到较弱的犯罪证据时,群体讨论使判决更轻;而当陪审团得到确凿证据时,群体讨论后判决更重。④

2. 理性归结:独任制应予扩展但须坚持合理原则

通过对决策分析的综合比较则不难看出,集体决策不仅在效率上低于个体决策,在正确性上则不如优秀的个体。更为关键的是,集体决策中所固有的群体思维和群体极化现象不仅会降低创造力,还增加了集体决策出现失误的风险。而在决策时间有限的情况下,集体决策责任分散、责不罚众的特点又进一步加剧

---

① [美]斯科特·普劳斯:《决策与判断》,施俊琦、王星译,人民邮电出版社2004年版,第182页。

② 张雪纯:《合议制与独任制优势比较——基于决策理论的分析》,载《法制与社会发展》2009年第6期。

③ 张雪纯:《合议制与独任制优势比较——基于决策理论的分析》,载《法制与社会发展》2009年第6期。

④ [美]斯科特·普劳斯:《决策与判断》,施俊琦、王星译,人民邮电出版社2004年版,第182页。

了这种风险。这在现实中的反映就是,独任制不仅比合议制有效率,在质量和效果上也优于合议制。当然由于目前我国二审尚未实行独任制,对此我们可以从基层法院一审独任制(简易程序)和合议制(普通程序)审理的案件在调撤率、上诉率、发改率等指标的分析上看出端倪,为此笔者选取所在辖区3个审判质效位居前列的基层法院进行的数据统计则印证了这一点(见表1)。

表1 Z市三基层法院独任制(简易程序)和合议制(普通程序)民事案件质效情况对比

A法院

年度	适用简易程序结案				适用普通程序结案			
	总数	调撤率	上诉率	发改率	总数	调撤率	上诉率	发改率
2013	2061	61.14%	4.90%	1.37%	384	46.88%	6.25%	2.45%
2014	1938	70.28%	3.30%	3.13%	586	34.64%	9.04%	2.09%
2015	2630	61.41%	3.57%	0.46%	756	25.66%	32.01%	3.44%

B法院

年度	适用简易程序结案				适用普通程序结案			
	总数	调撤率	上诉率	发改率	总数	调撤率	上诉率	发改率
2013	1406	64.65%	3.63%	1.01%	715	44.06%	25.17%	3.75%
2014	1401	59.31%	3.78%	0.7%	869	38.55%	18.53%	3.75%
2015	1807	53.57%	6.92%	0.61%	777	28.06%	18.4%	4.25%

C法院

年度	适用简易程序结案				适用普通程序结案			
	总数	调撤率	上诉率	发改率	总数	调撤率	上诉率	发改率
2013	1097	72.01%	3.65%	0	1055	69.95%	10.05%	8.52%
2014	1360	65.44%	1.68%	0	1270	60.08%	7.95%	3.75%
2015	1605	60.31%	4.86%	0.31%	1102	60.34%	8.71%	1.91%

当然不应忽视的是,虽然决策分析显示独任制较合议制具有优势,但这并不意味着独任制应完全取代合议制。因为上述决策分析是一般意义上的,即对一般性决策的分析,也就是说独任制是在一般情况下较合议制具有优势。而在重大疑难的决策情况下,从公正和民主的角度来看,合议制则具有独任制所不具备的优势。因此,独任制扩展至二审应当坚持合理的原则,即应扩展至一般案件,而重大疑难案件显然仍应适用合议制。

(三)逻辑演进:独任制扩展至二审是司法改革的重要场域

1. 改革审视:独任制扩展至二审是国内司法改革的客观需求

当前新一轮司法改革正在深入推进中,虽然改革内容中并未直接涉及民事二审案件适用独任制的问题,但实际上司法改革的进程同样决定了独任制扩展至二审具有必要性。这是因为,法官员额制是本轮司法改革的重中之重,其"关系到这轮司法体制改革的成败,必须坚定不移地按照中央要求推进"①。员额制实际上印证了前述的"最优秀个体的正确性优于群体"的理论,即要选拔出目前法官中最优秀的个体进入员额,而"如果能够挑选出优秀者,那么独任审判可能更为适合"②。优秀个体毕竟只能是少数,法官员额必然有限,改革后法官数量也必然减少,二审法院如中级法院的法官员额尽管可能要多于其下辖的基层法院,但与激增的二审案件数量亦难成正比,在二审办案"压力山大"的情形下,尽管会有众多司法辅助人员协助办案,但要想大多数案件都组成合议庭进行"形合实合"的审理,实践中恐怕难以做到。故如果民事二审仍然按照目前的规定只适用合议制并不现实,尤其是在中级法院。在此情况下,独任制合理扩展至二审当属必然的改革选择。

2. 域外撷英:独任制扩展至二审是国外司法改革的重要趋势

多年以来,为化解"诉讼爆炸"所带来的办案压力,"在兼顾诉讼公正的同时,如何谋求诉讼的经济化,甚至在某些场合优先考虑诉讼经济,已经成为各国司法制度改革的重要指向之一"③。对此将独任制合理扩展至二审成为不少西方法治发达国家司法改革的重要内容,其中最有典型代表意义的是德国,其经验值得学习和借鉴。在德国,随着2002年《民事诉讼改革法》的实施,在州法院已从合议制为原则转向独任制为原则的情况下,为了节省上诉法院人力,该法首次在州高等法院的二审程序中设定了"独任裁判法官",将同时具备一审裁判由独任法官作出、在事实和法律上不具有特殊困难或没有原则性意义等情形的案件,移转给合议庭成员之一以独任法官裁判。④

三、探索:民事二审案件适用独任制的现实进路

要实现民事二审案件适用独任制,一方面,需要在制度上以独任制合理扩展至二审为核心重构二审民事审判组织体系,另一方面,应在司法改革过程中以

---

① 桂田田:《孟建柱:"员额制"关系到司法体制改革成败》,载《北京青年报》2015年4月18日第A03版。
② 张雪纯:《合议制与独任制优势比较——基于决策理论的分析》,载《法制与社会发展》2009年第6期。
③ 林剑锋、陈中晔:《合议制与独任制》,载《人民法院报》2006年4月14日第B04版。
④ 王聪:《审判组织:合议制还是独任制?——以德国民事独任法官制的演变史为视角》,载《福建法学》2012年第1期。

"独任制＋"为重点实现二审独任制审判组织的合理建构。

(一)制度:以独任制合理扩展至二审为核心重构二审民事审判组织体系

1. 宏观设定:独任制适用于二审的合理范畴

(1)诉讼程序的改造。我国目前是将审判组织与诉讼程序完全对位捆绑,导致"普通程序＝合议制、简易程序＝独任制"。其实二者并不等同。审判程序主要是对诉讼活动过程的规制,其对诉讼的作用主要在于以公正的审判规程保证诉讼活动公平、有序和具有效益;审判组织形式则是国家对审判人力的投入,其对诉讼的作用在于以合理的人力投入来保证对案件事实的认定和对法律的适用尽可能正确。这不仅表明二者不是同一概念,没有必须单一对位的特质,而且意味着具有广泛适用性的普通程序能够兼容独任制。① 故独任制当可适用于普通程序。二审作为终审的属性则决定了二审应适用普通程序而不应适用简易程序。因此,独任制要合理扩展至二审,首先应在制度设计上将独任制和简易程序脱钩并增设独任制普通程序,而这正是最基础要求。

(2)案件范围的界定。独任制扩展至普通程序后,二审会出现独任制普通程序和合议制普通程序两种诉讼程序并行的局面。而二者界定的基本原则就是前述的审判力量应与案件的重要性和疑难度相适应,故应按案件性质进行基本界定。其中合议制的适用范围须大幅缩小,应只限于重大疑难案件。重大疑难案件的具体标准可借鉴德国的改革经验,即"在事实和法律上具有特殊困难或原则性意义",除此之外的一般性案件(含简单案件)即为应当适用独任制普通程序的案件。通过上述的分流改造,可以实现民事二审的"一般(含简单)案件适用独任制普通程序,重大疑难案件适用合议制普通程序"的合理界定。这样一方面能让独任制的适用范围在二审合理扩展,另一方面则使合议制二审适用变得"少而精",从而让二者在二审的界定更符合司法规律。

(3)法院层级的区分。这实际上是对独任制合理扩展至二审的范围的另一重界定,当然此界定应以上述基本界定为依据并结合审级②来确定。

——中级法院。其虽有部分一审案件,但仍以二审案件为主,且数量远多于高级和最高法院。但中级法院不少二审案件在事实认定和法律适用方面并无多大难度。故中级法院原则上适用独任制普通程序,除此之外的极少数"在事实和法律上具有特殊困难或原则性意义"的重大疑难案件则适用合议制普通程序审

---

① 张晋红、赵虎:《民事诉讼独任制适用范围研究》,载《广东社会科学》2004年第4期。

② 此处"审级"指一审(含按一审程序审理的重审、再审案件)和二审(含按二审程序审理的再审案件)。

理或依法报请上级法院审理。

——高级法院。其审理的案件构成同中级法院基本一致,不过数量较中级法院又大为减少,但其重大疑难案件开始增多,并且作为省一级法院,其确立规则和对下指导的任务更为突出。因此其二审案件原则上适用合议制普通程序,但其中无认定难度或原则性意义的二审案件亦可适用独任制普通程序。

——最高法院。作为完全意义上的终审法院,其案件具有原则性意义,且主要职能在于统一法律适用,因此其二审案件原则上应全部适用合议制普通程序审理。

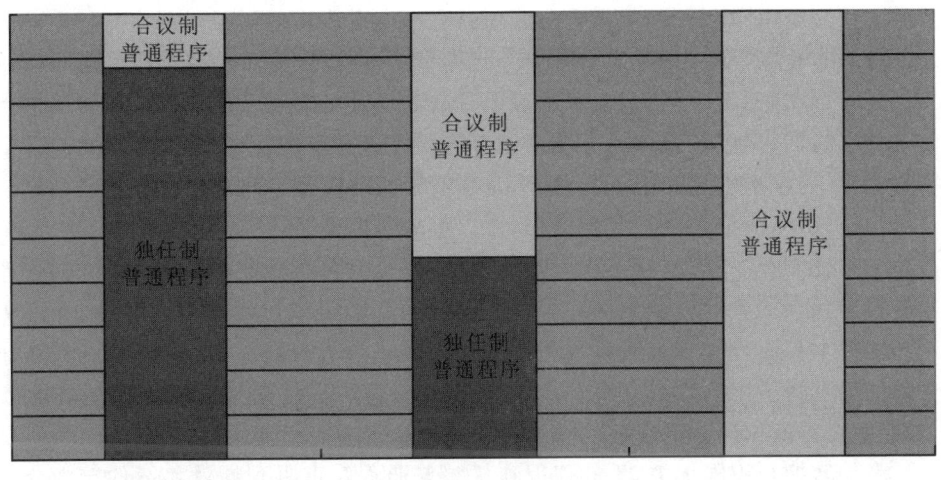

图2 民事二审案件独任制和合议制适用与法院层级对应关系

综上,独任制在扩展至二审后其适用与法院层级呈反比关系,而合议制在相应限缩后其适用则与法院层级呈正比关系(见图2)。即二审案件随着法院层级的升高由独任制普通程序为主逐步过渡至合议制普通程序为主,直至在最高法院完全适用合议制普通程序。

2. 微观设定:独任制和合议制在二审的选择适用和有序衔接

在增设独任制普通程序从而实现独任制扩展至二审后,按前述制度设计,独任制普通程序只存在于中、高级法院,因此这两级二审法院从微观程序角度而言有两个问题必须加以明晰,一是二审案件在立案之后审理之前如何选择确定应适用独任制还是合议制,二是独任制普通程序与合议制普通程序如何实现有序衔接。

(1)选择适用:二审适用独任制或合议制的审查确定

关于二审案件对独任制和合议制的选择适用问题,要求对此设定科学合理的程序从而保证审判组织选择的准确性。考虑到立案部门在二审立案时对于案件仅是形式审查,故对案件应适用独任制还是合议制的选择确定不宜由立案部门进行,而应由相应业务部门进行。具体程序可作如下设定:二审案件在立案部门立案后,立案部门不再按"大立案"的要求进行送达,而是直接转至相应业务部门,然后再转至该业务部门的某一合议庭,①之后由该合议庭对案件应适用独任制还是合议制进行审查确定。合议庭经审查后,若认为案件属于一般案件(含简单案件)的,由审判长确定由合议庭中的某一主审法官适用独任制普通程序对案件进行审理,并应在立案之日起 3 个月内审结,该审限经本院院长批准可予以适当延长;若认为案件"在事实和法律上具有特殊困难或原则性意义"即属于重大疑难案件的,则由该合议庭按合议制普通程序进行审理,并应在立案之日起 6 个月内审结,该审限原则上不再延长,若确需延长的应经上级法院批准。

(2)有序衔接:独任制与合议制在二审的合理转换

独任制普通程序与合议制普通程序如何实现有序衔接其实就是二者的合理转换问题。二者的转换条件应为独任制普通程序审理过程中发现案件"在事实和法律上具有特殊困难或原则性意义",即属于重大疑难案件,这与合议制普通程序的选择适用条件是一致的。此时应由独任法官将案件提交至其所在合议庭,由合议庭作出裁定将案件转为合议制普通程序。对此须注意以下三点:一是二者的转换与审限无关,不能仅因独任制普通程序审限到期就将案件转为合议制普通程序,而应看案件是否具有重大疑难的属性。二是适用独任制普通程序的案件在延长审限后发现案件"在事实和法律上具有特殊困难或原则性意义"而转为合议制普通程序的,既应给予合议制审理以必要的时间,又不能使诉讼过分迟延,考虑到之前案件已审理多时且多已进行过实质审理,故可规定案件自裁定转为合议制普通程序之日起 3 个月内审结。三是确立"程序不得回转"原则,即案件在裁定转为合议制普通程序后,合议庭经审理后即使认为案件其实并无"事实和法律上的特殊困难或原则性意义"的,不得再转回独任制普通程序,而应以合议制普通程序审理后作出二审裁判。

(二)建构:以"独任制+"为重点完善二审独任制审判组织

独任制审判组织本身的合理建构是二审适用独任制审理的内在要求,即必

---

① 关于案件由哪一合议庭进行审查处理的确定,应区分各法院二审流程的不同情况,可由立案部门在立案时将案件直接分配至某业务部门的某一合议庭;也可是立案部门仅负责立案,立案之后案件移转至相应业务庭并由其庭长分配至该庭的某一合议庭。

须实现对二审独任法官的有效监督从而防范独断与腐败。虽然提高法官素质是其中应有之义,但机制的创新与完善才是长久之计。故对于前述的二审独任制的制度设计而言,应结合司法改革,以独任制与"员额制""团队制"和"责任制"的结合为重点对中、高级法院的二审独任制审判组织进行合理建构。

1."独任制＋员额制"

本轮司法改革确立的法官员额制要求选拔出目前最优秀的法官个体,而这正是二审独任制审判的必然要求,也是完善二审独任制审判组织的基础要件。由于二审系终审,加之独任审判本身就需要主审法官具有较高的综合素质,考虑到法官职业化特点和法院现实状况,故对主审法官宜采取"2＋2＋1"的五要素式选拔机制。

——第一个"2"是正比关系要素,即法院层级和担任法官年龄(对应关系见图3)。

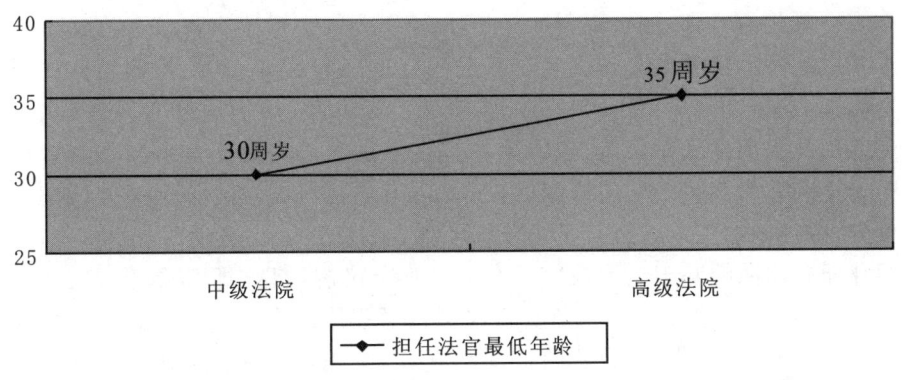

图3 二审法院层级和担任法官最低年龄对应关系

——第二个"2"是反比关系要素,即法律专业素质和审判实务经验(对应关系见图4)。且同等条件下具有下级法院审判业务工作经验者优先。

——第三个"1"是固定要素,即理论研究成果。具体而言就是撰写的理论调研成果必须至少在与本法院同级别的刊物发表或评选中获奖。另外同等条件下成果发表或获奖的层级越高者优先。

上述五要素在主审法官选拔的具体实践中是并列式组合运用的,缺一不可。如中级法院的主审法官如具有硕士学位须年满30周岁,从事审判业务工作至少4年(且同等条件下具有基层法院审判业务工作经验者优先),并有理论调研成果在地市及以上级别的刊物发表或评选中获奖。另外五要素是选拔考虑的基本要素,除此之外可再增加其他要素。

2."独任制＋团队制"

结合本轮司法改革推进扁平化管理的指导思想,根据独立公正审判和法

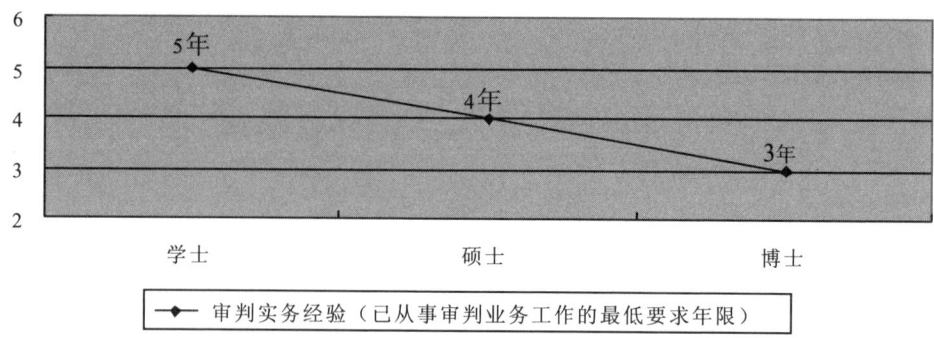

图 4　法律专业素质(法学专业,学历最低为正规本科)与审判实务经验
(已从事审判业务工作的最低要求年限)对应关系

官去行政化的要求,应在审判权运行的最终端以主审法官为核心构建审判团队并以此为单位开展工作。就二审的独任制运行而言,其在审判团队的最基本配置上应采取"1＋1＋1"模式,即"1 名主审法官＋1 名法官助理＋1 名书记员",由此组成独任制团队,该团队在其主审法官的带领下负责独任制普通程序的审判。当然按照前述的制度设计,二审的独任制在运行上与合议庭密不可分,独任制的主审法官其实均分属于各合议庭。因此还应在上述"1＋1＋1"的独任制团队的基础上形成"3＋3＋3"的合议制团队,即"3 名主审法官＋3 名法官助理＋3 名书记员",负责合议制普通程序的审判。合议制团队的 3 名主审法官即为整个审判团队的合议庭成员,这 3 名主审法官各自带领其所属的独任制团队,并在工作中对其独任制团队负责,整个合议制团队则由审判长负总责(见图 5)。

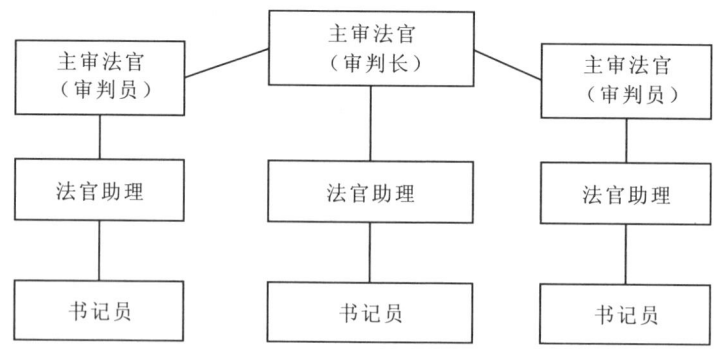

图 5　独任制审判团队("1＋1＋1")和合议制审判团队("3＋3＋3")

3. "独任制＋责任制"

由于二审独任制为主审法官一人作出终审裁判，因此本轮司法改革提出的主审法官办案责任制无疑是其内在要求。具体而言就是二审主审法官对自己独任审判的案件要终身负责，这也是保证独任制能够顺利扩展至二审的关键。而实际上"独任制法官无从像在合议庭中那样可以将责任推脱给其他法官，不仅责任的载体明确、监督成本比较低，而且很容易培养和提高法官的责任意识，自然达到提高审判质量于无形监督—自律之中的效果"①。另外责任制还应与法官职业保障相联系，即在明确办案责任的同时亦应明确二审独任审判法官的免责条件。当然这里的免责条件应当是其非因主观故意或重大过失导致案件出现错误②，否则仍应承担相应责任。

结　语

独任制扩展至二审其实符合"重要性和难易程度不同的案件对审判力量的内在要求不同"这一审判组织设置的一般规律。不过在20世纪民事案件总量较少且审判人员整体专业素质不高的背景下，我国的立法定位要求民事二审完全适用合议制。这种规则设定贯彻了程序保障的理念，在当时确实具有积极的意义。但随着我国经济社会的快速发展，案件数量激增且处理难度加大，而司法资源增幅又十分有限。在这样的背景下，所有案件的程序完全保障意味着司法资源的透支，二者矛盾逐渐积累无疑会造成"案多人少"的现实困境，同时也让"普通程序＝合议制、简易程序＝独任制"这种对位捆绑的制度设定所产生的缺陷不断显现并放大。因此，司法环境的变迁决定了二审完全适用合议制的优势或者说合理性已逐渐式微，司法实践客观上要求应当依照"重要性和难易程度不同的案件对审判力量的内在要求不同"这一审判组织设置的一般规律将独任制合理扩展至二审。也就是说，在民事审判领域将独任制扩展至二审已成为按照司法规律对我国诉讼和司法制度进行完善的应有之义。虽然本文对我国民事二审适用独任制进行了相对理性的思辨，并在此基础上提出了独任制合理扩展至二审的建议，但本文的探索也只是初步的，希望对尊重司法规律和深化司法改革能有所裨益。

---

① 周军：《独任制审判组织适用范围的适度扩张》，载《人民法院报》2007年11月21日第5版。

② 例如，二审裁判结果被再审改变系因对事实和证据以及法律法规在认识和理解上的差异，或是因出现新证据，再或是因国家法律修订或者政策调整，等等。

论被监护人侵权诉讼中被监护人和监护人的诉讼地位

——兼评《民诉法解释》第 67 条

严金容[*]

摘要：被监护人致人损害纠纷日益增多，对于诉讼中被监护人和监护人的诉讼地位问题，理论和实践中争议很大。实践中存在三种处理方式，即被监护人为被告、被监护人与监护人为共同被告和监护人为被告。通过对被监护人侵权诉讼中被监护人和监护人诉讼地位的实体法和程序法分析，发现《侵权责任法》相关规定模糊，回避了被监护人的侵权责任能力问题，是导致被监护人侵权案件中监护人和被监护人诉讼地位混乱的根源所在。《最高人民法院关于适用〈中华人民共和国民事诉讼法〉的解释》第 67 条对共同被告说给予了肯定，但根据现行立法，将被监护人与监护人列为共同被告缺乏法理基础及法律根据，且存在适用上的困境。

关键词：被监护人；监护人；诉讼地位；共同被告

一、问题的提出

被监护人实施侵权行为之后，受害人一般依据《侵权责任法》第 32 条提起侵权损害赔偿诉讼，但由于实体法相关规定不清晰，出现了诉讼主体混乱的情况。被监护人系无民事行为能力人和限制行为能力人，包括未成年人和精神病人，当其作为受害者时，因其有民事诉讼权利能力，故其可以作为原告一般是没有争议的，但其作为侵权行为实施者，能否作为适格被告以及监护人的诉讼地位问题，实务界做法各异，理论界争议不断。为解决此问题，2015 年《最高人民法院关于适用〈中华人民共和国民事诉讼法〉的解释》（以下简称《民诉法解释》）第 67 条规定："无民事行为能力人、限制民事行为能力人造成他人损害的，无民事行为能力

---

[*] 作者系西南政法大学法学院 2016 级民事诉讼法学专业硕士研究生。

人、限制民事行为能力人和其监护人为共同被告。"表面上看,《民诉法解释》统一了各地法院的做法,解决了被监护人侵权案件中监护人和被监护人的诉讼地位问题,但其背后的法理不尽清晰以及各方对该问题的忽视,导致实践中仍然存在不同的处理方式。我们有必要反思《民诉法解释》第 67 条将被监护人和监护人列为共同被告是否合理,以及与相关实体法的衔接问题。

二、被监护人侵权案件中被监护人与监护人诉讼地位的实践现状及评析

司法实践中,被监护人与监护人的诉讼地位及责任承担情况如表 1 所示:

表1

被告	责任承担者	案件数量 (2015.2.4 之前)	案件数量 (2015.2.4 之后)	案件数量合计	合计	占比
被监护人	监护人	9	8	17	18	36%
被监护人	被监护人和监护人	0	1	1		
被监护人与监护人为共同被告	被监护人与监护人	1	6	7	30	60%
被监护人与监护人为共同被告	监护人	8	15	23		
监护人	监护人	1	1	2	2	4%

笔者在北大法宝上查阅了 50 份涉及被监护人致人损害的案例。从表 1 可以看出,在新《民诉法解释》颁布施行前后,对于被监护人侵权诉讼中监护人和被监护人的诉讼地位以及责任承担问题,司法实践中的做法不统一。在《民诉法解释》施行之前,由于没有统一的规定,各地法院做法不统一尚且可以理解,但是在《民诉法解释》施行之后,实践中做法仍不统一,除了当事人、法院对该问题的不重视,我国重实体轻程序的传统观念的影响外,其他深层次原因还有待深究。

（一）以被监护人为被告

以 2017 年审结的徐某国诉徐某康机动车交通事故责任纠纷案①为例：被告徐某康过失致原告徐某国左眼受伤，经鉴定为十级残，原告以徐某康为被告向湖南省龙山县法院起诉，被告的监护人徐某胜与覃某莲作为被告的法定代理人参加诉讼，最后判决被告徐某康的监护人徐某胜、覃某莲赔偿原告损失。

支持理由认为：首先，被监护人作为侵权行为的实施者，在该侵权法律关系中，民事主体应为被监护人与受害人。监护人与该侵权法律关系无直接利害关系，没有"诉讼实施权"，根据《民事诉讼法》第 57 条②的规定，其作为法定代理人参加诉讼。其次，监护人虽然作为法定代理人参加诉讼，但是在诉讼过程中享有被监护人全部诉讼权利和实体权利，并且行使这些权利也无须取得被监护人的同意，这意味着作为法定代理人的监护人具有与当事人类似的诉讼地位，可以运用这些权利来维护自身权益。

该种做法的缺陷在于：首先，判决缺乏正当性，人民法院直接判决法定诉讼代理人承担诉讼结果。监护人作为法定代理人，法定代理人是诉讼代理人的下位概念，诉讼代理人与当事人并列，同为诉讼参加人，法定代理人并非当事人，也就是说监护人作为被监护人的法定代理人参加诉讼，其并非当事人。根据民事诉讼代理制度，诉讼代理人实施的法律后果由被代理人承担。法院的裁判只对当事人具有约束力，被监护人的法定代理人是不应当承担任何诉讼后果的。其次，执行缺乏依据。在法律未给予监护人作为法定代理人时其权利和财产的相关程序保障时，而直接执行其财产作为赔偿，有违程序正义，不符合程序法的基本原理，据此作出的判决的效力也将受到质疑。③综上，监护人仅作为法定代理人参加诉讼，法院直接判决其承担责任或者不判决其承担责任而直接执行其财产违背了程序法的基本理论，都是不可取的。

（二）以监护人为被告

以 2014 年审结的陈某某诉金沙县新化乡龙凤幼儿园等健康权纠纷案④为例：高某某、杨某将陈某某推倒导致其受伤住院，原告陈某某以高某某的监护人

---

① （2017）冀 0227 民初 2179 号民事判决书，出自河北省迁西县人民法院，引自北大法宝。

② 《民事诉讼法》第 57 条规定："无诉讼行为能力人由他的监护人作为法定代理人代为诉讼。"

③ 刘菲：《监护人法律地位的认定》，载《人民司法》2010 年第 12 期。

④ （2014）黔金民初字第 1399 号民事判决书，出自贵州省金沙县人民法院，引自北大法宝。

高甲、杨某的监护人杨甲以及龙凤幼儿园为被告提起诉讼,法院最后判决三被告承担赔偿责任。

支持理由认为:首先,被监护人虽然是侵权行为的直接实施者,但其不具有侵权责任能力,且根据《侵权责任法》第32条,被监护人并不是责任承担主体,监护人承担无过错的替代责任,受害人对被监护人没有实体法上的请求权,故被监护人不是适格的被告。其次,我国监护制度设立的目的在于保护被监护人的利益,不将被监护人列为被告能较好保护被监护人的利益。

由表1可知,只列监护人为被告的情况在实践中比较少见。该种做法的缺陷在于:第一,民事行为能力对民事行为效果的影响仅限于法律行为,而侵权行为是事实行为,被监护人实施侵权行为时行为能力的欠缺并不影响其承担侵权责任。尽管根据相关实体法的规定,被监护人最后可能不承担责任,但是其作为侵权行为实施者,是与案件有直接利害关系的主体,在诉讼中却不是被告,不利于侵权事实的查明。第二,实践中,被监护人作为侵权行为实施者的案件中,大多数受害人也是未成年人,如果出于保护未成年人的利益,那么作为受侵害的未成年人的利益该怎么保护和平衡呢?第三,被监护人作为侵权行为实施者,却不是案件的被告,似乎与案件没有任何关系,无法达到教育、预防的功能,而且加重了监护人的责任,监护人很有可能会严格控制被监护人的行动自由,避免可能会出现的损害,这对被监护人的成长和发展是极其不利的。[①] 综上,只将监护人列为被告的做法也是不可取的。

(三)以被监护人和监护人为共同被告

以2015年审结的王某某诉冯某某等健康权纠纷案[②]为例:被告冯某某击伤原告王某某左眼致其受伤,原告遂以冯某某及其父母冯某某、杜某为共同被告向法院起诉,法院最后判决被告冯某某、杜某承担责任。

实践中,以被监护人和监护人为共同被告,最后责任承担又分为判决监护人承担责任或者监护人与被监护人共同承担责任,此种做法在实践中居多。《民诉法解释》也对此种做法给予了肯定。笔者将在后文对该种做法进行详细论述。

三、被监护人与监护人诉讼地位的法理分析

诉讼法应该以实体法为依托,故讨论被监护人和监护人的诉讼地位问题,首

[①] 杨代雄:《重思民事责任能力与行为能力的关系》,载《法学论坛》2012年3月第2期。
[②] (2014)薛少民初字第7号民事判决书,出自山东省枣庄市薛城区人民法院,引自北大法宝。

先,应先从实体法角度分析监护人责任的归责原则以及《侵权责任法》第 32 条的理解与适用等问题;其次,从诉讼法角度分析监护人和被监护人的诉讼主体地位问题。

(一)实体法分析

1. 监护人责任的归责原则

对于被监护人侵权案件中监护人责任的归责原则,主要有两种观点,第一种观点主张监护人责任是过错推定责任,即过错责任的一种。第二种观点主张监护人责任是无过错责任。张新宝教授认为,我国监护人责任原则上为无过错责任,监护人承担责任不以过失为必要,同时引入了一点公平衡量的因素,以此来缓解无过错责任的严格性。① 王利明教授认为我国应采过错推定责任原则,理由在于:第一,无过错责任原则可能会影响到被监护人的人格自由发展,如果监护人承担无过错责任,他可能会为了避免责任而限制被监护人的行动自由;过错推定责任原则可以妥当平衡三方的利益,无过错责任原则,过分侧重于受害人的利益,而忽视了监护人的利益。② 理论界的分歧在司法实践中也有所体现。在李某与王某龙、青冈县第二中学生命权、健康权、身体权案③中,直接指出应由监护人承担责任,推知其适用的是无过错责任原则;而在陈某某与李某、福建莆田闽运公共交通有限公司机动车交通事故责任纠纷案④中,一审法院认为李春作为李某的法定监护人,未能切实履行监护职责,对李某的赔偿金额承担赔偿责任,由此推之其适用的是过错责任。

从我国立法来看,监护人责任应是无过错责任。从文义解释角度分析《侵权责任法》32 条第 1 款,说明只要被监护人造成他人损害,无论监护人是否有过错,其都应该承担责任,如果尽了监护职责,只是可以减轻责任,但仍然要承担责任;第 2 款规定"监护人尽到监护责任的,可以减轻其侵权责任。有财产的无民事行为能力人、限制民事行为能力人造成他人损害的,从本人财产中支付赔偿费用。不足部分,由监护人赔偿",在被监护人有财产的情况下,是"支付"而非"赔偿",从立法者的角度来看,其并没有将被监护人作为责任承担的主体,法律用语是非常精确的,因此被监护人不是责任承担主体。综上,监护人责任是一种无过错责任,被监护人非责任承担主体。

---

① 张新宝:《侵权责任法》,中国人民大学出版社 2010 年第 2 版,第 140 页。
② 王利明等:《中国侵权责任法教程》,人民法院出版社 2010 年版,第 456 页。
③ (2016)黑 12 民终 1166 号,出自黑龙江省绥化市中级人民法院,引自北大法宝。
④ (2017)闽 0304 民初 32 号,出自福建省莆田市荔城区人民法院,引自北大法宝。

2.《侵权责任法》第 32 条的理解

在被监护人致人损害赔偿案件中,被侵权人一般以《侵权责任法》第 32 条①为依据。但该条在理论界备受批判,规定矛盾且不合理。故学者从解释论的角度试图重构《侵权责任法》第 32 条。对于第 32 条中两款的关系问题主要有并列关系说、内外关系说、一般与例外关系说等观点。不同的解释路径,导致对被监护人与监护人诉讼地位问题的理解认识也是不尽相同的。

(1)并列关系说

民法理论中主流观点是并列关系。主要观点认为两款是并列关系,在被监护人侵权时应当区分被监护人是否有财产而适用不同的条文。如果被监护人没有财产,则应当适用《侵权责任法》第 32 条第 1 款的规定,由监护人承担侵权责任,即列监护人为单独被告。如果被监护人有财产,则适用《侵权责任法》第 32 条第 2 款的规定,由被监护人承担责任,监护人或者不承担责任或者承担补充责任。如果被监护人有足够的财产,则单列被监护人为被告;如果被监护人的财产不足以支付赔偿费用,则列被监护人和监护人为共同被告。这种从文义上得出的,单纯根据被监护人的财产来划分被监护人和监护人是否以及如何承担责任的规定的合理性遭到了众多学者的批判。

根据并列关系说,被监护人是否承担赔偿责任以其是否有财产为前提,实践中就必须首先查明被监护人是否有财产,有财产则列为共同被告,没有则列监护人为单独被告,要求法院在案件审理之前就判断被监护人是否要承担责任,这种理论在程序法上是行不通的,不符合民事诉讼的基本理念。其次,如何界定被监护人的"财产",有多少财产才被认定需要负赔偿责任,由于法律没有可供衡量的标准,法官则拥有较大的自由裁量权,各个地区经济发展水平有差异,又会导致实践中做法的不统一。

(2)一般与例外关系说

薛军教授主张一般与例外关系说,观点是:首先,除例外情形,应适用第 1 款,例外情形是监护人的财产不足以弥补受害人的损害,而被监护人拥有财产,用被监护人财产支付赔偿费用;其次是监护人承担责任过重,为平衡监护人和被监护人的利益关系,让有财产的被监护人支付赔偿费用。这种情况下一般单列监护人为被告,存在例外情形时,列监护人和被监护人为共同被告。

---

① 《侵权责任法》第 32 条规定:"无民事行为能力人、限制民事行为能力人造成他人损害的,由监护人承担侵权责任。监护人尽到监护责任的,可以减轻其侵权责任。有财产的无民事行为能力人、限制民事行为能力人造成他人损害的,从本人财产中支付赔偿费用。不足部分,由监护人赔偿。"

这种学说某种程度上是为克服上述平行关系说以被监护人的财产区分是否承担责任的缺陷,但一般与例外关系说并没有摆脱以财产区分责任承担,只是依据监护人的财产。设定例外情形的目的是更好地救济受害人,但实际生活中在监护人无力承担责任的情况下,被监护人还有大量财产,这种情况即使存在也是极少的。

(3)内外关系说

陈帮丰博士提出内外关系说,认为《侵权责任法》第 32 条第 1 款规定的是外部关系即监护人与被害人之间的关系,第 2 款规定的是内部关系即监护人与被监护人之间的关系①。所以被侵权人提起侵权之诉属于外部关系,应该以监护人为被告。

该种学说能克服以财产为根据区分责任承担的缺陷,有一定的合理性,但也是一家之言。如果第 1 款调整外部关系,那么意味着受害人只能向监护人主张损害赔偿,没有向被监护人主张损害赔偿的权利,《侵权责任法》的救济功能是否被弱化呢?且没有考虑到实践中的可操作性,被监护人支付赔偿费用的基础是什么呢?在程序上应该怎么操作呢?

综上,理论上对《侵权责任法》第 32 条的两款之间的关系理解存在很大分歧,没有定论且都难以自圆其说,除了主流观点平行关系说外,其他学说都是为了使《侵权责任法》第 32 条的两款内容之间的关系解释更加合理,而由于其本身的固有缺陷,尽管有大量的实体法学者的努力,仍没有统一的合乎实体法和程序法的解释。大多学者从实体法角度进行解释,却忽视了程序法上的可操作性,导致诉讼法上诉讼地位的混乱。正是由于解释路径的多元化导致司法实践中同案不同判现象的发生。

3.被监护人的责任承担问题

被监护人是否承担责任绕不开的一个问题就是责任能力制度。责任能力以识别能力为判断标准,识别能力即对事物的认识、判断能力,有识别能力才能认定主观过错,进而承担责任。所以有责任能力是当事人承担侵权责任的前提,但是我国现行民法中没有民事责任能力这一概念,我国《侵权责任法》第 32 条也回避了此问题②。对于责任能力的判断一般是以民事行为能力为标准,只有完全

---

① 陈帮锋:《论监护人责任——〈侵权责任法〉第 32 条的破解》,载《中外法学》2011 年第 1 期。

② 全国人大法工委的解释是:"因为如果规定责任能力,就涉及没有责任能力的行为人造成他人损害的,监护人是否需要承担责任?如果监护人不承担责任,被侵权人的损失得不到弥补,会有悖于我国的国情和现实的做法。"

民事行为能力人才具备民事责任能力,无、限制民事行为能力人无责任能力。因此,被监护人无责任能力,其致人损害时,主观上无法形成过错,因此不承担过错责任。

那么,《侵权责任法》32 条第 2 款规定有财产的被监护人"支付赔偿费用",是什么意思呢?一种观点认为是无过错责任,因为无过错责任不以侵权人的过错为责任成立要件。笔者不赞同这种观点,首先,无过错责任相较于过错责任更为严厉,必须有法律的明文规定,典型的如环境污染责任、产品责任等,法条表述都是"承担侵权责任",与"支付赔偿费用"意思相去甚远。其次,《侵权责任法》以过错责任为基本的归责原则,成年人对一般侵权仅适用过错责任规则原则,而对于识别能力不如成年人的被监护人适用更为严厉的无过错责任原则是不公平的。还有一种观点认为第 32 条第 2 款规定的是公平责任。公平责任是指当事人对于损害的发生都无过错且法律又未规定适用无过错责任的情况下,法院依据公平观念,在考虑受害人损害、双方当事人的财产状况及其他相关情况的基础上,决定由加害人和受害人双方对该损害加以分担。① 公平责任一般作为补充性的责任形式,对过错的判断是其适用的前提,故也需要对被监护人的主观状态进行判定。如果是公平责任,那么当受害人从监护人处能够获得足额赔偿,就无法适用公平责任。故《侵权责任法》第 32 条第 2 款也不是规定的公平责任。

(二)程序法分析

在被监护人侵权诉讼中,在起诉时,由于事先并不知道被监护人的财产状况,让原告来选择谁为被告是很困难的。在我国由立案审查制向立案登记制转变的背景下,将当事人财产状况,责任分担放在立案登记阶段是不现实的,提高了诉讼的门槛,对三者的权益来说都不能得到很好的保障。被监护人、监护人和受害者三方责任的承担情况,以及被监护人和监护人财产状况,只有在进行实体审理时才能作出审查和判断,立案登记时就让法官来完成本应在实体审查阶段的任务是很难的。所以直接将两者列为共同被告,有利于法院查清案件事实,分清责任,也有利于法院查明监护人是否尽到监护义务以及被监护人的财产状况。如果没有列被监护人为被告,法院仅仅判决由监护人承担责任,当事人若得不到足额的赔偿,可能要求用被监护人的财产支付,但是没有法律依据,根据《最高人民法院关于民事执行中变更、追加当事人若干问题的规定》,被监护人不属于被追加的对象,法院无法直接追加被监护人为被执行人,当事人只能另行起诉,增加了当事人的诉累,浪费司法资源。

---

① 程啸:《侵权责任法》,法律出版社 2015 年第 2 版,第 103 页。

被监护人侵权案件中,监护人是否为适格被告?被监护人是否为适格被告?适格当事人,也被称为正当当事人,指在对于特定的诉讼,可以自己的名义成为原告或者被告,因而受本案判决拘束的当事人。① 我国民诉法学界传统的主流观点认为,适格当事人的判断标准是以当事人是否是所争议的民事法律关系的主体或利害关系的主体,即适格当事人是与本案当事人有直接利害关系的主体。随着当事人适格理论的发展,其判断标准由传统的"直接利害关系"向现代"诉的利益"的转变,该种转变扩张了适格当事人的范围,提升了司法解决民事纠纷的功能。诉的利益,是指当民事权益受到侵害或者与他人发生民事纠纷时,需要运用民事诉讼予以救济的必要性和时效性。②

被监护人侵权损害赔偿之诉实质上包含两个诉讼,即侵权确认之诉和侵权给付之诉。侵权关系的确认是获得侵权赔偿的前提,因此,在受害人向法院提起侵权赔偿诉讼后,法院要审理的第一层法律关系就是侵权确认之诉,在这一诉讼中,被监护人应该是侵权法律关系的主体之一,成为一方当事人,但是由于欠缺实体法依据,被监护人没有侵权责任能力,不是责任承担主体,故不是适格被告。根据前面实体法分析,监护人作为责任承担者,就应该是侵权给付之诉的被告。监护人只有成为被告才能受人民法院实体裁判的拘束,在程序上只有成为当事人而非诉讼代理人参加诉讼,监护人对该纠纷具有诉的利益。因此,监护人是适格被告。

综上,通过相关实体法分析,对监护人和被监护人的责任承担及关系没有定论,根据立法者的观点,被监护人不是责任承担主体,监护人应该承担无过错的替代责任,故在被监护人侵权诉讼中应该只列监护人为被告。主流观点平行关系说应当根据被监护人的财产状况决定是否列被监护人为被告,无论在实体法还是程序法都是说不通的。程序上将两者列为共同被告有利于案件的审理和执行,但根据实体法被监护人成为适格被告欠缺法律依据。

四、《民诉法解释》第 67 条之评析

由表 1 可知,在 2015 年《民诉法解释》颁布之后,被监护人侵权诉讼中被监护人和监护人的诉讼地位仍不统一。究其原因,首先是由于各方主体对该问题都不太重视,对原告而言,在乎的是其损害是否能得到赔偿,至于赔偿财产来源于被监护人还是监护人,没有实质性影响;对监护人而言,无论其是作为被告还

---

① 齐树洁主编:《民事诉讼法》,厦门大学出版社 2012 年版,第 137 页。
② 齐树洁主编:《民事诉讼法》,厦门大学出版社 2012 年版,第 139 页。

是法定诉讼代理人最终都可能被判决承担责任,其只关注承担多少责任的问题;对法官而言,重要的是纠纷是否得到解决,而监护人居于何种诉讼地位对案件的审理和裁判没有实质性影响。司法实践中,很少有当事人对监护人的诉讼地位问题提出异议,即使监护人作为法定诉讼代理人被判决承担责任,也没有相关案例表明其对此有异议。由于原告、被告以及法院对此问题的不重视,以及我国长期重实体轻程序的不良倾向,导致了该问题的长期存在。

司法实践中,涉及被监护人侵权诉讼中,绝大多数法院采取将被监护人和监护人列为共同被告。最高人民法院也对此进行了回应。2015年《民诉法解释》第67条将侵权被监护人同监护人一起列为被告。不可否认,将被监护人和监护人列为共同被告的做法存在优势:一是统一了司法实务的操作,相对提高了法院的公信度和工作效率;二是便于法院查明侵权事实,有利于法院审判和执行工作的开展;三是能更好地实现救济受害人的立法目的,因为增加被告,即意味着责任主体范围的扩大。但其最大的缺陷就在于没用相应的实体法的支撑,同时共同被告也存在适用上的困境。

(一)监护人的双重身份问题

如果将被监护人和监护人列为共同被告,那么监护人就以被监护人的法定代理人和被告的双重身份参加诉讼。一般来说,被监护人的监护人是被监护人的父母或者近亲属,被监护人与监护人之间存在着共同的利害关系,利益上具有一致性。但也不排除由其他愿意担任监护人的个人或组织成为被监护人的监护人,不能简单地认为其利益都一致,监护人一定会维护被监护人的利益,有可能存在监护人和受害人恶意损害有财产的被监护人的利益的情形。

赞成者以代表人诉讼中的诉讼代表人为例,诉讼代表人就具有双重身份,即维护自认利益的当事人和代表其他当事人的诉讼代表人,以此来类比监护人的双重身份。但仔细分析,是不成立的。诉讼代表人并非具有双重身份,而只有当事人这一个身份。理由在于:从各民事诉讼法教材编排来看,诉讼代表人都是在当事人这一节,应归于当事人范畴;选定诉讼代表人的前提就是该代表是案件当事人,在被选定为诉讼代表人之后,其只是形式上有了两个称呼,其本质还是当事人;诉讼代表人代表的是完全民事行为能力人,被代表人可以监督代表人的行为,且可以通过法院更换代表人,而法定代理人是为无民事行为能力人、限制民事行为能力人设置的,决定了被代理人没有相应的能力监督法定代理人的行为。法定代理人和诉讼代理人是有本质区别的。

(二)共同诉讼问题

监护人与被监护人作为共同被告参加诉讼,则构成共同诉讼,那么是普通共同诉讼还是必要共同诉讼呢?诉讼标的是同一还是同类呢?共同诉讼是指当事人一方或者双方为两人以上,诉讼标的是共同的或者诉讼标的是同一种类,人民法院认为可以合并审理并经当事人同意的。以《民诉法解释》第 67 条规定来看,将被监护人与监护人列为共同被告,应该是必要共同诉讼。普通共同诉讼设置的理论基础完全是由于诉讼法上的原因,没有实体法上的考量因素,而必要共同诉讼设置的理论基础主要是实体法上享有的共同权利义务关系,以及对共同权利的行使或者对共同义务的履行。① 我国民事诉讼法学者一般认为,必要共同诉讼表现形态主要有:因共同共有财产提起的诉讼,因合伙组织的诉讼,因连带债权债务关系产生的诉讼,因共同侵权行为产生的诉讼,遗产继承纠纷诉讼。被监护人侵权案件可能的就是连带债务或者共同侵权。但仔细分析,两者都不是。首先,在被监护人侵权案件中,被监护人与监护人没有共同故意或共同过失,不符合共同侵权的构成要件,只是因为被监护人不具有责任能力不是责任承担主体,而由监护人承担独立责任,故不属于共同侵权;其次,根据相关实体法,被监护人没有侵权责任能力,不是责任承担主体,何来与监护人承担连带责任?如果被监护人与监护人对外承担连带责任,那么意味着对外被监护人与监护人都有完全赔偿的义务,与实体法规定不符,而且被监护人与监护人的内部如何追偿呢?因此,也不是连带责任。那么,该必要共同诉讼的实体法基础在哪里呢?

由于《民诉法解释》第 67 条只是规定将监护人与被监护人列为共同被告,但是对于责任承担却没有明确规定。实践中尽管大部分法院将被监护人和被告人列为共同被告,但是对于两者的责任承担也存在两种做法,一是判决监护人承担责任,二是监护人与被监护人共同承担责任。

五、被监护人侵权诉讼中诉讼主体的思考

在被监护人致人损害诉讼中,依据我国现行法律,从立法论分析,监护人是责任主体,被监护人没有责任能力,不是责任主体,故在诉讼中,监护人是被告,被监护人不是适格的被告。《侵权责任法》第 32 条面临的难题是被监护人没有责任能力,不是责任承担主体,但是在有财产的情况才要支付赔偿费用。其本身存在前后矛盾,且在程序上缺乏操作性。

《侵权责任法》第 32 条在立法论上存在诸多问题,修改实体法固然可以从根本上解决问题,但是动辄就改实体法的做法也不可取,当务之急应该是尽可能从现有规定之下寻求解决方案。对于《侵权责任法》第 32 条的理解,倾向于支持并列关系说,但并不是以被监护人是否有财产来区分其是否成承担责任,而是把第

---

① 张永泉:《必要共同诉讼类型化及其理论基础》,载《中国法学》2014 年第 1 期。

1款理解为规定监护人的责任,第2款规定被监护人的责任履行。我国民法上没有责任能力的概念,目前对于责任能力的判断一般是依据行为能力来判断,无、限制行为能力者无责任能力,完全民事行为能力人有责任能力。对于18周岁以下的未成年人都视为无责任能力人,一律不承担侵权责任,这样的设计是不合理的,一方面加重了监护人的责任,另一方面无法达到对未成年人的教育功能。可以考虑对责任能力的判断也采取类似行为能力的判断,无民事行为能力人没有责任能力,限制行为能力人的责任能力受到限制,可以在个案中加以判断,完全行为能力人有责任能力。对于监护人责任,适用《侵权责任法》第32条第1款;对于被监护人的责任,一般适用《侵权责任法》第6条,即过错责任归责原则,而无论被监护人是否有财产,既可以贯彻民法上的自己责任原则,又可以实现侵权法上的教育、预防功能。对于《侵权责任法》第32条第2款,理解为被监护人责任履行条款,而非被监护人责任构成条款,即被监护人责任成立,由有财产的被监护人承担,不足部分,由监护人承担。相应的,在诉讼地位上,有责任能力的被监护人应该与监护人列为共同被告;被监护人没有责任能力的,一律由监护人承担责任,则只列监护人为被告。

司法制度研究

主审法官本质与内涵的法理思辨

刘伟超[*]

摘要：司法体制改革中，主审法官制度面临定义曲解和行政化倾向，概念存在固定化、复杂化、行政化的错误定义和逻辑；主审法官应有的本质与内涵是在合议制审判的范域中，亲自承担案件审理的主要工作并担任合议庭审判长主持庭审活动，依法独立行使裁决权，同时对案件审理自始至终全程负责的具有临时身份性质的审判法官。

关键词：主审法官；法理；司法体制改革；本质；内涵

"主审法官"并非新生事物，由于法律一直未有规定，理论和实践中鲜对其进行深入的探究。然而，随着司法体制改革理论设计和制度的不断完善，具体实践中主审法官的功能定位和理论导向表明，"主审法官"依然没有彻底脱离行政化的管理模式，其概念已经遭到曲解和异化，失去了真正的司法内涵，甚至背离了法治的方向，亟待论证和澄清。

一、主审法官概念综述

（一）主审法官概念历史沿革

长期以来，主审法官的概念并不是被十分广泛地提及，常见的是"承办人"[①]

---

[*] 作者系吉林省松原市中级人民法院研究室副主任，法学硕士。
[①] 参见 1979 年 12 月 12 日最高人民法院(79)法办字第 92 号《关于报送死刑复核案件的几项规定的通知》(已废止)。其中一项内容为："中、高级人民法院承办人的审查报告、法庭审判笔录、合议庭的评议记录和审判委员会的讨论决定记录"，"承办人"在多个文件中均有所提及，此处仅以较早出现者为例。

"承办法官"①这类的词汇,"中央和最高人民法院层面出台的规定中尚未对主审法官的定义、权责等作出明确规定。司法实践中,大部分法院仍然是从案件分配的角度,把主审法官等同于案件的承办法官,也就是某一个具体案件的承办人"②。"承办"这一词汇语义上表示"接受办理",实际上带有接受(命令或吩咐)办理某种事务的含义。③ 基于这样的理解,"承办案件"这一概念更加直观地表明,承办法官或承办人是在接受办理具体案件,其强调的是"办"案而不是"审"案。从逻辑学上看,"办案"要比"审案"更为周延,然而这样表述难免会产生"法官行政化"的误导。从感知角度上不难理解,"承办"带有一种自上而下的任务性质,难免与"交办""督办"之间产生上级与下级、领导与被领导、下达命令与接受任务的行政关系。"承办"往往与"主办""协办"等概念类别相近,在某种意义上,"承办"并不能完全体现"自主性",往往更带有"走程序""干苦工"的意味。对于法官而言,过于对"承办"概念的强调,甚至将司法审判与行政执法办案概念等同,极易将司法事务纳入行政化管理,而失去审判行为所固有的司法属性。这种"承办案件"的实践也为"审者不判、判者不审"提供了现实依据。鉴于此,"主审法官"概念的提出,是对"承办人"和"承办法官"概念的修正与完善,是司法本义的法理诠释。

  主审法官这一概念并非法律规定用语,我国《宪法》《法官法》《法院组织法》等法律中均未作规定。④ 早在 20 世纪 90 年代,一些地方法院在探索司法改革的进程中开始涉及主审法官的概念。1994 年,上海市杨浦区法院推行主审法官责任制,案件由主审法官负全责,这是主审法官概念在司法实践层面的首次应用。⑤《人民法院五年改革纲要(1999—2003)》出台之后,最高人民法院在《关于〈人民法院五年改革纲要〉的说明》之中吸收并采纳了这一概念。2006 年,深圳

---

  ① 参见 2002 年 8 月 12 日最高人民法院法释〔2002〕25 号《关于人民法院合议庭工作的若干规定》。其中第 7 条规定:"合议庭接受案件后,应当根据有关规定确定案件承办法官,或者由审判长指定案件承办法官。"这一概念在 2010 年 1 月 11 日最高人民法院法释〔2010〕1 号《关于进一步加强合议庭职责的若干规定》中通过细化职权的形式得到补充阐释。
  ② 叶青:《主审法官依法独立行使审判权的羁绊与出路》,载《政治与法律》2015 年第 1 期。
  ③《现代汉语词典》中"承"的字义为:接受(命令或吩咐);"承办"的字义为:接受办理。
  ④ 叶青:《主审法官依法独立行使审判权的羁绊与出路》,载《政治与法律》2015 年第 1 期。
  ⑤ 立里:《胆识之举——杨浦区法院主审法官责任制采访录》,载《人民司法》1994 年第 2 期。

市盐田法院制定《盐田区人民法院法官职业化改革实施方案》,首推主审法官负责制。① 之后,在《人民法院第三个五年改革纲要(2009—2013)》中应用了主审法官的概念,提出完善合议庭制度,加强合议庭和主审法官的职责。② 这是第一次在国家层面明确提出主审法官的概念。2013 年 11 月发布的《中共中央关于全面深化改革若干重大问题的决定》进一步提出完善主审法官办案责任制,让审理者裁判,由裁判者负责。③ 在中央层面正式提出"主审法官"的概念,这意味着,中央已对主审法官这一概念给予认可。2014 年 10 月发布的《中共中央关于全面推进依法治国若干重大问题的决定》再次明确提出完善主审法官办案责任制,落实谁办案谁负责。④ 2015 年 2 月发布的《关于全面深化人民法院改革的意见》更加明确提出健全主审法官办案机制和完善主审法官办案责任制。⑤ 至此,主审法官的概念已经在司法领域乃至全社会被广泛认知,这标志着主审法官在未来的司法体制改革甚至法治建设进程中将占有举足轻重的地位和产生划时代的意义。但遗憾的是,主审法官概念始终没有得到具体阐释和合理论证,目前尚处于模糊混乱的状态。

(二)主审法官概念语义分析

在英美法系中,"preside"本义为"主持","presiding Judge"译为"审判长""首席法官""庭长"。由于英美法系是陪审团制度,因此法官只要接手案件的审理,就是当然的审判长,即"主审法官"。英美法系陪审团制度下的法官是主审法官与审判长的合一体。在中文语境中,"主审"可以理解为"主要审理"或"主持审理"。也就是说,英美法系的主审法官既是案件的"主要审理者"又是"主持审理者"。而在我国,自主审法官概念提出以来,司法实践中一直存在分歧。从功能角度讲,存在的争议在于将"主审"定义为"主要审理"还是"主持审理"。如果定义为"主要审理",就是说在审理某一案件中,主审法官对该案件的审理负主要责

---

① 李迩、王斗天、封文智:《盐田首推主审法官负责制》,载《深圳商报》2006 年 8 月 1 日第 A1 版。
② 参见《人民法院第三个五年改革纲要(2009—2013)》。
③ 参见 2013 年 11 月 12 日中国共产党第十八届中央委员会第三次全体会议通过的《中共中央关于全面深化改革若干重大问题的决定》。
④ 参见 2014 年 10 月 23 日中国共产党第十八届中央委员会第四次全体会议通过的《中共中央关于全面推进依法治国若干重大问题的决定》。
⑤ 最高人民法院《关于全面深化人民法院改革的意见——人民法院第四个五年改革纲要(2014—2018)》。其中指出:"为贯彻党的十八大和十八届三中、四中全会精神,进一步深化人民法院项改革,现制定《关于全面深化人民法院改革的意见》,并将之作为《人民法院第四个五年改革纲要(2014—2018)》贯彻实施。"

任,包括涉及案件审理的所有具体细微工作都由该法官来主导完成,也就是所谓的"承办人"。如果定义为"主持审理",那么主审法官就是因参与案件审理而负责主持庭审活动的审判长。应当说,单一定义并不能充分涵括"主审法官"的全部司法属性。对于司法责任制而言,主审法官应当自始至终都发挥"主审"作用,而不是仅承担或者选择性的承担某一单项职责,否则主审法官责任将难以明确。由此表明"主要审理"与"主持审理"缺一不可。应当承认,主审法官担任审判长审理案件是落实司法责任制的有效形式和现实路径。因此,"主要审理"和"主持审理"的统一对于明确主审法官概念和完善主审法官办案责任制是十分必要的。故"主审法官"的语义应当是,主持合议庭审理案件并承担主要的案件审理职责,同时在其职权范围内享有独立裁判权的"审判长兼承办人"。

(三)主审法官内涵的曲解和行政化倾向

目前,在司法体制改革不断推进的过程中,通过各地试点单位的探索实践以及中央和最高人民法院的顶层设计引领,主审法官虽然还没有确切的定义,但通过各地推出的司法体制改革试点方案可以看出,主审法官的定位已经有所表述,这也就意味着从另一种角度已经初步定义了主审法官的概念。然而,这种带有导向性的设计和引领却使主审法官概念更加模糊不清,甚至偷换概念,曲解了主审法官的本质和内涵,显露出极其严重的行政化倾向。

1.主审法官固定化。深圳市盐田法院作为司法体制改革的先行者,从2006年试行的主审法官责任制,[①]到2014年着手探索主审法官责任制改革,[②]盐田法院的改革思路表明,其设定的主审法官始终是一个固定的带有职务性质的概念。在这种理念和思路的引领下,主审法官实际上陷入了作为一个固定职位而存在的误区。例如,广东省高院2014年11月13日发布了广州知识产权法院主审法官遴选公告,面向广东各级法院遴选10名法官担任广州知识产权法院

---

① 深圳盐田法院首推主审法官负责制的具体实施中,从全院中遴选出了9名主审法官。参见李迤、王斗天、封文智:《盐田首推主审法官负责制》,载《深圳商报》2006年8月1日第A1版。

② 张丹羊:《审案断案独立,薪酬晋升独立——深圳盐田法院破冰法官职业化难题,人员分类管理和审判权运行机制改革"双管齐下"》,载《广州日报》2014年12月2日第A4版。

的主审法官。① 云南省高院在全省 22 个试点法庭建立以主审法官为核心的"1＋1＋1"审判团队模式。② 最高人民法院巡回法庭在人员配置中明确"巡回法庭主要由庭长、副庭长、廉政监察员、主审法官、审判辅助人员、综合行政人员组成,实行人员分类管理"③。这表明,主审法官已经开始作为一个固定的职位被纳入法院的人员结构配置中。这种情况下,主审法官是独立的单元,与院长、副院长、审委会委员、庭长、副庭长一样属于同类别的概念。也就是说,法院当中除院长、副院长、审委会委员、庭长、副庭长、审判员、助理审判员外,还要增加主审法官职位。就其身份地位而言,无论是否审理或参与审理案件,主审法官的职务是不受影响的。可想而知,如果具有主审法官身份的法官不办案,显然失去了主审法官的本义。应当郑重强调的是,这种在没有厘清主审法官基本概念的情况下而直接将其定性为固定职务的做法,④是不严谨的。而在司法体制改革试点中甚至将主审法官作为固定合议庭领导者的做法,⑤更是对主审法官概念的曲解。

　　在主审法官固定化的概念下,主审法官可划分为双重身份的主审法官和单一身份的主审法官。双重身份的主审法官,可以理解为全能型法官,既可以作为办案法官承办案件,又可以作为领导指导办案。在庭审活动中,既可以作为审判长主持庭审,又可以作为合议成员参与案件合议。这种定义下,主审法官在司法活动中扮演的角色取决于其身份的性质。例如,在一个由三名主审法官组成的合议庭中,⑥如果其中一名主审法官的身份是双重的(既是主审法官又是庭长或

---

① 参见《广州知识产权法院主审法官遴选公告》,http://www.gdcourts.gov.cn/ecdomain/framework/gdcourt/dajbahdcabbbbboeicbgnllckadogggf/dajdhiddabbbbboeicbgnllckadogggf.do? isfloat＝1&disp_template＝pchlilmiaebdbboeljehjhkjkkgjbjie&fileid＝201411131452536 92&moduleIDPage＝dajdhiddabbbbboeicbgnllckadogggf&siteIDPage＝gdcourt&infoChecked＝0&keyword＝&dateFrom＝&dateTo＝,最后访问日期:2017 年 3 月 14 日。

② 茶莹:《"1＋1＋1"团队模式推进主审法官办案责任制》,载《人民法院报》2015 年 3 月 17 日第 1 版。

③ 参见《最高法院召开新闻发布会就巡回法庭审理案件若干问题答记者问》,http://www.court.gov.cn/xunhui1/xiangqing-13152.html,最后访问日期:2017 年 8 月 7 日。

④ 目前最高人民法院巡回法庭的主审法官是作为职务直接设定的,其性质为固定的主审法官。实际上,这种设置并不符合主审法官的生成机制。参见《最高人民法院第一巡回法庭简介》,http://www.court.gov.cn/xunhui1/gaikuang.html,最后访问日期:2017 年 3 月 16 日。

⑤ 《吉林省司法体制改革试点方案》中提出"组建由主审法官指导下相对固定的合议庭"。

⑥ 此种审判组织形式源于《最高人民法院关于巡回法庭审理案件若干问题的规定》。其中规定:"巡回法庭的合议庭由主审法官组成。"

副庭长),那么由于他的职务高于其他两名主审法官,即便他并不是案件的具体承办人,但由于地位、职级等原因,他将成为庭审中的审判长,而具体承办案件的主审法官则只能扮演合议成员的角色。那么在这种意义上的"主审",实际上是主持庭审活动,也就是形式上的主审。而具体承办案件的主审法官则为合议成员。也就是说,双重身份的主审法官由于固定化模式的影响,在合议庭当中角色是固定的,只要职务高过其他法官,无论承办案件与否都将是当然的审判长。单一身份的主审法官,没有行政职务,主要负责办案。最简单的理解,就是案件的承办人。在这种概念下,主审法官并非等同于当然的审判长。主审法官即使承办案件,由于没有行政职务也要将审判长的位置让与有行政职务的法官,而庭审中的角色依然是合议成员。也就是说,单一身份的主审法官庭审角色同样是固定的,无论承办案件与否都只能是合议成员。应当说,这种定义下的主审法官概念实难准确表达出其真正的司法属性,而是偷换了概念,偏解了主审法官的实质内涵。

2. 主审法官复杂化。最高人民法院巡回法庭设立以来,虽然对主审法官概念进行了进一步的诠释,但从定位来看,明显存在着复杂化的倾向,造成了主审法官语义上的混乱。从司法实践来看,主审法官概念的不确定性致使其身份变得十分复杂。在2015年2月1日施行的《最高人民法院关于巡回法庭审理案件若干问题的规定》中规定,"巡回法庭按照让审理者裁判、由裁判者负责原则,实行主审法官、合议庭办案责任制。巡回法庭的合议庭由主审法官组成。巡回法庭庭长、副庭长应当参加合议庭审理案件。合议庭审理案件时,由承办案件的主审法官担任审判长。庭长或者副庭长参加合议庭审理案件时,自己担任审判长"。[①] 既然合议庭审理案件须由承办案件的主审法官担任审判长,也就是说主审法官如果不承办案件便不得担任审判长,但同时又规定庭长或者副庭长参加合议庭审理案件时自己担任审判长,那么只能有一种理解,即庭长、副庭长不仅是当然的审判长,还是隐形的主审法官。这种隐含性的定义不免有一种立法欺骗的感觉,极易造成理解上误导。例如,在有庭长或副庭长参加的合议庭当中,由于庭长或副庭长须要担任审判长,因而承办案件的主审法官在合议庭中的身份只能是合议成员。这样一来,按照"合议庭由主审法官组成"的逻辑反向推理,庭长或副庭长成了不是主审法官的"主审法官",而实际上庭长或副庭长的职务本身并不是主审法官,这就形成了"既是主审法官又不是主审法官"的复杂命题。

---

① 参见《最高人民法院关于巡回法庭审理案件若干问题的规定》第10条、第11条内容。

这种将主审法官身份职务多重化的做法与巡回法庭的人员结构设置是自相矛盾的。另外,从第一巡回法庭首次开庭审理案件的情况来看,"副庭长以主审法官身份参与本案审理,以后,庭长、副庭长将主要以主审法官身份参与案件办理,不再审批其他主审法官承办的案件"。① 按照最高人民法院巡回法庭的机构人员配置,庭长、副庭长、主审法官是各自独立的职务概念,庭长、副庭长与主审法官之间由于并未明确是否可以兼职,故在具体案件审理中,由于身份限制,庭长、副庭长又不得不"变身"为主审法官。然而,第二巡回法庭采取案件分配、合议庭组成及承办法官随机生成的工作机制,组成了由庭长担任审判长、副庭长担任承办人、主审法官为合议庭成员的合议庭。② 从第二巡回法庭首次开庭审理案件的情况来看,既然合议庭由主审法官组成,那么庭长或副庭长在参加合议庭时是否为主审法官?如果是主审法官,那么让不承办案件的主审法官(庭长)担任审判长的理由何在?综合来看,这种意义上的主审法官明显是一种语义模糊、混乱复杂和难以自圆其说的错误理论。

3.主审法官行政化。司法体制改革试点工作开展以来,大凡涉及主审法官概念的司法实践均表明,主审法官更主要的内涵是倾向于将其定位为"领导型"的法官。2013年《盐田区人民法院审判权运行机制改革试点工作方案》规定,主审法官享有独立行使审判权、独立签署裁判文书权、指挥协调权、考核权和奖惩建议权、其他与审判实务有关权力等权力。其他法官作为助审法官担任审判辅助人员,由相应的主审法官统一指挥协调,完成审判工作。这种设计将主审法官的权力扩大化、行政化,依然没有将司法审判从行政管理中脱离出来。2013年江苏省灌南法院实行的专项合议庭审判长负责制,可以说是主审法官负责制的样本。其以每位审判长配有1名普通法官、1名陪审员、2名速录员或书记员的"1+2+2"的模式,组成由审判长管理下的相对固定的合议庭审理案件。其中规定,除需应当提交审委会讨论的复杂疑难案件及判决外,案件均由审判长审批。审判长拥有案件的调配权、文书签发权。在随机分案的基础上,案件由审判长根据合议庭内部人员情况进行调整,审判长审理重大、疑难复杂的案件和新类型的案件并指导其他法官适当办理一些重大疑难复杂案件和一般案件。除审判长联席会的判决案件、审委会讨论定案案件外,均由审判长签发法律文书。实行审判长"一岗双责",审判长除办案、签发法律文书外,还负责对合议庭成员、案件及事

---

① 赵珂:《最高法院第一巡回法庭首次开庭审案》,载《人民法院报》2015年3月3日第4版。

② 张之库:《最高法院第二巡回法庭首次开庭审案》,载《人民法院报》2015年3月11日第1版。

务管理。庭长将案件、人员监督、指导分别交由各审判长负责,审判长对庭长负责。① 从灌南法院推行的合议庭负责制(审判长负责制)来看,如果组建由主审法官指导下的相对固定合议庭,主审法官必然为固定合议庭的审判长,审判长同时又具有几乎等同于"庭长"的司法与行政双向权力,而这种高度集权化的审判管理模式,与司法本身、诉讼本身,甚至司法体制改革的初衷是格格不入的。

在行政化管理模式下,主审法官是法庭管理下一类法官,级别要略低于庭长、副庭长。在先期司法改革试点中,一些做法和迹象表明,主审法官可以是院长、副院长、审判委员会、庭长、副庭长,也可以是独立的审判团队的领导者,既可以亲自审理案件,又可以不亲自审理(参与审理)案件,担当案件审理的"指挥者"。审理案件时,如果是亲自办理的案件,在组成的合议庭中没有副庭长以上级别法官时,可以担任审判长(为当然的审判长),如果有副庭长以上级别法官参加时,主审法官则变成所谓的承办人(法官),担当合议成员,审判长由副庭长以上级别的法官担任。由此可以看出,主审法官的级别定位要低于副庭长而高于普通法官。如果主审法官不亲自审理案件,而是参与案件审理,那么亲自办案的普通法官由于不具有主审法官资格,而只能充当合议成员,不能担任审判长,审判长则由主审法官担任。这种行政化管理的做法,将主审法官定义为与院长、副院长、庭长、副庭长性质一样的"领导干部"。从职务层级角度来讲,在由普通法官组成的合议庭中,主审法官作为"高级别领导"只要参加庭审就必然成为审判长,这本身就是行政化立法。推行司法体制改革以来,多数试点单位仍将主审法官定位于"在院、庭长的领导、管理和监督下"审理案件,而"主审法官指导下的相对固定合议庭"又将"以主审法官为中心"演变成由主审法官来"领导"。这些有违法理的设计和实践,将导致主审法官、合议庭再次"还权"于院、庭长,这与"去行政化""让审理者裁判、由裁判者负责"的方向是完全背离的。

二、主审法官法理思辨

(一)主审法官的范域

无论是最高法院的改革意见还是地方法院的试点方案,均明确设定"主审法官独任审判"职责,然而主审法官是否为独任制审判模式下的应有概念,或是何种范域下的概念,应当从法理层面认真论证。《上海市高级人民法院司法体制改

---

① 李迎春、柴敏娟、王永仑:《灌南法院民事审判推行专项合议庭审判长负责制》,http://www.chinacourt.org/article/detail/2013/11/id/1147494.shtml,最后访问日期:2017年5月15日。

革试点工作实施方案》中提出了独任制审判和合议制审判两种模式,"独任制审判模式以主审法官为中心,配备必要数量的审判辅助人员。主审法官依法对案件审理全程、全权负责。合议制审判模式由主审法官担任审判长,配备与合议庭工作量相适应的审判辅助人员。主审法官作为审判长参与合议时,与其他合议庭成员权力平等"。同时规定,"明确主审法官、合议庭及其成员的办案责任。主审法官独任审理案件,依法独立承担办案责任,主审法官作为审判长参与合议时,除承担应当由合议庭其他成员共同担责部分外,还负有主持庭审活动、控制审判流程、组织案件合议、避免程序瑕疵等岗位责任"。《吉林省司法体制改革试点方案》中提出,"主审法官独任审理案件对案件全权负责。组建由主审法官指导下的相对固定合议庭,主审法官可独任审判案件或主持合议庭审判案件"。最高人民法院《关于全面深化人民法院改革的意见》中提出,"独任制审判以主审法官为中心"。① 其中的问题在于,既然称"主审法官",那么应当承认的是,这样的定义一定是也必须是建立在有多名审判法官的前提下的,这样才能够更加突出"主"的内涵,从而明晰地判断出在多名审判法官当中谁是主审法官,谁不是主审法官。也就是说,"主审"应当是在"一"与"多""主"与"辅"共存的范域中生成的法律概念。在英美法的陪审团制度中,"主审"与"陪审"是相对应的概念,"主审法官"对应的是"陪审团",而在大陆法系特别是我国的合议庭制度中,"审判长"与"合议成员"或"陪审员"是相对应的概念,一定意义上,"主审法官"也应当是与"合议成员"或"陪审员"相对应的。② 由此可见,在法理上主审法官应当是合议制审判模式下的审判长。而对于独任制审判而言,审判法官只有一人,如果称其为主审法官,则逻辑上于理不通。例如,在刑事案件中,如果犯罪分子只有一个,那么就不能将其称为"主犯"。在独任制审判中,犹如法官称"审判员"而不称"审判长"道理一样,"独任法官"也不应称为"主审法官"。因此,主审法官的范域应当且只能是合议制审判,"主审法官独任审判"的概念在理论上是错误的。

(二)是与非问题的辨证

1.主审法官应否固定职务。司法体制改革试点中的一些做法旨在表明,主审法官不但是庭审中主要角色的扮演者,同时还是一个单独存在的固定职位。这种职务型的主审法官甚至还要带领一支审判团队或组建由其指导的相对固定

---

① 参见最高人民法院《关于全面深化人民法院改革的意见——人民法院第四个五年改革纲要(2014—2018)》第 27 项内容。

② 从主审法官的本质内涵上说,主审法官应当是与审判长等同的概念。

合议庭,定义上为"指导",而实践操作起来往往异化成"领导"。主审法官职务固定化,实际上仍未脱离行政化的藩篱,如果不加以否定,势必造成主审法官责任制度混乱以至于流于形式。主审法官职务固定化的弊端在于,假如一名普通法官被选任为主审法官,那么他的职务便从此固定下来,在其所在的审理团队中,既要办案,又要管人,成为行政管理意义上的"主管法官",而从主审法官办案责任制的制度本义来看,主审法官应当仅对其承办的案件负责,让其同时对其他事务负责的制度设计是完全不合理的。而在固定合议庭模式下,主审法官由于是合议庭的"固定负责人",这样一来他就要对合议庭的所有的案件负责,这种无论承办案件与否都要"负责"的制度设计,与"谁办案谁负责"本义是相左的,而对于主审法官本身也是不公平的。主审法官的存在应当是以诉讼为前提,应当根据案件审理需要确定主审法官,而不是主审法官在那里等着审理案件。主审法官办案责任制的真正内涵在于案件审理要让主审法官去负责,而不是预先设定好一个主审法官,让他去负责"办案"。① 因此,主审法官不应当是以固定职务的形式存在的。

2. 主审法官应否承办案件。"让审理者裁判,由裁判者负责"是主审法官办案责任制的核心内涵,如果主审法官不办案,只是一个行政性质或者象征意义的职位,那么如何去裁判,又如何去负责。如果占据着主审法官的职位而不办案,主审法官办案责任制将失去意义。这种模式下,势必造成法院中虽然有一大批主审法官,但真正亲自审理案件的没有几个是主审法官的局面。应当说,主审法官职责在于亲自审理案件,而不是担任"领导干部"或"幕后指挥"。如果主审法官不承办案件,势必形成"主审法官"与"承办法官"并存的概念,这与主审法官概念的设立是相违背的。因此,真正意义上的主审法官应当且必须承办案件。

---

① "主审法官、合议庭办案责任制"理论值得商榷。从语义上讲,该理论强调责任的主体是主审法官、合议庭,责任是因其办案而产生的。那么也就可以这样理解,主审法官和合议庭是固定存在的,假设主审法官或合议庭不办案,则不需要承担责任。这种理论是有悖制度本义的。事实上,从诉讼法角度讲,单就合议庭而言,其本身并非固定存在的机构,而是因司法需要临时组成的审判组织,合议庭的存在必须以诉讼为前提,没有诉讼就没有合议庭,绝对不可以存在不办案的合议庭。因此无论是合议庭还是主审法官,应当强调的是其身份产生的责任,而不应强调其办案责任。进一步讲,主审法官与责任应当是共生共存的,若成为主审法官,就必然以审理案件为前提,对案件负责任。另外,"责任制"与"负责制"的区别在于,"责任制"往往强调的是对负面、被动的影响的承担,而"负责制"更主要强调的是正面、主动性的担当。如果将"主审法官、合议庭办案责任制"去掉"办案"二字,或更改为"主审法官、合议庭负责制",应更符合法理。

3. 主审法官应否主持庭审。审理案件的主要环节在于庭审。由于我国法院审理案件的模式是职权主义和纠问式,法官须在庭审中充分发挥"审"的职能,通过纠问,理清案件的来龙去脉,从而做到去伪存真,还原案件的事实真相。主持庭审的审判长对案件如果没有全盘、细致的了解和把握,他的判断和观点会因审判长的身份而影响到合议成员,容易使案件的审理偏离正确的轨道,进而出现审理和裁决的不一致性,实际上是另一种意义上的审而不判,判而不审。同时,如果在庭审中让原本最了解案情的法官旁坐,而由不甚了解案情但职位较高的法官来担任审判长,难免造成案件审理疏漏(瑕疵),无法达到最佳审理效果。在合议制审判中,承办法官由于对案情的了解相对比其他审判人员要详细、透彻,由其作为主审法官担任审判长,有利于把握案件的审理脉络,理清审理思绪,从而真正对案件的审理自始至终甚至终身负责。"让审理者裁判,由裁判者负责"表明了审理者和裁判者的权责统一性,因此主审法官在负责承办案件的同时应当同时担任审判长,否则司法责任制将难以落实。

(三)界限与关系问题的辨证

在现有司法体制改革试点的引领牵制下,由于主审法官概念呈现出的模糊、混乱、复杂的趋向,明确主审法官的法律地位和职能定位变得尤为重要。同时,通过厘清主审法官与其他相关概念的界限关系问题,可以更加清晰地揭示出主审法官的真正内涵。

1. 主审法官与法官。法官,无论是在大陆法系还是在英美法系,都是一个人所共知的概念,它是动态与静态相结合的概念,也就是说,法官泛指法院内部一切具有审判职称的人员,同时在审理具体案件过程中也是审判该案件的法官。简言之,审理案件时是法官,不审理案件时也是法官。根据《法官法》的规定,法官是依法行使国家审判权的审判人员,包括最高人民法院、地方各级人民法院和军事法院等专门人民法院的院长、副院长、审判委员会委员、庭长、副庭长、审判员和助理审判员。按照这样的推理,在主审法官职务固定化的前提下,主审法官与法官存在等额与差额的关系。

(1)等额主审法官。等额主审法官是指主审法官与一线法官的数额相等。[①]也就是说,只有具备主审法官身份才可以审理案件,不具有主审法官身份的法官则不能够审理案件甚至参与案件的合议。当然,这里还要排除院长、副院长、庭长、副庭长,因为按照诉讼法的规定以及《最高人民法院关于完善院长、副院长、

[①] 目前,最高人民法院设立的第一巡回法庭、第二巡回法庭除 1 名庭长、2 名副庭长和 1 名廉政监察员外,其他 9 名一线法官均为主审法官。

庭长、副庭长参加合议庭审理案件制度的若干意见》,他们无论是否为主审法官,只要参与审理案件,就必然是主导者。在等额主审法官模式下,主审法官是当然的审判长。然而,等额主审法官是不是司法改革法官员额的确定方向,有待商榷。按照司法体制改革的方向,员额内的法官必须在一线办案,如果是这样,主审法官与法官的概念将等同,只要是法官,就一定是主审法官。

(2)差额主审法官。差额主审法官是指所有一线法官中,仅有一定数额的法官是主审法官。也就是说,在所有一线法官中,要选择更为优秀的精英法官担任主审法官。① 因此,主审法官的数量要远远少于全体法官的数量。而这种精英型的主审法官,并非审理全部案件,更多的案件还是交由普通的一线法官审理,主审法官则扮演指导办案的角色(这类的主审法官与行政化管理下的庭长无异)。《吉林省司法体制改革试点方案》规定,主审法官主持合议庭审判案件,裁判文书可不再由庭、院长审核;其他法官独任审理的案件,裁判文书报所在合议庭的主审法官审核备案,办案责任由主审法官与该独任法官按职权范围承担。主审法官主持合议庭审理案件,办案责任由主审法官与合议庭法官按职权范围承担。《上海市高级人民法院司法体制改革试点工作实施方案》规定,主审法官作为审判长参与合议时,除承担应当由合议庭其他成员共同担责部分外,还负有主持庭审活动、控制审判流程、组织案件合议、避免程序瑕疵等岗位责任。从目前的司法改革试点方向上来看,差额主审法官的最大弊端是,不是主审法官的法官要在主审法官的"领导"下工作。

实际上,无论是等额还是差额,都是对主审法官概念的曲解。应当明确的是,主审法官与法官二者之间既不是等额关系,也不是差额关系,更不是种属关系。法官是职务,是经过任命产生的,是当然的带有名誉性质的身份评价。法官不会因是否审理案件而改变其身份地位,而主审法官却是因审理案件而生,因审理案件而存。也就是说,主审法官的存在是以诉讼为前提的,没有诉讼就不应当存在主审法官。就如同案件当事人的概念一样,当事人的身份和资格是因诉讼而产生的,没有诉讼,就没有当事人,我们不能将一个普通的民众直接称为"当事

---

① 《最高人民法院关于巡回法庭审理案件若干问题的规定》第 10 条规定,"巡回法庭主审法官由最高人民法院从办案能力突出、审判经验丰富的审判人员中选派"。《上海市高级人民法院司法体制改革试点工作实施方案》中关于完善主审法官、合议庭办案机制的内容中规定,"制定《主审法官选任规定》,选拔政治素质好、办案能力强、专业水平高、司法经验丰富的审判人员担任主审法官"。《关于全面深化人民法院改革的意见—人民法院第四个五年改革纲要(2014—2018)》第 27 项规定,"选拔政治素质好、办案能力强、专业水平高、司法经验丰富的审判人员担任主审法官"。

人",同样,主审法官也是因诉讼而产生的,不应当将一个没有参加诉讼的法官直接称为"主审法官"。主审法官是由法官身份进一步衍生而来的一种诉讼地位,是在诉讼过程中根据审判组织需要和审判人员分工,确定的临时性的身份。也可以说,主审法官是法官从事司法活动的一种状态。

2. 主审法官与承办法官。从承办法官概念的历史渊源和司法实践经验来看,主审法官应该是趋同于承办法官的概念,也就是具体案件的承办人。之所以在"承办法官"和"承办人"之外又提出"主审法官",在于突出法官地位,明确法官权责。对于承办法官而言,其身份和职责早在主审法官概念产生之先就已经明确。在《最高人民法院关于进一步加强合议庭职责的若干规定》中,承办法官的职责包括:"(一)主持或者指导审判辅助人员进行庭前调解、证据交换等庭前准备工作;(二)拟定庭审提纲,制作阅卷笔录;(三)协助审判长组织法庭审理活动;(四)在规定期限内及时制作审理报告;(五)案件需要提交审判委员会讨论的,受审判长指派向审判委员会汇报案件;(六)制作裁判文书提交合议庭审核;(七)办理有关审判的其他事项。"上述职责表明,首先承办法官被定义为合议庭成员;其次承办法官并不担任审判长;最后负有"协助办案"职责。司法体制改革实践中,从最高人民法院第二巡回法庭审理案件的情况来看,合议庭的组成人员中,包括审判长、承办法官、主审法官,表明主审法官与承办法官均被定义为合议庭成员。[①] 从承办法官的职责来看,"协助审判长组织法庭审理活动"意味着承办法官本身定位不是审判长,其职权范围是受到审判长制约,甚至可是说是审判长领导下的"办案助手"。这种职责定位将承办法官混同于合议成员,混淆了司法职务与庭审分工的界限。如果将主审法官与承办法官身份等同,必然降低主审法官的司法地位。因此不能简单将主审法官等同于承办法官,否则将助长"司法行政化"的复归。从江苏省江阴法院司法体制改革实践来看,法官从过去的"案件承办人"转变成了拥有独立审判权的"主审法官"。主审法官有权单独签发包括判决书在内的各种法律文书,无须再向庭长、主管院长汇报。"让审理者裁判,由裁判者负责"的审判机制随着司法体制改革的推进正在形成。[②] 由此可见,主审法官的权责要大于承办法官,司法上较承办法官更为独立。按照这种制度设计,主审法官的内涵要较承办法官丰富。然而应当明确的是,在没有完全废除"承办

---

① 张之库:《最高法院第二巡回法庭首次开庭审案》,载《人民法院报》2015年3月11日第1版。

② 李本扬等:《全面深化改革一年来:从"案件承办人"到"主审法官"的转变》,http://news.cntv.cn/2015/01/12/VIDE1421061657851769.shtml,最后访问日期:2017年3月12日。

法官"概念的情况下,应当强调主审法官与承办法官的合一性,法官在获取主审法官身份的同时,必须首先是承办法官。换言之,主审法官应当以承办案件为前提,承办案件是主审法官的首要职责。

3. 主审法官与合议法官。① 合议法官是目前司法体制改革设计中出现的概念,由于其是与主审法官相伴产生的概念,势必对主审法官的地位、功能、权责范围产生影响,因此有必要对其进行理论上的探讨和鉴别。对于合议法官,如果按照深圳市盐田法院的改革模式(将审判权集中赋予主审法官,同时每一位主审法官配备若干审判人员,形成审判单元;案件只能由主审法官来审理,审判单元的成员在主审法官的指导下开展审判工作,协助主审法官审理各类案件,由主审法官对承办案件的质量、效率、效果负全责),那么所谓"合议法官"的司法地位便等同于"审判单元的成员",只能协助主审法官"合议"案件。然而,如果合议法官不承办案件,仅是主审法官指导下的"审判团队"中的一名"陪审员",则其身份与"法官助理"无异。此种定位降低甚至剥夺了法官的原有地位和职权,无论称之"成员"还是"合议法官",均无价值和意义。按照已经实践的主审法官固定职务模式来理解,主审法官在合议制审判当中可以是单独的审判长或者既是审判长又是承办案件的法官。当主审法官的身份为"指导"时,案件要交由合议法官承办,这时合议法官便成为承办法官。问题在于,如果赋予合议法官承办案件的职责,在语义上又与"承办法官"重叠,造成概念的混乱。而且,合议法官办案就必须建立"合议法官办案责任制",这与"主审法官办案责任制"是冲突的。因此,合议法官概念是应当摒弃的,至少不应当作为制度来设计。

4. 主审法官与法庭。行政化管理模式下的主审法官,由于其职务相对固定,往往会被理解为等同或近似于庭长级别的"领导",或者是在庭长领导下"二级领导"。在司法体制改革试点的方向指引下,虽然主审法官的地位显得相对较高,但并未呈现出脱离庭长"控制"的独立状态。司法体制改革试点中,主审法官身份地位主要表现在其与法庭及内部人员的关系上。第一,主审法官地位与庭长等同。在案多人少的现实状况下,尤其是在法庭与合议庭重合时,②主审法官既

---

① 目前,在司法体制改革的探索过程中,出现了一些新的概念,"合议法官"就是其中之一。从其字义上理解,应当是合议庭中除审判长以外的合议成员。这里要说明的是,合议法官因其概念和职责均不明确,尚不能简单理解为仅是合议庭中的一种角色定位,从一些尚未公开司法改革的设计来看,其大有作为一类固定职务的倾向。

② 目前,多数基层法院在案多人少的现实状况下,审判法庭的法官员额配置几乎是与合议庭组成人员相等的,有的甚至因法官缺额导致审判法庭内部无法组成合议庭的现状。因此,在基层法院中,一个审判法庭大致可以等同于一个相对固定的合议庭。

是相对固定的合议庭的"指导"①，同时还是负责管理法庭各项事务的庭长。合议庭的主审法官和法庭的庭长虽然是两个不同的概念，但基于行政化色彩相对较重的现实，主审法官既要审理案件又要负责行政管理。这样一来，不但限制了主审法官的概念，而且形成了"一套人马，两块牌子"的双重管理模式，行政化的弊端更加凸显。第二，主审法官级别低于庭长。这种设置是现有行政化管理模式下比较易于接受的状态。具体体现为一个审判法庭中，以庭长为首，下设副庭长、主审法官、法官若干人。这种状况下，主审法官作为法庭中的一员，必然听命于行政级别高于自己的庭长或者副庭长，具体落实到案件审理上就难免造成庭长、副庭长对主审法官的干预。第三，主审法官级别等同于庭长。这种情况下，一般主审法官与庭长会是同一人，庭长在不参加案件审理的情况下，还可以以主审法官的身份行使庭长的权力，极易造成权力滥用。第四，主审法官级别高于庭长。这种情况下，由于主审法官的级别高，主审法官与审判法庭必然是相分离的，但主审法官必须有自己的合议庭（每个主审法官都要有自己带领的审判团队），势必造成在审判法庭外又形成了新的审判法庭。应当明确的是，主审法官相对于合议庭而言，是因合议制审判而形成的司法概念；而庭长相对于法庭而言，是因内设机构管理而形成的行政概念。换言之，法庭中不应当存在"主审法官"概念，主审法官与法庭不应当是人员与部门的关系。主审法官具有的权力只是对案件的审判权力，不具有对合议庭其他成员的行政管理权。换言之，主审法官不应当是民事、刑事、行政等法庭的法官，而应当是法庭的法官因审理案件需要转化而来的一种身份。

5.主审法官与合议庭。合议庭是人民法院的基本审判组织。在《最高人民法院关于进一步加强合议庭职责的若干规定》中，合议庭承担的职责包括："（一）根据当事人的申请或者案件的具体情况，可以作出财产保全、证据保全、先予执行等裁定；（二）确定案件委托评估、委托鉴定等事项；（三）依法开庭审理第一审、第二审和再审案件；（四）评议案件；（五）提请院长决定将案件提交审判委员会讨论决定；（六）按照权限对案件及其有关程序性事项作出裁判或者提出裁判意见；（七）制作裁判文书；（八）执行审判委员会决定；（九）办理有关审判的其他事项。"合议庭的审判活动由审判长主持，全体成员平等参与案件的审理、评议、裁判，共同对案件认定事实和适用法律负责。

《最高人民法院关于全面深化人民法院改革的意见》提出："改革完善合议庭工作机制，明确合议庭作为审判组织的职能范围"，"完善主审法官、合议庭办案

---

① 按照《吉林省司法体制改革试点方案》中"组建由主审法官指导下的相对固定合议庭"的规定来理解，一个合议庭中应当只有一名主审法官。

责任制。按照权责利相统一的原则,明确主审法官、合议庭及其成员的办案责任与免责条件,实现评价机制、问责机制、惩戒机制、退出机制与保障机制的有效衔接。主审法官作为审判长参与合议时,与其他合议庭成员权力平等,但负有主持庭审活动、控制审判流程、组织案件合议、避免程序瑕疵等岗位责任"。由此可见,主审法官与合议庭是相对应的概念。概括起来,合议庭的权责包含两个要素:一是合议庭成员平等参与案件的审判活动;二是合议庭成员对案件的事实认定和法律适用共同负责。主审法官的权责包含三个要素:一是亲自办案并主持案件的审理;二是与其他成员平等地参与案件的审理、评议和裁判等审判活动;三是对每一件审理的案件终身负责。应当注意的是,合议庭办案责任制中,主审法官亲自办案同时也是代表合议庭的名义负责具体审判工作,要接受合议庭的指导和监督,办案责任由合议庭承担。同时,就合议庭职责而言,当主审法官担任审判长时,其角色应当既是庭审活动的组织者、主持者,又是审判活动的平等参与者。也就是说,主审法官在案件审理中具有双重责任,既要对自身办案负责,又要对合议庭负责。

主审法官、合议庭办案责任制表明,主审法官是合议庭的从属概念,主审法官是在合议庭审理案件的大前提下设定的角色称谓。主审法官是由合议庭衍生出来的,不可以独立于合议庭之外。之所以单独强调主审法官的概念目的在于突出其独特的地位,而不是使其从合议庭中独立出来。此外,根据诉讼法的规定,合议庭的产生是审判组织形式决定的,并不固定存在。基于此,也就不应存在主审法官是这个或那个固定合议庭的主审法官的逻辑。因此,"主审法官指导下的合议庭"理论是错误的。

6.主审法官与审判长。根据《人民法院组织法》和三大诉讼法的规定,审判长并不是一个固定的审判职务,而是根据合议庭审判案件的需要,由院长或者庭长指定审判员担任。同时,院长或者庭长参加审判的,由院长或者庭长担任审判长。所以,审判长是合议制审判模式下的概念,因合议庭的组成而产生。换言之,审判长是人民法院组成合议庭审判案件时负责组织庭前、庭审和案件评议等活动的临时称谓。在《最高人民法院关于人民法院合议庭工作的若干规定》中,审判长职责包括:"(一)指导和安排审判辅助人员做好庭前调解、庭前准备及其他审判业务辅助性工作;(二)确定案件审理方案、庭审提纲、协调合议庭成员的庭审分工以及做好其他必要的庭审准备工作;(三)主持庭审活动;(四)主持合议庭对案件进行评议;(五)依照有关规定,提请院长决定将案件提交审判委员会讨论决定;(六)制作裁判文书,审核合议庭其他成员制作的裁判文书;(七)依照规定权限签发法律文书;(八)根据院长或者庭长的建议主持合议庭对案件复议;(九)对合议庭遵守案件审理期限制度的情况负责;(十)办理有关审判的其他事项。"由此可以看出,审判长的职责主要是确定案件审理方案、庭审提纲、协调合议庭成员的庭审分工和主持庭审活动。而主审法官的职责应当包括:按照规定的分案方式对本合议庭受理的案件进行分配或调配;主持合议庭担任审判长审判案件;分配合议庭成员庭审分工,组织相关人员做好庭审准备工作;主持庭审活动,控制审判流程,组织案件评议;指挥本合议庭审判辅助人员做好相关审判辅助工作;组织落实本合议庭审理案件的判后答疑工作;等等。实际上,相比较而言,主审法官的职责权限要涵盖于审判长,或者至少是等同于审判长。然而,主审法官的权责往往被审判长所覆盖,原因在于"主审法官"代表的是法官的临时诉讼状态,而"审判长"代表的则是法官的法定诉讼地位。

按照目前司法体制改革试点工作中的一些做法,在合议庭审判中,主审法官有可能不是审判长。也就是说,承办案件的法官不能担任审判长,这样一来在庭审过程中,就会出现审判长"主审",主审法官"陪审"的情景。一些地区法院推行的"审判长负责制",让审判长成为固定的"办案组长"或者是地位上低于庭长的"副庭长",而主审法官仍然以固定职务身份作为审判长领导下的一员,这与司法改革"去行政化"的方向南辕北辙。因此,停止和废除审判长制度的理论设计是建立真正的主审法官办案责任制的必由之路。也就是说,将主审法官与审判长合二为一,审判长的法定职责全部交由主审法官来承担,与审判长一样,在对案件诉讼进程的控制、审判活动的协调、庭审与评议的组织等审判活动的程序性管理上,主审法官享有组织、主持、协调和指挥的权力;在对案件的实体审理、评议和裁判上,与其他成员享有平等的参与权和决策权。这对进一步完善主审法官办案责任制具有重要意义。

三、主审法官的本质与内涵

必须承认,司法体制改革中有关主审法官的身份和职责定位是缺乏科学合理设计和正确理论根基的,透过司法实践映射出的主审法官概念是扭曲甚至是诡辩的,已经严重偏离了正确方向。如果主审法官概念得不到合理论证,主审法官制度则无法建立,改革必然误入歧途。因此,明确主审法官的本质与内涵是完善主审法官办案责任制的基础和原则保障。

(一)主审法官的本质

1. 主审法官的本义在于"主审"而不在于"法官"。按照司法体制改革的方向和完善司法理论的现实需要,"主审法官"取代了"承办法官"这一概念,并在此基础上修正和丰富了法官与司法之间的内在联系。从"主审"概念取代"承办"概念的角度,"主审"二字是主审法官的核心概念和本义表述。如果单从强调职务的角度而言,法官审理与不审理案件均为主审法官,那么就没必要在法官前面加上

"主审"二字赘述其义。因此,"主审法官"并非是对法官概念本来意义的具体表述与概念扩充,之所以在法官前面加上"主审"二字,在于主审法官更能够诠释法官处于从事司法活动状态下的身份和权责。

2. 主审法官表征临时身份。应当承认,主审法官本身是一个动态的概念,是法官参加合议庭承审某一具体案件时的临时称谓。[①] 也就是说,主审法官是衍生出来的,不能等同于行政职务单独存在,是法官在合议制审判范域下根据庭审分工形成的角色身份,而不是设有固定名称的职务。同时,主审法官不是能够"兼职"的行政职务,例如,庭长与主审法官之间是职务与身份的关系,庭长是职务,而主审法官是一种身份,因此类似"庭长兼主审法官"的概念是错误的。应当明确的是,主审法官不是固定职位。主审法官不是法官中的领导,也不是合议庭的"庭长",合议庭更不是以主审法官为"总指挥"的固定审判团队。一切将"主审法官"级别化、排位置的做法,都是行政化的回归。

3. 主审法官权责利相统一。《最高人民法院关于全面深化人民法院改革的意见》中关于主审法官办案责任制的改革举措旨在表明,主审法官权责利是统一且不可分离的。"主审"的意义在于审判权力的集中性、利益的专享性和责任的自我担当。主审法官享有大于其他合议成员的相当充分的审判权和最终裁决权,并享受相应的利益保障,是作为主审法官之所以要"负责"的根本性依据。正是基于这种权与利,主审法官要面对无可推卸的责任担当。唯有权责利相统一,"谁办案谁负责"的司法本质属性才能够得以明确,主审法官的生命才能够永葆生机。

4. 主审法官集"承办案件"与"主持庭审"于一体。毋庸置疑,承办案件是法官赖以存活的司法根基,庭审是法官发挥审判职能、行使审判权的集中体现。法官要通过对案件的详细了解和掌控,制订庭审计划、步骤,掌控庭审局势、节奏,从而在确认法律事实、分清是非对错、准确适用法律的基础上作出公正合理的裁决,进而达到伸张正义、明辨是非的司法效果。因此,主审法官作为案件审理的"直接接触者",由其担任合议庭审判长是当然且必要的。"审理""裁判"与"负责"三者统一是"让审理者裁判,由裁判者负责"的本质要求。因此,对于合议庭法官而言,只有同时具备"承办人"和"审判长"的合一身份,才能够真正体现审理、裁判、责任的整体性和不可分割性,让主审法官成为案件的主要审理者、最终裁决者和全程负责者。由此可见,承办案件并担任审判长主持庭审是主审法官

[①] 李春刚:《关于司法体制改革的几个基础性问题——以人民法院司法体制改革实践为视角》,载《人民法院报》2014年10月15日第5版。

的基本职责和本质所在。

(二)主审法官的内涵

1. 主审法官的法理蕴涵。在法学理论上,主审法官包含着丰富的法治理念、特有价值和司法功能。

(1)法治理念。法治的基本理念在于审判独立。审判独立包括两个方面的内容,首先是法院的审判权独立,其次是法官裁判案件的独立。就法官而言,法官的个人独立地位主要体现在法官审理案件的责任制度上。针对承审法官的违法审判责任追究制可以促进法官必须严格地遵循以事实为依据、以法律为准绳的审判原则,并恪守法官职业伦理,从而有利于案件得到公正准确的裁判。与此同时,法官的独立地位会因权责的明确而得到相应的提升。[1] 也就是说,承审法官(主审法官)责任制度是审判独立这一法治理念的延伸和拓展。主审法官定义本身,包含法官独立裁判案件的法治理念。主审法官制度的设立,是法院依法独立公正行使审判权的前提条件和重要保障,更是审判独立法治理念的题中应有之义。

(2)本位价值。在表征关系和意义范畴的价值体系中,[2]主审法官的最大的价值在于它是"让审理者裁判,由裁判者负责"的最有力践行者。在现代西方政治学理论和法学理论中,价值既被用来指称各种有价值的事物,也被用来指称人们用以评价各种事物的价值标准和价值观。[3] 在这种意义上,"主审法官"存在两方面的价值。一方面,主审法官的价值在于它取代了"承办人""承办法官"行政色彩相对较重的概念,彰显了法官的司法属性。另一方面,主审法官的价值在于司法独立,确切地说是审判独立(司法独立与审判独立是相生并存的概念,互为条件,互为补充)。主审法官对司法独立的实现作用在于,首先,主审法官对待审判以独立主审为根本,打破了以往层级制"汇报""把关"的行政司法模式,让司法变得不再左右为难。其次,主审法官对待司法以"终身负责"为条件,赋予法官审判权的同时,加大对其责任的限制,消除了因"说了不算"而变相推脱责任的现象,使法官不得不独立。应当强调的是,对于独立,我们不应该是谈虎色变的态度。所谓独立,是法律意义或是司法层面的相对独立,而不是社会体制、意识形态或者部门利益意义上的独立。"主审法官"所带来的司法或审判独立,是法治社会发展的必然选择,是完善中国特色社会主义法制体系的应有价值。最后,主

---

[1] 张文显主编:《法理学》,高等教育出版社2003年版,第341页。
[2] 张文显:《法哲学范畴研究》,中国政法大学出版社2001年版,第191页。
[3] 张文显主编:《法理学》,高等教育出版社2011年版,第250页。

审法官对待身份不以"长官"为资本,参与合议时与其他合议庭成员权力平等,使"去行政化"的司法目标得到真正的实现。

(3)功能作用。主审法官的功能和作用在于,首先,主审法官亲自审理案件,有利于总结审判实践经验,提升司法水平,为法院培养精英型、专家型法官积蓄力量,使法官变得不再"稚嫩"和"脆弱"。同时,有利于提升法官的司法自信,培养法官对法律的信仰,树立司法责任感。其次,主审法官全程主持审判活动,不受任何外界干扰,有利于将审判思路引向还原事实真相的正确轨道。主审法官对案件敢于负责到底的精神,有利于树立司法在民众中的良好形象和权威。最后,主审法官对案件审理全权负责,方便民众和社会监督。明确主审法官的权责,让人一目了然,知道案件是由谁办理的,谁是这个案件的审理者和裁判者,谁对这个案件负责,从而使社会公众便于监督法官的权责履行情况,提升对法官地位的尊重,对公正的理性评价和对法治的信仰。

2. 主审法官的司法定位。基于"主审法官"的语义和范域,其应当是在合议制审判而非独任制审判中产生的概念,因此主审法官的司法定位不能脱离合议庭而单独存在。在合议制审判中,主审法官是负责案件庭前、庭上、庭后一切审判事务主要负责人和决定者。"让审判者裁判,由裁判者负责",其中"负责"的含义不单是对案件负责,还应当有对审理的案件自始至终都"说了算"的内涵。作为主审法官不但要审,而且要判,二者缺一不可,若只审不判或只判不审,主审法官便失去生命力。"主审法官应区别于传统司法实践中泛指的'主审法官''案件承办人',成为切实依法独立行使审判权的主体。"主审法官本身并不是行政职务,而应该是法官在具体案件审理过程中独立行使审判权的一种资格。主审法官作为主审法官、合议庭办案责任制的核心,"就是要按照权责利相统一的原则,在诉讼活动中居于主导地位,依法享有独立行使审判权、组织和主持庭审权、控制审判流程权、独立签发裁判文书权等与审判实务相关的权力,并依法独立或共同承担相应的办案责任"①。概而论之,主审法官应当是指在合议制审判的范域中,亲自承担案件审理的主要工作并担任合议庭审判长主持庭审活动,依法独立行使裁决权,同时对案件审理自始至终全程负责的具有临时身份性质的审判法官。

司法体制改革的核心在于提高司法公信力。司法公信的生命力在于公正司法,在于能否让法官依法独立公正行使审判权,从而真正实现"让审理者裁判,由

---

① 叶青:《主审法官依法独立行使审判权的羁绊与出路》,载《政治与法律》2015年第1期。

裁判者负责",回归司法的本质属性。对主审法官概念的定位与规范,是完善主审法官办案责任制的重中之重,更是能否实现"让审理者裁判,由裁判者负责"的关键所在。去除主审法官行政化的生长土壤,确立主审法官的真正本质内涵,是司法体制改革走向成功的基准方向和正确道路选择。

审判中心主义视角下刑事法官依职权调查取证之再改造

陈龙伟*　姚迦译**

摘要: 以审判为中心的诉讼制度改革,对我国职权主义诉讼模式下证据制度的影响,直接体现为法官为查明真相和澄清事实对证据的调查核实和收集负有不可推卸的责任。然而在当下理论界对法官依职权调查取证权之存在正当性、适用范围以及法官主动调查获取证据之运用产生较大争议,而且有相当多的学者认为应该废除法官的调查取证权。其实法官依职权调查取证制度之所以备受责难,并非错在该制度的存在与否,而在于对该制度在顶层设计和基层实践的合理性和科学性上。本文围绕理论界争议进行阐述论证,并结合司法实践中具体情况肯定法官依职权调查取证制度存在的合理性和正当性,在此基础上为强化法官依职权调查取证权从制度设计和配套措施两个角度提出完善建议。

关键词: 审判中心;职权调查;发现真实

一、问题的提出:法官依职权调查取证之逻辑起点

案例一:被告人涉嫌盗窃,数额为29100元,检方以盗窃罪对其提起公诉。庭审中,被告人又自首曾在当年还参与一起盗窃案,盗窃金额为900元,但检察官对此并未起诉。①

案例二:被告人甲因涉嫌一起强奸案被依法提起公诉。庭审之前,法官收到检方移送的案卷,卷中认定强奸行为系被告人所为的依据是:血型鉴定,而无对精液进行DNA鉴定的报告。庭审中,被告人一再称"不是我干的,我是被刑讯

---

* 作者系云南大学法学院2014级法学硕士研究生,广东水电云南投资有限公司综合办公室职员。

** 作者系云南大学法学院2015级法律硕士研究生。

① 该案例为笔者假设。

逼供的,我是冤枉的",但并未申请证据调查。①

案例三:某市中级人民法院一审公开审理王某故意杀人一案,一审主审法官在阅卷后发现王某公安预审阶段就开始翻供,并称其未实施犯罪,所作的有罪供述是在侦查机关刑讯逼供下所作。为谨慎审理,主审法官遂组织证人胡某对犯罪嫌疑人王某进行混合辨认,胡某指认王某就是当时与唐某(同案犯)一起去九江村(犯罪发生地)的青年。某市中院结合该辨认笔录一审以王某故意杀人罪判处死刑、缓期两年执行。王某不服判决以"没有实施犯罪行为,有罪供述系刑讯逼供所为"提起上诉,该省高级人民法院在审理该案的过程中,对一审据以定罪的证据和犯罪嫌疑人王某的上诉理由进行全面审查。该案二审主审法官为调查核实一审证据,提审犯罪嫌疑人王某,并且调查了与王某收押在监的同监犯人。通过调查核实最后确认王某的有罪供述系刑讯逼供所得,遂作出"证据不足发回重审"的裁决。该案最终由市检察院撤回起诉而结束,而王某也因此躲过一劫。②

问题一:对于案例一中法官是否应该依职权查明被告人在庭审中提出的涉及900元的盗窃案?

根据《刑法》第264条③和《最高人民法院、最高人民检察院关于办理盗窃刑事案件适用法律若干问题的解释》(简称《解释》)第1条第1款和第3条第1款之规定④,该案中存在两个问题:第一,如果对被告人涉嫌数额900元的盗窃案不进行查明追究的话,那么最后在量刑可能依照"一千元到三千元以上"的"数额较大"来处理,且无法定(自首)减轻处罚情节。反之如果查明盗窃900元的事实成立,则按照"三万至十万元以上"的"数额巨大"并依照有关自首的减轻处罚情节予以定罪量刑。或者假设该案中犯罪嫌疑人涉嫌两次盗窃的数额为2200元,其他条件不变,如果对犯罪嫌疑人自首的另外900元盗窃金额予以查明,则最后定罪量刑可能的结果是"数额较大"且存在减轻处罚情节,如此而言对被告人更有利。第二,按照法律规定,被告人自首的盗窃900元犯罪行为并未达到犯罪成

---

① 该案例根据"内蒙古呼格吉勒图强奸杀人案"改编。
② 该案为发生在湖南省永州市的王永东故意杀人案。
③ 《刑法》第264条规定:"盗窃公私财物,数额较大或者多次盗窃的,处三年以下有期徒刑、拘役或者管制,并处或者单处罚金;数额巨大或者有其他严重情节的,处三年以上十年以下有期徒刑,并处罚金;数额特别巨大或者有其他特别严重情节的,处十年以上有期徒刑或者无期徒刑,并处罚金或者没收财产。"
④ 《解释》第1条第1款规定:"盗窃公私财物价值一千元至三千元以上、三万元至十万元以上、三十万元至五十万元以上的,应当分别认定为刑法第二百六十四条规定的'数额较大''数额巨大''数额特别巨大'。"《解释》第3条第1款之规定:"二年内盗窃三次以上的,应当认定为'多次盗窃'。"

立标准,不构成犯罪,不应该受到刑事处罚。但是如果法官不依职权对该自首事实行为进行查明,不与公诉机关起诉的其他两次盗窃作为一罪合并处理,其他机关可能会丧失对该违法行为的追诉。

问题二:对于案例二中法官是否应该进行 DNA 鉴定?

如果法官仅仅依据公诉机关移送的案卷信息作出判断,而不采取一些方法进行调查核实,则法官将失去澄清事实,查明真相的机会,作出错误的判决结果。或者假如案例二有对精液的 DNA 鉴定意见,且鉴定意见中 Y 染色体 STR 基因与被告人"相吻合"(Y—STR 基因比对在性侵案件中常用)但问题是单单靠 Y—STR 基因比对结果并不具有排他效力,因为 Y 染色体随父遗传,同胞兄弟的 Y—STR 基因除非基因突变否则都是一样的。试问在这种情况下,法官是否有必要主动进行鉴定(对常染色进行鉴定)排除他种可能?

问题三:对于案例三中二审法院主审法官是否应该主动调查取证核实证据?

对案例三中法官主动调查取证之行为遭到理论界和实务界的质疑和反对,认为,二审法官在开庭前主动进行调查取证以及提升犯罪嫌疑人的行为,违反了法律之规定,不合法。同样的案例发生在 2007 年重庆某县法院朱某贩卖毒品一案中,在该案中某法院主审法官在开庭审理中,为核实证人证言便在休庭后重新询问证人获取证言,后检察院以此提出法律监督。① 但问题在于,在案例三法官主动调查取证不仅节省了诉讼成本,准确、及时地查明案件事实,更重要的是因此而使得无辜者免遭追诉,避免冤案的发生。国际刑法协会前主席巴西奥尼先生曾说:"有了真相,才会有正义,有了正义,才会有公平。"在上述案例三中无论如何,法官主动进行调查取证核实证据避免冤假错案的发生,这是值得肯定的,对于犯罪嫌疑人或者是我们的司法所获取的效益来说,法官付出的违法成本也是值得的。

二、争议与考辨:法官依职权调查取证之理论基础

(一)法官依职权调查取证权之理论争议

法官依职权调查取证在理论界一直备受争议,从笔者阅读的文献中,有关其理论争议主要集中在以下三个方面:

争议一:法官依职权调查取证权之存废之争。

围绕该争议理论界形成了"废除论"和"保留论"两种对立观点。持"废除论"

---

① 万胜元:《关于合议庭在休庭后自行调查取证的思考——基于刑事诉讼法的分析》,载《重庆工商大学学报(西部论坛)》2008 年第 S1 期。

观点者认为,法官依职权调查取证"由于不具备基本的诉讼形态且与诉讼的基本原理相违背,不利于实体真实和程序正义的实现"①,而且法官主动进行调查取证是"司法权对侦查权的僭越"②。而持"保留论"观点学者认为,赋予法官庭外调查权并不必然违背程序正义和违反控审分离、法官中立等原则。事实上,在一定条件下,赋予法官受一定程序规制的庭外调查权,是实现程序正义的特殊要求或实现法官实质中立的必要途径。③

争议二:法官依职权调查取证之定性争议。

法官依职权调查取证之性质决定了其存在之必要性和正当性,围绕其定性之争,理论界存在"自由裁量权说""证明责任说"以及"查证责任说"三种观点。认为法官的调查取证权是法官自由裁量权的一种,即是否启动由法官自己决定,而不受法律规范的强制约束。如有学者认为"法律对法官依职权调查取证规定较为抽象,这种规定虽具有很强的灵活性,但缺乏可操作性,在实践中往往需要法官的自由裁量"。④ 认为法官依职权调查取证是法官承担证明责任的体现,并且认为应该"将法官在发现案件事实真相方面的证明职责纳入司法能动性的范畴符合中国的实践"。⑤ 主张"查证责任说"的学者认为,"法官虽然不承担证明责任,但承担着查明案件真相正确适用法律的义务,因此除了进行消极的判定之外,还需在必要时运用职权直接调查证据,查明案件情况"。⑥ 对此,陈瑞华教授也认为:"法官在法庭上进行的证据调查活动,是对司法证明过程的积极验证活动,而法官在法庭外进行的调查核实证据活动,是法官主动发现案件事实的查明活动,是带有对司法证明的补充和替代性质的活动。"⑦

争议三:法官依职权调查取证的范围之争。

围绕法官依职权调查取证的范围,理论界产生"限缩论"和"全面论"两种分歧。主张"限缩论"者认为,"为避免被告一方因能力不足而遭受不利制裁,法官

---

① 林劲松、朱珏:《对法官庭外调查取证权的反思——从刑事诉讼价值的角度分析》,载《中国刑事杂志》2002年第3期。

② 姚宏科:《质疑法官庭外调查权》,载《检察实践》2003年第1期。

③ 卫跃宁、孙锐:《对法官庭外调查权取消论的质疑》,载《扬州大学学报(人文社会科学版)》2008年第4期。

④ 陈如超:《论法官的查证责任与控辩双方证明责任的边界》,载《中国刑事法杂志》2011年第3期。

⑤ 陈光中、陈学权:《中国语境下的刑事证明责任理论》,载《法制与社会发展》2010年第2期。

⑥ 龙宗智:《证明责任制度的改革完善》,载《环球法律评论》2007年第3期。

⑦ 陈瑞华:《刑事证据法学》,北京大学出版社2012年版,第242页。

应当依职权的调查对被告人有利的证据,为防止法官成为追溯的一方,法官不得做不利于被告人,即有利于控方的调查"。① 而主张"全面论"者认为,"法官只有全面进行证据调查,才能与刑事诉讼的各项基本要求相一致……刑事诉讼追求实体真实,目标在于达到勿枉勿纵的理想境界,这便要求法官进行全面的证据调查,对有利及不利于被告人的证据一并注意"。②

(二)法官依职权调查取证之考辨

以上论调在立论依据上均存在一定的不足。首先,对于"废除论"而言,其主要是以诉讼的基本原理和程序正义为立论依据,认为"它混淆了侦查与审判的职能,违背了诉审分离的原则,破坏了法官的中立形象,损害了审判的公正,给诉讼理论和司法实践都造成了混乱"。③ 这种观点一味强调法官的"中立性",为三角结构中的一角,其主要职责就是"倾听"控辩双方的对抗,在此基础上形成内心确认进行裁判,但忽视了法官能动性,面对案件审判中的诸多疑难问题,法官有必要主动去调查以发现案件真实。主张"废除论"的问题在于,其一,该观点是建立在当事人主义诉讼模式的基础上,其前提必须是控辩双方必须有能力进行平等对抗,而在我国辩护律师无论是在社会地位上还是收集证据的能力上都无法与国家机关公安、检察机关并论,在辩方实力明显低于控方的前提下,又怎能实现平等对抗?其二,我国的刑事诉讼的价值在于客观真实发现,在此理念的指导下,我国的法官不仅仅只是庭审中控辩双方"倾听者",为发现案件真实,查清事实,有必要依职权进行调查取证。其三,法官依职权调查取证是审判权的重要组成部分,其逻辑起点是查明真相,了解事实,是法官的职责和义务,并非对侦查权的僭越也非"第二公诉人"。

其次,对法官依职权调查取证之定性,"自由裁量权说"与"证明责任说"在缺乏理论逻辑上的支撑。第一,持"自由裁量权说"者,主要从规范层面进行分析而所得。我国《刑事诉讼法》第191条用"可以"这一副词修饰法官的调查取证权,条文中规定:"合议庭在证据有疑问时可以宣布休庭对证据进行调查核实。"④因此有学者认为这里的"可以"即法官的自由裁量权。对此可以从体系解释的视角进行反驳。如我国《最高人民法院关于适用〈中华人民共和国刑事诉讼法〉的解

---

① 杨明、王婷婷:《法官庭外调查取证权的理解和适用》,载《当代法学》2007年第1期。

② 王一超:《论法官的依职权调查范围——以法官对被告不利事项的职权调查为视角》,载《中国刑事法杂志》2013年第8期。

③ 黄文:《法官庭外调查权的合理性质疑》,载《当代法学》2004年第2期。

④ 《刑事诉讼法》第191条第1款规定:"庭审过程中,合议庭对证据有疑问的,可以宣布休庭,对证据进行调查核实,可以进行勘验、检查、扣押、鉴定和查询、冻结、查封。"

释》第 376 条对何为"新的证据"解释为:"原判决、裁定生效前已经发现,但未予收集的证据",而《刑事诉讼法》第 242 条规定法院启动再审条件之一为:"有新的证据证明原判决、裁定认定的事实确有错误,可能影响定罪量刑的……"简言之,有新的证据,影响定罪量刑,法院必须重新审判。这里"未予收集"的主体当然包括法官,即使当事人未申请,法院也应该自己依职权收集。因此认为法官依职权调查取证是法官自由裁量权在立法上就可以予以否定。从理论上来讲,法院依职权调查取证作为职权主义诉讼模式的典型特征之一,是实现刑事诉讼目的的重要方式,发现案件客观真实不枉不纵,不错罚无辜,不滥罚罪恶。第二,持"证明责任说"者,实际上对我国证明责任概念和体系存在错误的理解和适用。所谓证明责任是对诉讼主张的支持责任,如无法对提出的诉讼主张提供必要的支持,则将会遭受败诉,因此证明责任其实是一种风险责任。在刑事案件中,提出控诉主张的一方是公诉机关,作为裁判者的法官并无任何主张,当然不会去承担证明责任,法官依职权调查取证仅是为查明案件的事实。反之即使法官已经依职权进行调查取证仍没有达到发现案件真实的目的,也不会因此而承担不利的后果,更谈不上败诉风险。法官作为裁判者无任何诉讼主张,又何须承担证明责任? 正如龙宗智教授所言:"侦查人员在审前程序中承担辅助性的证明责任、被告承担延伸性责任、弹劾制侦查观与审前程序诉讼构造中的证明责任,以及公诉案件中被害人作为诉讼当事人承担的责任,法官并不承担证明责任。"[①]第三,对法官依职权调查取证之性质笔者赞成"查证责任说"。法官依职权调查取证实质上是一种"事实查证权"[②],是法官行使审判权,发挥审判作用的重要体现,是承担发现案件客观真实的法律义务。在刑事审判工作中,审判的法律真实性要求法院法官在进行案件的裁判时应当努力追求法律事实与客观事实一致。因此法官在案件审理的过程中,除了"倾听"进行消极断案外,还应该在必要时依其职权进行调查取证,以便查找案件的真实情况。在职权主义诉讼模式下,法官的"澄清义务"必然要求法官在必要时依职权调查取证,这也是刑事案件中发现真实的重要途径。正如陈瑞华教授所言:"法官在法庭上进行的证据调查活动,是对司法证明

---

① 龙宗智:《刑事证明责任制度若干问题新探》,载《现代法学》2008 年第 6 期。
② 有学者认为法官依职权调查取证是审判权的组成部分,认为"完整的审判权包括实体裁决权、事实查证权、诉讼指挥权三项权能。实体裁决权是审判权的核心,具体包括法律适用权和事实认定权。事实查证权是对实体裁决权的辅助,法官为查明案件事实,作出正确的实体裁决,除依靠控辩双方的举证外,也可以自行查证事实"。参见龙宗智:《刑事庭审制度研究》,中国政法大学出版社 2001 年版,第 383 页;姚磊、甄贞:《刑事诉讼指挥权研究》,载《河南社会科学》2015 年第 4 期。

过程的积极验证活动,而法官在法庭外进行的调查核实证据活动,是法官主动发现案件事实的查明活动,是带有对司法证明的补充和替代性质的活动。"①

最后,对于法官依职权调查取证之范围,无论是"全面论"还是"限缩论"都存在一定的片面性。"保留论"的立论依据主要是刑事诉讼的目的和保障人权,毫无疑问保留法官依职权调查取证权,对发现案件真实,保护犯罪嫌疑人、被告人的合法权益,预防冤假错案的发生,具有重要的作用。但是就"全面论"或者"限缩论"无论是法理上还是实务中从存在一定的问题。就"全面论"而言,其基本主张是法官进行全面的证据调查,从法理来讲该种论调混淆了"审查"与"调查"的区别,审查即对现有材料或者已知的事实进行核对,而调查则是为查清某一事实或者对可能存在的问题或者隐患进行查找。法院法官的工作重心或者主要职责是通过庭审或者阅卷的方式对证据材料、事实情况进行审查,在此基础上作出裁判。调查取证工作不可能也不能成为法官的工作的重心,如果法官进行全面的调查取证难免会出现如台湾地区学者林丽莹所言:"若法官职权调查的权利范围大于义务范围,在实践中就难免会演化成法官恣意。"②而且这种主张从实践中看来其可操作性值得怀疑,毕竟在当下我国的司法环境中,司法资源紧缺,案多人少,加之错综复杂的"三机关"关系很难进行全面调查。因此坚持"全面论"的观点,必须结合我国的司法现状,厘清"三机关"之间全责。持"限缩论"者主要防止法官在调查取证的过程中异化为"第二公诉人"与控方联手控诉被告人,因此把法官的调查取证的范围限制在仅调取对被告有利的证据。该主张主要体现在我国台湾地区刑事法③。显然这种观点混淆了法院的"澄清义务"④和"照顾义务"⑤二者之间的概念。"限缩论"

---

① 陈瑞华:《刑事证据法学》,北京大学出版社 2012 年版,第 242 页。
② 林丽莹:《法官放弃探求真实,公平法院沦丧》,载《台湾本土法学》2012 年 4 月。
③ 如台湾地区"刑事诉讼法"第 163 条第 2 款之规定:"法院为发现真实,得依职权调查取证。但于公平正义之维护或对被告之利益有重大关系事项,法院应依职权调查取证。"参见王兆鹏、张明伟等:《刑事诉讼法(上)》,台湾瑞兴出版社 2013 年版,第 52 页。
④ 对法官"澄清义务"的经典概述在德国刑事诉讼法中有明确规定,"为查清真相,法院依职权应当将证据调查涵盖所有对裁判具有意义的事实和证据材料",参见[德]克劳思·罗科信:《刑事诉讼法》,吴丽琪译,法律出版社 2003 年版,第 125 页。该法条说明"澄清义务"既应调查对被告有利的证据,又应调查对被告不利的证据,亦即对裁判具有意义的所有事实和证据材料,凸出是"什么事被澄清了"。
⑤ "照顾义务"认为,被告方在庭审中相对弱势,为实现控辩双方的实质平等,故而我们应主张法官调查有利被告的证据,凸出是"什么人被澄清了"。参见陈如超:《论中国刑事法官对被告的客观照料义务》,载《现代法学》2012 年第 1 期。

的目的主要是防止法官与公诉人联手控诉被告人,但是此种做法可能牺牲案件真实性与裁判的公正性,这与职权主义诉讼模式下法官的任务和目标相左。诚然也有学者主张:"在刑事诉讼中应从积极的实质真实发现主义向消极的实质真实发现主义转换以防止无辜者受到追究和处罚"①,但这并不意味着法官在依职权调查过程中仅调取对被告人有利的证据,而忽略对不利于被告人的证据。因为对司法裁判的公正性评价是不仅要保障无辜者不受处罚,还要使有罪者受到刑法的公正惩罚,不偏不倚,不枉不纵,以保护法益,实现利益平衡。质言之如果法官仅搜集对被告人有利的证据,那法官又岂不成为"第二辩护人"?那么受害人的合法利益又由谁来保障?固然被告人的合法应该得到有力的保障,但更多的是在程序上予以照顾,在实体判决上,法官一定是依据证据认定事实,遵循证据裁判的规则,而不能恣意裁判。因此"限缩论"无论从证据规制还是诉讼目的来说都难以自圆其说,同时也违背刑事诉讼的目的,丧失司法的权威性和公信力,不符合审判的规律。

综上所述,法官依职权调查取证是法官在审判过程中为发现案件真实,澄清事实,实现公正审判的一种重要途径,这其实与当下以审判为中心的诉讼制度改革目标相一致,特别是与庭审的实质化目标更是不谋而合。因此法官依职权调查取证制度非但不可废除,而且需要进一步强化,从制度层面和实践层面进行进一步规范。

三、现状与思考:法官依职权调查取证之实践困局

(一)法官依职权调查取证之现状及存在问题

对于前文中提到关于法官依职权调查取证的存废争议,学者们似乎鲜有关注司法实践中状况如何,以致有主张废除法官依职权调查取证权的学者认为"司法实践中存在法官滥用依职权调查取证权的情形"②。笔者通过实证调研长沙市某区法院2011—2015年刑事庭法官主动调查取证的情况,结果发现这五年来并没有出现法官主动调查取证的情况。而且从收集的资料中"关于福州市某区人民法院2007—2011年刑事庭法官庭外调查取证"③数据统计发

---

① 张建伟:《从积极到消极的实质真实发现主义》,载《中国法学》2006年第4期。
② 林铁军:《刑事诉讼中法院职权调查证据正当性论纲》,载《法治研究》2012年第1期。
③ 熊裴彦、林忠明:《论刑事诉讼中的法官庭外调查权:基于实证研究的讨论》,载《建设公平正义社会与刑事法律适用问题研究——全国法院第24届学术讨论会获奖论文集》(上册),人民法院出版社2012年版,第686页。

现近 5 年仅有 1 例法官依职权调查权证的案例。

因此从刑事实务看来,法官依职权调查取证之最大问题,并不是前文中学者所言法官依职权调查取证"泛滥",而是太少,以至于失去刑诉法及其解释中有关法官依职权调查取证之应有之意。如此消极与中立对于审判所达到效果并不见得令当事人信服。以下是笔者通过中国裁判文书网检索到的数据(表 1)。

表 1　某区人民法院近五年的刑事案件上诉情况统计

年份	案件总数	上诉数量	上诉率
2016	450①	217②	48%
2015	657	117	18%
2014	602	75	13%

通过上诉案件数量和上诉率的数据表明虽然在刑事案件审判中保持了法官绝对的中立地位,但是刑事法官的依职权调查取证权的消极,并未真正达到息事服判的法律效果。笔者通过中国裁判网收集了从 2012 年以来部分无罪裁判文书共 311 份,其中以"刑终"判决无罪的文书 72 份,以"刑再终"判决无罪的文书 17 份,以"刑二终"判决无罪的文书 20 份。③ 无论在二审上诉案件还是再审的上诉状理由中绝大部分都提到"一审法院事实认定不清或者是认定错误"。

(二)法官消极行使调查取证权之思考

1.法官消极行使调查取证权产生的后果

从司法实践的结果来看,法官消极行使调查取证权,对司法审判活动已经产

---

① 该数据是在中国裁判文书网通过高级检索法院名称:"岳麓区人民法院";案件类型:"刑事案件";审判程序:"一审";裁判日期:"2016-01-01 到 2016-12-31",所得结果 451 件,其中有一份裁定书为"笔误勘对裁定书",该裁定书不在本文讨论范围之内。最后访问日期:2017 年 2 月 18 日。

② 该数据在中国裁判文书网通过高级检索:法院名称:"长沙市中级人民法院";全文检索:"岳麓区人民法院"(按照此关键词检索,在检索结果中会出现关联文书,即一审法院为岳麓区人民法院);案件类型:"刑事案件";审判程序:"一审、再审";裁判日期:"2016-01-01 到 2016-12-31",所得结果为 287 件,其中除去减刑裁定书 70 份,共包括再审案件 2 个在内 217 件,最后访问日期:2017 年 2 月 18 日。

③ 数据来自中国裁判网,通过筛选关键词"刑终""刑二终""刑再终",然后对所有数据进行统计,统计这些数据中有关无罪判决的文书。

生一些显而易见的负面影响。

(1)虚假言辞证据,如被害人陈述、证人证言难以被发现。由于诚信的缺失,或者迫于公权力的压力,在一些刑事案件中的证人、鉴定人等做虚假证言或者鉴定,或者被害人故意隐瞒事实原委做虚假陈述等在司法实务中并不少见;或故意确认一件从未发生的事件或者故意否认实际上发生、存在的事,证人故意向法庭提供与事实真相相背离的证言等。面对庭审中这些虚假证据如果法官能够主动调查核实或者主动收集证据,这些伪证往往很容易被识别。而在法院调查取证权被限制后,很大程度上削弱了法院发现这些虚假言辞证据的能力,在降低作伪证风险的同时也使作伪证者逃避了应有的处罚。

(2)使法官面临左右为难的尴尬境地,作出留有余地的裁判。反思近年来我国平反的一些冤假错案,如赵作海案、杨波涛案、张氏叔侄案等,其中不乏有很多共同之处:即同样在侦查环节存在刑讯逼供,同样存在鉴定、辨认、勘验、检查等重大失误,同样是在法院发现案件事实不清、证据不足的情况下,为防止"错杀",而没有作出死刑立即执行的判决,在定罪时选择"疑罪从有"并"疑罪从轻",选择死缓或选择无期徒刑。这种留有余地的判决于理于法都是相悖的,也曾引发了当事人以及社会的强烈谴责。细想这些冤假错案的平反过程,其实从当时的情况来看这些案件并非刑事疑案,如果法官当时能依职权主动调查核实证据,这些"被告人"的犯罪事实和罪名在当时就不可能被坐实。

(3)法院的裁判受到质疑,上诉、申诉、涉法上访增多。刑事案件的上诉率、申诉率从全国来看也是较高,这里并不排除有部分被告人存在拖延执行之嫌而无理取闹,但是也有不少确实是因为对裁判的质疑和不服而上诉、申诉或者上访。当然对裁判的质疑可能基于很多原因,如枉法裁判、违法裁判等,诸如前文中提到的"疑罪从有"同样属于违法裁判。其实在司法实践中有不少案件在"事实不清"或者"证据不足"的情况下法官依然作出任性的有罪判决,导致被告人不断上诉、上访,例如兰州"兰州三轮车夫盗窃案"[①]"内蒙古黄金大盗宋文代案"[②],从这些案件的一审结果来看,其实在一审中就可以查明案件事实,例如在"兰州三轮车夫盗窃案"中一审认定事实的主要依据是失主的指认,除此之外没有其他任何旁证,也没有找到赃物,但是法官并未对检察院移送的证据进行调查核实,导致该案件重复审理、被告人反复上诉。

---

① 案情参见新浪新闻中心:《兰州三轮车夫盗窃案因事实不清、证据不足被二次发回重审羁押近3年》,http://news.sina.com.cn/o/2012-08-25/030025033117.shtml。

② 中国日报中文网:《"黄金大盗"死刑判决被撤销 部分事实不清证据不足》,http://www.chinadaily.com.cn/hqgj/jryw/2015-11-09/content_14318185.html。

(4)法院仅按照笔录、口供、证人证言或者被害人陈述等言辞证据判决案件时有发生。以下是笔者统计的近年来10起错案认定的主要依据:

表2 近年来10起错案中事实认定主要依据

序号	案件类型	涉案被告人	认定事实依据
1	故意杀人	佘祥林	以辨认认定被害人
2	故意杀人	石东玉	以血型鉴定认定嫌疑人
3	故意杀人	滕兴善	以血型鉴定、颅相重合认定被害人,以工具痕迹种属认定代替同一认定
4	强奸杀人	呼格吉勒图	以血型鉴定认定嫌疑人
5	故意杀人	孙万刚	以血型鉴定认定嫌疑人
6	故意杀人	王海军	以血型鉴定认定嫌疑人
7	奸淫幼女	王俊超	以被害人指认认定嫌疑人
8	故意杀人	杨云忠	以血型鉴定认定嫌疑人
9	抢劫杀人	张从明	以血型鉴定认定嫌疑人
10	故意杀人	赵作海	凭口供认定被害人和嫌疑人

表2中所列的10起错案均是以"孤证"定案,或凭被害人的指认或凭鉴定意见,而事实上无论被害人的指认还是对血型或者痕迹的鉴定均存在错误,但是法官并未对这些鉴定和指认进行调查核实,反而仅凭这些"孤证"进行定罪量刑,从而导致错判。

2.法官消极行使调查取证权产生之原因探究

笔者针对法官对其依职权调查取证权的态度,分别对一个中级人民法院和一个基层人民法院的25名刑事法官进行了访谈和调研,其中有18名法官表示不愿意主动行使刑事调查取证权,4名法官表示依情况而定,主要是依照案件的性质以及案件的社会影响等,3名法官表示为查明案件真相有必要行使调查取证权,但是这3名法官均未有该经历。在谈及为何不愿意主动行使调查取证权时,虽25名法官从业时间、年龄、性格等有所差异,但是原因大同小异,笔者结合调研访谈记录,对法官不愿主动行使调查取证权的原因总结如下几个方面:

(1)有关法官依职权调查取证权的法律规定较为模糊,难以操作。我国现行《刑事诉讼法》及其司法解释对法官依职权调查取证之规定适用条件是"对证据有疑问"或者是"有必要",①而何为"有疑问""有必要"的具体标准或者评价方法,法律及司法解释均未予以明确阐述,这在实际操作中给了法官带来了诸多困难。因此法官庭外调查权的启动本身就是一个问题。因为"疑问"的外延本来就是较为模糊和不确定,因此对于同一事实或者证据是否存在疑问、何种疑问以及对疑问本身强弱的认定可能因受教育程度、工作经验、生活阅历等有所差异。

(2)立法对法官依职权调查取证之相关规定更倾向于作为发现案件真实的一种"后置"手段,或者是一种次选方法。"人民法院在调查核实证据时,发现对定罪量刑重大影响的新的证据材料时,应当告知检察人员……必要时,也可以直接提取……"②该规定虽然在一定程度上可以预防法院成为"第二侦查机关",但问题是倘若法官发现后告知检察人员,检察人员对此"发现"无动于衷,法院是否会"直接提取"有待验证。因为从访谈的过程中得知"如果法官调取的证据与检察机关相左,可能导致检察院提起抗诉,如此会影响自身的业绩和考评"。从该规定使用的措辞"应当""必要""也可以",不难发现法官依职权调查取证权往往是"被动"启动。这呼应了访谈中法官所提到的遇到该种情况的处理方式,即一般遇此情形会提出延期审理,补充侦查的建议。

(3)访谈中发现法院怠于主动行使调查取证权还存在一些个人因素,有不少法官认为依职权行使调查取证权的最大顾虑在于如果用之不当,被告人、辩护人或者公诉人将对法官的中立性和公正性产生怀疑,甚至带来不必要的麻烦(公诉人可以以此为由提出抗诉,被告人、辩护人可以以此为由提起上诉、上访、信访)。因此正如访谈中的一名法官所言"多一事不如少一事"。这一点我国和德、法国有显著的区别。德国和法国虽然与我国同属大陆法系,同属职权主义诉讼模式,但是就法官依职权调查取证这一规定较为宽松,赋予法官充分的调查取证权。如德国就法官的依职权调查取证权的规定中并不限于庭审过程,在庭前也

---

① 《刑事诉讼法》第191条规定:"法庭审理过程中,合议庭对证据有疑问的,可以宣布休庭,对证据进行调查核实。人民法院调查核实证据,可以进行勘验、检查、查封、扣押、鉴定和查询、冻结。"《最高人民法院关于适用〈中华人民共和国刑事诉讼法〉的解释》第220条第1款规定:"法庭对证据有疑问的,可以告知公诉人、当事人及其法定代理人、辩护人、诉讼代理人补充证据或者作出说明;必要时,可以宣布休庭,对证据进行调查核实。"

② 《最高人民法院关于适用〈中华人民共和国刑事诉讼法〉的解释》第66条规定:"人民法院依照刑事诉讼法第一百九十一条的规定调查核实证据,必要时,可以通知检察人员、辩护人、自诉人及其法定代理人到场。上述人员未到场的,应当记录在案。人民法院调查核实证据时,发现对定罪量刑有重大影响的新的证据材料的,应当告知检察人员、辩护人、自诉人及其法定代理人。必要时,也可以直接提取,并及时通知检察人员、辩护人、自诉人及其法定代理人查阅、摘抄、复制。"

可以依职权启动调查取证①。如此之规定,与德国的司法公信力紧密相关。在德国刑事诉讼法中有一项重要的制度为参审制,这一司法传统对德国司法公信力的提升具有重要的作用。公众对法院的审判结果并不具很多的质疑,因此赋予职业法官宽泛的调取取证权,助其全面深入地发现案件真实,客观公正地惩罚犯罪,当然也助其保障被告人的合法权益。

(4)在访谈的过程中得知,除了立法上对法官主动行使调查取证权进行了诸多限制外,实务中也有一些原因就是,法官面对案多人少的状况,无暇分身进行庭外调查核实证据,更多的处理方式是延期审理,补充侦查。在实证调研的过程中曾访谈过一名冯姓法官,如冯法官所言"连续两年被评为省级办案能手,除了业务能力外,办案数量的多寡也是'办案能手'考核的一项重要参考指标,这两年每年的经手数量都不少于200件"。如此看来,案多人少确实是限制了法官调查取证权的行使,尤其是限制法官在庭外开展调查取证。

(5)"三机关"错综复杂的关系也限制法官主动行使依职权调查权。

我国《宪法》和《刑事诉讼法》中明确规定公、检、法三机关在办理刑事案件时应"相互分工、互相配合、互相制约"②。然而随着国家社会、经济、政治、法治等发展,这一原则及其在具体的执行过程中出现严重的问题,正如有学者所言三者在实践中往往处于是"配合过度、制约失衡"③的状态。这一现状对法官开展调查取证的限制主要表现在:其一,"三机关"在办理刑事案件中必须是分工负责,各行其职,不能相互替代,更不能越俎代庖,如果法官行使调查取证权则是对侦查权的僭越,同时法官依职权调查权还代替了检察机关的部分公诉职能,有违法官中立地位,反而不利用查明事实真相。④ 该种观点已然在司法实践中对"三机关"而言成为一种默认的观点,这在实证调研的过程中一位办案多年的法官也承认该种论调。如此在司法实务中法官依职权调查取证权的行使也受到很大的限制。其二,"三机关"过度配合从某种程度上也制约着法官依职权行使调查取证权。因为过度配合,"三机关"互相趋于失衡;因为过度配合,以致"三机关"在刑

---

① 《德国刑事诉讼法典》第173条第3项规定:"为了做裁判准备,法院可以命令调查并且嘱托一名受托或者受命法官进行调查。"第244条第2项规定:"为了调查事实真相,法院应当依职权将证据调查延伸到所有的对于裁判具有意义的事实、证据上。"第166条规定:"被法官讯问时,被指控人申请收集对他有利的一定证据,如果证据有丧失之虞,或者收集证据能使被指控人得以释放,法官应当收集他认为重要的证据。"

② 该规定参见《宪法》第135条和《刑事诉讼法》第7条。

③ 左卫民:《健全分工负责、互相配合、互相制约原则的思考》,载《法制与社会发展》2016年第2期。

④ 姚宏科:《质疑法官庭外调查权》,载《检察实践》2003年第1期。

事司法活动中成为目标相同,方向一致的伙伴。在实践中表现为"三机关"在办案中会相互关照,甚至忽略和容忍其他机关在办案中的瑕疵和违法行为。例如在刑事案件的办理过程中法院时常主动或被动配合或迎合公安机关和检察院内部的考核,将本应无罪判决的案件勉强定罪,或者建议检察机关撤回起诉,然后由检察机关作出不起诉决定或退回公安机关处理,以致一些案件久拖不决,形成所谓的"疑案从挂"现象。① 在如此行为的逻辑之下,法院或者法官当然不会主动去调查取证,尤其是可能与侦查机关和审查起诉机关所调取证据相悖的证据。

四、坚持与改造:法官依职权调查取证理性之路

以审判为中心的诉讼制度改革,对我国职权主义诉讼模式下证据制度的影响,直接体现在法官为查明真相和澄清事实而对证据的调查核实和收集负有不可推卸的责任。如此逻辑下要求法官在作出一个具有公信力和说服力的裁判时必须合理权衡程序公正和实体公正。因此对法官依职权调查取证制度的完善也必须从以维护程序公正的实体公正为出发点和落脚点,进行制度设计。

(一)应当坚持法官的调查取证权

在司法实践中鉴于法官很少主动进行调查取证,加之我国现行关于法官的调查取证权制度运行存在诸多问题,也使得不少学者主张废除法官的调查取证权。随着司法改革的不断深化,尤其是以审判为中心的诉讼制度改革对法庭的审判要求、法官的角色定位提出更高的要求。对法官依职权调查取证制度不但不能废除甚至应该得到进一步强化。固然法官主动行使调查取证可能会导致实体公正与程序公正的冲突,或者可能打破我国现行的"三角诉讼结构",但是无论如何我国法官的调查取证制度存在的逻辑起点一定是实现司法公正,不错放有罪之徒,不处罚无辜之人。何况坚持法官的调查取证权并不必然引起程序不公,也不会导致"三角诉讼结构"的破坏,其理由如下:

第一,坚持法官的调查取证权并不必然导致程序不公。法官主动行使调查取证权有损程序的公正,一直是"废除论"主张者的有利论证,然而如此论证不乏割裂程序公正与实体公正联系之嫌。程序公正的基本含义主要是指审判程序的公正性和对犯罪嫌疑人进行公正审判,其旨在保护犯罪嫌疑人或者被告人的基本权利,保障审判程序有序进行。在刑事诉讼中实体公正主要是追求案件事实真相,达到审判结果的客观性和公正性,维护法律的权威和社会秩序。实体公正至少应包含两层内容:第一,确保有罪者受到处罚且罪罚相当;第二,保障无辜者

---

① 陈光中:《如何理顺刑事司法中的法检公关系》,载《环球法律评论》2014年第1期。

不被追诉。这两层内容从原始社会"以牙还牙"的野蛮复仇和等量报复到现代法治社会的国家追诉和法律惩罚，无论社会形态与司法制度发生怎样的变化，人类对正义的追求和对真相的探究始终是亘古不变，这不仅是维护族群或国家秩序的重要手段，也是对社会大众"善恶终有报"这种朴素正义观的回应。时至今日，实体公正与程序公正并重已得到理论界的认同，中共中央政法委员会编写的《社会主义法治理念读本》指出："司法公正包括实体公正和程序公正两个方面，两者相互依存，不可偏废，努力兼顾两者的价值平衡……强调程序公正，绝不意味着放弃对实体公正的追求，不能脱离实体公正搞所谓的'程序至上'或者'程序优先'，避免只求过程不重结果。"①即使当程序公正与实体公正无法兼顾时也不能断然程序优先或者实体优先，正如陈光中教授所言："程序公正和实体公正，总体上说是统一的，但有时不可避免地发生矛盾，在一定的情况下，应当采取程序优先的原则……但在某种情况下，又必须采取实体优先的原则……总之，程序公正和实体公正如车之两轮，鸟之两翼，互相依存，互相联系，不能有先后轻重之分。"②诸如前文所言，面对真伪难辨的证人证言、被害人陈述以及鉴定意见法官主动行使调查取证权，有助于其鉴别证据真伪，查明案件真相。

第二，法官主动行使调查取证权并不必然破坏"三角诉讼结构"。"三角诉讼构造"是指在刑事诉讼中控辩平等对抗、法官居中裁判，这也是目前我国司法所追求的一种最佳的庭审状态。这种"三角诉讼结构"在英美法系国家的司法环境中运行的比较顺畅，日本法学家河合弘之对该诉讼构造进行经典的评述为："控诉方对'真实'情况，是从右边致以亮光，而辩护方则从左边致以亮光，使审判官看清了'真实'情况。"③但在我国这种"三角诉讼结构"由于种种原因并不像英美法系国家那样"稳定"，这种三角结构也并不像英美法系国家呈现"等腰"形。在我国目前的司法制度下，"三角诉讼结构"中辩方事实上处于劣势地位。前文中也提到在我国辩方无论是在调查取证能力上还是在获得案件信息中均处于弱势地位，在这种情况下控辩双方何以平等对抗。尤其是法律援助案件中的辩方，在有效辩护不足、轻罪或者无罪辩护证据不足的情形下更是难以与控方对抗。因此在此情形下法官主动行使调查取证权，一方面，履行查明事实义务的同时弥补了辩方在对抗中的不足，维护被告人的正当权益；另一方面，当案件中遇到某一

---

① 中共中央政法委员会编：《社会主义法治理念读本》，中国长安出版社 2009 年版，第 152 页。
② 陈光中主编：《刑事诉讼法》，北京大学出版社 2016 年第 6 版，第 12 页。
③ 转引自左卫民：《价值与结构——刑事程序的双重分析》，四川大学出版社 1994 年版，第 192 页。

影响定罪量刑的事实或者关键证据而控方又没有提出或者发现时,法官主动行使调查取证权既可以节约时间又可以实现对被告人的准确量刑,维护被害人的合法权益。

(二)完善法官的调查取证权之改造

在"以审判为中心"的改革中,为了提高庭审的质量,实现控辩双方的平等对抗,应该始终坚持法官的调查取证权,强化其实效性而不是一味地抑制。为了更好地发挥法官主动调查取证权的积极效应,克服其在司法实践中的弊端,兼顾实体公正和程序正义,需要对法官的调查取证权从制度层面、技术层面和实践层面进行规范,给予法官更多的权利和义务去取得相应的证据,发现案件的真相。具体而言:

1. 在制度层面

(1)明确法官调查取证权启动的条件

前文中也提到了我国法官主动刑事调查取证权的条件是"对证据有疑问",同时立法也未对"有疑问"的标准和评价作出具体的规定。目前理论界对"有疑问"的判断主要存在两种考量标准:第一种是参照我国台湾地区的判断标准,即关联性、必要性和可能性标准。[1] 这种判断标准主要与证据本身属性有关,依然需要法官根据司法经验或者案件需要进行判断,具有很强的主观性和随意性,在司法实践中缺乏可操作性。第二种是我国大陆学者提出的对"有疑问"考量的三项标准:"①检察院提交的证据存在瑕疵;②辩护人无力取证但提供了证据线索的;③双方均未出示某证据,而法官认为有必要调取的。"[2]这三项标准就目前看来可以在司法实践中作为法官主动启动调查取证权的参考标准。首先,对于检察院提交的瑕疵证据而言,这种瑕疵证据一般而言是对被告人不利的证据,鉴于这种瑕疵在实务中较为容易鉴别,比如取证手段不合法、证据本身外观有瑕疵等。在此情况下法官应该主动启动调查取证权,以查明事实和证据的真伪。反之即使这种瑕疵证据对被告人有利,法官也应该主动去调查核实,否则如果让有罪者逃脱法律的惩罚,将严重背离实体真实的法治要求。此时法官启动调查取证权之目标并非是充当"第二公诉人",而完全是为了查明真相,以便准确地定罪量刑和安抚被害人,维护法律或者司法的权威,因为只有公正的判决才能为社会大众所信服和遵守,法律的权威也才能得以维护。其次,辩护人无力取证但提供线索,毋庸置疑,在此情况下法官必须启动调查取证权。在实践中我国辩护律师

---

[1] 转引自林钰雄:《刑事诉讼法》,中国人民大学出版社 2007 年版,第 312 页。
[2] 刘大元:《刑事审判中法官庭外调查的现状与反思》,载《江淮论坛》2009 年第 2 期。

取证常常会遭到相关人员的故意阻碍或者不予配合,因此为保护被告人的合法利益,弥补辩护人取证能力的不足,平衡控辩双方力量。不仅如此,即使辩护人未提供线索,只要辩护人或者被告人提出,非因故意拖延庭审时间法官也应该主动。最后,对于双方均未出示某证据,而法官认为有必要调取的,也应该主动去调查取证,同样其目的亦是查明案件真实,实现公正断案。

(2)合理设计法官依职权调查取证的程序

对于作出一个有公信力的判决,需要从制度上进行充分合理的安排。法官依职权调查取证权本就受到诸多质疑,如不在程序上进行合理设计,将很难发挥其积极作用。因此对于法官调查取证权的启动时间、调查范围以及运作程序有必要进行合理设计。对于启动时间和范围在理论界基本已得到一致的认同,即启动的时间限定在检察官起诉至法院后,调查的范围也限于起诉书中所载内容和事项。对于法官的调查取证,到底如何运作也一直是备受关注的问题,因其涉及证据使用的问题,需要进行合理设计。可以借鉴大陆法系其他国家的做法,在进行庭外的调查取证权时可以通知控辩双方参与,防止其封闭运行,提高其调查取证的效率。当然为保障法官调查取证活动不致影响案件审判的进度,在法院履行通知控辩双方参与的义务时,倘若控辩双方或者一方无正当理由拒绝参与,应当记录在案,并不因此影响法官调查取证的进行。

2. 在实践层面

在明确法官主动启动调查取证的条件及运行的程序时,还有很现实的问题就是:法官依职权调查收集证据的可用手段及如何适用。

(1)法官依职权调查取证的手段,是否只能限于我国法律规定的七种手段,理论界存在不同的声音。我国著名刑事法学家陈光中教授认为:法官依职权调查手段仅限于法律规定的六种(2012年新修改《刑事诉讼法》对法官依职权调查的手段增加又增加了"查封"),法院不能采取其他庭外调查手段。其认为法律既然未规定除上述以外的其他手段就应视为法律禁止,因为对公权力而言"法无明文规定则禁止"。① 还有学者认为不仅包括法律规定的六种方式,还包括询问证人、鉴定人,讯问被告人等方式。② 以陈教授为代表所主张的观点缺乏对实体公正的考虑,如前文表2中所列赵作海案中,从侦查到审查起诉对其故意杀人的事

---

① 陈光中:《刑事诉讼法实施问题研究》,中国法制出版社2000年版,第226~227页。

② 陈瑞华认为法官进行庭外调查实质仍属于庭审的一部分,既然法庭审理中可以询问犯罪嫌疑人和证人,则在法庭外进行调查取证活动时也应该可以为之。参加《刑事诉讼的前沿问题》,中国人民大学出版社2002年版,第265页。[德]拉德布鲁赫:《法学导论》,米健译,中国大百科全书出版社2012年版,第125页。

实凭口供认定,试问:在此情形下法官在进行调查核实证据时,是否应该询问犯罪嫌疑人?在证人不出庭的情况下,法官在庭外调查核实证言时,是否应该询问证人?法官依职权调查取证的手段不应该只限于法律规定的七种,为调查核实证据可以对证人、鉴定人或者被害人进行询问,也可以对犯罪嫌疑人或者被告人进行讯问。因为在司法实践中证人、鉴定人由于种种原因导致出庭率比较低,而这些证人证言、鉴定意见可能对定罪量刑起到关键作用,如果不进行真伪辨别,则可能导致案件的误断。此时赋予法官依职权调查取证以询问证人、鉴定人的方法显得极为必要。

(2)对于法官依职权调取的证据出示理论界主要存在三种观点:第一种观点认为,只要控辩双方参与调查取证的过程就无须质证,可以直接作为定案的依据。① 第二种观点认为,法官依职权调取的证据由获利方出示,另一方质证,对于举证不利的后果自然也由出示方承担责任。第三种观点认为,法官依职权调取的证据由取证法官自己或者合议庭出示,并且认为"法官对证据进行出示并不代表法官就需要面对控辩双方的询问,因为法官在出示证据时,仅仅表明他是这个证据的一个呈现者,法官不是证人,且在任何时候都不承担证明责任"。② 笔者认为第一种、第二种观点有待商榷:第一种观点显然不符合我国乃至整个国际对证据处理的通行做法。证据未经质证不得作为定案依据这是始终不能违背的证据法基本原则。第二种观点似乎是最稳妥的做法,也很容易让人接受。但是问题是法官依职权调查取证的逻辑起点是查清事实和查明真相,始终是建立在中立基础上的行为,倘若依第二种观点对法官依职权调取的证据进行出示,法官的中立地位将不中立,尤其是当收集的证据不利用被告人时,难免或落下"与公诉机关合力打击罪犯"之口实。笔者更倾向于第三种观点,即由法官出示,但并不因此就接受控辩双方的询问,需要进一步完善。而对第三种观点的完善可以从法官依职权调取证据的具体情况处理,这里笔者把法官依职权调取的证据分为"矛盾证据"和"新证据"。所谓"矛盾证据"是与控、辩一方或者双方所搜集的相矛盾的证据,对于"矛盾证据"的处理方式由矛盾的控方或者辩方进行解释说明,例如对于一起涉嫌强奸罪的案件,检察机关移送的DNA鉴定与法官依职权所做的鉴定相矛盾时,可由控诉机关对该矛盾之处进行解释说明,如无法作出合理的解释,其移送的DNA鉴定意见将不能作为定案依据。再如对于一起集资

---

① 马守锋:《论刑事诉讼中法官的庭外调查权》,载《天中学刊》2003年第18卷。
② 牛晨曦、柴宝勇、邱国成:《试论法官庭外调查权》,载《浙江工商大学学报》2005年第1期。

诈骗案中,检察院指控犯罪嫌疑人集资数额达20万元,而辩护人在辩护时提出实际集资只有10万元,其他属于正常的个人借贷或者说犯罪嫌疑人并非有非法占有的目的或者说犯罪嫌疑人并非非法集资而是非法吸收公众存款等辩护理由,但经过法官依职权调查核实实属非法集资,该矛盾则应由辩护方及犯罪嫌疑人进行合理解释和说明,否则同样应承担于己不利后果。对于"新证据"①的也应该在庭审中进行出示,并听取控辩双方的意见,如果法官依职权调取的"新证据"最后不作定案依据则不在进行讨论,如果将作为定案依据采纳,则可以有由审判长、庭长等提交审委会进行讨论决定,并在最后的判决书中予以详细说明。

(三)完善相关配套措施

伴随着以审判为中心的诉讼制度改革,带有职权主义色彩的法官依职权调查取证制度逐渐受到限制,加之司法实践中法官依职权调查取证情形较少发生,使得这一制度变得在"夹缝中生存"。然而在我国法官依职权调查取证制度又有其存在的必要性和正当性,为充分调动法官依职权调查取证的积极性,尽可能发现案件真实,在从制度构建和实践操作方面进行完善的同时,还应该采取其他一些配套措施,以便更好地发挥法官依职权调查取证制度的积极效应。

1. 改良法官考核体制,为法官依职权调查取证之行使解除考核之忧。众所周知法官的考核制度已成为法官评优评先、晋升晋级以及惩处惩戒的重要参考标准。其中常见的一些考核内容有结案率、上诉率、改判率、申诉率、信访投诉率、重复信访率等,这些非人性化的考核因素,在督促法官认真办案的同时也为法官理性办案带来了一种伤害。笔者在访谈的过程中从法官那里也多次听到"怕上诉、怕抗诉、怕申诉投诉"的声音。确实人有敬畏之心才不敢去为之,也确实法官依职权行使调查取证对于法官而言存在相当大风险,行使不当则可能因此遭到检察官的抗诉、被害人的申诉投诉以及被告人的上诉。面对如此风险也许法官不为之可能避免风险的发生,但也更有可能因此而造成一起冤假错案,给法律和司法造成伤害。因此在对法官进行考核时,对于因法官依职权调查取证而引起的上诉、抗诉、申诉投诉、超期审判以及改判等情形不应在考核中"减分"或者"扣分"。不仅如此,对法官在庭审中发现存疑的证据,后依职权调查取证查明事实和真相的行为,在考核中应予以"加分"表彰。

2. 法官因依职权调查取证而导致对案件事实的错误认识应该免责,不属于

---

① "新证据"的认定依据《最高人民法院关于适用〈中华人民共和国刑事诉讼法〉的解释》第376条之规定:"(一)原判决、裁定生效后新发现的证据;(二)原判决、裁定生效前已经发现,但未予收集的证据;(三)原判决、裁定生效前已经收集,但未经质证的证据;(四)原判决、裁定所依据的鉴定意见,勘验、检查等笔录或者其他证据被改变或者否定的。"

司法责任。当然前提必须是法官已尽勤勉、忠实、谨慎和合理的义务,如故意扭曲事实,或者故意与控方或者辩方串通伪造、篡改证据则应该依照相关法律追究责任。法官的司法责任制的最直接作用就是规范法官司法行为,提升法官的公信力,维护司法权威。以事实为根据,以法律为准绳是每个司法者应有的基本司法信仰和司法追求,为查明真相,公正断案,法官依职权进行调查取证既是法官应具有的一种责任心,也是司法责任的一种体现,然而法官在依职权调查取证的过程中如由于客观原因或者非因自身原因而导致错误取证或者导致原有证据毁损、灭失,法官应该予以免责。

3. 加强法官依职权调查取证的后勤保障和安全保障。法官在依职权调查取证过程中势必会产生一系列费用,如吃、住、行等费用,这些费用难免会给本就办案经费不足的法院增加不少的经济负担。因此在进行司法财务省级统管的改革过程中或者额外增加法官的办案补贴,或者设置专项专款,可报销法官依职权调查取证过程中产生的费用,为法官开展庭外调查活动提供充足的资金保障。

检察官司法责任豁免制度探析

钟 琦[*]

摘要：检察官司法责任豁免制度，是检察官职业保障体系的重要组成部分。厘清检察官司法责任及责任豁免概念的内涵和外延，探讨检察官司法责任豁免制度的价值，对建立符合司法规律、体现检察官职业特征的司法责任豁免制度有着重要指导价值。检察官司法责任豁免规则，可从个人认知行为豁免、自由裁量行为豁免、接受指令行为豁免、集体决策行为豁免、当事人自认行为豁免、情势变更情形豁免、不可抗力情形豁免、超过诉讼时效豁免等方面进行探索。

关键词：检察官；司法责任；豁免；制度

从检察权的属性和特点出发，健全与检察权运行机制相配套的司法责任体系，明确司法责任认定的标准，界定司法责任豁免的范围，严格司法责任追究的程序，是检察机关健全司法责任体系不可或缺的重要内容和方面。加强对检察官司法责任豁免制度的研究，对建立健全符合检察权运行规律、体现检察官职业特性的司法责任体系具有重要价值。实行检察员额制是落实司法责任制的关键，检察官员额制改革后，司法办案权和决定权被赋予了入额检察官（包括检察长、副检察长，下同）和检察委员会，承担司法责任的主体主要是检察官，其他检察辅助人员参与司法办案工作的，根据职权和分工承担相应的责任（非司法责任）。因此，本文主要围绕检察官的司法责任豁免问题作一些初步的探讨。

一、检察官司法责任与豁免的内涵及外延

检察机关司法责任制改革的基本要求是"谁办案谁负责、谁决定谁负责"。随着司法责任制改革试点工作的全面铺开，检察官关心和思考的问题包括：什么是司法责任、负责包括哪些方面、什么情况下要负责、什么情形下能够免责；等等。因此，健全司法责任体系，有必要准确界定司法责任及责任豁免的基本内涵。

---

[*] 作者系广东省广州市人民检察院法律政策研究室副主任。

(一)何谓司法责任

1.法理学语境下的司法责任。"司法责任"是由"司法"和"责任"两个词语组合而成的词汇。"司法"是指拥有司法权的国家机关,依照法定职权和程序,把法律适用于对刑事、民事、行政等案件的处理,以及对这些案件的处理进行法律监督的活动。"责任"一词,最常见的是作为义务或作为受处罚的责任;作为义务的责任是指主体现在或未来应尽的积极义务,作为处罚的责任是指主体对自己已作出的行为应承担的责任,这种责任一方面意味着行为人要承担自己已作出的行为带来的不利后果,另一方面意味着这种不利后果是社会、国家对自己行为的否定性反映。[①] 基于对以上词义的分析,法理学上的司法责任可以概括为以下两个方面:一方面是指司法机关及其工作人员依照法定职权和程序,运用法律处理刑事、民事、行政等案件并对这些案件的处理进行法律监督的过程中应当承担的法定职责和义务;另一方面是指司法机关及其工作人员对违反法定职责和义务的行为应当承担的不利后果和否定性评价。其基本内涵包括:第一,责任主体。包括司法机关及其内部的工作人员。第二,担责范围。违反法定职责和义务、背离法律规定违法办案、违背职业纪律和职业操守、损害相对人合法权益、损害司法机关形象等行为都要承担不利后果。第三,担责方式。根据违法行为严重程度、相对人受损害程度、造成不利社会影响程度等情况,承担相应的纪律责任、行政责任、民事责任直至刑事责任。综上所述,法理学语境下的司法责任是一种广义的司法责任,包括法定职责义务及背离职责义务应承担的不利后果两个方面,其责任范围涵盖案件处理结果责任、司法程序责任和职业伦理责任等方面。

2.改革背景下检察官的司法责任。2015年9月,最高人民检察院在总结前期司法责任制改革试点工作经验的基础上,制定下发了《关于完善人民检察院司法责任制的若干意见》(以下简称《若干意见》),对检察长、检察委员会、检察官、检察辅助人员等职能主体的职责权力、运行模式、司法责任、权力监督、职业保障等重要内容加以了规范,基本构建了权力、运行、责任、监督、保障"五位一体"的司法责任体系。综合《若干意见》的规定,检察官的司法责任可以归纳为两个方面:一方面是指检察官在司法办案工作中依照法定职权和程序应当履行的职责和义务;另一方面是指检察官因故意违反法律法规及相关办案规定,或者因履行职责严重不负责任,导致案件处理实体错误、程序严重违法以及产生其他严重后果或恶劣影响时,应当承担的不利后果及否定性评价。其基本内涵包括:第一,

---

① 中华法学大辞典编委会编:《中华法学大辞典(简明本)》,中国检察出版社2003年版,第596、949页。

责任主体。司法责任制是司法机关内部司法权运行机制的重大改革,因此承担司法责任的主体限于行使办案权和决定权的检察委员会和入额检察官。其他检察辅助人员根据职权和分工,在检察官组织指挥下,协助检察官参与司法办案工作,因他们没有独立办案权和决定权而不承担司法责任。同时,检察机关的司法责任问题则通过《人民检察院组织法》《国家赔偿法》等法律规定的途径解决。第二,担责范围。检察官在司法办案工作中应当依照法定职权和程序履职尽责;不尽职尽责的要追究和谴责。追责的基本情形包括:故意违反法律法规,或者在司法办案工作中有重大过失,或者负有监督管理职责的检察官因故意或重大过失导致司法办案工作出现严重错误。同时《若干意见》规定:检察官与司法办案活动无关的其他违法违纪行为,如违反职业纪律、职业操守的行为不属于司法责任追究的范围,依照相关法律及纪律规定处理;检察官在事实认定、证据采信、法律适用、办案程序、文书制作以及司法作风等方面不符合法律和有关规定,但不影响案件结论的正确性和效力的,属司法瑕疵,也不归入司法责任追究的范围,依照相关法律和纪律规定处理。第三,担责方式。《若干意见》对应当承担司法责任的具体情形采取"列举加概括式"的方式加以了规定,符合《若干意见》规定应当承担司法责任的具体情形的,检察官应当承担相应的纪律责任、行政责任直至追究刑事责任。综合《若干意见》的规定的可以看出,司法责任制改革背景下检察官的司法责任是一种狭义的司法责任,其责任范围只涉及案件处理的结果责任、程序严重违法责任和监督管理责任,不涉及一般过错上的司法瑕疵责任,也不涉及职业纪律和职业伦理责任。同时,在目前司法环境下,司法责任中的民事责任也由司法机关承担,检察官个人不承担民事方面的责任。

(二)司法责任豁免

1. 司法责任豁免的基本含义。如前所述,司法责任包括了法定职责与不利后果两个方面。法定职责是司法人员应尽的义务,是司法人员应当履行且不能免除的。为避免歧义,本文所称的司法责任豁免,是从具体责任追究的角度来分析的。"司法职业是很容易出错的高风险职业,罗尔斯认为,在刑事审判中,即使法律被仔细地遵循,过程被公正地恰当引导,还是有可能达到错误的结果。"[①]因此,不能将司法责任制理解为仅仅只是追责,司法责任追究和司法责任豁免同为司法责任制的重要内容,两者相辅相成,缺一不可。所谓"豁免",即"法律程序的

---

① 朱孝清:《错案责任追究与豁免》,载《中国法学(文摘)》2016年第2期。

免除"。① 从一般意义上来理解,司法责任豁免,是指司法人员履行职责过程中对其所实施的行为和发表的言论有不受法律追究的权利,即从法律程序上免除追究司法人员民事或刑事方面的责任。西方法治发达国家的司法责任豁免就属于这一类,且更多的是强调民事责任的豁免。如法国,通过相关司法判例确立了不可归责原则,即检察官对其所有行为享有"豁免权",不管是作出免诉释放或是无罪释放决定的检察官,不得追究其行为的责任,不得判处其承担损害赔偿责任和承担诉讼费用(调查产生的费用)。② 如美国,根据《布莱克法律词典(第九版)》和《全美检察准则(第二版)》的相关规定,检察官就刑事检控的决定以及行为享有不承担民事责任的绝对豁免权;对于检察官从事行政管理或侦查活动所引发的民事诉讼,检察官在具备"诚实信用"以及"充分的理由"的情况下,享有绝对的抗辩权。③ 当然,法治发达国家虽然确立了不可归责原则、民事责任绝对豁免等原则,但并不意味着免除追究检察官受贿、滥用公共职权、阻碍法律实施等犯罪行为的刑事责任,也并不意味着检察官犯有明显错误时免予纪律惩戒和弹劾。从我国司法责任制改革背景下来理解,司法责任豁免是指司法人员履行职责过程中,因不能归责于司法官个人的原因或事由导致案件处理错误、程序严重违法、造成严重后果或恶劣影响时,免于追究司法官个人法律、行政和纪律方面的责任,既包括外部民事、刑事法律责任的豁免,又包括内部行政、纪律责任的豁免。

2. 对现行司法责任豁免规定的分析。检察官作为司法官理应受到司法豁免制度的保护。《若干意见》涉及检察官司法责任豁免的规定主要是第33条,即"司法办案工作中虽有错案发生,但检察人员履行职责中尽到必要注意义务,没有故意或重大过失的,不承担司法责任"。《若干意见》关于司法责任豁免的规定相当原则和高度概括,司法实践中很难操作。仔细分析该规定,至少存在以下两个方面的问题:第一,将检察官司法责任豁免的范围仅仅归结为特定的错案责任豁免,而检察官司法责任追究的情形除此之外还包括程序严重违法、造成严重后果或恶劣影响。那么在检察官没有故意或重大过失的情况下,处理案件过程中出现程序严重违法、造成严重后果或恶劣影响等情形时能不能免除司法责任。第二,将检察官的司法责任豁免归结为合理注意义务下的无过错错案责任豁免,那什么程度上是尽到了合理注意的义务、什么样的案件又是错案、界定错案的标准又如何等问题理论界一直在争论,客观标准很难确定和把握,司法实践中更难

---

① 中华法学大辞典编委会编:《中华法学大辞典(简明本)》,中国检察出版社2003年版,第367页。
② 甄贞等:《检察制度比较研究》,法律出版社2010年版,第36页。
③ 莫丽华:《美国检察官豁免制度与启示》,载《人民检察》2016年第1期。

具体操作和执行。基于以上原因,为避免司法责任被虚置,又防范过度追责给检察官司法办案活动带来的冲击,检察官司法责任豁免的情形,应当在遵循司法规律、检察权运行规则和检察官职业特性的前提下,梳理出带有通识价值、公开透明、便于适用的司法责任豁免规则,以保护检察官依法正常履职,确保检察官非因法定事由、非经法定程序不被追究司法责任。应总体把握的原则是:检察官司法办案工作中依法履职尽责、没有故意或重大过失的司法行为,即使在事实认定和法律适用上有所偏差而导致司法决策错误、造成严重后果或者恶劣影响时,也应当豁免其司法责任。

二、检察官司法责任豁免制度的价值分析

有司法责任追究就有司法责任豁免,缺少司法责任豁免规则的司法责任体系是不健全的,只能让检察官产生不安全感。时刻处在高压和忧虑之中的检察官,颤抖的手指和纠结的心灵不可能生产出高质量的司法产品。司法责任豁免制度的价值在于尊重司法规律,体现司法职业特性,开解检察官内心压力,激发检察官办精品案件。

(一)遵循司法规律体现职业特性

司法办案活动实质上是检察官在法律有明确规定的前提下,运用法律推理方法和检察官自身的智慧,通过审慎和深思熟虑的考究后,在各种相互竞争的论据和理由之间进行权衡和取舍,在多种可替代性方案中选择最佳的方案处理问题,以保证司法裁判结论的正当性和确定性的过程。司法办案过程中,检察官需要面对错综复杂的案件、面对各类诉讼参与人、面对众多繁杂的证据材料,办案过程包含了检察官对法律规范的选择和解释、对案件事实真相的追求、对具体案件情境的斟酌、对各种相关因素的考量、对解决问题最佳方案的探求。同时,认识案件不同于认识一般事物,司法办案活动具有明显的滞后性,案件事实发生在先,检察官对案件事实的判断推理发生在后,检察官对案件判断推理的过程中存在很多难以预测的变数,比如法律政策的调整、新的证据的出现、言词证据的变动等,使得确定案件事实是一个充满变数的困难过程,即使检察官充分尽到了合理注意的义务也还会出现错误,因此错判和误断案件在所难免。作为司法程序相对完善、法律文化奉行"宁纵不枉"的美国,仍然出现了大量的冤假错案。据密歇根大学法学院统计,自1994年至2014年的20年,美国已曝光了300多起冤假错案,其中97%以上是谋杀案和强奸案等重罪案件,多人已经被执行死刑。德国国际记者协会2005年在欧洲范围内就刑事重罪案件的误判比率进行了一次调查,调查的结果是误判率为0.5%。并据此得出结论:欧洲每年至少有数百

起重罪案件存在误判现象,欧洲各国政府将为此支付上亿欧元的赔偿金。① 综上说明,无论一国司法制度如何完善,司法活动的独立性、裁判性、滞后性,相关证据的不稳定性以及法律政策的变动性等特征,决定司法办案过程中出现错误是不可避免的,司法职业是一个更容易出错的职业。因此,建立检察官司法责任豁免制度,是遵循司法规律要求、体现检察官司法职业特性的内在要求。

(二)保护检察官依法履行职责

司法责任制改革的初衷是将权力与责任统一起来,实现"谁办案谁负责、谁决定谁负责",防止司法办案过程中权力责任不一致而导致问责无法实现。"负责"本身就要求仔细甄别应当负责的具体情形,而不是不顾主观和客观方面的因素一味地追责。在甄别应当负责的具体情形过程中,应当免责的情形也自然从中分离出来。据此,我们可以理解,"负责"本身就内含有担责和免责两个方面的情境。为保障检察官依法正当行使职权,防范检察官滥用职权和失职渎职,明确检察官的职权和责任,建立司法责任追究制度是必需的,但追责绝不是司法责任制改革的唯一目的。如果不区分具体情形,出了错一概从严追究,使司法责任与案件处理结果直接牵连,容易使检察官丧失应有的中立性和超然性,同时也会严重挫伤检察官司法办案的积极性,造成检察官惧怕被追责而想方设法转移司法责任风险的后果。因此,只有把严肃追责与保护检察官无畏履职结合起来,司法责任制改革才能消除可能带来的负面影响,充分释放出改革的正能量。如前文所述,任何一个法治发达国家,错判和错断案件都不可避免,而在我国现实法治条件下,错判和误断案件的成因更加复杂化和多元化。对司法办案过程中虽有错误发生,只要检察官依法办案,没有故意或重大过失的,就不应当承担司法责任。正如丹宁勋爵所言:"所有法官都应该能够完全独立地完成自己的工作,而不需要担惊受怕。不能弄得法官一边用颤抖的手指翻动着法书,一边自问,假如我这样做,我要负赔偿损害的责任吗?只要法官在工作时真诚地相信他做的事是在他自己的法律权限之内,那么他就没有受诉的责任。"②对检察官而言也莫不是如此。建立检察官司法责任豁免制度,确立检察官司法责任豁免规则,从制度上帮助检察官抵御外部压力和风险,对保护检察官依法履行职责具有重要价值,甚至关乎司法责任制改革的成败。

(三)推进司法责任制体系健全完善

司法责任豁免制度是西方法治发达国家的通例,并已成为相关国际法和国

---

① 宗会霞:《办案质量终身负责制的价值证成与规范运行》,载《政治与法律》2015年第3期。

② [英]丹宁勋爵:《法律的正当程序》,李克强等译,群众出版社1984年出版,第55页。

际条约的一项基本原则。如 1990 年 9 月第八届联合国"预防犯罪和罪犯待遇大会"通过的《联合国关于检察官作用的准则》第 4 条规定："各国应确保检察官得以在没有任何恐吓、阻障、侵扰、不正当干预或不合理地承担民事、刑事或其他责任的情况下履行其专业职责。"同时该《准则》第 21 条和第 22 条还对追责的依据、程序、检察官的申诉权利等加以了原则规定。司法现代化和国际化，需要借鉴和移植法治发达国家的先进经验，主动与国际准则和国际惯例接轨。司法责任制改革是司法现代化建设的重要举措，同样需要有国际眼光和前瞻视野。司法责任体系是由权力、责任、运行、监督、保障"五位一体"构成的制度体系，司法责任豁免是检察官履职保障体系不可或缺的重要方面，在制度体系构建时同步建立司法责任豁免制度，解除检察官不合理地承担纪律、行政、民事、刑事等司法责任的后顾之忧，也是司法责任制改革追求的重要价值目标。应当说，制度架构最稳定和最权威的表现是将司法责任豁免规定上升为国家法律的规定。国家最高检察机关以内部司法规范性文件的形式，规定检察官司法责任追究的情形和应予豁免的事项，其正当性、权威性和公信力容易让外界产生怀疑，这种制度安排只能是改革试点过渡期内的临时性安排。立法的精髓来源于实践，司法实践经验对立法起着巨大的推动作用。加强对检察官司法责任豁免制度相关问题的研究，在检察官司法责任豁免规则研究相对成熟且得到理论界和实务界认可后，可及时启动立法程序，将司法责任豁免规则纳入《检察官法》等法律之中，使之成为公开、公正、权威、稳定的法律制度规范。

三、检察官司法责任豁免规则的具体构建

"根据责任归因的原理，司法人员惩戒的正当性必然是和检察官、法官个人原因相联系的，并且这种原因还是检察官、法官个人可以控制的。"[1]检察官司法责任豁免，可以根据责任归因原理进行反推分析，即与检察官个人原因无关的、且检察官个人不能控制的原因造成案件错判误断、程序严重违法、造成恶劣影响或严重后果的，应属于司法责任豁免的范畴。遵循这一思路，笔者认为以下情形可以纳入司法责任豁免规则思考的范畴。

（一）个人认知行为豁免

司法办案活动是一个从现象到本质的思考过程，检察官只能从侦查机关（部门）依照法定程序收集的各类证据中去分析和判断，揭露和发现事实真相。从现有科学技术、侦查技术和侦查人员的能力来看，全面发现证据、收集证据、固定证

---

[1] 姚建才：《错案责任追究与司法行为控制》，载《国家检察官学院学报》2005 年第 5 期。

据还存在很多困难和不确定因素,即使已经收集在案的证据,也存在诸多虚假内容或者矛盾之处。检察官只能根据现有证据进行分析和判断,去伪存真、排除矛盾,努力寻找和揭示案件的事实真相,尽可能还原案件事实的本来面目。而根据认识相对论的原则,以证据为基础的裁判事实是一种相对确定的判断认识,即使检察官在现有认知能力和技术水平下已经尽到了必要和充分的注意义务,不同检察官因为年龄、学识、素养、阅历、经验、社会地位和价值观等不同,会对同一案件事实产生不同的认知,对同一法律的适用产生不同的理解,不同检察官之间存在正常的认识判断差别是不可避免的。司法责任制改革后,办案检察官原则上都经过层层选拔和竞争进入员额,司法办案经验相对丰富,在排除检察官法学理论水平不高、司法办案能力不强等自身因素的前提下,单纯属于认知领域的问题,不能因检察官判断有别而追究其司法责任。"要追究司法者的责任,应限于两种情况,一是故意为之,二是显有疏失,除此以外,属于认识领域的问题,不可因判断有异而加以惩罚,以免损害司法上独立人格之培养。"[1]因此,有必要确立个人认知行为豁免规则,明确规定检察官在司法办案活动中,因对案件事实、性质、适用法律的认识或理解不一致而导致案件处理出现重大差错,但检察官根据证据裁判规则能够予以合理解释,或者在其专业认知范围内能够予以合理说明的,检察官不承担司法责任。

(二)自由裁量行为豁免

立法不可能事先预设到社会可能出现的各种问题和矛盾,法律在面对纷繁复杂的案件时总是具有一定的滞后性。为确保法律的相对稳定性和可实施性,大多数情况下,我国法律制度规定的内容原则性、概括性都比较强。检察官适用法律处理案件时,需要秉承一定的司法理念,遵循一定的法律规则,充分运用司法经验,审查、判断和采信证据,创造性地适用法律,从而理性地对案件的事实问题和法律问题作出裁断。因此,案件裁判是检察官在内心确信的基础上进行自由裁量的结果,罪与非罪、此罪与彼罪、批捕与不批捕、起诉与不起诉、抗诉与不抗诉等,均属于检察官自由裁量权的范围,任何人都不得违法干涉。"因为事实与法律的评价者、裁判者必然拥有一定的自由裁量权,只要其根据法律和案件证据确信被追诉人有罪就是依法履行职责的表现,对此不应追究其责任。"[2]司法官建立在内心确信基础上的自由裁量行为不具有可归责性和可惩罚性,这是国

---

[1] 张建伟:《法官错案责任的抚今追昔》,载《人民法院报》2014年1月24日。
[2] 卞建林、张璐:《结合实践深入研究刑诉法难点问题》,载《检察日报》2015年1月6日。

际司法领域公认的规则。建立检察官司法责任豁免制度,有必要确立自由裁量行为豁免规则,明确规定检察官在司法办案活动中,依据个人对法律和案件证据的确信,在其权限范围内所作出的裁判和处理决定出现重大差错时,检察官不承担司法责任。

(三)接受指令行为豁免

我国检察机关是国家法律监督机关,检察机关外部领导体制是上级人民检察院领导下级人民检察院的工作,检察机关内部领导体制是检察长领导人民检察院的工作。由此,我国检察权的性质兼具监督属性、司法属性和行政属性。而检察权的行政属性,体现在检察权运行过程中,下级人民检察院必须接受上级人民检察院的指令,检察官必须接受上级检察院、本院检察长或检察委员会的指令。除此之外,司法办案活动中,检察官还要面对来自体制之外的其他公权力机关的指令。由此说明,检察官在执行职务过程中,接受上级指令的情况屡见不鲜。虽然司法责任制改革要求检察上级和其他机关不得发布有违检察官客观公正执行职务要求的指令,《若干意见》等改革文件也为检察官对抗上级或其他机关的错误指令、违法指令等提供了抗辩和救济途径,但很多情况下检察官个人基于各种因素的考量,事实上很难真正对抗上级的错误指令和违法指令,比如上级以办案检查、汇报案件、审核案件、更换办案人员等方式,对检察官的办案活动持续施加压力和影响,以达到强制执行指令之目的。既然检察官司法办案活动中,接受上级指令的行为不可避免,建立检察官接受指令行为豁免规则显得尤为必要。根据这一规则,可以明确规定:检察官在司法办案活动中,上级检察机关、检察长或其他机关对具体办案工作的指令,应当以书面形式发出;对上级检察机关、检察长或其他机关的书面指令,检察官尽到了合理审查、书面提示和抗辩义务后仍要求执行,检察官因执行指令行为而导致司法办案出现重大差错的,不承担司法责任。

(四)集体决策行为豁免

当前,我国正处于全面深化改革的关键时期,世情、国情、社情正发生深刻变化,各种思想文化交流交锋更加频繁,不同社会成员的利益诉求多,引发矛盾纠纷的触点多,新型犯罪活动日渐增多,重大疑难复杂案件不断出现,检察官的司法办案活动面临前所未有的困难和挑战。在这样的背景下,很多新型、重大、疑难、复杂案件,单凭检察官个人的能力已难以独立作出决断,需要借助集体的智慧,为司法办案活动决策。我国检察机关法定的集体决策机构是各级人民检察院的检察委员会。《人民检察院组织法》规定:各级人民检察院设立检察委员会;检察委员会实行民主集中制,在检察长的主持下,讨论决定重大案件和其他重大问题。《若干意见》规定:检察委员会讨论决定的案件,主要是本院办理的重大、疑难、复杂案件,涉及国家安全、外交、社会稳定的案件,下一级人民检察院提请复议的案件。根据上述规定,检察官提请检察委员会讨论决定的案件,检察官只需要对案件的事实和证据负责,检察委员会对案件的处理决定负责。据此,集体决策行为豁免规则的内容可确定为:检察官在司法办案活动中,经提请检察委员会讨论决定的案件,无论检察委员会是否同意检察官的意见,检察官只对案件的事实和证据负责,检察委员会对案件的处理决定负责,检察官因执行检察委员会的决定导致案件处理出现重大差错的,检察官不承担司法责任。

（五）当事人自认行为豁免

司法实践中,案件当事人可能出于某些不正当的动机和目的,如为掩盖其他犯罪事实、帮助他人逃避打击、隐匿掩饰非法利益等,故意对案件事实作虚假的陈述,甚至串通他人作伪证,自认、自领并非本人实施的行为。此外,在少数特殊情况下,当事人虽然主观上不是故意,但因当事人对行为主体、行为过程、行为方式、行为对象等在认识上产生重大错误,也可能导致自认、自领案件事实等行为发生。由于案件当事人自认、自领案件事实行为的特殊性,即使检察官在全面收集、审查、核实相关证据的基础上,仍有可能无法发现事实真相,推翻案件当事人的自认、自领行为,导致案件事实认定和案件处理决定出现重大偏差。在此情况下,只要检察官尽到了充分、合理注意的义务,就应当豁免检察官的司法责任。在英美法系国家"沉默权"制度下,当事人自认、自领犯罪事实的行为,无须检察官出示证据证明即可认定事实,直接进入量刑交易程序,产生错误时由当事人承担完全责任,根本谈不上追究检察官司法责任的问题。因此,确立当事人自认行为豁免规则,对保护检察官正当履职、避免检察官遭受当事人故意陷害、打击报复等情况具有重要价值。基于上述分析,当事人自认行为豁免规则的内容可明确为:司法办案活动中,检察官尽到了充分、合理注意的义务,但因案件当事人故意作虚假陈述,或者因当事人认识上出现严重错误,自认或自领案件事实,导致案件事实认定或处理决定出现重大差错的,检察官不承担司法责任。

（六）情势变更情形豁免

司法办案活动是一个复杂、烦琐、冗长的过程,不同诉讼阶段有不同的程序要求和诉讼期限的规定,且诉讼过程中因法律规定的某些特殊原因的出现,还可能出现诉讼期限中止、中断和延长等情况。在相对较长的案件调查、审查、审理和裁判的过程中,随时可能出现检察官无法预知和控制的新情况,直接影响案件已有的调查结论,甚至影响案件的处理结果。如当事人放弃或部分放弃权利主张,发现了新的关键证据足以推翻原有结论,国家原有司法政策进行了调整,原来适用的法律法规和司法解释进行了修改,等等。当检察官个人无法预知和控制的上述情势变更情形出现,导致案件事实认定和处理结果发生重大差错的,应当豁免检察官的司法责任。由此,情势变更情形豁免规则的内容可明确为:检察官司法办案活动中,因法律法规和司法解释修订,或者因司法政策调整,或者因发现新的证据,或者因当事人放弃或部分放弃权利主张等检察官无法预知和控制的原因,导致案件事实认定和处理决定出现重大差错的,检察官不承担司法责任。

(七)不可抗力情形豁免

只要国家之间、国家内部族群或派系之间有利益纷争存在,战争就不能完全避免。科学技术再发达,也不能完全预知和控制各种自然灾害发生。人类的认知能力、技术水平和控制能力,仍然不能完全防范各种意外事故发生。因此,检察官司法办案过程中,遭遇各种不可预知、不可控制的不可抗力的情形在所难免。比如,发生战争、自然灾害等意外事件导致案件重要证据或关键证据损毁丢失,发生意外事故导致犯罪嫌疑人、被告人逃匿或者死亡等。不可抗力是超出检察官可预知和控制能力范围的客观存在,尊重客观规律的要求,建立不可抗力情形豁免规则,可有效保护检察官免受过于严苛的不当追责。不可抗力是刑事责任、民事责任、行政责任领域当事人法定的免责条款,同样也应当确定为司法责任领域司法官法定的免责条款。据此,不可抗力情形豁免规则的内容可确定为:检察官司法办案活动中,因遭遇战争、自然灾害、意外事故等不可抗力情形,造成案件重要证据材料损毁丢失,犯罪嫌疑人、被告人逃匿或者死亡等,导致诉讼活动无法继续进行,造成恶劣影响或者严重后果的,检察官不承担司法责任。

(八)超过诉讼时效豁免

我国司法责任制改革的目标是建立办案质量终身负责制。所谓"终身负责",是指追责的时间自责任产生时起至责任人死亡时止,且不因责任人的升迁、调离、辞职、退休等原因而中断或终止。根据我国刑法、刑事诉讼法的规定,追诉犯罪需要在追诉时效内进行,超过追诉时效的犯罪行为便不能再追究行为人的刑事责任。当然,民法、民事诉讼法也有相关诉讼时效的规定,但因检察官的司法责任不包括民事责任,也就不存在超过诉讼时效豁免民事责任的问题。因此,从法理上来理解,检察官对办案质量终身负责,包括两个方面:一是检察官需要对案件事实的认定、案件的处理结果终身负责,当发生应当追究司法责任的情形时,任何时候都可以追究检察官的司法责任,这是原则性要求;二是终身追究检察官的司法责任,应当区分行政责任、纪律责任和刑事责任区别对待,其中检察官的行政责任、纪律责任需要终身追究,而刑事责任则按照追诉时效的规定依法追究。因此,根据诉讼时效豁免规则,可以明确检察官司法办案活动中,因故意或重大过失导致案件事实认定或案件处理结果出现错误、程序严重违法、造成恶劣影响或严重后果的,应当依法追究刑事责任;但根据法律相关诉讼时效的规定不应当追究刑事责任的,检察官可免予追究刑事责任。

检察委员会议题范围之合理界定:问题与进路
——以检察官办案责任制改革为视角

杨爱民[*] 韩东成[**]

摘要:检察委员会(以下简称"检委会")的议题范围,是检委会权力行使的边界。立法语言的模糊性,导致检委会议题范围可操作性差;司法实践中,因为"参照物"不同,不同检察院检委会议题范围也是"宽""窄"不一;在"议事"与"议案"的轻重比例上,实践与导更是产生了明显背离。《关于完善人民检察院司法责任制的若干意见》中,除规定独任检察官和检察官办案组两种办案组织形式外,也明确规定了要发挥检委会对重大案件和其他重大问题的决策、指导和监督功能。因此,办案责任制改革与检委会制度不存在冲突与矛盾,而是为检委会职能的回归提供了机遇。但随着检察官授权范围的不断扩大,检察官员额制的逐步推行,以及不容回避的检委会研究决定办案模式的先天缺陷,检委会的议案范围应进一步限缩。检察官办案责任制改革背景下,应尽可能取消检委会议题范围所谓"灵活性"规定,进一步明确检委会议事范围的载体,进一步限定检委会议案范围的类型。

关键词:检察委员会;议题范围;检察官办案责任制

一、检委会议题范围"三问"

检察委员会是根据《中华人民共和国人民检察院组织法》(以下简称《组织法》)设立的检察院内部集体领导组织形式,是在检察长主持下讨论决定重大案件和其他重大问题的检察院业务决策机构,是中国特色社会主义检察制度的重要组成部分。检委会议题范围,即检委会的职责,是检委会权力行使的边界。

---

[*] 作者系上海市人民检察院第三分院综合业务处处长,法学学士。
[**] 作者系上海市人民检察院第三分院综合业务处检察员,法学硕士。

《人民检察院检察委员会组织条例》（以下简称《条例》）、《人民检察院检察委员会议事和工作规则》（以下简称《议事规则》）对检委会议题范围作出初步明确的规定。1999下发现行依然有效的《最高人民检察院关于改进和加强检察委员会工作的通知》（以下简称《通知》）中规定："各级人民检察院可参照最高人民检察院检察委员会议事规则，结合工作实际，制定或完善检察委员会议事规则，以提高议事能力和议事水平。""各级人民检察院要根据法律规定和最高人民检察院的有关规定，进一步规范检察委员会讨论决定重大案件及其他重大问题的范围并严格执行。"据此，各级检察院均可以制定本单位的检委会议事规则，且要规范检委会议题范围。

笔者在起草本单位的检委会议事规则，设计"议题范围"相关条款时，在查阅了法律及其他规定①以及其他检察院的有关规定之后，却发现愈发无所适从了，不知道该怎样来合理界定本院检委会的议题范围。不禁引发了笔者称之为对于检委会议题范围的"三问"。

（一）"粗"与"细"：检委会议题范围的技术之问

从《组织法》中的"讨论决定重大案件和其他重大问题"，到《条例》中将其细化为 8 项，再到《议事规则》中将其进一步细化为 10 项，后二者试图对"重大案件"和"其他重大问题"进一步规范，但不可否认，上述规定仍显得过于原则，具有很大的伸缩空间，不利于实践中的具体操作。

首先，就宏观方面来说，"重大案件"和"其他重大问题"这两个概念本身就是相对模糊的表述，不是一个清晰的法律标准，无法准确把握。其次，在议事方面，拟提交本级人大及其常委会的工作报告、专项工作报告和议案，本地区检察业务、管理等规范性文件，应该提交检委会审议通过，这在指向上是明确清晰的。但诸如贯彻执行国家政策、上级人民检察院工作部署、决定的重大问题，以及重大专项工作和重大业务工作部署等表述，只是原则性的方向，把握起来比较困难，具体到某个事项是否属于检委会议题范围，不同的人、不同的检察院都可能会作出不同的解释。最后，在议案方面，从《组织法》规定的"重大案件"，到《条例》规定的"重大、疑难、复杂案件"，再到《议事规则》规定的"重大社会影响、重大意见分歧、抗诉类、复议类等案件"，但对于何谓"重大案件"以及"重大社会影响、重大意见分歧"仍显模糊。网上有传播、媒体上有报道及有上访的案件是否属于

---

① 《议事规则》第 3 条第 6 项规定："经检察长决定，审议有重大社会影响或者重大意见分歧的案件，以及根据法律及其他规定应当提请检察委员会决定的案件。"

有重大影响;承办部门讨论案件出现针锋相对的几种意见,能否称得上存在重大意见分歧;①这些都常常成为实务部门工作中不得不面对的难题。

当然,这其中立法语言的模糊性因素或占了很大比重。模糊的立法语言乃是来自于转换途中,立法机关将某种已经具有既定权威性的法律、法规、条约、条例通过自身的语言表达,形成书面文本。模糊性词语的存在表明了这样的一种事实,许多法律概念或者命题乃是一定外延下动态取值的,其具体内容是立法者也不能所把握控制的而导致其不能被准确界定。立法语言模糊的最终目的乃是在一种模糊的、不确定的灰度空间当中寻求最为接近公平正义的地方,以便普遍实施法律规则。所以说,这种模糊性在某些时候,是立法机关主动选择、有意为之。② 具体而言,法律及其他规定中对检委会议题范围作模糊性规定的原因,笔者在官方文件中未能找到,但从前述《通知》要求"各级人民检察院可参照最高人民检察院检察委员会议事规则,结合工作实际,制定或完善检察委员会议事规则,以提高议事能力和议事水平"的表述中,推断其中最重要的考量因素,可能还是各地的"工作实际",如不同层级检察院的职责和定位,办理案件的数量多少、检察官的整体素质等。

立法中,使用模糊语言可以最大限度地适合各种语境情形,但与此相应,因为过于广泛的适用范围,也使得模糊性语言下的法律法规常常难以操作。虽然早先下发的前述《通知》中已然指出:"目前一些地方检察委员会的机构不健全,成员结构不尽科学合理,议事范围不明确,程序不规范,议事效率和水平不高,检察委员会的决定不能及时彻力执行,影响了检察委员会作用的发挥。"但至2015年年底的《全国检察机关检委会工作视频汇报会交流材料》中,仍有安徽、福建两家省人民检察院在汇报交流材料中提及:部分提交检委会的审议议题范围不规范,检委会与党组会、院务会、检察长办公会的职责范围界定尚不完全清晰;天津市人民检察院也提及一些单位对检委会议题范围存在模糊认识,对应当提交检委会的案件或事项把握不准,该提请的没提请,而一些一般性案件却因某种特殊需要提请检委会研究。③

(二)"宽"与"窄":检委会议题范围的实践之问

笔者发现,前述《条例》与《议事规则》之间,包括各地在制定本单位检委会议

---

① 刘伟:《我国检察委员会制度研究》,西南政法大学2012年法学硕士学位论文。
② 江红霞:《立法语言的模糊性》,重庆大学2015年法学硕士学位论文。
③ 最高人民检察院法律政策研究室编:《2015年全国检察机关检委会工作视频汇报会交流材料》。

事规则之时,在议事①范围上大都相似,基本无超出《议事规则》所规定的议事范围②者。然而,在议案范围上,或因根据不同,各地检委会有着很大的差异。

仅以"法律及其他规定"中要求的应当提请检委会讨论的议案范围为例。《中华人民共和国刑事诉讼法》(以下简称《刑诉法》)中规定应当提交检委会讨论的仅有两种情形:1.检察长和公安机关负责人的回避;2.重大案件审查批准逮捕犯罪嫌疑人。③《人民检察院刑事诉讼规则(试行)》(以下简称《刑诉规则》)中规定应当提交检委会讨论的已增加至4种:(1)检察长、公安机关负责人的回避;(2)重大案件的逮捕;(3)对侦查机关报请核准案件提出是否同意核准追诉的意见后层报高检院;(4)案情重大、疑难、复杂的案件的抗诉。④ 及至《检察机关执法工作基本规范(2013年版)》(以下简称《执法规范》),其中规定应当提交检委会讨论的居然有18种之多:(1)检察长的回避;(2)信访案件作出终结申报决定;(3)不服人民检察院处理决定的重大疑难案件或者意见分歧较大的案件的处理;(4)复查案件的处理意见与听证评议意见不一致;(5)重大、复杂赔偿案件;(6)重大、复杂的赔偿复议案件;(7)重大、复杂赔偿监督案件;(8)刑事赔偿案件的原重大、复杂刑事案件处理决定确有错误时的处理;(9)检察长不同意人民监督员拟撤销案件的表决意见的;(10)重大案件的逮捕;(11)有条件逮捕;(12)对国家机关工作人员利用职权实施的其他重大犯罪案件的批准立案;(13)报请核准追诉;(14)检察长不同意人民监督员拟作不起诉决定的表决意见的;(15)案情重大、疑难、复杂的案件的抗诉;(16)对应当抗诉的民行判决、裁定、调解拟提出再审检察建议的;(17)案件请示;(18)对重要案件的答复意见,分管检察长审核后应报检察长审签或提交检察委员会讨论。⑤ 更不消说,如果再加上上述《刑诉规则》《执

---

① 依通说,将检委会议题范围分为"议事"和"议案"。
② 即《议事规则》第3条第1~6项所规定的"审议在检察工作中贯彻执行国家法律、政策的重大问题;审议贯彻执行本级人民代表大会及其常务委员会决议,拟提交本级人民代表大会及其常务委员会的工作报告、专项工作报告和议案;最高人民检察院检察委员会审议检察工作中具体应用法律问题的解释以及有关检察工作的条例、规定、规则、办法等,省级以下人民检察院检察委员会审议本地区检察业务、管理等规范性文件;审议贯彻执行上级人民检察院工作部署、决定的重大问题,总结检察工作经验,研究检察工作中的新情况、新问题;审议重大专项工作和重大业务工作部署"。
③ 分别对应《刑诉法》第30条、第87条。
④ 分别对应《刑诉规则》第24条、第25条、第304条、第355条、第585条。
⑤ 分别对应《执法规范》第1·45条第1款第3项、第2·57条第1款第2项、第3·34条第1款第1项、第3·63条、第3·91条、第3·98条、第3·107条、第3·119条1款、第4·286条2款、第5·5条第2款、第5·40条、第5·119条、第5·144条、第6·93条2款、第6·183条、第9·57条、第12·10条、第12·17条。

法规范》中规定的可以提请检委会讨论的情形,①检委会的议题范围将呈现泱泱景象了。

这就引发一个问题,即各级检委会议题范围的设定,究竟该以什么为根据,是《刑诉法》《刑诉规则》《执法规范》,还是参照《议事规则》? 根据不同,将导致检委会议题范围"宽""窄"不一。这也是笔者在起草本单位检委会议事规则过程中,遭遇一个实践困境:一方面,按照《议事规则》要求,检委会一般每半个月举行1次,也就是说一般每年要举行24次,为了达到这一量的要求,应尽可能地把议案范围放得宽一些;但另一方面,放得太宽,又会遭受一些检委会委员的质疑,果真这些案件都需要检委会进行审议吗? 如果检委会每年要审议这么多的事项,那么除专职以外的检委会委员自身正常的工作将如何开展?

(三)"轻"与"重":检委会议题范围的导向之问

这里的"轻"与"重",主要是指检委会议题范围中议事与议案、宏观指导与讨论具体案件的比重。从检委会的性质和定位上来说,除讨论决定重大案件,其还应更充分地发挥宏观指导和内部监督作用。从《条例》和《议事规则》规定的议题范围看,也是议事多而议案少,虽然也有论者认为,二者关于议题范围的规定较为适合省级以上检委会,而对基层检委会适用性不强,也是造成目前基层院执行不力的一个重要因素。② 但不能否认,如果按照预设的轨迹,实践中,检委会在议事及宏观指导方面的占比理应更重。这既符合当前法律及相关规定中对于检委会性质、功能的设定,又是今后检委会发展完善的方向。

然而,反观现实,多数检察院检委会的日常工作局限于对个案的讨论,个别检察院甚至一年召开一百多次检委会,又怎样能够有精力去对检察工作中全局性、方向性的问题进行研究呢? 长期存在着"两重两轻"现象,即"重议案、轻议事""重具体、轻宏观"。③ 具体而言,首先是议案占有绝对比重。检委会议案议

---

① 据统计,《刑诉规则》中规定可以提请检委会讨论的议案范围有17种:涉及第24条、第31条、第82条、第168条、第183条第2款、第290条、第291条、第324条、第328条、第343~346条、第356条、第376~416条、第421条、第461条、第558条、第595条、第611条;《执法规范》中规定可以提请检委会讨论的议案范围有25种:涉及第1·45条第2款、第1·48条、第2·52条第2款、第2·57条第2款、第3·34条第1款第2项、第3·39条、第3·49条、第3·104条2款、第4·35条第1款、第4·97条、第4·129条、第4·135条、第4·283条、第4·287条、第4·424条2款、第5·47条、第5·54条、第5·58条、第5·84条、第5·104条、第5·116条2款、第6·24条、第6·85~93条、第6·157条、第9·47条。

② 上海市黄浦区人民检察院课题组:《检委会司法属性最大化的理论与实践》,载张本才主编:《法律监督热点问题研究(五)》,法律出版社2016年版,第395~396页。

③ 刘昌强:《检察委员会制度研究》,西南政法大学2012年法学博士学位论文。

事两大职能中,讨论决定重大案件在实践中一直是检委会的主要工作,检委会甚至被等同于一般的办案机构,往往审议案件较多,对涉及检察工作和重大决策、交流工作经验等重大事项的讨论却常常被忽视。如广西壮族自治区人民检察院在汇报交流材料中就讲到:"各级院检委会'重议案轻议事'的现象仍不同程度存在。如2012年至2014年,崇左市两级院共召开225次会议,议题共251个,其中讨论案件248个,占99%;议事仅3项。有7个基层院检委会从未讨论过案件以外的议题。"①其次是宏观指导功能虚化。由于前述对于"重大案件"的界定范围不明,存在极强的主观性,所以各级检察院自行决定检委会议题范围时,不可避免会产生相当广泛的案件进入检委会的议案范围,讨论的任意性、随意性较大。此外,承办检察官或出于规避风险的因素,加之一些"因为种种不得以或只能做不能说的原因"②,使得原本并非"重大"的案件也涌向了检委会。这些均在客观上加重了检委会的负担,削弱了检委会宏观指导功能的发挥。以某基层检察院为例,2012年至2014年,共召开检委会66次,讨论案件428件次,约占全部讨论议题的96.4%,讨论事项只有16个,约占全部讨论议题的0.36%,三年间,平均每召开4次会议才能讨论1个事项,平均讨论26.8个案件才讨论1个事项。③可见,称检委会宏观指导功能虚化,绝非妄言。

二、检察官办案责任制改革对检委会议题范围提出的新挑战

党的十八大作出加快建设社会主义法治国家的战略部署,十八届四中全会作出《关于全面推进依法治国若干重大问题的决定》,新一轮司法体制改革启动。此轮司法改革是深层次的体制机制性改革,完善司法责任制是其中的重要内容。笔者在起草本单位的检委会议事规则过程中,恰逢最高人民检察院印发《关于完善人民检察院司法责任制的若干意见》(以下简称《若干意见》)。其中,虽然用了

---

① 最高人民检察院法律政策研究室编:《2015年全国检察机关检委会工作视频汇报会交流材料》。
② 主要是指:检委会的运行受到当前政治政策的影响;检委会的运行还受制于当下的政治体制;中国是一个人情社会,检察官不可能生活在真空之中,要想在不得罪熟人的情况下依法办案,还得依靠检委会决策;检委会委员之间、内设部门之间也会因为业绩考核等原因而存在利益纠葛,需要检委会予以协调。蒋文军、王安胜:《透视与应对:检委会改革进程中的功能转向及实践路径——以基层检察院检委会的微观运行为为视角》,载《检察实践》2016年第2期。
③ 蒋文军、王安胜:《透视与应对:检委会改革进程中的功能转向及实践路径——以基层检察院检委会的微观运行为为视角》,载《检察实践》2016年第2期。

5条来专门规定"健全检察委员会运行机制",但就笔者比较关心的检委会议题范围的问题,仍然没有给予令人满意的解答,仅规定:"提高检察委员会工作法治化、民主化、科学化水平,发挥检察委员会对重大案件和其他重大问题的决策、指导和监督功能。检察委员会讨论决定的案件,主要是本院办理的重大、疑难、复杂案件,涉及国家安全、外交、社会稳定的案件,下一级人民检察院提请复议的案件。"但令人欣喜的是,《若干意见》中明确规定了检委会及委员司法责任的认定与追究,即"检察官向检察委员会汇报案件时,故意隐瞒、歪曲事实,遗漏重要事实、证据或情节,导致检察委员会作出错误决定的,由检察官承担责任;检察委员会委员根据错误决定形成的具体原因和主观过错情况承担部分责任或不承担责任"。这可以说是对以往检委会制度"看似人人负责、实则无人负责"批评意见的积极回应。

检察官办案责任制改革是本轮检察院司法改革的重头戏,也是改革能否取得成功的关键。《若干意见》第3条规定:"推行检察官办案责任制。实行检察人员分类管理,落实检察官员额制。检察官必须在司法一线办案,并对办案质量终身负责。"据此,检察官办案责任制改革的核心是突出检察官的办案主体地位,保障在司法一线办案的检察官能够独立办案、独立定案并独立负责,真正落实"谁办案谁决定、谁决定谁负责"的权责一致原则。随着检察官办案责任制改革试点的推行,很多人开始质疑检委会的价值和意义,甚至有人提出,检察官办案责任制改革强调检察官的独立性,注重发挥个体检察官的作用,检察权由检察官个人行使,责任亦由其承担,检委会制度已无存在必要性。① 也有人顾虑,一方面赋予检察官更多决定权将削弱乃至架空检委会的权限,另一方面实行办案责任制以后,有的检察官会因为不敢担责,而把过多的案件提交检委会决定以规避自身的责任。② 上述种种,势必会在检委会制度与检察官办案责任之间形成一定的张力,而这种张力必然会集中传导至检委会议题范围上。

(一)检委会制度与检察官办案责任制并不存在冲突与矛盾

1.检察官办案责任制改革为检委会职能的回归提供了机遇

如同最高人民检察院常务副检察长胡泽君在2010年的全国检察机关检察委员会工作会议上所强调的,应准确把握检委会的性质和定位,要更加充分发挥检委会对检察业务工作宏观指导作用,更加充分发挥检委会研究决定重大案件

---

① 邹开红:《司法改革背景下检察委员会制度改革研究》,载《河南社会科学》2015年第10期。

② 曾杰:《办案责任制改革中检察委员会权责探究》,载陈卫平、齐树洁主编:《司法改革论评》(第21辑),厦门大学出版社2016年版。

作用,更加充分发挥检委会内部监督作用。① 然而,现实却是由于权责不清,检委会常常过多地承担了办案职能,有的基层检察院的检委会几乎达到了事必躬亲的程度,检委会无形中成为第二个案件讨论部门和风险承担机构。②《若干意见》通过健全司法办案组织,科学界定内部司法办案权限,完善司法办案责任体系,构建公平高效的检察权运行机制和公平合理的司法责任认定、追究机制,做到"谁办案谁负责、谁决定谁负责"。由此,也有利于明确检察官与检委会各自办案权责界限,使得"上帝的归上帝,恺撒的归恺撒",除研究决定重大案件外的另外两项检委会应有职能,即检察业务工作宏观指导和内部监督职能,也才能得以正常回归。在试行办案责任制改革初期,之所以会有人产生突出检察官地位就会削弱检委会作用之感,乃受制于旧办案模式思维之故。③

2.二者皆为健全检察权运行机制题中应有之义

首先,在制定《若干意见》之始,在完善检察权运行机制和司法责任制的具体制度设计中,即重点体现"检察一体""上令下从"的基本原则。"明确检察人员职责权限,目的在于使检察官在职责范围内相对独立地承办和决定案件。"④检察官办案责任制改革虽然以突出检察官的主体地位为核心,但也并非完全放权于检察官个人。根据我国宪法规定,独立行使检察权的主体是检察院,上下级检察院之间是领导与被领导的关系;根据《组织法》规定,检察长统一领导检察院的工作。这也是由于我国统摄性的政治模式、检察机关的法律监督性质等因素决定的。⑤ 其次,健全检委会运行机制亦为《若干意见》中的一项重要内容。如同曹建明检察长在一次大检察官研讨班开班式上所说:"检察权既具有司法属性,又有行政属性,还有监督属性。"⑥所以,检察院司法责任制改革既要遵循司法活动的一般规律,也要体现检察权运行的特殊规律,根据检察权不同职能特点,设置

---

① 徐盈雁、沈义:《全面充分发挥检委会三项重要职能作用》,载《检察日报》2010年11月24日第1版。

② 姜田龙、于冰、周清水:《检察委员会工作几个实践问题的思考》,载《中国检察官》2013年第9期。

③ 曾杰:《办案责任制改革中检察委员会权责探究》,载陈卫平、齐树洁主编:《司法改革论评》(第21辑),厦门大学出版社2016年版。

④ 梁捷、刘云霄:《完善司法责任制 提高司法公信力——最高检有关负责人解读〈关于完善人民检察院司法责任制的若干意见〉》,载《光明日报》2015年9月29日第4版。

⑤ 邓思清:《论我国检察委员会制度改革》,载《法学》2010年第1期。

⑥ 王治国、徐盈雁、戴佳:《集思广益共破改革难题——最高检就〈关于完善人民检察院司法责任制的若干意见(送审稿)〉征求专家学者意见建议》,载《检察日报》2015年7月12日第1版。

不同的权力运行机制。这也许是《若干意见》在确立独任制检察官与检察官办案组两种办案组织形式之外,对检委会研究决定案件这一办案模式也专门加以规定的重要考量因素之一。最后,《若干意见》中明确了检委会及委员的责任认定和追究契合"谁办案谁负责、谁决定谁负责"的改革目标。长期以来,检委会"取消说"的一个重要论据就是检委会制度无法落实错案责任追究。认为检委会是以集体形式决定重大疑难案件或重要事项,但当出现错误时,只能在形式上追究责任,而无法追究具体检委会委员的责任。① 《若干意见》中除对健全检委会运行机制作出较为详细的规定外,还严格了检委会及委员的责任认定和追究,符合此轮检察院司法责任制改革"谁办案谁负责、谁决定谁负责"的目标追求。

3. 检委会是对独任检察官/检察官办案组的有益补充

检委会制度作为一种稳定性的群体决策机制,对于(独任)检察官个人决策是一种必要补充。检察官办案责任制倡导的是检察官的个人决策,这种决策模式有利于激发检察官办案积极性,增强检察官办案的责任心和创造性。检委会制度是群体决策机制,群体决策是组织中常见的决策模式,其优点在于提供的知识信息更全面完整,观点更多种,解决方案更多样,决策被接受度更高。当然,群体决策若要体现出前述比个人决策更具的优势,需要满足许多特定的条件,这些条件包括:一是群体成员的多元化。成员们的能力可以相互补充,产生多人智慧的倍加效应。二是群体成员能够自由、开放地沟通想法。三是群体所承担的任务复杂。对于"复杂的需要大家接受的事项",个人决策的效果明显不如群体决策。② 检委会的决策优势不但由群体决策理论所证明,而且经过了长期检察工作实践的检验,这正是检委会制度多年来虽饱受质疑,但其制度生命力非但没有消亡,反而越发向规范化、专业化方向发展的原因。③

(二)检察官办案责任制改革背景下检委会议案范围应进一步限缩

检委会制度与检察官办案责任制改革并不存在冲突与矛盾。然而,这并不意味着检察官办案责任制改革对检委会制度无任何影响。"作为一个有生命的制度体,审判委员会自身已经在外部制度结构与制约因素变迁的裹挟之下,不断进行着适应性变革。正是这些变革使得审判委员会的实践面貌、运行机理与其传统面相以及各界对其固有的认知渐行渐远,甚至审判委员会所具有的案件实

---

① 邓思清:《论我国检察委员会制度改革》,载《法学》2010年第1期。
② [美]斯蒂芬·P. 罗宾斯、蒂莫西·A. 贾奇:《组织行为学》,损健敏等译,中国人民大学出版社2012年版,第246~254页。
③ 曾杰:《办案责任制改革中检察委员会权责探究》,载陈卫平、齐树洁主编:《司法改革论评》(第21辑),厦门大学出版社2016年版。

体控制功能的发挥,也在司法专业化与职业化改革的挤压下,降到了相对较低的程度。"①如同审委会一样,面对司法改革不断推进的大潮,检委会亦应作出相应调适。质言之,随着检察官授权范围的不断扩大,检察官员额制的逐步推行,以及不容回避的检委会研究决定办案模式的先天缺陷,检委会议案范围应进一步限缩。

1. "能放尽放"的检察官放权趋势

"放权"是检察官办案责任制改革的核心问题。从检察官办案责任制的改革方向上看,检察官的职权来源于法律的规定并由检察长授权,检察长的授权可坚持"普遍放权"与"特殊例外"相结合的原则来处理。普遍放权,即对于除法律和司法解释明文规定应由检察长或者检委会行使的权力以外,其余均可授权;特殊例外,即对于特别重大,疑难复杂敏感,上级机关和领导交办、督办,社会关注度高等案件,检察长可以临时把权力收回,由自己决定或者提交检委会讨论决定。从笔者所在的上海检察机关的实践探索看,作为全国检察官办案责任制改革试点,上海检察机关在改革试点中采用"权力清单"的模式,更大放权于检察官,提出除17项办案职权应当由检察长或者检委会行使外,其余职权均可授权其他检察官或独任检察官依法行使,通过大幅度下放办案权力,突出了检察官的办案主体地位。笔者从日前最高人民检察院办公厅下发的《关于制定检察官权力清单的指导意见(征求意见稿)》(以下简称《指导意见》)中,也找到了对于这种"能放尽放"的检察官放权趋势的绝佳说明。《指导意见》第6条规定:"《关于完善人民检察院司法责任制的若干意见》第7条规定的以人民检察院名义提出纠正违法意见、检察建议、终结审查、不支持监督申请或提出(提请)抗诉等相关办案事项决定权,可以根据本地实际由检察长或检察委员会行使,也可委托检察官行使。"而《若干意见》第7条仅规定:"以人民检察院名义提出纠正违法意见、检察建议、终结审查、不支持监督申请或提出(提请)抗诉的,由检察长(分管副检察长)或检察委员会决定。"两相对比,可以看出,相较于早前的《若干意见》,《指导意见》中明显扩大了检察官的授权范围。此外《指导意见》第5条的规定中也有着同样的意蕴:"检察长委托检察官行使的办案事项决定权范围,应根据不同层级检察院办案职责、不同业务类别的性质和特点,综合考虑对当事人权利的影响大小,可救济措施的多少、承办案件重大、复杂、敏感程度等因素确定。在检察官办案责

---

① 事实上,随着法官员额制的推行,在试点法院中,如贵州省遵义市汇川区法院、广东省东莞市第二法院,法院院长、厅长越来越多地亲自办案;相应的,交由审判委员会讨论决定的案件也越来越少。左卫民:《审判委员会运行状况的实证研究》,载《法学研究》2016年第3期。

任制改革推进初期,委托的范围可以相对小一些;随着改革的推进,可逐步扩大委托的范围。"①

2.检察官素质不断提升

以往,一些案件承办人之所以更倾向于将案件提请检委会审议,不排除其自身能力欠缺的因素,"由于历史、文化、制度等方面的原因,我国的检察官队伍却相当庞大,而且检察官的整体素质不高,专业化和职业化程度较低,缺乏与履职相适应的阅历和经验,实践中有的检察官仅凭常识和经验办案"。② 然而,这一切随着我国法学教育的发展,国家统一法律职业资格制度的完善,检察机关内部交流以及向社会公开选任工作的不断深入而逐渐发生改观,检察人员的素质正在不断提高。当前,本科学历已成为检察官的基本学历要求,不少检察机关硕士生较多,法学博士在检察机关中也越来越常见。2011年最高人民检察院《关于加强人民检察院基层建设促进公正执法工作情况的报告》指出,基层检察官中具有本科以上学历的占78.7%,硕士、博士研究生人数比2007年增加近1倍。③ 此轮司法改革,实行检察人员分类管理,落实检察官员额制,更是意在使检察官朝着"精英化"的方向发展。以上海检察改革试点为例,"全市检察人员员额控制以上海检察机关队伍总数为基数,确定检察官、司法辅助人员、司法行政人员分贝占全市检察机关队伍总数33%、52%、15%"。"实行人员分类后,检察官主要从助理检察员、检察官助理中择优选人,上级院检察官一般从下级院的优秀检察官中遴选产生。"④据统计,2016年参加上海司法改革全面铺开后的首场检察官遴选考试的人员中,具有硕士、博士学历、学位的占70.7%。⑤ 可以说,经过多年的发展,检察机关从早期检察人员专业能力缺乏、司法经验不足,已经发展到拥有一批高素质、高水平、经验丰富的专家型检察官。⑥ 伴随着检察官素质的不断提升,在检察官个人即能对案件作出正确判断的前提下,提请检委会审议决定案

---

① 最高人民检察院办公厅:《关于就〈关于制定检察官权力清单的指导意见(征求意见稿)〉征求意见的通知》(高检办字〔2016〕420号)。
② 邓思清:《论我国检察委员会制度改革》,载《法学》2010年第1期。
③ 陈丽平:《检察院三年多来刑事抗诉逾万件》,载《法制日报》2011年10月26日第3版。
④ 姜平主编:《上海司法体制改革制度选编》,法律出版社2015年版,第129~130、132页。
⑤ 刘栋、施坚轩:《上海首场检察官遴选考试举行》,载《文汇报》2016年6月20日第2版。
⑥ 左卫民、谢小剑:《检察院内部权力结构转型:问题与方向》,载《现代法学》2016年第6期。

件的需求已不再像以往那么迫切。

3. 检委会不容回避的缺乏亲历性先天缺陷

在笔者看来,缺乏亲历性,是检委会研究决定案件办案模式的一个"硬伤"。亲历性是司法规律的必然要求,只有亲历重要办案环节,才能确保证据的真实性,才能形成内心确信。检察官办案责任制改革的一个作用也就在于解决办案中存在的"审而不定,定而不审"问题。① 实践中,大多数检委会委员是兼职委员,审议决定案件也只能是靠会议召开前几天或召开过程中简单地翻阅一下议题材料,听取检察官的口头汇报,不接触当事人,几乎没有亲历性可言。虽然也有论者从《关于加强和改进最高人民检察院检察委员会工作的意见》中"对于重大疑难案件的讨论主要解决法律适用问题,对于事实不清、证据不足的,不提请检察委员会讨论"的规定出发,认为办案责任制也强调提请检委会审议的案件,检察官对事实和证据负责,而检委会审议决定案件,只讨论法律适用问题,为何要强调亲历、兼听?② 更有论者为了论证检委会研究决定办案模式符合检察官办案责任制,认为通过严格限制检委会议案范围,让少数重大案件进入检委会讨论程序,从而确保检委会委员有充足的时间和精力,直接审核证据材料,讯(询)问案件当事人,深入了解并全面掌握相关案件的具体情况,从而能够正确判断事实、适用法律,作出科学决定,以保证检委会研究决定重大案件过程中亲历性的实现,进而直接得出"检委会研究决定办案模式与亲历性原则并不相悖"的结论。③ 笔者虽然也认为检委会制度与检察官办案责任制改革并不矛盾,但对于上述观点和理由实难认同。对于前者,已经有论者指出,规定检委会只负责案件的法律审查,而不负责事实审查有一定的合理性,但不具有实践的可操作性;④于后者而言,且不说让检委会委员"直接审核证据材料,讯(询)问案件当事人"的现实可行性,即便对有论者提出的妥协或曰变通做法而言,"审议重大有争议案件,有必要听取当事人的意见"、"检委会委员在讨论案件前观看录音录像等方式了解案情"、"改进案件承办人向检委会汇报案件的方式,变书面文字材料的汇报为多媒体系统的直观型形象化汇报,探索由承办人在检委会上播放犯罪工具、犯

---

① 郑青:《湖北省主办检察官办案责任制探索》,载《国家检察官学院学报》2014年第2期。

② 王立华:《办案责任制改革与检委会功能定位》,载《人民检察》2015年第17期。

③ 张伟、杨菁:《检察委员会在案件办理过程中的角色定位及职能设置》,载《法制与社会发展》2016年第3期。

④ 张少林:《浅谈司改背景下检察委员会的适度司法化——以检委会讨论决定案件为视角》,载《东方法学》2016年第4期。

罪现场的图片或录像,案件调查取证、提审等情况的全程同步录像,以及由检委会委员阅看电子化案件卷宗,直接参与或旁听重大案件的远程提讯或观看同步直播"等,①笔者也认为,其显然没有注意到问题的关键,即检委会委员也是常人,没有三头六臂,除了繁忙的行政事务和办案任务外,还要让其像承办人一样对所评议案件的全部案卷和有关人员进行调查核实,是不现实的。

三、检察官办案责任制改革背景下检委会议题范围合理界定之路径探讨

"任何事物的改革首先应考虑其有无存在的必要,在此基础上扬长避短、加以完善,而不是不加甄别主张一概取消。"②关于检委会制度存在的必要性,前文已经论及。"从长的发展趋势看,随着检察改革的深化、检察官办案责任制的完善和检察官素质的提高以及职业保障机制的健全,主任检察官或者检察官办案能力和排除干扰的能力越来越强,检察委员会在办案决策机制中的地位和作用将会逐步淡化。"③检察官办案责任制改革背景下,检委会议题范围将进一步限缩,也已成为趋势。接下去检委会制度改革完善的着力点,或许即为合理界定检委会的议题范围,使其能够更加顺应司法改革的大趋势,更加符合《若干意见》中确立的"坚持突出检察官办案主体地位与加强监督制约相结合"的基本原则。

需要说明的是,此前,笔者也赞同有论者提出的,"建议高检院结合检察工作实际,制定出台指导性意见,不断明确和规范检委会议事范围",④并试图厘出一个相对明确的检委会议题范围。对于前者,笔者在高检院关于《指导意见》中的说明中,就有些地方认为应当由高检院制定全国统一的检察官权力清单的解释中,找到了间接答案:即目前由高检院制定统一权力清单的时机还不成熟,一方面,由高检院统一制定权力清单存在一定的法律方面的问题,需要审慎为之;另一方面,高检院统一制定权力清单也难以兼顾各地区检察机关的不同情况,如不

---

① 上海市黄浦区人民检察院课题组:《检委会司法属性最大化的理论与实践》,载张本才主编:《法律监督热点问题研究(五)》,法律出版社 2016 年版。
② 张少林:《浅谈司改背景下检察委员会的适度司法化——以检委会讨论决定案件为视角》,载《东方法学》2016 年第 4 期。
③ 谢鹏程:《检察官办案责任制改革的三个问题》,载《国家检察官学院学报》2014 年第 6 期。
④ 山东省人民检察院法律政策研究室:《关于基层院检察委员会工作的调研报告》,载最高人民检察院法律政策研究室编:《检察委员会工作情况》2011 年第 4 期。

同层级检察院的职责和定位,不同地区检察机关办案数量、人员素质不平衡等实际情况。① 而检察官权力清单的另一面,也即检委会议题范围尤其是议案范围。于后者而言,笔者随着思考的逐步深入,渐渐发现此确系己力所不逮,只能就有限的几点思考,谈些浅见,以期在检察官办案责任制大背景下,对进一步完善检委会议题范围有所助益。

(一)对于检委会议题范围所谓"灵活性"原则的理解

前文也已提及,根据我国现行的法律及规范性文件的规定,检察委审议议题的范围包括"重大案件"和"其他重大问题",即通常所说的"议案"和"议事"两类。实践中,各地在本单位检委会"工作条例""议事规则"以及"加强和改进检委会工作意见""进一步规范检委会议题范围"等各类文件规定中,也大都采取了"议案"和"议事"的分类方法。对于议事范围,各地在制定本单位相关规定时,或有形式创新,这在后文将作专门论述,但基本参照了高检院《议事规则》中对于议事范围的规定。对于议案范围,现行《刑诉法》和《刑诉规则》中采取的是一种"原则性"和"灵活性"相结合的方式。② 原则性,表现在上述法律和司法解释中即为"由同级人民检察院检察委员会决定""应当提交检察委员会讨论决定""应当经检察委员会讨论决定"等;表现在各类文件规定中即为"应当提请检察委员会审议案件范围""应当提请检察委员会审议事项范围"等。灵活性,表现在上述法律和司法解释中即为"应当经检察长或者检察委员会决定""应当报检察长或者检察委员会决定""可以报请检察长提交检察委员会决定"等;表现在各类文件规定中即为"可以提请检察委员会审议事项范围""可以提请检委会审议案件范围"等。有论者称,这种既体现了原则性又具有灵活性的规定方式,基本上覆盖了检察机关在刑事诉讼中的职权范围,是适当的和科学合理的。③

但笔者认为,正是这种所谓灵活性规定,在一定程度上导致了实践操作中检委会议题范围尤其是议案范围的模糊不清。如姑且不论相关规定中规定为"可以"的部分内容,仅就其中规定为"应当"的部分内容,即"应当经检察长或者检察委员会决定",实践中,往往表现为检察长和检委会两个决策主体的互相博弈,尤其是当遇到"个别地方检察长没有真正把检委会工作摆在应有的位置,忽视检委

---

① 最高人民检察院办公厅:《关于就〈关于制定检察官权力清单的指导意见(征求意见稿)〉征求意见的通知》(高检办字〔2016〕420号)。
② 刘昌强:《检察委员会制度研究》,西南政法大学2012年法学博士学位论文。
③ 朱会民:《论我国检察委员会制度》,山东大学2012年法学硕士学位论文。

会在重大检察业务问题决策中的作用,甚至存在排斥这种集体决策的倾向"①时,检委会作用发挥如何可想而知。

笔者认为,所谓"灵活性"原则,应该是指各级人民检察院可以结合工作实际,制定本单位的议事规则,规范检委会议题范围。但当具体到每个检察院时,在检察官办案责任制改革的大背景下,在突出检察官在司法办案中的主体地位,尽可能地放权于检察官的语境中,检委会议题范围应当是具体而且确定的。所谓"工作实际",除了前述不同层级检察院的职责和定位,不同地区检察机关办案数量、人员素质不平衡等,甚至可以具体到不同业务类别的性质和特点,综合考虑对当事人权利的影响大小,可救济措施的多少,承办案件重大、复杂、敏感程度等因素。明确检委会议题范围,应该尽量减少乃至杜绝使用"可以提请""或者"等文字表述,而明确规定为"应当提请(交)检察委员会讨论决定"。如此,既可减少前述检察长与检委会之间的权力博弈,又可在一定程度上降低检委会被"架空"或成为"第二办案机构"②两端的担忧。

(二)明确载体:对于完善检委会议事范围的建议

在《议事规则》规定的10项检委会议题中,涉及贯彻执行法律、政策的重大问题和业务工作研究部署的就占了6项,这充分说明宏观业务决策指导在检委会工作中的分量和比重。《关于全面深化人民法院改革的意见——人民法院第四个五年改革纲要(2014—2018)》中也规定:"合理定位审判委员会职能,强化审判委员会总结审判经验、讨论决定审判工作重大事项的宏观指导职能。"突出检委会的宏观指导作用,淡化其个案决策职能,既符合当前法律及相关规定中对于检委会性质、功能的设定,也是检察官办案责任制改革背景下,检委会不断改革调试以适应检委会制度开放性发展的要求。正如有论者言:"检委会是检察机关的业务决策机构,宏观性是检委会业务决策的一个重要特征。在落实检察官办案责任制背景下,对此要有更加充分的认识。"③

但仔细研究高检院《议事规则》不难发现,就检委会议题范围,除个别规定指向比较明确,如"审议贯彻执行本级人民代表大会及其常务委员会决议,拟提交本级人民代表大会及其常务委员会的工作报告、专项工作报告和议案"等。其他规定,如"在检察工作中贯彻执行国家法律、政策的重大问题""重大专项工作和

---

① 山东省人民检察院法律政策研究室:《关于基层院检察委员会工作的调研报告》,载最高人民检察院法律政策研究室编:《检察委员会工作情况》2011年第4期。
② 武裴、孙苏、龙娟:《检察委员会与检察官独立原则间的冲突与协调》,载《湖北警官学院学报》2012年第8期。
③ 王立华:《办案责任制改革与检委会功能定位》,载《人民检察》2015年第17期。

重大业务工作部署""总结检察工作经验,研究检察工作中的新情况、新问题"等,均比较模糊。规定本身指向不清,必然难以要求实践操作中精准。

霍姆斯大法官有句名言:"法律的生命在于经验,而不在逻辑。"笔者在收集各地有关检委会议题范围的文件规定时,发现了许多值得借鉴的做法。具体到议事范围,可归结为一点,有些地方在前述高检院《议事规则》中关于检委会议事范围规定的基础上,创造性地明确了相关载体,也为进一步完善检委会议事范围提供了宝贵思路。

如上海市人民检察院在制定本单位检委会工作条例时,在常规的"总结检察工作经验,研究检察工作中的新情况、新问题"表述之后,又加了一句"并以决定、纪要、通报、法律问题的批复意见等方式指导本市检察工作开展"的规定,①这就为总结工作经验、研究工作中的新情况、新问题指明了路径。以检委会通报为例,检委会通报制度系上海市人民检察院首创,该制度以案例指导工作为主线,通过选编具有指导意义的案例,为上海全市检察机关执法办案活动提供参照样本。近年来,上海市人民检察院在原有工作的基础上,围绕重点工作,如新法实施、法律监督、社会管理创新等,不断丰富通报内容及通报题材,实现对全市各级人民检察院办理案件的全覆盖,使得检委会宏观指导功能进一步彰显。②

再如,湖南省人民检察院在制定有关规范检委会文件时,规定"建立检察委员会听取专项业务工作报告制度,落实检察委员会审议检察机关贯彻执行国家法律、政策的重大问题、审议检察重大专项工作和重大业务工作的要求"。③ 对比《议事规则》中的相关规定,不难发现,湖南省人民检察院明确将"听取专项业务工作报告制度"作为对"在检察工作中贯彻执行国家法律、政策的重大问题""重大专项工作和重大业务工作部署"的载体,不可谓不是一种进步。福建省人民检察院2016年11月30日出台的《福建省人民检察院关于各内设机构负责人轮流向检察委员会报告检察业务工作的制度》可谓是对前述"听取专项业务工作报告制度"的进一步制度化、精细化。文件称,建立"各内设机制负责人轮流向检察委员会报告检察业务工作的制度","为保证检察委员会及时了解和掌握检察业务新精神、新要求,充分发挥检察委员会对检察业务工作的宏观指导职能"。文件规定,在每次检委会会议有关议题讨论结束后,安排一名内设机构负责人,

---

① 《关于印发〈上海市人民检察院检察委员会工作条例〉的通知》(沪检发〔2008〕235号)。

② 王光贤:《检委会宏观指导功能的发挥》,载《上海检察调研》2016年第8期。

③ 《关于加强和改进湖南省人民检察院检察委员会工作的若干意见》(湘检发〔2015〕23号)。

就有关检察业务事项向检委会报告。报告的主要围绕:本业务条线有关法律、法规以及相关司法解释的制订、修改;高检院和省院重大专项工作和重大业务工作部署及执行情况;业务运行规律,业务工作中出现的新情况、新问题、新特点,存在的主要问题,针对性的工作措施等;检察长或者分管院领导认为需要向检委会报告的其他事项。此外,还规定检委会秘书处应当在每年年底对下一个年度的各内设机构负责人轮流报告顺序作出安排。①

(三)限定类型:对于完善检委会议案范围的建议

最高人民检察院对检委会的议案范围,从《组织法》规定的"重大案件"拓展到了《条例》规定的"重大、疑难、复杂案件",之后的一些其他规定对此进行了各种扩大解释。但笔者认为,在检察官办案责任制改革背景下,对于重大案件,应作限缩解释。有论者已经指出:"随着十八届四中全会提出的司法办案责任制的建立完善及案件决策的亲历性等原则要求,检委会在案件决策方面的职能应进行限缩,可将审议案件范围限定在涉及国家外交、安全和社会稳定的重大疑难复杂案件上。"②但对于是否应将"疑难、复杂"案件也纳入检委会议案范围,笔者却有不同看法。正如有论者对于完善审委会制度所提建议一样,"不能将疑难、复杂案件也纳入审判委员会的讨论范围。毕竟,司法实践充分证明,审判委员会未必比合议庭更能解决疑难、复杂案件"③,由检委会审议决定的案件,也应当是那些需要"将案件置于国家安全、社会稳定、经济发展的大局中去考量,以是否涉及国家政治、经济安全和人民群众切身利益,是否容易引发社会矛盾、影响社会稳定"以及"上级机关交办的、有关部门组织协调的、社会广泛关注的热点敏感问题"④的案件,而非一般意义上的在事实认定以及法律适用上的疑难、复杂案件。易言之,相较于法律效果,由检委会审议决定的应该是那些更需要关注政治效果和社会效果的案件。

首先,这是由检委会是党对检察业务工作领导的载体决定的。检委会是检察机关在检察长主持下实行民主集中制的最高业务决策机构,是检察机关民主决策、科学决策、依法决策的重要组织形式。但同时也是党加强对检察工作领导,尤其是对检察业务领导的重要体现。可以说,党对检察业务工作的领导很大

---

① 《关于印发〈福建省人民检察院关于各内设机构负责人轮流向检察委员会报告检察业务工作的制度〉的通知》(闽检发秘字〔2016〕1号)
② 甄贞:《全面深入认识检委会性质特点 抓好检委会规范化专业化建设》,载最高人民检察院法律政策研究室编:《检察委员会工作情况》2015年第1期。
③ 王强之:《论刑事庭审实质化的庭外制度保障》,载《政治与法律》2016年第9期。
④ 项谷、张菁:《检察委员会议案功能的审视与重构》,载《人民检察》2012年第6期。

程度上就是通过检察委员会这一最高业务决策机构来实现的。① 其次,这是由检委会委员"术业有专攻"专业能力决定的。不可否认,检委会委员一般都是资深检察官,有着较为丰富的办案经验。但在实践中,检委会委员过于固定,无论普通案件还是专业性较强的案件,均由这些固定的检委会委员参加讨论并决定。如此产生的问题是,即便是分管副检察长,也可能只对自己分管的业务较为熟悉,不可能样样精通。而让此专业人员讨论彼专业案件,就很可能像一名牙医去诊断肺科疾病一样,很难保证其提出正确意见。② 这也许是司法实践中,检委会委员讨论决定案件更多的是从"案件与国家包括政治、经济、社会、环境资源等方方面面之间的关系"③出发的原因之一。当然,我们也不能因此而否定检委会委员的作用。因为如前所述,在检察官办案责任制改革背景下,员额内检察官素质较高,责任心也普遍增强,一般而言,案件承办人对于案件事实及相关法律条款应该是最为熟悉的,所欠缺的可能正是检委会委员所具备的,即对于政策的把握以及社会经验、生活阅历的广度和深度等,两相结合,恰恰可以取长补短,实现三个效果的统一。最后,司法实践也表明,检委会的政治作用凸显。各级检察院检委会在发挥司法功能的同时,基于其本身的政治属性而生发的政治功能,即接受党的领导、服务大局、维护稳定的功能作用愈发凸显。如山东省三级检察院检委会在 2011 年上半年共研究案件 891 件,其中上级院交办、组织协调、热点敏感等特殊案件占一半左右。2011 年上半年,海南省院检委会共审议民行案件 7 件,刑事案件 3 件,这些案件均涉及一些重大、敏感问题,如维护农民工合法权益、解决农民土地承包经营权纠纷等。④

四、结语

"人民检察院除了设检察长、副检察长和检察员以外,并且设立检察委员会。检察委员会是在检察长领导下处理有关检察工作的重大问题的组织。在人民检察院内设立这样的合意组织,可以保证集体地讨论问题,使人民检察院能够更加适当地进行工作。我们认为,在检察机关采取这种制度是比较适合于我国目前的实际状况的。"⑤这是刘少奇同志于 1954 年 9 月 15 日在全国人民代表大会第

---

① 最高人民检察院法律政策研究室编:《检察委员会工作情况》2010 年第 1 期。
② 张少林:《浅谈司改背景下检察委员会的适度司法化——以检委会讨论决定案件为视角》,载《东方法学》2016 年第 4 期。
③ 朱孝清:《与司法亲历性有关的两个问题》,载《人民检察》2015 年第 19 期。
④ 刘昌强:《检察委员会制度研究》,西南政法大学 2012 年法学博士学位论文。
⑤ 闵钐编:《中国检察史资料选编》,中国检察出版社 2008 年版,第 387 页。

一次会议上作《关于中华人民共和国宪法草案的报告》时所讲的一段话。在笔者看来,这一论述现今依然没有过时,关键在于如何改革完善检委会制度,使其适应新形势、新要求。正如有论者言:"如果说不断调试以求合理性是检察制度发展的基本路径,那么我们也可以讲,检委会制度的发展史告诉我们,不断改革调试是保持检委会制度合理性和旺盛生命力的基本途径。这也是日后推动检委会制度改革发展的原因和动力。"[①]

[①] 刘昌强:《检察委员会制度研究》,西南政法大学 2012 年法学博士学位论文。

刑事法律前沿

审查逮捕诉讼化改造若干问题辨析

曾祥璐* 薛 培**

摘要:逮捕权的内容和特点决定了其性质是司法权,所以应当以司法的方式运行。在目前中国的诉讼模式和机构设置下,由检察机关行使逮捕权比法院更为适宜。在审查逮捕诉讼化的过程中,要坚持公正效率平衡、诉辨平等、全面审查、有限公开、权利救济的原则。具体的制度构建方面,要在符合基本司法规律的基础上,进行多元化尝试。

关键词:诉讼化;可行性;原则;具体制度

引 言

逮捕权是关乎公民自由的重要权力,尽管经过 2012 年刑事诉讼法的改造,审查逮捕仍然面临行政化色彩浓重的质疑,甚至逮捕权是否应当由检察机关行使依然还是理论界和实务界热议的焦点。

检察机关积极对审查逮捕进行诉讼化改造,以促进逮捕权的科学、规范运行,各地进行了积极的探索,2017 年伊始,最高人民检察院也与高校合作,正在进行相关的课题试点。[①] 目前,审查逮捕诉讼化审查试点工作正在推进,但诸多争议问题尚未予以明确,导致试点理论根基不牢、推进方向不明,有些地区的试

---

* 作者系四川省成都市人民检察院员额检察官,法学硕士。

** 作者系四川省成都市人民检察院员额检察官,西南民族大学法学院兼职教授,硕士生导师。

① 2017 年,最高人民检察院侦查监督厅和中国人民大学诉讼制度与司法改革研究中心合作开展"逮捕程序正当化与减少审前羁押"课题,并在上海、重庆、广东、四川、安徽 5 个省份进行试点。

点不符合基本的司法规律,有些地区则没有大胆探索,失去了试点的意义。基于此,笔者针对审查逮捕诉讼化中存在的各种争议,立足刑事诉讼基础理论,结合中国现行的法律规定和司法实践,从应然和实然两个角度分析,提出自己认为相对合理的建议。

一、审查逮捕诉讼化的可行性

分析某项试点是否能够取得预期效果,可行性必须是首先讨论的问题。而可行性的分析务必要追根溯源,认清权力的基本性质,然后结合司法实践探讨是否可行。

(一)逮捕权的性质

逮捕权的性质有行政权、法律监督权和司法权之争,笔者认为,逮捕权属于典型的司法权,这是由我国逮捕制度自身的内容和特点决定的。

在我国,逮捕制度与大陆法系和英美法系的都有所不同,"捕押合一"是典型特点。我国的逮捕相当于国外的羁押,而国外的逮捕制度仅相当于我国的拘留。国外的逮捕时间较短,仍然实行"司法令状主义",[1]犯罪嫌疑人被依法逮捕后,可以被临时性关押,但并不必然导致羁押。签署令状后予以逮捕的犯罪嫌疑人,是否有继续羁押必要再由专门的治安法官或预审法官进行审查,这一审查过程相当于我国刑诉法中的"审查逮捕"。由此可见,我国的逮捕是指可较长时间剥夺犯罪嫌疑人、被告人人身自由并解送到一定场所予以羁押的最严厉的一种强制措施。任何剥夺和限制人身自由的强制措施都必须经过司法审查,这是国内外普遍认同的刑事诉讼法基本原理,其所依据的人权保障和程序正当原则,是现代法治精神的重要体现。

逮捕权的实现活动称为批准或决定逮捕,这一过程是审前的程序性裁判活动。具体是由侦查机关提出批捕的正式请求,由中立的裁判方主持,在犯罪嫌疑人及其辩护律师等诉讼参与人的参加下,解决关系犯罪嫌疑人人身自由的重大程序性问题。这一过程具备中立性、被动性、多方参与性等特征,与行政权、法律监督权的主动性、单方性、强制性等特征明显不符,是一项典型的司法权实现过程。

(二)逮捕权由谁行使更为适宜

逮捕权的归属问题一直争议不断,支持划归法院或留在检察院的各持己见,近期还出现了某地试点将逮捕权划归法院的网络谣言。

---

[1] 林喜芬:《论我国审查逮捕阶段的非法证据排除问题》,载《当代法学》2013年第6期。

能够合理行使逮捕权的关键点在于程序的司法性和裁判者的中立地位,程序问题不关涉权利的归属,所以逮捕权应当由更为中立的机构来行使。从应然的角度来讲,逮捕权的最理想行使机关是"羁押法院"(或者叫"治安法院"),这一机构在中国尚不存在,它与审判法院截然不同,并相互独立。中国的司法体制构建或改革往往是自上而下的,若能推动成立"羁押法院",将立案监督、侦查活动监督等权力整合,并实现拘留、逮捕、扣押、查封、冻结等对人对物的强制措施的司法令状模式,必将推动我国刑事诉讼发生重大变革,从根本上提高案件侦查质量,并有效限制侦查权,切实保障人权。

从实然的角度来讲,笔者更赞同逮捕权由检察机关来行使,这是对学术界关于争论的不同支持理由深入分析所得出的必然结论。第一,关于国际惯例问题。联合国《公民权利与政治权利国际公约》第9条第3款规定:"任何因刑事指控被逮捕或拘禁的人,应被迅速带见审判官或其他经法律授权行使司法权力的官员,并有权在合理的时间内受审判或被释放。"有学者从这一规定出发,指出逮捕权应当由法院行使,而且目前除中国大陆以外已经没有国家和地区由检察机关行使逮捕权。不得不说,这一解读具有相当的片面性,原文指出可以行使逮捕权的是"审判官或者经法律授权行使司法权力的官员",可见审判官并不是唯一选项。我国《宪法》第37条第2款规定:"任何公民,非经人民检察院批准或者决定或者人民法院决定,并由公安机关执行,不受逮捕",这一宪法性授权相当明确,检察机关是司法机关争议也不大,所以由检察机关行使逮捕权并不违反国际惯例。2005年,联合国人权委员会对中国检察机关的逮捕权作出评价,这一评价是在专题调查的基础上给出的,他们建议继续将逮捕权留在检察官手中,但要采取措施消除影响检察官中立性的负面因素,这也印证了逮捕权留在检察机关得到了国际组织的认可。第二,从中国的刑事诉讼模式来看,《刑事诉讼法》第7条规定:"人民法院、人民检察院和公安机关进行刑事诉讼,应当分工负责、互相配合、互相制约,以保证准确地执行法律",这就表明,中国的刑事诉讼是平面、阶段性的,具有分工明确、既配合又制约的特点。无论与英美法系还是大陆法系的国家相比,中国检察机关的职能都具有自己的特点,比英美法系单纯承担公诉职能的检察机关职能要广泛,但又不是大陆法系的检警一体化,检察机关可以监督、引导侦查,不能插手、指挥侦查,更不能取而代之。[①] 所以,我国的检察机关拥有公诉以外的职权,但不拥有侦查权,监督侦查机关是监督其他机关而非自身的行为,这一独特的刑事诉讼模式,使得检察机关行使逮捕权具有坚实的理论基础。

---

① 万春:《侦查监督制度改革若干问题》,载《河南社会科学》2010年第2期。

诚然,现在检察机关还拥有职务犯罪的侦查权,即便是上提一级改革后也会遭受"自己侦查、自己逮捕"的质疑,但监察体制改革后这一问题将不复存在,检察机关行使逮捕权更无理论上的障碍。第三,法院和检察院谁更独立、中立的问题。从司法实践上来看,无论是上下级领导的检察机关还是上下级指导的法院,其独立性实质上都是一致的。各级法院、检察院独立地行使职权,而法官、检察官却并不独立,审判委员会、检察委员会等相似的制度充分说明了这一点。在此需要强调的是,域外行使逮捕权的是"羁押法院",这一机构在中国并不存在,中国的法院是审判法院。有的学者认为,检察机关承担着公诉职能,有的地方还在进行"捕诉合一"的尝试,审查逮捕会严重影响公诉权的行使。笔者对此并不完全否认,但"捕诉合一"的改革遭受了广泛质疑,目前检察机关内部对此已经持否定态度。试想,如果将逮捕权划归法院,在现行体制下,审查逮捕难免会对刑事审判造成重大影响,而且这一影响不会亚于对公诉的影响。在独立性、中立性一致的情况下,对刑事审判的终局影响更为致命且不可逆,两害相权取其轻,笔者更倾向于将逮捕权留在检察机关。当然,检察机关要不断地增加审查逮捕部门的中立性,推进"捕诉分离",才能有效地行使逮捕权。另外,有些学者提出的司法效率、权利救济等问题,笔者认为法院和检察机关差别不大,在此不予讨论分析。

(三)逮捕权究竟应当如何行使

司法权应当以司法的方式来实现,即由中立的裁判者以司法程序来行使,前文分析了中立的裁判者的问题,这里对司法程序进行讨论。

司法程序与诉讼程序具有同一性,即"两造对抗、居中裁判"的程序,具有听取多方意见、裁判者独立、利益无涉、亲历性、具有救济程序等特点。中国现行的审查逮捕运行模式经过发展,已经由行政色彩浓重变成兼具行政属性和司法属性的程序。2012年《刑事诉讼法》对审查逮捕程序的改造最显著的特点之一就是增加司法因素,如检察机关审查批准逮捕,除了审查公安机关移送的材料以外,还可以讯问犯罪嫌疑人,对是否符合逮捕条件有疑问等类型的案件应当讯问犯罪嫌疑人,可以询问证人等诉讼参与人,可以听取辩护律师的意见,辩护律师提出要求的应当听取。自此以后,各地检察机关积极探索,很多地方在审查逮捕阶段实现了对犯罪嫌疑人讯问的全覆盖,并且细化了讯问的具体要求;各地在保障律师权利方面也逐步完善,有些还尝试了讯问关键证人等制度,这些都极大地增加了审查逮捕的诉讼性。这一轮的检察官员额制、司法责任制等改革,赋予检察官更多的权限,改变了以往三级审批的行政化模式,实现让审查者裁判,进一步增加审查逮捕的司法属性。

以上变化固然值得肯定,但现行的审查逮捕方式离司法程序的要求还有一定距离。如审查逮捕目前还是单一的书面审查模式,即使疑难复杂案件,也缺少对抗性的程序设计;检察官获取的信息不平衡,侦查机关提请逮捕往往会提供大量的证据,从而占据主动、强势的地位,犯罪嫌疑人、辩护人一方获取证据困难,主动提供的意识也不强;特别是在审查逮捕阶段,司法实践中律师参与度极低,使得犯罪嫌疑人无法实现充分的辩护权,更加造成了双方实际诉讼地位、信息的不平衡;救济程序尚处于一方缺失的状态,侦查机关可以通过复议、复核的方式质疑审查逮捕决定,而犯罪嫌疑人一方却未设计救济途径。现行的羁押必要性审查针对的是逮捕后有无继续羁押的必要性进行审查,而非针对逮捕决定本身的合法性问题进行的权利救济,其启动决定权在检察机关,而非以诉权启动,最终效力上也仅是建议权,所以,羁押必要性审查不是逮捕的救济措施,而是行政化的自我监督手段。①

逮捕权作为关系公民自由的司法权,必然要以司法的方式来行使。应当对现有的审查逮捕方式按照诉讼化的要求,进一步实行改造,实现双方平等对抗、审查者充分获取信息后进行裁判,并完善救济制度。

二、审查逮捕诉讼化的基本法理

前文通过论述逮捕权的性质、检察机关行使的正当性和行使方式,证实了审查逮捕诉讼化的可行性。在此,需要明确审查逮捕诉讼化的基本法理,才能把握准方向,更好地进行尝试。

(一)诉讼化的本质与基本要求

刑事诉讼,是指国家专门机关在当事人和其他诉讼参与人的参加下,依照法定的权限和程序,认定犯罪嫌疑人、被告人刑事责任的行为。刑事诉讼的主要价值追求是公正和效率,诉讼化的本质追求则是公正地解决刑事诉讼中的争议。

刑事诉讼理论博大精深,就诉讼构造来讲,有"当事人主义"和"职权主义"之分。从我国刑事诉讼法的具体规定来看,我国目前采用的是以"职权主义"为基础,兼具"当事人主义"要素的混合型结构。② 以此为基础,具体的诉讼模式并不当然仅有两造直接言辞对抗的"三角结构"模式,还有"线性结构"和"混合型模式"的学术观点,目前尚未形成较有说服力的通说。特别是在侦查、起诉、审判等不同的诉讼阶段,刑事诉讼构造、模式、具体要求的争论更为激烈。但不可否认的是,不同的刑事诉讼阶段,诉讼构造应当有所不同,诉讼化的具体模式也不能做同一考量。如在一审阶段,全部刑事案件都应当开庭审理,控辩双方都必须到

---

① 闵春雷:《论审查逮捕程序的诉讼化》,载《法制与社会发展》2016年第3期。
② 李心鉴:《刑事诉讼构造论》,中国政法大学出版社1992年版,第160~161页。

场并进行对抗,法官居中裁判;而在二审程序中,对于一些事实清楚的案件,法官可以选择书面审理,不需要诉讼参与人出席法庭,直接作出判决或裁定。在书面审中,控辩双方并未直接对抗,但我们并不能说该程序不符合诉讼化的要求,只不过是法官在事实清楚的案件中,通过书面审查就能公正地解决争议问题,从而选择更加经济、高效的诉讼模式。①

虽然从横向上看,诉讼构造争论不休,"当事人主义"和"职权主义"的要求也大有不同。但从纵向上看,任何以司法裁判为中心进行构建的刑事诉讼都具有一些共同的基本诉讼原则和要求,如不得强迫自证其罪、司法官独立裁判、与个人基本权利和自由有关的刑事追诉行为要进行司法审查、控辩双方权利平等、控方不因代表国家而有更多的权利和机会等。②

(二)审查逮捕诉讼化的原则

审查逮捕的诉讼化必须符合诉讼化的基本要求,同时根据其所处的诉讼阶段、自身的程序特点、目前的司法实际等确定基本的原则。

1.公正与效率平衡原则

刑事诉讼的价值是个对立统一的永恒话题,公正与效率在刑事诉讼的各个阶段都必须努力寻找平衡,审查逮捕阶段尤其需要如此。公正是刑事诉讼的终极内在价值,当公正与效率冲突的时候,要坚持公正优先、兼顾效率的原则。③但是,在我国的刑事诉讼程序中,审查逮捕的期限一般只有7天(职务犯罪、未羁押的案件除外),诉讼化需要充分的时间来准备、推进,效率问题是不得不充分考量的问题。所以,在审查逮捕的诉讼化过程中,无论是案件选择、审查方式,还是程序设计,都必须体现公正与效率平衡的原则。

2.诉辩平等原则

关于审查逮捕诉讼化的目的,学者们有不同的看法,如增加审查逮捕的开放性、降低审前羁押率等。这些目标有些存在争议,但"保障双方特别是犯罪嫌疑人的诉讼权利,充分听取双方意见,从而提高审查逮捕质量"这一目标基本达成了共识。笔者赞成将这一目标当作唯一目标,降低羁押率等附属效果不能作为试点追求的目标,否则思想上的混乱可能带来具体制度设计时的犹豫。在刑事

---

① 马贵翔、胡巧绒:《书面审与言词审的界线分析——以刑事正式审判为视角》,载《甘肃政法学院学报》2012年第11期。
② 陈瑞华:《刑事诉讼的前沿问题》,中国人民大学出版社2013年第4版,第58～66页。
③ 闵丰锦:《有效率的公正:刑事诉讼价值再审视》,载《山西省政法管理干部学院学报》2017年第1期。

诉讼中，侦查机关往往占据强势地位，特别是在侦查阶段。现行的审查逮捕工作模式带有浓厚的"职权主义"色彩，立足侦查机关提供的案卷进行审查，导致犯罪嫌疑人一方处于绝对弱势地位。在审查逮捕诉讼化改造过程中，应当坚持诉辩平衡的原则，着重保障犯罪嫌疑人的诉讼权利，以达到兼听则明的效果。

3. 全面审查原则

刑事诉讼法把逮捕条件设置为三个阶层，事实证据条件、刑罚条件和社会危险性条件，三个条件层层递进、缺一不可。任何审查逮捕案件都必须严格把握全部的逮捕条件，进行全面审查，以诉讼化方式进行的审查更不例外。当然，具体案件的审查重点可以有所侧重，比如在很多地方的诉讼化试点中着重审查社会危险性，但缺失任何一项审查都会面临着逻辑上的重大缺陷，审查逮捕的诉讼化会流于形式，对司法实践失去实际的指导价值。

4. 有限公开原则

侦查不公开（或者叫侦查秘密）是刑事诉讼的一项基本原则，尽管目前在国际上这一原则的具体制度规定有所松动，但在我国，侦查能力尚不能与国际高水平接轨，刑事诉讼法也有明确规定，所以侦查不公开还是必须坚持的原则之一。审查逮捕处于侦查阶段，所以案件的证据处于保密阶段，当然辩方有权了解涉嫌的罪名、基本案情等与案件有关的情况，但检察官不可以公开案件证据。有限公开原则与全面审查原则并不冲突，检察官依然要对事实证据条件进行审查，辩方可以提出自己掌握的犯罪嫌疑人无罪、罪轻的证据，也可以提出非法证据排除申请，检察官必须进行审查，只不过不能向辩方开示侦查机关已经获取到的证据。

5. 权利救济原则。

无救济则无权利，这是国际通行的司法准则，审查逮捕作为较长时间剥夺人身自由的公权力，必须设置相应的权利救济制度。前文已经论述，控方侦查机关可以通过复议复核实现权利救济，但辩方犯罪嫌疑人却没有司法意义上的救济渠道，羁押必要性审查是行政化的后续审查措施。所以，诉讼化试点应当积极探索完善审查逮捕的权利救济渠道，设置合理的审级，切实保障犯罪嫌疑人的诉权。当然，由于我国的现行规定和审查逮捕的阶段、期限等显著的特点限制，权利救济方式的具体设计上还需仔细斟酌。

三、审查逮捕诉讼化的具体制度构想

在对可行性和基本要求等理论问题进行讨论的基础上，笔者将结合审查逮捕司法实践对诉讼化的具体制度提出自己的建议。试点工作本身要坚持"百花齐放、百家争鸣"的方针，才能拿出更多的模板、提供更多经验，以供比较参考，产生更多有益的成果。但各种尝试都必须符合司法规律、坚持基本原则，在厘清哪些当为、哪些不当为的基础上进行,才能少走弯路。

(一)名称

名称是一项制度的专门称呼,它不是可有可无的称谓,也不是仅具有形式意义的简单符号,往往是象征专业属性、价值取向、内容范畴等重要意义的标识。在各地的审查逮捕诉讼化试点中,出现了"公开审查""公开听证""集中审查""审查逮捕庭""侦查庭"等提法,其所想表达的意思是一致的。

试点工作本来就会出现不同的探索,但并不代表每一种提法都适合。听证制度最早诞生于英美法系国家,英国首先在私法程序中创造了听证。听证最初的含义是指法院在审判时,以公开举行的方式听取当事人和证人的意见,以保证审判的公平,进而确保司法正义。后来,这一制度被引入公共决策领域。听证制度在我国出现在20世纪的90年代初,深圳在全国率先实行价格审价制度,政府在制定或调整与百姓生活密切相关的商品和服务价格时要征求消费者、经营者和有关专家的意见,形成价格听证制度的雏形。[①] 1996年,《行政处罚法》首次引入"听证程序"的内容,是我国最早的规定听证的法律,后来,《行政许可法》也出现了关于听证的规定。在立法领域,《立法法》在对行政法规和行政规章制定过程的规定中列举了听证的形式。由此可见,虽然听证在诞生之初曾经被用于司法领域,但我国的听证制度诞生于行政领域。具体适用上,虽然在立法领域也有适用,但主要体现在行政听证制度上,司法听证目前还没有相关的规定。由此可见,听证制度在我国现阶段在狭义上只能定义为行政听证制度,"听证"是具有行政色彩和专属性质的词汇。所以,笔者建议,审查逮捕诉讼化这一司法活动的名称要规避"听证"一词,以免致人歧见。

(二)模式选择

从狭义上讲,审查逮捕的诉讼化是指在检察机关的主持下,侦查机关和犯罪嫌疑人、辩护律师等诉讼参与人在一定地点集中,分别发表意见,检察官居中裁判的审查方式。从各地的试点来看,这是目前主要的模式,但有些地方还进行了其他模式的尝试,比如分别听取意见等。

"两造对抗、居中裁判"是诉讼化的典型特征和基本要求,这是刑事诉讼理论界的通说。部分学者据此明确指出,公开、对抗审查是诉讼化的唯一模式,分别听取意见不具有对抗性,不符合司法活动的基本要求,而且分别听取意见与现行的审查模式区别不大,没有实际意义;有的学者则指出,我国的刑事诉讼具备"职权主义"的色彩,审查逮捕工作处于侦查阶段,可以效仿台湾地区"侦查庭"的模

[①] 余飞飞:《浅谈我国听证制度的尴尬》,载《法制与社会》2016年6月(下)。

式，检察官有疑问的要听取双方意见，可以组织在一起进行公开、对抗审查，也可以分别听取意见，但是地点都必须在办案地点而非办公区域，因为场所特征也是司法活动的标志之一。①

笔者认为，公开、集中、对抗审查不是诉讼化的唯一模式，各地可以探索分别听取意见等模式，但要尊重基本司法规律，实现诉辩平衡。"两造对抗"的实质要求是保证诉辩的权利平衡，充分听取双方意见，实现意见、证据的对抗。而对抗的实现形式可以多样化，不一定要现场进行肢体、表情、言辞的对抗。正如前文所论述的，书面审也是司法审查的一种方式，并不违反诉讼的基本要求。而且，在审查逮捕处于侦查阶段和审查期限很短这两个基本事实的基础上，合理设置、搭配诉讼化的方式和比例非常重要。如果将公开、对抗作为诉讼化的基本要求，那"侦查诉讼化"这一理论研究热点将是一个伪命题。② 从实际意义上看，虽然现行的审查逮捕模式增加了很多司法化因素，但总体来讲还是行政色彩浓重，诉讼化改造正是为了去"行政化"，增加"亲历性"。这一目的通过合理地设置分别听取意见工作的模式是可以实现的，如检察机关对犯罪嫌疑人的社会危险性有疑问的，应当分别听取犯罪嫌疑人、辩护人、家属、单位或基层社会组织的意见，并制作笔录附卷等，类似的制度目前尚不完善，如果经过探索予以完善，与现行的审查模式相比会是巨大进步，实际的效果和意义也非常重大。

（三）案件范围及审查内容

关于案件和审查内容的范围，各地的尝试的确是百花齐放，各种方式没有绝对的好坏之分，效果目前也不能得出明确结论。笔者将在坚持上文论述的原则基础上，提出自己的建议。

从应然角度讲，把全部审查逮捕案件都纳入诉讼化审查，都以集中、对抗的方式审查，保障权利效果会达到最佳。但从实然角度讲，这样违反了公正效率平衡的原则，在实践中也不可能实现。笔者建议，应当把检察官对事实、证据、刑罚、社会危险性等逮捕条件有疑问的案件纳入诉讼化审查，一些特殊类型的案件应当全部纳入诉讼化审查的范畴，如侦查机关申请复议、复核的案件，犯罪嫌疑人、辩护律师提出无罪证据或者排除非法证据申请的。有些案件则没有必要使用诉讼化的方式审查，如符合径行逮捕条件的案件，涉及国家秘密、商业秘密或者个人隐私的案件则不适宜公开审查。

---

① 万毅：《刑诉法修改对检察制度若干理念的重塑》，载《检察日报》2012年10月22日第3版。
② 李富成：《侦查诉讼化的理性反思》，载《政法学刊》第33卷第6期。

审查内容方面,有些地方提出了只对逮捕的社会危险性条件进行诉讼化审查,理由是工作实际需要和侦查不公开原则。笔者不同意这一做法,上文已经论述,如果只审查社会危险性条件,则会存在"皮之不存,毛将焉附"的逻辑漏洞,如果辩方对事实证据或刑罚条件提出疑问,则会使诉讼化审查面临无法进行的尴尬。检察官只要坚持不主动公开在案的证据,就是坚持了有限公开的原则,在进行一些合理的制度设计的基础上仍然可以进行诉讼化审查。如在公开审查的场合,应当允许辩方提出无罪、罪轻或不具有社会危险性的证据,允许提出非法证据排除的申请,也应当允许侦查机关进行回应,检察官记录在案并进行调查核实,但不得公开在案证据和组织对证据的质证、辩论;在分别听取意见的场合,检察官对事实证据条件有疑问的,可以分别、单独向控辩双方核实,但不得向辩方公布在案证据。

(四)启动方式及宣布方式

审查逮捕诉讼化的启动和宣布的方式具有多种选择,各地也出现了不同的组合,但无论何种做法都可能面临一定的质疑。

启动的方式总体上可分为依犯罪嫌疑人及其辩护律师申请启动和依办案检察官职权主动启动两种,两者分别带有"当事人主义"和"职权主义"色彩。依申请的支持者提出,"不告不理"是司法的基本特征,审查逮捕的诉讼化只能依控辩双方的申请启动;而依职权的支持者则更多地从实际需求的方面出发,提出诉讼化审查应当由检察官根据需要启动。要确定采用什么样的启动方式,首先要把理论和思路厘清。"不告不理"作为司法的基本原则,其含义是案件的启动必须由当事人申请,司法机关不能主动启动司法程序。审查逮捕案件作为一类司法案件,当然适用这一原则,所以检察机关审查逮捕部门不能主动启动审查逮捕,只能由侦查机关申请。但是,诉讼化只是审查逮捕案件的一种审查方式,此时逮捕案件已经依侦查机关的申请进入司法程序,检察官选择何种审查方式都不违反"不告不理"的原则,所以,检察官可以依职权启动逮捕的诉讼化审查。基于上述分析,笔者建议可以选择依犯罪嫌疑人及其辩护律师申请启动和依办案检察官职权主动启动相结合的方式启动,这样既可以充分保障双方的诉讼权利,又符合司法办案实际需求。具体来讲,犯罪嫌疑人及辩护律师可以提出诉讼化审查的申请,检察官也可以根据办案的需要,依职权启动诉讼化审查。

结果宣布方式分为当场宣布和延期宣布两种,当场宣布又分为直接当场宣布和休庭一段时间宣布,这些方式在理论上争议不大,但在实践中面临诸多问题。经过当前的司法改革,检察官的权力清单发生了重大变化,这对宣布方式具有决定性的影响。从应然角度来看,当场宣布效果最佳,但如果经过诉讼化审查,检察官的倾向性意见是不捕,其自身又没有决定的权限,会给实际操作带来困难;当然,有些地方探索了分管检察长在场、审查前汇报案情结合休庭期间汇报审查情况等方式,确实可以有效地解决这一问题。延期宣布的方式在理论上完全行得通,但过多地采取会使诉讼化审查的公开性、透明性和说服力有一定折扣,最终影响诉讼化审查的整体效果。

(五)参与人员与救济程序

参与人员与救济程序的争议基本还是在对司法特征的理解上,现行法律规定、实践状况与理论要求有着明显的冲突。

有观点认为,审查逮捕诉讼化的参与人员应当仅限于诉讼构造中的控、辩、审三方,其余人员都不应当参与;另外的观点则认为,审查逮捕诉讼化应当听取多方的意见,不仅应有诉讼三方参与,犯罪嫌疑人家属、被害人及其家属、单位或社区代表等可以部分反映犯罪嫌疑人社会危险性的也可以参与。另外,检察机关承担着检务公开、化解社会矛盾等职能,也可以邀请人大代表、政协委员、人民监督员、媒体代表、群众代表等参与。① 在实践中,各地的参与人员范围大小不一,体现了混合式的特点。笔者认为,应当全面地综合考虑理论和实际需求,作出恰当地安排。仅以诉讼三方参与,不但未考虑检察机关的其他职能,而且可能造成对社会危险性把握不全面,毕竟犯罪嫌疑人家属、单位或社区代表可以反映犯罪嫌疑人的监管条件,对是否逮捕具有重大影响,所以必要时应当把这两类人员纳入参与人员。被害人及其家属不能反映任何逮捕条件,并且有可能影响检察官的客观判断,不宜作为诉讼化审查的参与人员,检察官经审查认为要进行刑事和解的,可以征求被害人家属意见,但这一行为与审查逮捕本身没有关系,不是诉讼化审查的组成部分。本着检务公开、主动接受监督的目的可以邀请其他人员参与,毕竟有限公开是诉讼化审查的基本原则,审查的过程中不会公布在案的证据。但是,邀请的人员范围要根据实际需要,不能盲目追求形式上的完整,人大代表、政协委员、人民监督员可以适时邀请,媒体代表、群众代表一般不参与,当然,从诉讼的民主性角度出发,可以在受到社会广泛关注的个别案件中例外出现。

前文曾经论述,审查逮捕诉讼化应当完善权利救济制度,特别是构建辩方的救济渠道,这是应然的设计,但实践中如何操作还要看试点的性质。任何试点都要明确合法性与合理性问题,这是改革或改造的基础。前文的各项讨论与建议都是在现行法律框架内的描述,不涉及合法性问题,所以未予阐述,这里的救济制度关涉新的权力配置、行使等级设定、审查期限调整等问题,所以必须明确合

---

① 阮建华:《侦查监督环节听证工作的探索与完善》,载《中国检察官》2016年第5期。

法性和合理性问题。改革涉及重大的司法制度，一般由中央高层推动，授权层级较高，在某些情况下允许突破现行的法律规定，待成熟后修改法律，所以以合理性为指导；而改造是对现行制度的完善、修补，授权层级相对较低，必须在现行的法律框架内进行，所以必须以合法性为前提，兼具合理性。从推动机关、试点内容等来看，审查逮捕诉讼化定位应当是改造，必须具备合法性，而完善救济制度需要突破现行规定，所以就目前情况而言，只能加强羁押必要性审查这一行政化措施予以补救，不宜作出制度突破，这也是改造型试点的无奈之处。

(六)其他问题

审查逮捕诉讼化是一个系统、复杂的工程，涉及诸多争议问题，有些是理论方面的，有些则是预期效果问题。这些问题处理的原则是不能违背基本的司法规律，在此基础上则可以进行多种尝试，这里笔者就公开审查的地点与方式、羁押性替代措施等做简要讨论。

以公开的方式进行诉讼化审查，各地尝试了外提至检察机关办案区、在看守所设立专门办案区、远程视频等地点与方式，如何选择应当在遵守基本司法规律的前提下，因地制宜进行选择。有些地方以辩护人在场为由，在犯罪嫌疑人缺席的情况下进行公开审查，笔者认为十分不妥。公开审查是典型的对抗式诉讼，亲历性是基本原则，犯罪嫌疑人缺席使得现场缺少诉讼一方，对抗性、亲历性难以体现，是违反司法基本规律的错误做法。以上提到的其他三种方式都符合司法规律，但内容上各有优劣。具体来讲，外提至检察机关办案区是最能体现亲历性的做法，但这一做法具有较大的风险，需要完善提押、还押过程中的安全保障制度，另外也缺少明确的法律依据，是否可以将犯罪嫌疑人外提出看守所进行诉讼化审查尚有疑问。实践中，一些检察院由侦查人员以需要犯罪嫌疑人外出指认为由将犯罪嫌疑人带到检察机关办案区进行审查逮捕诉讼化，此举是否恰当尚存疑问。在看守所设立专门办案区需要公安机关、看守所的大力配合支持，无论是前期的施工、改造，还是后期的家属、单位或基层组织代表、人大代表等其他人员的出入，都需要看守所积极配合。远程视频提讯是笔者认为的最优方式，但这一方式因硬件缺失、不达标等问题在一些地方尚不能实现。

审查逮捕实现诉讼化必然导致审前羁押率的进一步下降，给保障诉讼顺利进行和社会安全防范带来新的课题，所以，非羁押替代措施必须同步跟上。对此，笔者认为，检察机关推进试点工作时全面考虑，提出这一课题并无问题。但在我国，刑事强制措施的执行机关是公安机关，逮捕率下降后替代措施的科学设置是公安机关的法定职权，检察机关只有监督、指导的职能，而不能去具体实施，否则会有职能不清、越俎代庖之嫌。

我国刑事庭前会议制度的实践检视与优化路径
——基于以审判为中心语境下的分析

黄冬阳^{*}　**吴成杰**^{**}

摘要：庭前会议作为一项新的制度，近年来备受理论界和实务界的关注和重视，但由于其操作规则比较模糊且所形成决议的法律效力不够明确，使得这项好的制度在司法实践中遇到实际适用率偏低、制度认同度不高的困境。究其原因，除了要在制度设计上加以探索和完善以外，更多是要让司法实务人员深化对庭前会议制度的认识，及时转变并树立控辩审三方协同、侧重发现问题等办案观念，以更好地推动这项制度改革的持续有效开展。同时，有必要结合域外法治先进经验，就我国庭前会议制度改革仍存在的一些痼疾和弊病，包括内在控辩审三方职权的规范行使与资源配置，外在与审判团队改革形成配套、与其他诉讼环节有效衔接等问题作深入剖析，希为推动这项制度改革提供一定的实践和理论参考维度。

关键词：庭前会议；求同存异；职权规范；程序衔接

引言

推进以审判为中心的刑事诉讼制度改革，是党的十八届四中全会作出的重大改革部署，是当前乃至今后一段时期内刑事司法领域的一项重大改革任务，其中庭审实质化改革是这项重大改革的核心要素和重中之重。为此，最高人民法院立足现有法律规定，出台了"三项规程"并部署试点工作，其中对于如何构建一套相对成熟、行之有效的庭前会议制度，正在试点法院中如火如荼地开展。正如

---

* 作者系厦门市海沧区人民法院院长，厦门大学法学院兼职法律硕士生导师，法律硕士。
** 作者系厦门市中级人民法院法官助理，法学硕士。

有学者指出,庭前会议制度的构建则是整个审判程序的改革最耀眼的明珠之一。① 结合参与数起刑事大要案②审判及其有关庭前会议的探索、实践情况,笔者在对这项改革持积极态度的同时,也产生了几点思考:一是庭前会议与开庭审理是何种关系,二者处理的事项是否存在交叉且如何做好衔接。二是庭前会议制度的办案观念经历何种演进,应当如何转变并正确树立。三是如何更加规范控辩双方在庭前会议上的权利行使并保障被告人的合法权利,域外法治的先进经验对我国司法实践又有何种启示和借鉴。四是在审判团队改革的背景下,主审法官和法官助理在庭前会议中如何做更好的职责分工,推动重大疑难复杂案件审判资源的优化配置。正视庭前会议制度改革的现实困境,转变并树立科学的庭前会议制度司法理念,推动形成合理适当的庭前会议规则,是笔者对这项改革热话题的冷思考。

一、实践维度:庭前会议制度改革的现实困境

2012年《刑事诉讼法》确立的一项新的司法制度是从立法上明确了庭前会议制度的法律地位。实际上,长期以来,在一些大要案审判中,庭前会议已经作为一种相对独立的诉讼程序在案件审判过程中得以应用并形成一套相对成熟的运行模式,且对后续庭审工作的顺利开展起到了至关重要的作用。鉴于大要案审判在人力、财力等各方面保障的特殊性,若将相关庭前会议的操作模式简单推及众多的普通刑事案件当中,显然是不切实际的。为此,有必要借鉴大要案审判中庭前会议操作模式的经验和做法,结合庭前会议制度正式施行以来特别是全面推进以审判为中心的刑事诉讼制度改革以来,有关庭前会议运行情况,就该制度推行过程中存在的问题进行梳理和剖析。

(一)试点改革力度不一且实际适用比例偏低

庭前会议作为一项新的司法制度,主要发挥把程序性问题解决在庭前并进行证据整理及事实争点梳理的功能,③但并非审判阶段的必经程序,实践中是否启动更多的是取决于主审法官或合议庭的择断,加上这项制度的新颖性及操作的不明确性,使得该制度施行四年多以来的实际执行情况效果不佳。从笔者所在A市法院的试点工作情况看,各基层法院的改革力度不一,其中B区法院主

---

① 陈卫东、杜磊:《庭前会议制度的规范构建与制度适用——兼评〈刑事诉讼法〉第182条第2款之规定》,载《浙江社会科学》2012年第11期。
② 主要是指社会影响大、关注度高、案情重大的重大刑事犯罪案件,如赖昌星走私、行贿案,薄熙来受贿、贪污、滥用职权案等专案。
③ 闵春雷、贾志强:《庭前会议制度适用问题研究》,载《法律适用》2013年第6期。

动作为、勇于创新,及时结合工作实际制定出台了《刑事案件庭前会议实施办法(暂行)》,从庭前会议的内涵、遵循的原则、适用的案件范围、辩护权的依法保障、召集程序、处理事项的范围等方面作出详细规定,为该院庭前会议的实践操作提供了有效指引。从司法实践来看,庭前会议的实际适用率整体偏低,以"两高三部"下发《关于推进以审判为中心的刑事诉讼制度改革的意见》为参照时点,即从2016年10月至2017年6月A市两级法院共审结一、二审刑事案件5493件,其中召开庭前会议案件数14件,适用率仅为0.25%,且即便是试点改革力度较大的B区法院,召开庭前会议案件数仅2件。可见,这项改革除了需要一套较为完善的制度设计之外,更多的是需要强化实践应用与推广普及,否则再好的制度设计都是纸上谈兵。

(二)庭前会议操作规则较为模糊且争议较大

目前,有关庭前会议的法律规定主要体现在《刑事诉讼法》第182条第2款及其司法解释第99条、第183条和第184条的等规定。然而,刑诉法一款篇幅的规定只能粗略勾勒庭前会议的基本框架,粗放型立法模式使得该制度缺乏系统闭合性与可操作性。[1] 随即一些规范性文件先后出台,主要集中在"两高三部"《关于推进以审判为中心的刑事诉讼制度改革的意见》第10条、最高人民法院《关于全面推进以审判为中心的刑事诉讼制度改革的实施意见》第二点以及出台的《人民法院办理刑事案件庭前会议规程(试行)》等相关规定中。仔细梳理下,有关庭前会议处理事项范围的规定呈现扩大化的倾向,即从可能导致庭审中断的程序性事项,逐渐放宽至包括控辩双方庭前提出的各种申请、证据展示及争点归纳等各种可能涉及实体的问题,而且有关庭前会议规程并没有公开发布,对于非试点法院是否具有可参照性亦不够明确。例如,近期A市法院先后召集当地的公诉部门负责人、司法行政机关职能部门负责人以及部分兼任律协刑事委员会委员的辩护人开座谈会,听取他们对全面推进以审判为中心的刑事诉讼制度改革的意见和建议。其中,公诉人提出有的庭前会议是为了防范涉诉信访风险而召开,是否超出庭前会议的处理范围;法律援助人员提出对于没有聘请辩护人案件,如何做好给被告人提供指定辩护的援助工作;辩护人提出其是否能够提前向被告人出示证据,对于被告人没有到场的情况,因辩护人的权利来源于被告人,辩护人是否有权代表被告人单独对展示证据的证据能力和证明力发表意见,所发表的意见对被告人是否具有约束力。此外,庭前会议的处理结果是否对控

---

[1] 汪海燕:《庭前会议制度若干问题研究——以"审判中心"为视角》,载《中国政法大学报》2016年第5期。

辩双方在庭审中的诉讼活动具有法律约束力是目前司法实践中争议的焦点问题,也是影响审判人员和控辩双方在司法实践中适用庭前会议制度积极性的核心问题之一。① 上述此等问题亟待研究解决。

(三)办案模式相对固化且司法认知存在偏差

庭前会议制度是否能够承载立法预设的价值目标,除了考虑制度设计本身的合理性,还取决于审判人员对这项制度的司法认知和实际执行力。随着本轮司法体制改革的扎实推进,员额制改革基本完成,经过遴选委员会严格把关的入额法官,基本上是具有丰富审判经验的审判业务专家,但由此带来的一个客观现状是他们办案思维固化,习惯于凭借经验办案。而近年来,刑事领域的法律法规出台不断,刑事司法理念不断更新,刑事司法制度不断创新,部分审判人员若疏于学习或跟进,加上办案压力大、审判资源紧张,就容易造成他们对一些新的制度研究不够或不敢轻易尝试,一定程度上影响了庭前会议制度改革的顺利推进。正如前文所述,虽然有的地区法院积极探索并出台庭前会议实施细则,但若审判人员在司法认知上存在偏差,尤其是在申请排除非法证据的案件中,在推广应用好基本证据标准指引和智能辅助办案系统的人工职能办案机制②尚未全面建立起来之前,公检法三家掌握的证据标准不够统一,甚至不同法官对申请非法证据排除的处理意见往往统一,在此情况下,有的法官就认为庭前会议是一道可有可无的诉讼程序,甚至在合议研究是否召开庭前会议时,以浪费司法资源、"二次开庭"等借口提出反对意见,那么再好的制度设计也会被架空,改革的目的就难以达成。总体而言,对于参与办理过大要案的审判人员来讲,他们在主办其他重大疑难复杂案件时,更倾向于主动召集启动庭前会议程序,而其他主审法官更多的是需要在具有庭前会议审判经验的资深法官劝说和指导下才敢被动尝试,这种司法理念亟待调整和转变。

二、观念维度:庭前会议制度改革的理念演进

当下,以审判为中心的刑事诉讼制度改革全面铺开,庭前会议制度作为其中一项重要的配套措施,最高人民法院近期专门出台了庭前会议规程并部署试点工作,相关内容亦具有一定指导性和操作性,加上试点时间不够长,若对制度设计本身加以剖析,尚不具备客观条件。反之,有必要结合大要案审判中庭前会议

---

① 卞建林、陈子楠:《庭前会议制度在司法实践中的问题及对策》,载《法律适用》2015年第10期。

② 参见2017年7月10日全国司法体制改革工作推进会上广西、上海等地所做的改革经验介绍。

的运行情况,对庭前会议制度改革过程中的一些司法理念演进作进一步总结和分析,显见更有助于指导这项制度的持续有效开展。

(一)控辩对抗→控辩审协同

审判中心改革除了重视庭审程序之外,亦凸显审判程序对实体结果产生的引导作用,强化审判阶段对审前程序信息的整理控制,[1]其中设立庭前会议制度的核心要义就在于确保法庭集中持续审理,提高庭审质量和效率。作为庭前准备程序的一种形式,庭前会议在召开过程中,对于控辩双方依法行使诉权时,不少主审法官容易受传统司法理念的影响,依然强调控辩双方发表意见的对抗性,而忽略了这项制度的内在功能。实际上,庭前会议与开庭审理是有实质性的区别,其主要目的在于听取控辩双方的意见、归纳争议焦点并记录在案,无需更多强调控辩双方的对抗性,否则容易造成弱化庭审、取代庭审之嫌。相反,庭前会议应当在遵循有利庭审、提高效率、相互配合、平等协商的原则下开展,其更多的是强调控辩审三方的协同性,即对于会议上控辩双方没有争议或达成一致意见的事项,主审法官可以组织控辩双方在庭审中简化举证、质证和审理,包括将庭前会议中双方展示的证据作为开庭举证、质证的范围,庭前中如果超出这个范围搞证据突袭,将承担不能作为定案依据的法律后果等;[2]对于经协商仍无法相互认可的事项,则禁止任何一方强迫其他方就协商的问题达成合意,而是将这些事项留到庭审中,通过开展重点调查和法庭辩论加以解决,切实达到庭审实质化的改革初衷。显见,将庭前会议的运行观念从强调控辩对抗转向控辩审三方协同,既有助于审判人员调整并厘清正确的工作思路,又有助于充分发挥庭前会议的预期功能。

(二)解决问题→侧重发现问题

结合有关规范性法律文件的规定,笔者认为,庭前会议是指人民法院决定开庭审理的刑事案件,在开庭审理前,审判人员召集相关诉讼参与人,对可能影响如期开庭、庭审顺利进行的程序性事项及需要在庭前解决的与审判相关的问题,了解情况,听取意见,并记录在案的诉讼活动,是庭前准备程序的核心部分。[3]不置可否,庭前会议并非刑事审判的必经程序,主要是应用于证据材料较多、案情疑难复杂、社会影响重大或控辩双方对事实证据存在较大争议等重大疑难复

---

[1] 汪海燕:《庭前会议制度若干问题研究——以"审判中心"为视角》,载《中国政法大学学报》2016 年第 5 期。

[2] 黄常明、陈玮煌:《我国庭前会议制度的适用考察及思考》,载《中国刑事法杂志》2013 年第 10 期。

[3] 唐亚南:《庭前会议制度的规范和完善》,载《人民法院报》2016 年 5 月 4 日第 6 版。

杂案件。实践中,对于一些新类型的案件,即便通过开庭审理,有的案件难题经合议庭评议都难以达成一致意见,其至还需要提交专业法官会议或审判委员会讨论解决。在这种客观条件下,若再苛求通过庭前会议来解决大量与审判相关的问题,显然是不切实际的。尤其是当前正处于改革试点阶段,在立法层面对庭前会议的法律约束力不够明确的情况下,片面强调庭前会议对一些争议事项作出裁决的效力,产生的后果往往是事与愿违,即容易引发社会各界普遍质疑庭前会议,使得庭审成了走过场,而对庭前会议是否可涉足实体问题的追问亦不绝于耳。实际上,"准备程序的目的不仅是实现迅速审理、持续审理的效率,而且是在相互沟通的基础上进行充分的进攻和防御,实现充分的审理"[①]。正如有学者所言,"了解情况,听取意见"不是严格意义上的法律行为,更像是一种"广开言路,兼听则明"的了解案情的方式。[②] 可见,现阶段对于庭前会议的期待更多的是侧重提前发现问题并整理争点,对于控辩双方能够达成一致意见的事项,能够通过庭前会议解决的固然是好,对于尚存在较大争议的事项,至少通过召开庭前会议,控辩审三方可以在庭前掌握更多的案件信息,主审法官亦可对控诉和辩护职能作有效引导,让他们有针对性补充调查取证和梳理办案思路,然后再将这些事项留待庭审中解决,如此操作更符合庭前会议的创设初衷。

(三)程序性事项→不宜过多设限

对于庭前会议需要处理的事项,刑事诉讼法、刑诉法解释与有关规范性文件的规定不一,是仅包括管辖、回避、非法证据排除、证人出庭名单等可能导致庭审中断的程序性事项,还是一并包括组织控辩双方展示证据、归纳控辩双方争议焦点、开展附带民事调解等"一揽子"可能涉及实体问题的事项。从征求到的意见看,辩护人对庭前会议这项制度创新是表示非常欢迎的,至少可以在开庭审理前,法庭可以提供一个相对固定的场所,让其与公诉人、法官就案件事实和法律适用等问题做深入沟通并交换意见。与此同时,辩护人对庭前会议处理事项的逐步扩大也产生了一些忧虑,即其辩护权主要是受托于被告人或其监护人、近亲属,若被告人没有在场的情况下,其在庭前会议上对"一揽子"事项发表辩护意见,是否属于越权辩护,或者辩护人依法行使的独立辩护权,是否违背维护被告人诉讼权利的辩护初衷。对于处理事项的范围,在美国,争点整理主要通过庭前

---

① [日]田口守一:《刑事诉讼法》,张凌、于秀峰译,中国政法大学出版社2010年版,第207页。

② 杨宇冠:《非法证据排除与庭前会议实践调研》,载《国家检察官学院学报》2014年第3期。

会议制度中进行证据开示得以实现;①在英国,"答辩和指导的庭审"程序明确法官会要求控辩双方提交记载以下事项的材料:案件中的问题、传唤出庭的证人人数、所有实物证据或表格、控诉证人出庭作证的顺序、所有可能在法庭审判中出现的法律要点以及证据的可采性问题等;②日本刑事诉讼法亦规定在复杂案件中要开展整理案件争点和证据的"准备程序"。③ 现阶段,我国的庭前会议的处理事项范围可侧重于程序性事项,但除了不得对涉及与定罪量刑有关的实体问题作出决定外,不宜做过多的限制,即庭前会议解决的主要问题可以概况为对程序性问题的汇总解决及部分实体问题的整理明晰,④主要处理事项如下:①解决案件程序性问题,如管辖异议、申请回避、申请证人出庭作证、调取新的证据以及是否提出非法证据排除等问题;②控辩双方进行证据展示和交换,并对证据的合法性、关联性但不涉及证明力简要发表意见,且法庭不得要求二次发表质证意见,只需达到法官可以初步归纳案件争点的标准即可;③对部分涉及实体问题的事项进行归纳整理,并确定庭审调查的重点和举证方式;④被告人及辩护人对案件审理有何其他诉求。总而言之,"对于程序性请求与程序性争议,庭前会议应当尽可能作出决定;对于证据及事实争点的整理应当准确写入笔录"。⑤ 如此,主审法官事先对庭审调查的重点就掌握比较全面,一些主要争议事项留到庭审解决,有助于增强庭审对抗的针对性和实效性,还有助于通过试点法院的司法实践更加全面检视庭前会议的各项预期功能,为推进改革提供可复制、可推广的成功经验。

(四)"二次开庭"→内部协商会议

庭前会议作为一项立法制度,虽然已经正式施行四年多了,但审判实践中真正召开庭前会议的案件并不多,使得不少审判人员对于该项制度的了解、熟悉、运用还不够。有学者指出,庭前会议将庭前审查程序由封闭式的构造改造为三方参与的诉讼构造,具备了诉讼构造的基本特征,⑥但由此容易给人带来就是"二次开庭"的误读,即认为是开庭审理的提前演练,是一个无关紧要又浪费司法资源的诉讼程序。实际上,2012年刑事诉讼法确立庭前会议制度的司法背景主

---

① 韩兴红:《刑事公诉庭前程序研究》,法律出版社2011年版,第203页。

② 卞建林、刘玫主编:《外国刑事诉讼法》,中国政法大学出版社2008年版,第38~39页。

③ [日]田口守一:《刑事诉讼法》,张凌、于秀峰译,中国政法大学出版社2010年版,第206~207页。

④ 闵春雷、贾志强:《庭前会议制度适用问题研究》,载《法律适用》2013年第6期。

⑤ 闵春雷、贾志强:《刑事庭前会议制度探析》,载《中国刑事法学杂志》2013年第3期。

⑥ 汪建成:《刑事审判程序的重大变革及其展开》,载《法学家》2012年第3期。

要是诉讼爆炸、案多人少,刑事法庭的审判压力与日俱增,与此同时,某些社会影响大、敏感复杂的刑事案件在庭审程序中常因控辩双方证据突袭、申请新的证人出庭、申请调取新的证据等原因不断延期,进而造成诉讼拖沓,严重损及审判效率及审判质量。① 可见,庭前会议主要目的在于了解情况、听取意见,保障庭审实体发现功能的纯粹化,避免因程序性事项或证据突袭等影响法庭的集中审理。鉴此,有必要进一步明确庭前会议并非正式的庭审程序,其召开方式与开庭审理是有实质性区别的,即是一种相对灵活、被告人不一定参与、场所相对多样甚至可以采用视频会议等方式进行的庭前准备程序。通俗来讲,庭前会议就是一种不公开的内部协商会议,只是在准备工作上有所要求,即法庭应当将会议的主要事项提前告知控辩双方及其他参会人员,并将一方提供的相关材料交对方阅看,以便进行必要的准备,同时提前数日将会议的时间、地点通知参会人员。可见,将庭前会议从一种严肃规范的诉讼程序调整明确为一种灵活自由高效的内部交流会议形式,不但有助于审判人员放下"二次开庭"的思想包袱,而且能够推动他们积极参与并推广适用该制度。

三、路径选择:庭前会议制度改革的难题破解

庭前会议制度作为2012年刑事诉讼法的一项创设,近年来备受实务界重视,无论自上而下还是由下而上,法院系统都进行了大量有益的探索与实践,从适用条件、启动条件、召开方式以及处理事项范围等方面作了较为详细的规定,给审判实践提供了有效参考与操作指引。然而,立足我国司法实践现状,结合域外法治先进经验,我国的庭前会议制度仍存在一些"内忧外患"的难题,包括内在控辩审三方职权的规范行使,外在与有关审判团队改革是否形成配套、与其他诉讼环节是否有效衔接等问题,亟待研究解决。

(一)规范控辩权行使并充分保障被告人权利

庭前会议作为了解情况、听取意见的庭前准备程序,控辩双方在行使相应诉权的时候,同样应该更新司法理念,即在遵循控方履行有罪指控、辩方作无罪或罪轻辩护的法律职责的情况下,更多的是强调平等交涉、理性对话达到求同存异,而非因控方强势、辩方死磕导致案件处理更加矛盾化、复杂化,控方更不可存在利用庭前会议获取辩护思路而强求坐实有罪证据的错误观念。具体来讲,控辩双方在庭前会议上应该彼此尊重,对于能够达成一致意见的事项,控辩双方可作出类似自行排除或撤回非法证据排除申请等相应处理,有关证据可在庭审上

---

① 施鹏鹏、陈真楠:《刑事庭前会议制度之检讨》,载《江苏社会科学》2014年第1期。

简化举证、质证；对于仍存在争议的事项，不得通过二次回应的方式说服或强迫达成合意，而是各自记录在案，并在主审法官的主持下，提前做好证据补查、人证出庭等准备工作，共同为庭审的顺利进行打下良好的基础。例如，山东"徐玉玉被电信诈骗案"中，临沂中院通过召开庭前会议就与审判相关的问题充分听取各方意见，对于争议较大的人证出庭作证问题，控辩审三方坚持协同原则和审判中心原则，一致同意在庭审中通知有关鉴定人、有专门知识的人出庭作证，实践也证明这样安排取得了良好的庭审效果。实际上，实体争议因涉及被告人是否有罪以及如何量刑的问题，故各国刑事诉讼程序均规定须在控辩审三方参加的庭审中予以解决。①

值得一提的是，对于被告人不能到场参加的庭前会议，从规范辩护权行使和保障被告人诉讼权利的角度出发，建议在有关制度设计上进行完善。①召开庭前会议的案件一定要有辩护律师参与，被告人没有委托辩护律师的，人民法院应当依法为其指定法律援助律师，法律援助机构应当予以协助配合。②赋予辩护律师在庭前会议前可向被告人出示证据目录并征求被告人简要质证意见的权利，并协调看守所等羁押机关提供必要的工作便利。③充分利用现代信息技术手段，采用远程视频等方式，让被告人在第二现场参加庭前会议。④辩护律师应在庭前会议结束后，在一审庭审前，将会议情况告知受托的被告人，被告人持有重大异议的，辩护律师应当及时告知主审法官，由其决定是否在庭审前去提审被告人并进一步征求意见。由此，有助于充分保障被告人的合法权利并确保庭审工作的有序开展。

（二）优化主审法官与法官助理的职权配置

当下，庭前会议制度改革主要是围绕着自身制度设计展开，未能与审判团队改革形成良好互动。实际上，作为庭前会议的主持者，审判人员是其中的主角之一，在当前司法资源日趋紧张的情况下，如何更好优化主审法官与法官助理在庭前会议上的职责分工，亦是一个值得思考的问题。其中一个主要争议问题在于法官助理是否能够主持庭前会议。实际上，召开庭前会议主要是为了达到预先了解可能导致庭审中断的因素和预先对证据材料较多的重大、复杂案件进行证据"筛选"以便开庭时简化举证与质证两个目的。② 从员额制改革的运行情况来看，在民商事案件中，法官助理实际承担包括审查诉讼材料，协助法官组织庭前证据交换，摘录证据，准备与归纳诉讼争议焦点；代表法官主持庭前调解，达成调

---

① 施鹏鹏、陈真楠：《刑事庭前会议制度之检讨》，载《江苏社会科学》2014年第1期。
② 左卫民：《未完成的变革——刑事庭前会议实证研究》，载《中外法学》2015年第2期。

解协议的,经法官审核确认后制作相关法律文书;根据法官的要求,准备与案件审理、执行相关的参考资料,研究案件涉及的相关法律问题等多项职责。

鉴于刑事庭前会议实质上也是庭前准备程序中的一道,刑事法官助理是否能够承担类似民事法官助理的相应法律职责呢?笔者认为,考虑到刑事审判程序的严谨性和规范性,原则上来讲,主审法官一般应当参加主持庭前会议,但对于一些资历较深甚至只是因员额比例限制尚未能入额、由助理审判员或审判员转任过来的法官助理来讲,因其刑事审判经验相对丰富且主要负责庭前阅卷、摘录证据、归纳争点等工作,由其主持不涉及非法证据排除的庭前会议并非不可。① 即便主审法官参与庭前会议,其更多的侧重亲历和聆听的价值,有关庭前会议的主持工作,还是可以由法官助理来完成。换言之,可以将司法辅助人员按年资等考量指标分若干等级,择其优者主持并裁量庭前会议。② 如此操作,既可以为主审法官减负夯实基础,又有助于锻炼法官助理的成长并遵循了员额法官职业培养的司法规律。

(三)强化庭前会议作出决定的法律约束力

实践证明,庭前会议制度并非简单通过立法创设就大功告成,它更多的是需要经过不断的试点检视和修订完善。从试点工作来看,目前制约庭前会议制度发展的一个主要瓶颈在于庭前会议的法律效力问题。换个角度来说,即便制度设计再完善、实际适用再推广,倘若未能保证庭前会议对程序性问题的处理具有约束后续程序的效力,将使构建庭前会议程序的立法努力付之东流,形成"功能缺省",③更容易造成不仅未能提高庭审效率反而降低刑事诉讼效率的后果。

反观域外法治的经验,英国的"答辩和指导的庭审"程序,就明确主审法官就证据的可采性或者案件涉及的其他法律问题作出的裁定,在整个法庭审判程序中具有法律效力,除非主持审判的法官根据控辩双方的请求或者按照司法的利益对此加以撤销或者变更。④ 日本的"整理程序",亦明确法院将作出具有约束力的决定,相关的争议便具有确定力,在庭审时不可再次提出异议,例如庭审时

---

① 吴承栩:《刑事庭前会议制度基本构成探析及完善》,载《西部法学评论》2015年第2期。

② 孟婕:《我国"独立型"非法证据排除程序构建研究——以庭前会议为形式》,载《法学杂志》2015年第11期。

③ 魏晓娜:《庭前会议制度之功能"缺省"与"溢出"——以审判中心的考察》,载《苏州大学学报》2016年第1期。

④ 卞建林、刘玫主编:《外国刑事诉讼法》,中国政法大学出版社2008年版,第38~39页。

控辩双方除非因"不得已的事由"不可再次请求调取证据。① 台湾地区刑事诉讼法更是明确规定,审前准备程序可作出具有实效性的决定,例如对于认定无证据能力的证据便不得在庭审时提出。② 现阶段,我国在试点改革过渡期内虽不宜过于强调庭前会议作出决定的法律效力,但从制度的持续有效开展角度,确有必要对庭前会议形成决定的确定力予以规范:①对于控辩双方达成一致意见的有关案件管辖、是否申请回避等程序性问题,除非有新的事实或证据,否则控辩双方在庭审时再次提出异议的,法庭可直接驳回。②对于证据展示、非法证据排除、出庭证人名单等与审判相关的问题:对于控辩双方在庭前会议中没有争议的证据材料,在庭审中可以仅就证据的名称及其证明的事项作出说明;对控辩双方在庭前会议中未提及的非法证据排除事由及出庭证人名单,在庭审中提出的,依法不再处理;对经协商不予排除的证据且控辩双方均无异议,除在庭审期间发现相关线索或材料的外,被告人及辩护人在庭审中再就同一事由申请非法证据排除的,法庭可直接驳回。③对于控辩双方未达成一致意见的处理事项,法官不能作出最终裁决,尤其不宜在庭前会议中直接对非法证据作出排除与否的决定③,而是将争议事项的处理方案作出安排并在庭审前以适当形式告知和说明理由,以便控辩双方做好必要的庭前准备工作。换言之,即使没有达成非法证据排除的意向,也为庭审调查明确了重点、方向,有利于提高庭审的质效。④

(四)做好庭前会议与开庭审理的程序衔接

当下,在立法层面尚未对庭前会议形成决定的法律效力作出明确规定的情况下,现阶段应当努力做好庭前会议与开庭审理的程序衔接,确实推动庭前会议制度改革的深入开展。对于召开庭前会议的案件,庭审法庭调查开始前应当宣布庭前会议报告主要内容,对于庭前会议中达成一致意见的事项,法庭向控辩双方核实后当庭予以确认;对于未达成一致意见的事项,法庭可以归纳整理争议焦点,听取控辩双方意见,并在庭审中重点调查。概言之,庭前会议中初步处理的所有事项,最终都要通过法庭审理程序进行确认,该确认程序既是对庭前会议功能的肯定,也能避免庭前会议处理结果面临不必要的争议。正如有学者指出,通过庭审之"反向指引"与庭前之"正向制约"汇聚制度合力,构建差别有序、重点突

---

① [日]田口守一:《刑事诉讼法》,张凌、于秀峰译,中国政法大学出版社2010年版,第211~221页。

② 林钰雄:《刑事诉讼法》(下册各论编),中国人民大学出版社2005年版,第157页。

③ 叶青:《庭前会议中非法证据的处理》,载《国家检察官学院学报》2014年第4期。

④ 胡嘉金:《庭前会议中非法证据排除若干法律问题探讨》,载《时代法学》2016年第5期。

出、层次分明的刑事审判程序体系,是审判中心的应有之义。① 如此,除了能够进一步强化庭前会议的法律效力外,还兼具揭开庭前会议神秘面纱、展示法院司法公开的价值,让社会更多了解、熟悉这项制度并认可其价值所在。

具体来讲,在开庭审理的举证、质证环节之前,主审法官和公诉人均应结合庭前会议内容就有关决定情况做必要的说明。一方面,审判长在法庭调查前宣布,根据控辩双方在庭前会议上对举证、质证方式和顺序达成的共识情况,控辩双方对庭前会议中没有异议的证据,可以简化出示,对于尚存争议的证据要全面展示,以便控辩双方庭审质证并增强对抗的针对性、实效性。另一方面,公诉人在示证前,应当就举证方式向法庭作出说明:①在庭前会议上,公诉人就取证合法性问题已经进行详尽说明,与被告人、辩护人交换了意见,并就他们对证据合法性是否持有异议作出说明。②对庭前会议中各方没有异议的证据,公诉人将简化出示,仅说明证据名称和证明的主要事实,主要证人证言仅出示重点节录部分。③对于控辩双方存在争议的证据,公诉人在全面出示证据的同时,将对关键证据重点展示。

(五)多措并举强化庭前会议制度的推广应用

不置可否,从立法层面对庭前会议的操作规则和技术设计作出明确规定,是推动庭前会议在实践中落地见效的有效方式之一。当前,最高人民法院正在部署"三项规程"的试点工作,建议在试点结束时,在加强经验总结的基础上,联合最高人民检察院、司法部等相关部门,及时出台有关庭前会议规则的规范性法律文件,进一步明确庭前会议的操作规则、法定适用情形等内容,既方便司法人员的实践操作,又可提高庭前会议的适用比例,切实改变当下庭前会议实际适用率偏低、制度认同度不高的现状。与此同时,加强刑事审判队伍职业化、专业化、正规化建设亦不容忽视,尤其是对于庭前会议这项新的制度创设,切有必要通过组织培训、加强指导等方式,让刑事审判人员深化对庭前会议制度的认识和法律认同感,熟悉并掌握召开庭前会议的运行规则和操作技巧,进而全面提高审判人员驾驭庭前会议的司法能力和水平。当然,任何改革的成功都离不开"人"的因素,审判人员作为庭前会议工作的主导者,更应科学树立正确的刑事司法理念,充分发挥自身的主观能动性,努力学会尝试好、应用好庭前会议这项新的司法制度,推动形成合理适当的庭前会议规则,由此才能使庭前会议这项制度具有更强的法律生命力并发挥应有的法律功能作用,最终推进我国刑事诉讼法律体系的改革完善。

---

① 汪海燕、殷闻:《审判中心视阈下庭前会议功能探析》,载《贵州民族大学学报》2016年第3期。

结 语

任何一项诉讼制度改革都不可能一蹴而就,更多的是需要考察其存在的制度基础和现实需要,再经过司法实践的不断探索、检视和完善,才能够形成一套符合我国司法规律并适应法治发展需要的诉讼模式。现阶段,鉴于庭前会议操作规则仍较为模糊且缺乏科学的价值理念作指导,因此要全面推行见效并使其成为审判实践中的一个"家常"仍有待时日。但可以预见,随着诉讼程序的日益精细化,程序意识的不断增强,庭前会议的适用范围会越来越广。① 本文立足改革现状和大要案审判实际,从转变办案观念和破解改革难题对庭前会议制度改革提出自己的见解,以期引起刑事司法领域一定范围的共鸣和思考,寄希为推动这项制度改革提供一定的实践和理论参考维度。

附件 《庭前会议报告》模板

庭前会议报告

基本情况:×年×月×日×时×分—×时×分,在×召开了被告人×涉嫌犯×罪一案庭前会议,会议由×主持,×记录,×人民检察院公诉人×、辩护人×、被告人×、诉讼代理人×、法定代理人×(若当事人、法定代理人或诉讼代理人不参加的应说明理由)参与。

因×,为提高庭审效率、明确审判重点、保障控辩双方平等充分履行诉讼权利,本院依法决定召开庭前会议。主要内容有:一、听取、了解有关×等程序性事项的意见;二、证据展示和交换;三、归纳争议焦点,确定庭审调查重点和举证方式;四、被告人及辩护人对案件审理有何其他诉求。

经过庭前会议,本院对以下程序性事项申请决定如下:_____
控辩双方经协商达成一致意见的事项如下:_____
本院归纳的争议焦点及确定的庭审调查重点和举证方式如下:_____
附:证据目录列表

---

① 王路真:《庭前会议制度的实践运作情况和改革前瞻》,载《法律适用》2013年第6期。

"重大刑事案件侦查终结前讯问合法性核查制度"的现状与完善

张 平[*]

摘要：刑事检察执行部门负责具体实施"重大刑事案件侦查终结前讯问合法性核查制度"有利于促进检察机关诉讼职能与监督职能相分离、具有发现线索及时性的时间优势，同时也使得犯罪嫌疑人申述的渠道更畅通。但是，由于制度与操作层面缺少应有的规范，因此，应从建立健全核查细则、强化核查监督等方面加以完善。

关键词：讯问合法性核查；细则；监督

引 言

根据《最高人民检察院关于全面加强和规范刑事执行检察工作的决定》（最高人民检察院 2015 年 12 月印发）的规定，刑事执行检察是检察机关的一项基础业务。因此，在当前和今后一个时期，刑事执行检察工作应以强化刑事执行监督、强化人权司法保障为主线。从此意义上讲，"重大案件侦查终结前讯问合法性核查制度"（以下简称"合法性核查制度"）的建立正是这一工作主线的集中体现。该制度首现于 2016 年 10 月 "两高三部" 印发的《关于推进以审判为中心的刑事诉讼制度改革的意见》。该意见第 5 条第 2 款规定：探索建立重大案件侦查终结前对讯问合法性进行核查制度。对公安机关、国家安全机关和人民检察院侦查的重大案件，由人民检察院驻看守所检察人员询问犯罪嫌疑人，核查是否存在刑讯逼供、非法取证情形，并同步录音录像。经核查，确有刑讯逼供、非法取证情形的，侦查机关应当及时排除非法证据，不得作为提请批准逮捕、移送审查起诉的根据。其后，在 2017 年 6 月 "两高三部" 印发的《关于办理刑事案件严格排

---

[*] 作者系西南政法大学硕士研究生，重庆市人民检察院第五分院执检处副处长，检察官。

除非法证据若干问题的规定》(以下简称《规定》)中再次重申。① 从上述两个意见的表述来看,"合法性核查制度"设计的初衷即在于将非法证据的审查与排除提前到侦查阶段,从而有利于从源头上加强对侦查行为的监督,防止非法取证,进而强化对犯罪嫌疑人、被告人诉讼权利的保障。而这一重要职能的承担者即为刑事执行检察部门(人民检察院驻看守所检察人员)。

虽然"合法性核查制度"提出时间不长,但已有检察机关开始了实践探索,并制定了试行办法。② 从实践效果来看,由刑事检察执行部门来具体实施这一制度有其相当的合理性,但也存在制度本身规定不详、刑事执行检察部门监督力量不强等问题亟待解决。本文拟立足于当前刑事执行检察工作实践,对"合法性核查制度"在实践运行中面临的问题展开分析,以期对该制度的完善提出建议。

一、刑事执行检察履行核查职能的必要性

探究我国历史典籍,"核查"一词最早出现在三国曹操《宣示孔融罪状令》中:"太中大夫孔融既伏其罪矣,然世人多采其虚名,少于核实。""核查"在《现代汉语词典》的解释是检验和查证,审核是否属实的意思。对重大刑事案件讯问合法性核查,即由检察机关中作为非刑事诉讼中办案部门的刑事执行检察部门通过讯问犯罪嫌疑人等方式对是否存在刑讯逼供、非法取证情形进行调查核实,属于诉讼监督权。刑事执行检察部门被赋予讯问合法性核查权这一诉讼监督职责,符合诉讼监督职能独立于诉讼职能的司法权力制约原则,同时,在现行的司法体制中也具有现实意义。

(一)促进检察机关诉讼职能与监督职能相分离的需要

2012年修订后的《刑事诉讼法》第55条规定"人民检察院接到报案、控告、举报或者发现侦查人员以非法方法收集证据的,应当进行调查核实"。该条赋予了检察机关对侦查人员非法收集证据的调查核实权。但这项赋权是面向整个检察机关的,没有区分具体的业务部门,也没有区分是行使诉讼职能本身所当然地对证据合法性的审查,还是行使诉讼监督职能而对证据合法性的审查。这两项检察机关不同的职能分属于不同的部门,如侦监部门、公诉部门作为案件的承办

---

① 《关于办理刑事案件严格排除非法证据若干问题的规定》第14条第3款规定:"对重大案件,人民检察院驻看守所检察人员应当在侦查终结前询问犯罪嫌疑人,核查是否存在刑讯逼供、非法取证情形,并同步录音录像。经核查,确有刑讯逼供、非法取证情形的,侦查机关应当及时排除非法证据,不得作为提请批准逮捕、移送审查起诉的根据。"

② 比如2017年,浙江省人民检察院即出台《关于重大刑事案件侦查终结前对讯问合法性进行核查的实施办法(试行)》;江苏省泰州市人民检察院联合泰州市公安局出台了《重大案件讯问合法性核查办法(试行)》等。

人,虽然具有诉讼监督职能,但主要履行诉讼职能,而刑事执行检察部门参与履行部分诉讼监督职能。在同年修订的《人民检察院刑事诉讼规则》的"侦查活动监督"一节中第566条规定,"人民检察院发现公安机关侦查活动中的违法行为可以提出纠正意见。监所检察部门(现更名为刑事执行检察部门)发现侦查中违反法律规定的羁押和办案期限规定的,应当依法提出纠正违法意见,并通报侦查监督部门"。从该条款的叙述中,可以看出刑事执行检察部门的侦查监督职责主要被限定在羁押和办案期限的监督,其他的主要侦查监督职责由公诉部门和侦监部门履行。近年来,随着非法证据排除规则的适用,主要依赖公诉部门和侦监部门进行侦查监督的模式不能完全适用证据裁判规则的新变化新要求。因此,中国人民大学陈卫东教授建议,"承认人民检察院诉讼职能与诉讼监督职能存在差异,并意味着我们应当逐步推动人民检察院内部诉讼职能与诉讼监督职能相互分离,亦即人民检察院的办案部门专司控诉,监督部门专司监督。解决角色冲突的问题,增强检察职能的权威性和公正性"。① 因此,侦查终结前,将检察机关对侦查人员非法收集证据的调查核实权作为侦查监督职能赋予专门的监督部门——刑事执行检察部门,其能够更为中立地履行法律监督职责,有利于提升监督效果和质量。

(二)具有发现线索及时性的时间优势

刑事执行检察部门的派驻看守所检察室长期驻扎羁押场所,检察人员能够及时了解犯罪嫌疑人的入所身体状况、侦查机关的所内讯问、犯罪嫌疑人入所后又提解出所等情况,相比其他检察部门而言,往往能够最早发现刑讯逼供、非法取证等线索,对下一步侦查监督的开展争取时间优势,避免因发现不及时而造成证据灭失,如犯罪嫌疑人体表伤情的固定、犯罪嫌疑人入所时对伤病情的说明等均具有取证时间的紧迫需求。

(三)犯罪嫌疑人申述的渠道更畅通

派驻看守所检察室能够对犯罪嫌疑人所在的侦查、起诉、审判每个诉讼环节的羁押状态进行全面监控,加之入所权利告知、约见检察官等工作的开展,犯罪嫌疑人能够更为便捷地行使申述职权。同时,由于派驻看守所检察室的检察人员比办案人员接触犯罪嫌疑人的次数更多、时间更长,更容易取得犯罪嫌疑人的信任,有利于对是否存在非法取证、刑讯逼供等形成更为直观、全面的认识和把握。

---

① 陈卫东《人民检察院适用非法证据排除规则若干问题的思考》,载《国家检察官学院学报》2013年第1期。

二、"合法性核查制度"在实践中面临的问题

(一)制度方面的困惑

由于讯问合法性核查制度的提出才一年时间左右,仅明确五点基本要求:一是讯问合法性核查制度的受案范围为重大案件;二是讯问合法性核查制度的启动和运作时间是侦查终结前;三是讯问合法性核查制度的履职主体是人民检察院驻看守所检察人员;四是讯问合法性核查制度的核查重点是是否存在刑讯逼供、非法取证;五是讯问合法性核查制度的讯问要求是同步录音录像。在现有的法律法规中,对检察机关的派驻检察官如何履行该项职责并没有具体规定和方法指引,对讯问合法性核查制度司法实务中的关键问题和操作方法并没有法律法规等予以细化。这些内容将是在司法实践中迫切需要逐一界定和落实的。目前,主要有以下分歧:

一是核查"受案范围"有分歧。讯问合法性核查制度不要求对所有案件都核查,仅是针对重大案件,但需要核查的重大案件范围却没有作出解释。如S市检察机关将重大案件认定为可能判处十年以上有期徒刑、无期徒刑以及死刑的案件;Q市检察机关将重大案件认定为可能被判处死刑的案件;Z市检察机关划定九类案件作为重大案件;等。

二是核查时间的理解有分歧。讯问合法性核查制度定义的核查时间是侦查终结以前。侦查终结以前通常的理解是侦查机关立案以后,移送审查起诉以前。但刑事诉讼中,侦查机关移送审查起诉以后,公诉部门可以自行补充侦查,也可以退回侦查机关补充侦查;审判过程中,公诉部门也可以补充侦查。在审查起诉和法庭审理中的补充侦查活动是否属于侦查终结前的侦查活动,在移送起诉以后至审判过程中能否继续进行核查,这些存在认识分歧。

三是核查方式未明确。2017年《规定》中明确的核查方式只有讯问犯罪嫌疑人,事实上要查明是否存在刑讯逼供、非法取证等事实,仅凭讯问犯罪嫌疑人是难以辨别真相的。尤其,刑事执行检察干警面对的是有专业侦查能力和较高法律素养的侦查人员,更需要一套切合实际并行之有效的方法来规范引导核查工作。

四是核查结果的处理有分歧。对发现有非法证据存在的,在发送单位上有观点认为应当向侦查机关发出依法排除非法证据检察建议;有观点认为应当建议侦监部门或者公诉部门不得作为提请批准逮捕、移送审查起诉的根据。在发送的文书上,有观点认为是检察建议,有观点认为是纠正违法通知书。

(二)操作方面的困难

一是司法理念更新不协调,配合度减弱。多年以来,公检法三机关在刑事诉讼中各司其职、相互配合、相互监督。"以审判为中心"理念提出后,将逐步改变

以往刑事诉讼中侦查决定起诉、起诉决定审判的"以侦查为中心"的格局。非法证据排除规则的制定是"以审判为中心"主导下形成的新的证据规则,讯问合法性核查制度作为该规则的衍生制度必然服从于"以审判为中心"的主题。在实践中,讯问合法性核查制度产生的时间尚短,部分侦查人员对此还有不同的认识和态度,主要体现在对讯问合法性核查制度重视和配合度不够。加之,驻看守所的刑事执行检察人员本身是非诉讼办案人员,平时与侦查人员工作联系较少,讯问合法性核查工作的开展存在一定的困难。

二是执检监督水平区域存在差距,职能启动不彻底。讯问合法性核查制度实施以来,全国各地均有检察机关进行实践。有的驻所检察室已将发现刑讯逼供类非法证据线索作为驻所检察工作的重要内容,在日常驻所检察工作中,主动拓展线索收集渠道,及时发现监督线索。目前,浙江省、广东省、福建省等地的检察机关通过一段时间的实践已形成具有本地特色的工作经验和机制。但由于近年来,刑事执行检察部门工作任务逐年增加,案多人少、事多人少的矛盾没有得到根本解决,特别是派驻看守所检察室等基层单位,通常只有2~3名派驻检察干警,而具备独立办案资格的员额检察官更少。因此,部分地方的派驻看守所检察室还没有将讯问合法性核查制度纳入日常工作范围。同时,少数执检干警没有刑事诉讼办案经验,还不能完全适应该项职责的履职需要。

三、完善"合法性核查制度"的建议

(一)建立健全核查细则

讯问合法性核查制度作为诉讼监督的内容,不同于以往刑事执行检察部门所熟悉的刑罚执行监督,在实践中没有太多可以借鉴的模式和方法。建议高检院在总结各地经验的基础上,尽快出台讯问合法性核查制度的实施细则。下面,就讯问合法性核查制度中有较大争议的方面,提出几点认识:

一是核查案件的范围划定。讯问合法性核查制度中"重大"案件范围不宜定得过小,如只限制在可能判处死刑的案件。目前,死刑案件逐年减少,则可供核查的案件极少。加之,近年来,随着死刑相关的冤假错案的曝光和纠正,侦查机关对该类案件相比其他案件在取证和定性上更为谨慎。如只将讯问合法性核查制度定性为死刑案件,则该制度的法律效果将大打折扣。但也不宜定得过广,案件范围过大容易造成检力分散,不利于及时准确查明问题。如将可能判处十年以上有期徒刑的案件均作为需要核查的案件,从形式上看是更为全面的保护,但当前从派驻检察室干警配置和案件数量的比例看,绝大部分检察室无法完成逐案的核查任务。此外,如何在侦查阶段就确定可能判处十年以上有期徒刑也存在现实困难。因此,在讯问合法性核查制度实施之初,超过现实办案能力的核查案件范围要求可能导致核查制度被"束之高阁",仅仅成为"一纸空文"。随着未来派驻检察室发展和讯问合法性核查制度推进,逐步再扩大"重大"案件的范围,更切合检察监督的实际。

在"重大"案件的范围划定上,建议设定为可能判处无期徒刑、死刑的案件或者其他重大犯罪案件。根据《规定》第10条的"对于可能判处无期徒刑、死刑的案件或者其他重大犯罪案件,应当对讯问过程进行录音录像"。该条中,"重大"案件的表述即主要指可能判处无期徒刑、死刑的案件。"重大"案件的定性采用该表述,既符合同一法规中类似条文的文义上统一理解,又符合《最高人民法院关于处理自首和立功具体应用法律若干问题的解释》中"重大"案件的标准即指犯罪嫌疑人、被告人可能被判处无期徒刑以上刑罚的案件。此外,应设置兜底条款,即表述为可能判处无期徒刑、死刑的案件和"其他重大犯罪案件"。其他重大犯罪案件主要是指重大社会影响的、黑社会性质组织犯罪、严重毒品犯罪等,或者有犯罪嫌疑人或者辩护律师提出明确可查的线索或材料反映在侦查讯问中存在刑讯逼供等非法取证行为的,以及特殊时期最高人民检察院认为需要重点核查的案件。

二是核查时间起止节点界定。核查时间的启动上,由于侦查活动的不确定性,不宜机械规定最早时间,而应当明确核查最迟的启动时间,为即将开展的核查监督预留工作时间。通常情况下,派驻看守所检察室的检察人员并不了解案情,通过与在押的犯罪嫌疑人的谈话获得的信息有限且不准确,除了犯罪嫌疑人主动提出刑讯逼供等非法证据排除的申诉以外,派驻检察室的检察人员难以依职权判断案件是否属于需要核查的"重大"案件范围。设定公安机关就"重大"案件向派驻看守所检察室的通报要求,对于及时启动"重大"案件的合法性核查有着现实意义。核查工作最迟的启动时间,即为公安机关在侦查终结前对"重大"案件的最迟通报时间,根据核查工作的需要,建议通报时间最迟应当在侦查终结7个工作日前通知人民检察院驻看守所检察室。因此,对于依职权主动核查最迟启动时间为侦查终结7个工作日前。此外,对侦查机关违反通知义务的,建议由检察机关对其发出《纠正违法通知书》,并将未通知的情况作出书面说明报告分管检察长后,随案移送侦监部门、公诉部门。

"侦查终结"虽然公检法三家没有地位上的高低之分,但"以审判为中心"的诉讼制度改革要求三机关之间形成"递进式"监督关系。[①] 因此,刑事执行检察

---

① 王峣:《"以审判为中心"诉讼制度改革中的侦查工作》。载《法学杂志》2017年第2期。

部门的讯问合法性核查工作应当是止于移送起诉,方能体现检察机关对公安机关侦查活动的"递进式"监督。在检察机关内部,讯问合法性核查制度设计的初衷是更早更及时地发现刑讯逼供、非法取证等问题,刑事执行检察部门由于岗位优势,可能先于侦监部门、公诉部门接触到犯罪嫌疑人,因此被赋予该项职责。但移送审查起诉后,公诉部门作为案件承办人所实施的侦查活动,应当根据"递进式"监督关系,由法院来作监督,而不是检察机关内部的刑事执行检察部门。同时,对审查起诉期间退回公安机关补充侦查活动,应当尊重公诉部门的诉讼职能和诉讼监督职能,在必要的情况下配合公诉部门开展诉讼监督。

三是核查启动方式。在启动的方式上,建议将依职权启动、依申请启动均作为启动方式加入立法。从《关于推进以审判为中心的刑事诉讼制度改革的意见》精神来看,启动方式是在符合案件范围的情况下依职权启动,即主动启动而不是依申请启动。但在司法实践中,被刑讯逼供等非法取证后的犯罪嫌疑人一旦进入看守所,脱离侦查机关控制,受律师和同舍在押人员等影响,往往会积极申诉其被非法取证的情况。因此,检察机关经过初审后,接受其申请作为启动方式,也是符合司法实务需求的。在立法之中将以申请而启动作为启动方式的规定能够打消犯罪嫌疑人的顾虑,促进其维权的积极性;也能够督促检察人员认真履行监督核查职权,不得推诿拖延。

四是核查方式的选择。核查的过程本质上是对相关证据收集的合法性进行证明的过程,因此,所采用的方式与刑事诉讼中的侦查手段类似。派驻看守所检察人员在法律许可的职责范围内,可以采用讯问犯罪嫌疑人、询问证人、检查、鉴定等手段。类似侦查手段要严格按刑事诉讼的规定进行,做好记录和材料保存。讯问犯罪嫌疑人必须同步录音录像,并确保同步录音录像的完整性。在采用以上手段时,应围绕犯罪嫌疑人是否被刑讯逼供、侦查人员是否存在非法取证来开展,原则上不涉及具体案情,不对所核查证据本身的客观性和关联性作评判。同时,核查不同于侦查。因此,还可以采用与核查工作相适应的方式,如询问相关知情人,向侦查人员了解情况,听取辩护律师及犯罪嫌疑人亲属意见,调取犯罪嫌疑人出入看守所记录、身体检查记录、就医记录及相关材料等。此外,派驻看守所检察人员就在核查中所了解到的具体案情保密。

五是核查结果的处理。如何处理核查结果?首先,要明确讯问合法性审查权性质。讯问合法性审查权作为刑事执行检察部门的监督权,究竟是决定权,还是建议权?学界和实务界尚存争议。从监督力度看,决定权是大于建议权的,如果将刑事执行检察的监督权定性为决定权,则赋予刑事执行检察部门对非法证据直接排除的权力。此举有利于强化监督效果。然而,从现行法律规定看,《人民检察院刑事诉讼规则》第566条规定,"人民检察院发现公安机关侦查活动中的违法行为可以提出纠正意见"。正如,"裁判员不能充当运动员",依法规定人民检察院在发现侦查活动违法时是"提出纠正意见",而不是"作出纠正"。讯问合法性核查权定性为建议权,更符合刑诉规则。因此,刑事执行检察部门承担核查监督职责,不是具体的办案部门,不能就发现的非法取证代替侦查部门做纠正决定,只是向侦查部门提出纠正意见。为了防止建议权监督效果弱化的不利因素,需要针对核查结果制定有力的监督处理措施。

经核查后,对不同的结论有不同的处理方式。如发现存在刑讯逼供、非法取证情形的,建议报经分管副检察长同意后,向侦查部门发出依法排除非法证据的检察建议,并将核查结论、法律文书以及相关证明材料抄送侦监部门或者公诉部门;对违法办案的侦查人员提出口头纠正意见,对严重违法的侦查人员提出书面纠正违法通知书,并抄送上一级公安部门和人民检察院。此外,应建立完善核查处理的回复制度,要求侦查机关在收到检察建议或纠正违法通知书后,于法律规定的期限内回复处理结果;如不同意核查处理建议的,要书面说明理由。对回复处理期限的规定,可以设定侦查机关收到法律文书后三至五个工作日内回复为限,且不得超过侦查终结的期限,以此督促侦查机关对刑事执行检察建议的及时处理。

由于在司法实践中,刑讯逼供、非法取证的核查本身比较复杂,不同的司法机关甚至司法机关内部也可能存在重大分歧和争议,本着"以审判为中心"的原则,针对此类证据可以向侦监部门或公诉部门发出疑似非法证据提示函,并将核查结论、法律文书以及相关证明材料抄送侦监部门或者公诉部门,建议侦监部门或者公诉部门在审查案件时予以重点审查,综合分析判断是否作为非法证据进行排除。

(二)强化完善核查监督

刑事执行检察部门要充分认识重大案件合法性核查制度的意见,并将其作为重点业务,积极探索,大力推进,切实承担和完成好这一职责。特别是在押人员数量较大的派驻看守所检察室、重大刑事案件多发的刑事执行检察部门要早谋划,早实践,积累成功经验,为推动合法性核查制度的深入开展创制条件。

一是抓住关键环节,发现案件线索及时准确。由于非法证据通常具有隐蔽性、伪装性特征,该类线索的发现不易。讯问合法性核查案件线索的排查是检察监督的重点。派驻看守所检察人员应结合自身岗位优势,科学拟定监督方向,突出核查重点,准确及时发现案件线索。

强化出入所体表检察。体表外伤通常是发现侦查机关刑讯逼供、非法取证的重要线索。驻看守所检察室要督促看守所严格落实体表外伤检查登记制度,发现送押人员体表有出血、红肿、瘀瘢等外伤体征或疼痛、功能障碍等外伤症状,应当进行细致检查、拍照、录像,及时固定证据。① 对有外伤体征或异常症状,应分别由送押人员、犯罪嫌疑人说明原因。必要时,派驻看守所检察室的检察人员可以自行组织拍照或者录像。

强化对所外提解检察。依照《刑事诉讼法》规定,犯罪嫌疑人被送交看守所羁押以后,侦查人员对其进行讯问,应当在看守所内进行。目前,在看守所内均有监控设施、物理隔离设施和规范的提讯制度,侦查人员在所内非法取证可能性极小。因此,要重点监督侦查机关以起赃、辨认等为由提解犯罪嫌疑人出所的情形,防止非法所外提讯。检察人员需通过核查提解的时间、地点、理由、审批手续、还押时体检情况记录等,及时发现所外提解期间非法取证线索。

强化控告、举报线索的收集和管理。落实新入所人员的检察官谈话制度,告知其申请讯问合法性核查权利,积极畅通犯罪嫌疑人救济渠道。高度重视在日常谈话或约见检察官中,犯罪嫌疑人控告、举报自己或同案人员、同监舍人员受到刑讯逼供、非法取证的信息。对控告、举报案件线索要逐一建档、核查,安排专人管理,注意保密。重大线索要及时向上一级人民检察院报告并备案。

二是促进配合联动,形成内外协同监督合力。派驻看守所检察室的核查工作应紧密围绕证据合法性这一中心,促使形成检察机关对侦查部门的"渗入式"监督,同时也促使形成检察机关内部刑事执行检察部门与公诉部门、侦监部门"双向式"联动。

对外,建立健全讯问合法性核查中的"检侦协作"机制。一方面,马克思主义认为,人认识客观事物需要循序渐进和螺旋式上升的过程,并不是一蹴而就的。② 讯问合法性核查制度是"以审判为中心"原则下诞生的新生事物。部分侦查人员对此还比较陌生,对刑事执行检察部门的工作职责也不太理解。对刑事执行检察部门来说"有为才有威",建立"检侦协作"的基础是树立刑事执行检察部门的司法监督权威,只有高质高效的讯问合法性核查案件的办理才能赢得侦查机关认可和信任,从而促进侦查人员尽快转变司法理念,自愿自觉接受监督。另一方面,侦查机关的配合也是讯问合法性核查顺利开展的保障。刑事执行检察部门应当积极主动地加强与侦查机关的协调沟通,与侦查机关办案部门建立相关的证据核查配合机制,明确双方的工作原则、适用范围、操作程序;与侦查机关纪检监察、执法监督部门建立核查结果通报和建议反馈制度,确保发现的刑讯逼供、非法取证的证据能

---

① 黄金海:《讯问合法性核查的理论争议及实践建》,http://chuansong.me/n/1985279052916,最后访问日期:2017年11月20日。
② 马克思主义基本原理概论编写组:《马克思主义基本原理概论》,高等教育出版社2013年版,第73页。

够及时排除,侦查人员的不文明、不规范办案行为能够严肃处理。

对内,建立健全讯问合法性核查中的"信息互通"机制。一方面,强化重大案件信息通报,圈定监督重点。侦监部门在审查逮捕过程中初步认定可能判处无期或死刑的重大案件或有重大社会影响的案件及时通报给刑事执行检察部门备案,作为对侦查机关报送重大案件的信息补充;公诉部门在审查起诉过程中认为有可能存在刑讯逼供、非法取证情形的可以邀请刑事执行检察部门参与核查,刑事执行检察部门应当提供在侦查终结前核查中所收集掌握的证据材料及处理意见。另一方面,强化核查结果通报,预警证据疑点。刑事执行检察部门发现存在或可能存在刑讯逼供、非法取证情形,应将该信息及时反馈侦监部门或公诉部门。对侦查机关不接受刑事执行检察部门的核查结论的案件,刑事执行检察部门应将该线索移交侦监部门、公诉部门;侦监部门、公诉部门应将该类案件作为非法证据排除的重点;刑事执行检察部门应配合侦监部门和公诉部门进行的证据排查工作,形成监督合力,提升监督质效。

三是打造专业队伍,强化履职保障扎实到位。十八届四中全会明确提出,要推进法治专门队伍正规化、专业化、职业化建设,提高职业素养和专业水平。讯问合法性核查制度对派驻看守所检察人员提出了新的履职要求,既要从内部挖潜,又应当提供必要的工作保障。

针对合法性核查案件应设立专门的员额检察官办案岗位,落实办案责任。依据刑事诉讼监督的特殊性,应当由员额检察官对讯问合法性审查承担相应办案职责。该岗位的员额检察官选任,除了应当具备坚定政治素质、专业法律知识、良好职业操守等基础素能,还应当具备相应的侦监、公诉等诉讼履职经历,具备组织协调能力。该岗位的员额检察官应当以承担办案任务为主,可以兼任羁押必要性审查、职务犯罪案件办理等相关办案职责,但应当与负责其他日常派驻检察职责的员额检察官岗位相区别,形成办案与办事相分离的派驻检察模式。

建立专业定期培训机制。讯问合法性审查制度不同于刑事执行检察部门所熟悉的刑事执行监督。培训内容要有针对性,提升刑事诉讼理论水平和具体案件的处理能力;培训方式要灵活,可以采用授课辅导、实务训练、讨论交流等形式;培训对象要因人施教,对不同层次的刑事执行检察官、检察辅助人员进行分类培训指导。

加强相关履职保障。根据履职要求,适当充实办案人员,鼓励其他公诉、侦监等业务条线骨干进入刑事执行检察部门;对派驻检察机关提供办案保障;对于从事派驻工作的检察官和检察辅助人员落实办案补助等,从而为更好地履职创造条件。

经济法研究

迷走于实体与程序之间:立案登记制下的破产案件受理问题*

封延会** 贾晓燕***

摘要:立案登记制是保障公民诉权的重要举措,但能否适用于破产案件在理论和实践中仍存在争议。这涉及破产案件特殊的审查受理机制。在对不同申请人以及不同目的的申请进行深入分析的基础上,认为除了重整程序之外,多数的破产案件都可以适用以形式审查为核心的立案登记制。这需要对破产法规定的破产申请规则进行修订,对法院的审查内容、方式进行改革。

关键词:破产案件;受理;立案登记制

立案是诉讼的起点,破产案件中,案件受理还具有重要的节点意义,它标志着债务人从正常经营状态转入到破产状态。破产案件的启动与受理一直是破产法实施中面临的首要问题。为此,2011年最高人民法院发布的《关于适用〈中华人民共和国企业破产法〉若干问题的规定(一)》,指向了破产案件的受理问题。2015年4月1日,中央深化改革领导小组通过了《关于人民法院推行立案登记制改革的意见》(以下简称《意见》),提出要"坚持有案必立、有诉必理"。之后的4月13日,最高人民法院公布了《关于人民法院登记立案若干问题的规定》(以下简称《规定》),要求:"人民法院对依法应该受理的一审民事起诉、行政起诉和刑事自诉,实行立案登记制。"但截至2015年年底,破产案件的受理情况并没有

---

* 本文系教育部人文社会科学研究规划青年项目"国有企业类型化改革与监管的法律体系重构"(项目编号:14YJC820018)、山东省法学会"破产中的税收债权保护问题研究"[项目编号:SLS(2017)C21]的阶段性成果。
** 作者系山东理工大学法学院副教授,法学博士。
*** 作者系山东理工大学法学院副教授,法学硕士。

明显改观。在2008年至2015年间,受理的案件总共不超过2万件。保持了年均2500件左右的基本态势。① 2016年之后,随着僵尸企业处理、去产能、去杠杆政策的推动,破产案件受理开始出现较大增长。2016年7月,最高人民法院再次发布了《关于破产案件立案受理有关问题的通知》对破产案件的立案登记与审查受理作出新的部署。破产案件的激增是基于政策的推动还是法院受理机制的变化;立案登记制对于破产案件是否适用;如果回答是肯定的,如何适用及有效的衔接;如何使破产案件启动常态化,免于政策波动等是破产法实施十年依然面临的迫切问题。本文在全面考察立案登记制对破产案件的适用,特别是人民法院对破产申请的审查规则的基础上,提出应当完善我国破产法中的申请条件,健全人民法院在破产案件中适用立案登记制的相关规则。

一、立案登记制对破产案件受理的挑战

十八届四中全会通过的《关于全面推进依法治国若干重大问题的决定》(以下简称《决定》)指出,起诉难问题实质上是当事人诉权保障的问题。对此,《决定》要求:"改革法院案件受理制度,变立案审查制为立案登记制,对人民法院依法应该受理的案件,做到有案必立,有诉必理,保障当事人诉权。"前文中的《意见》《规定》落实了《决定》的要求。立案登记制并非在立案阶段不进行审查,而是将原来实质性审查转化为形式审查,审查内容和方式上的变化使得法院受案门槛降低。从实施效果上看,法院各类案件的立案数量均有了大幅度的增长。可见,立案登记的核心不在于登记,而在于审查环节:对审查的拿捏分寸成为法院案件受理的调控阀。

《意见》与《规定》都没有明确立案登记制是否适用于破产案件。但在加快清理"僵尸企业",推进重组整合或退出市场方面,破产机制发挥着不可替代的作用。在此背景下推动破产案件的受理、审理就具有更强烈的现实意义。但开放破产案件受理也将使法院面临更大的审判压力。对此问题存在两种不同的认识。

一种观点认为,破产案件属于民商事诉讼案件,两份文件都没有明确排除破产案件的适用,因此法院应当在破产案件受理中贯彻两文件的要求。最高人民法院发布的《关于适用〈中华人民共和国企业破产法〉若干问题的规定(一)》,目的也在于推动破产案件的受理。它所建立的模式与立案登记制度很相似:遵循了接收材料并出具凭证、审查、受理的基本流程。从破产法通过以来破产案件的

---

① 吴佳柏:《中国企业破产案件激增》,载《金融时报》中文网2016年6月23日。

受理情况看,破产也并未成为市场主体退出的主要选择,远未达到破产立法者的预期。立案登记制新规的推行将降低案件受理门槛,充分发挥破产法的市场功能。

相反的观点认为,破产案件具有特殊性,使企业顺利的退出市场不仅涉及债权人的公平清偿,还面临就业、社保、维稳、税收等一系列的问题,而这些远远超出了司法权能力的范畴。也就是说,破产法不能落实的症结恰在破产之外。在相关的配套规则未能完善的情况下,即使通过立案登记制将破产案件粗暴地塞入法院,仍然会出现法院对破产案件消化不良的问题。从实践中来看,一些地方法院明确排除破产案件的立案登记制的适用。如深圳市中级人民法院发布了《破产案件立案规程》等相关文件,认为鉴于破产案件受理后,债务人的财产和营业事务依法应当由管理人接管,债务人的权利能力和行为能力均受到重大影响,故破产案件不适用登记制,此乃通例。①

我们认为,抛开破产法之外的社会问题,破产程序本身仍具有特殊之处,应当在深入分析破产案件的性质和类型的基础上决定能否适用立案登记制度,不应当一概以"通例"闭之,或一刀切地适用。

二、破产案件受理应当澄清的几个基本问题

(一)破产法的程序性

对破产案件的性质,学界的观点大体可以分为诉讼事件、非讼事件和特殊程序三种。② 但不管是哪种界定,都承认破产案件具有强烈的程序法的属性。例如,我国1991年制定的民事诉讼法规定了破产还债程序;2006年《破产法》第4条也明确:破产案件审理程序,本法没有规定的,适用民事诉讼法的有关规定。从这些都可以看出,破产法具有较强的程序色彩,破产法构建了一个在法院主持下公平清偿的机制,建立了一个企业退出市场的司法平台或通道。但考察《意见》和《规定》中关于其制定依据的表述,都指出"根据《中华人民共和国民事诉讼法》《中华人民共和国行政诉讼法》《中华人民共和国刑事诉讼法》等法律规定,制定本规定"。两份文件的制定过程中可能没有将破产规则纳入其视野,充分考虑破产法也是我国程序法的重要组成部分。因而对立案登记制的适用性或许存在着考量不足。

---

① 深圳市中级人民法院:《破产案件立案规程》等5个规程,http://www.szcourt.gov.cn/sfgk/gsxx/qtxx/2015/05/08170723977.html。
② 王欣新:《破产法》,中国人民大学出版社2007年第2版,第9~10页。

(二)启动破产程序的实质审查主义与形式审查主义

形式审查是指审查当事人双方提交的法律规定的各类申请文件是否齐备,文本是否符合法定形式。而实质审查则要求法院对提交文件内容的真实性、合法性进行实质判断,达到立案的实质要求才能受理。

立案登记制实质上采取形式审查主义的理念,它要求除法律规定的特别情形外,对当事人的起诉应当一律接受,然后对诉状进行审查判断:(1)能够立即判定符合起诉条件的,应当当场登记立案。(2)不能当场判定的,应出具收到相关文件的书面凭证,在法律规定的期限内进行审查并决定是否立案。此时的审查为形式审查,主要关注的是案件的审理要件,包括:(1)法院的审理要件,明确法院对案件的主管与管辖;(2)与当事人有关的审理要件,如当事人是否是适格的诉讼主体、诉讼能力等;(3)诉讼标的的审理要件,包括权利的可诉性以及是否构成重复诉讼等。

立法上,从《破产法》第12条的规定看,法院在受理破产申请后至宣告破产前,发现债务人如果不具备破产原因的,可以裁定驳回破产申请。这意味着,破产案件受理之后,随着案件审理,还存在着对债务人是否具备破产原因的审查判断。那么这与案件受理之初的审查有何种关联呢?倒推回去的话,案件提起阶段的审查可能是:一是不对破产原因审查;二是形式审查;三是实质审查,但存在误判。第二种与第三种的可能性最大。既然案件审理过程中仍然存在对破产原因的实质考察,那么案件受理阶段实行以形式审查为核心的立案登记制就具有可行性。

实践中,深圳市中院采取了形式审查和实质审查相结合的原则,对于当事人提交形式审查的材料予以登记,编立"预字号",但是否裁定受理破产申请,需由公司清算和破产审判庭实质审查后决定。2016年7月28日最高人民法院发布了《关于破产案件案受理有关问题的通知》,在立案问题上采取了与深圳市中院相同的两阶段相结合的方式。① 最高人民法院法官在审查问题上,坚持实质审查,要求"在最终决定是否受理破产案件时,法院必须依照《企业破产法》第2条进行判断。只有符合该条规定情形之一的,法院才能受理"。而在立案登记制的适用问题上则没有明确的结论,只是要求"既要避免简单认为立案登记制不适用破产案件,进而对应依法启动的破产程序拒之门外;也要防止无视《企业破产法》

---

① 《通知》将破产案件受理分为两个阶段:第一,人民法院立案部门接受案件材料并出具凭证,对破产案件进行形式审查,认为申请人提交的材料符合法律规定的,予以登记立案。第二,立案部门登记立案后,应及时将案件移送负责审理破产案件的审判业务部门。由业务部门在规定的时限之内决定是否受理。

明确规定的法定受理标准,而对破产申请'来者不拒',进而对不符合破产条件的企业启动破产"。①

(三)区别破产申请目的上的差异

不同于普通的案件,申请人向人民法院提出破产申请,申请书应当载明"申请目的",相应的破产程序也产生不同的走向,包括破产清算、破产和解以及重整。债务人具备破产原因时可以提出重整、和解或者破产清算申请;债务人有破产之虞的,也可以提出重整申请。申请人目的的差别也对应着不同审查范围。特别需要强调的是重整,除了对破产原因的考察之外,还要对债务人重整的可能性进行初步判断。这也远远超出了普通案件形式审查的范畴。

(四)破产案件自身的特殊性和外在的复杂性

破产案件与普通民商事案件存在明显的区别。总体而言,普通民商事案件的一个基本前提是企业处于正常经营状态,而社会生活中多数的法律规则都是基于这一基本前提设计、运行的。破产将使企业进入非正常状态,一些正常运行的法律规则在破产法下则不在适用。如为了防止债务人在普通诉讼中"先到先得"的偿还模式,破产法规定了"自动终止"规则。债务人的经营、内部治理等方面都会发生较大的变化。破产案件一经受理将随即产生诸多的法律效力,涉及债务人经营非常态化、立即指定管理人、与债务人有关的民事诉讼、对执行程序的中止、保全措施解除、双方未履行完毕的合同;等等。如果进入重整程序,有担保的债权人其权利的行使也会受到极大的限制。深圳市中级人民法院明确排除立案登记的理由也主要在于破产案件受理产生的重大影响。在美国,学者及实务界对破产案件大都认为,一个破产案件可能就是由数十个甚至成百上千上万个次级诉讼组合而成的,这是破产案件区别于传统的刑事或民事案件的重要特点。② 我国对破产程序的开始采取了受理主义的模式,也不得不对破产受理保持谨慎态度。

破产案件外在的影响力也左右了法院的受理。然而从法律角度分析,案件的影响以及与破产案件相关的就业、维稳、信访等案外事项不应当成为破产案件受理的障碍。破产案件的影响范围较大,但同样其他类别的案件也具有较大影响力,如公益诉讼案件,并不能因此而不适用立案登记制。如果在案件的受理过程中过度关注案件的影响而忽略了对法律规则的遵守,不能摒弃法律之外约束,

---

① 杨临萍:《最高人民法院关于当前商事审判工作中的若干具体问题(2015)》(2015年12月24日)。

② [美]爱泼斯坦等:《美国破产法》,韩长印等译,中国政法大学出版社2003年版,第858页。

破产案件的受理永远也难以取得突破。

三、立案登记制下破产案件的受理机制

同多数大陆法系国家的做法相同,我国《破产法》第 2 条规定了破产原因,它是法院受理破产案件的基础。《日本破产法》与《德国破产法》都将具备破产原因作为破产程序开始的前提。① 法院在受理破产案件的时候需要审查债务人是否具备破产原因。但"存在实质性条件的要求,并不表明决定是否立案就一定要经过实质审查"。② 破产程序的启动会因为申请目的以及申请人的差异,提交的文件会有不同,也当然有不同的审查内容。因此逻辑上说,对这一问题的展开应当从债权人与债务人两个维度进行。

表 1

| 债务人申请(自愿破产) | 清算 | 重整 | 和解 |
| 债权人申请(强制破产) | 清算 | 重整 | |

需要说明的是,虽然我国破产法规定了三种程序,但在破产法中对破产原因的规定是以破产清算为基础的。在此基础上,破产重整还需要分析"重整可能性";而和解则是债务人提出,破产法未规定债权人主动提出的和解。因此后文的分析将有所侧重。

(一)不同申请人发动的破产案件的审查与受理

破产案件的申请人包括债权人、债务人以及特定情况下的清算责任人(清算责任人是债务人的一种特殊状态,在此我们将其归入债务人的范畴)。《破产法》第 7 条规定了破产申请的条件,它们之间存在显著的差异。具体而言,(1)债务人有本法第 2 条规定的情形,可以向人民法院提出重整、和解或者破产清算申请。(2)债务人不能清偿到期债务,债权人可以向人民法院提出对债务人进行重整或者破产清算的申请。(3)企业法人已解散但未清算或者未清算完毕,资产不足以清偿债务的,依法负有清算责任的人应当向人民法院申请破产清算。

1. 对债务人自愿申请的审查

债务人提出破产申请的,其申请条件与破产原因相同。即债务人应当通过必要的证据证明自己具有了破产原因,才能够启动破产程序。如何证明?《破产法》第 8 条第 2 款规定了债务人应当提交的必要文件和证据。理论上说,债务人

---

① 尹正友:《论我国破产案件的申请与受理》,载《法治论坛》2010 年第 4 期。
② 王欣新:《立案登记制与破产案件受理机制改革》,载《法律适用》2015 年第 10 期。

最了解自身的经营状况和偿债能力,因此应当证明自己达到破产边界。

需要讨论的是,对于债务人提交的文件人民法院是否需要实质性审查。如果法院通过对相关材料的审查,无法在规定的审查期限内判断是否具备破产原因或者认为不具备破产原因时,能否启动破产程序,特别是破产清算程序。也就是说,不具备破产原因的企业能否通过破产程序进行债务清偿。有学者认为,债务人自行申请破产的情况下,法院不仅应进行形式审查,还应进行实质审查。[①] 对此笔者持不同的看法。

破产程序属于集体清偿程序,与个别清偿相比其适用的前提在于债务人无法偿还所有债务,进而需要对所有债权人进行公平清偿。而当债务人有能力偿还所有债务的情况下,个别清偿和集体清偿对于债权人而言并没有本质区别,其利益也并未受到损害。例如美国破产法采取了"自动受理"模式,"破产法对债务人提出清算申请几乎没有实质方面的要求,无论债务人资产负债状况如何,也无论是否可以支付到期债务,它都可以提出清算申请。而且,债权人既无权反对债务人的清算申请,也无须对该申请作任何答辩。所以,只要债务人的申请符合法律规定的形式要求,申请本身即构成破产宣告"。[②] 事实上,债务人在法律上有足够的方式绕开破产法的规定而进入破产程序。如债务人不想继续经营,可以在公司法下进行清算,偿还债务。如果在清算过程中出现资不抵债的情形则可以顺利向法院申请启动破产程序。何况一般情况下,债务人不具备破产原因而申请破产的动因不足。

在对债务人破产原因的审查中,最高人民法院通过的《关于适用〈中华人民共和国企业破产法〉若干问题的规定(一)》,第3条规定债务人的资产负债表,或者审计报告、资产评估报告等显示其全部资产不足以偿付全部负债的,人民法院应当认定债务人资产不足以清偿全部债务。这为法院审查确立了难得的客观标准。实务中,法院所谓的"实质审查",主要表现为对债务人单方提供的书面材料进行分析加上现场勘验。问题在于即使提供审计、评估报告,也是由债务人根据企业自身资料所作出的,能否达到实质认定的程度仍不无疑问。况且在债务人委托的情况下,相关的报告更多体现了债务人的意志,其真实性仍需打折扣。笔者曾接触一起破产案件,某法院审理的A公司破产和解转破产清算一案,在审查立案时,审计报告认定债务人资产大于负债,不具备破产清算条件,而以破产

---

① 李永军:《我国〈企业破产法〉上破产程序开始的效力及其反思》,载《法学杂志》2011年第2期。

② 潘琪:《美国破产法》,法律出版社1999年版,第19~20页。

和解立案受理。该案在审理过程中,管理人和法院发现,债务人资产中有70%以上为应收账款,且均为债务人的股东欠款或虚构债权,几乎不可能收回。由于债务人事实上已经严重资不抵债,最终终结和解程序转为破产清算。

进一步的分析。美国破产法中债务人只要提出自愿破产就能自动获得一个"救济令"。债权人除了以主体不适格为由要求法院驳回申请外,别无他途进行干涉。[1] 我们具体分析这一情境:如果债务人不想继续营业,想通过破产退出市场,任何人都无法阻止。因为如果具备破产原因,当然应该享有破产法规定的权利,退出市场;如果不具备破产原因,法院拒绝受理,那债务人选择继续破罐子破摔,最终一定会满足破产原因。而这种情况下债权人利益会进一步受损。因此美国破产法采取此种方式有其逻辑上的合理性。反观我国《破产法》第8条,规定破产申请除了提交破产申请书之外,"债务人提出申请的,还应当向人民法院提交财产状况说明、债务清册、债权清册、有关财务会计报告、职工安置预案以及职工工资的支付和社会保险费用的缴纳情况"。从上述分析来看,这些文件几乎都没有必要。其中职工安置预案更是严重偏离破产法的范畴,且不具有可操作性,学界的批评甚多。

法院审查可能的目的之一是防止虚假破产,逃避债务。这在我国破产史上的确曾经是一个非常严重的问题,以至刑法中规定了虚假破产罪,但破产法已经设计了一套完整的规则进行公平清偿。债务人实施的损害债权人利益或偏颇性清偿等欺诈债权的行为,可以通过破产撤销、无效等规则予以规范,并通过加强破产责任制度,如对于发现恶意侵害债权的行为,债务人无法获得破产免责等,应对虚假破产行为。因此进入破产框架恰恰是遏制欺诈债权的重要方式,法院无须严格审核,将债权人阻却在破产之外。

综上,"私法权利是民事实体法的基础,亦是维系民事实体法存续的主要脉络"。[2] 对于债务人提出的破产申请,判断其是否具备破产原因并不重要,因此法院也不必进行实质性审查。法院通过表面和初步审查,合理认定债务人具有了破产原因,即可受理破产案件。此时破产案件受理完全可以适用立案登记制的规则。

2. 对债权人提起强制破产申请的审查

如前述,债务人不能清偿到期债务,债权人即可提出破产申请。一般诉讼案

---

[1] [美]爱泼斯坦等:《美国破产法》,韩长印等译,中国政法大学出版社2003年版,第17页。

[2] 唐玉富:《公益诉讼原告主体范围之扩张》,载《浙江工商大学学报》2015年第2期。

件中,立案之后才向被告人送达诉状,而在债权人申请破产的案件中,需要先通知债务人并送达破产申请书,赋予其提出异议的权利,并综合决定是否受理。法院需要对双方的意见及提交的文件进行审查判断。该审查为实质审查还是形式审查则存在不小的争议。

破产法通过之前,最高人民法院2002年发布的《关于审理破产案件若干问题的规定》也曾面临相同的问题。该规定第8条要求法院在受理破产申请前,通知债务人核实有关情况;第9条规定,债务人对债权人的债权提出异议,人民法院认为异议成立的,应当告知债权人先行提起民事诉讼,破产申请不予受理。显然"通知债务人核实有关情况"以及对债务人异议的审查属于实质审查的范畴。

对于债务人是否具备《破产法》第2条规定的破产原因,债权人证明的难度极大。新破产法降低了债权人的证明标准,根据《破产法司法解释(一)》第2条的规定,债权人只需要证明自己合法成立的债权已届清偿期限,并且没有完全获得清偿即完成了自己的证明义务,即债权人证明"停止支付"。此时即可推定债务人"不能清偿到期债务"。这主要是考虑到债权人在信息获取方面存在的巨大障碍,严格要求债权人证明债务人具备破产原因几乎是不可能的。

债务人则需要提出有效的异议,除非能够提交明显且足够的证据证明自己不具备破产原因,否则不能阻却破产程序的启动。根据《最高人民法院关于适用〈中华人民共和国企业破产法〉若干问题的规定(一)》第3条和第4条的规定,对"资产不足以清偿全部债务"的考察主要依据债务人的资产负债表,或者审计报告、资产评估报告等;对于明显缺乏清偿能力,有下列情形之一的即可构成:(1)因资金严重不足或者财产不能变现等原因,无法清偿债务;(2)法定代表人下落不明且无其他人员负责管理财产,无法清偿债务;(3)经人民法院强制执行,无法清偿债务;(4)长期亏损且经营扭亏困难,无法清偿债务;(5)导致债务人丧失清偿能力的其他情形。除了个别客观而显著的情形之外,认定债务人具备破产原因仍然有不小的困难,例如,何谓资金严重不足或财产不能变现等原因导致无法清偿债务;何谓长期亏损且经营扭亏困难。对于债务人提出异议,不希望通过破产方式偿还债务的情形,此时法院对破产原因的追寻必将通过实质审查,并不可避免的陷入商业判断的范畴。同时受理破产案件,将对债务人产生重大影响,因此法院审查会相对慎重。内外两方面的考量都会推动法院在破产案件受理方面趋于保守。

联合国国际贸易法委员会制定的《破产法立法指南》中指出,破产界限要便利债务人和债权人利用破产法提供的救济方法,并有利于以迅速有效和具有成本效益的方式提出和处理破产程序申请。强制破产是债务人面临的重要的市场压力,通过破产"威胁"也是债权人自我保护的方式之一。尽管在美国破产法上,如今没有几个案件是强制申请的,强制破产的威胁作用远大于其实际意义。①但从我国破产法实施情况看,债权人通过破产寻求救济是其重要的选择。根据江苏省 2011—2015 年破产案件的情况看,债权人提出破产申请的占 66.14%。②当然为了防止债权人滥用发动破产的权利,有必要对债权人提起破产的条款进行完善,对此将在后文分析。

综上,我们认为,法院对债权人提出的破产申请原则上也可以采取立案登记制,便利债权人寻求破产救济,保护债权。同时法院也应当防止个别债权人对破产程序的不当使用,并完善具体制度设计。

3. 对依法负有清算责任的人提出破产申请的审查

根据《企业破产法》第 7 条第 3 款的规定,企业法人已解散但未清算或者未清算完毕,资产不足以清偿全部债务的,依法负有清算责任的人应当向人民法院申请破产清算。负有清算责任的人包括:(1)企业已经解散但尚未清算时,负有成立清算组进行清算的人。(2)企业已经解散并成立清算组进行清算。根据《公司法》第 183 条的规定,有限责任公司的清算组由股东组成,股份有限公司的清算组由董事或者股东大会确定的人员组成。

负有清算责任的人提出破产申请的条件是"资产不足以清偿全部债务",即资不抵债标准。由于企业已经解散,不再进行正常经营,财产不可能再增加,因而其财产、信用或能力等任何方式都难以清偿债务。在清算过程中需要清理公司财产、编制资产负债表和财产清单,企业现有的资产成为债务偿还的基础。当出现资不抵债的时候,则必然具备了破产原因,必须对全体债权人进行公平清偿。从法院的角度分析,此时负有清算责任的人提出的破产申请与债务人主动申请的情形没有本质的区别。对此类申请的审查也应当适用立案登记制。

(二)不同破产申请目的的审查与受理

根据破产申请的目的,申请人可以向法院提出破产清算、和解和重整。关于破产清算,前文已经进行了详尽的分析。这里主要分析破产和解和破产重整申请的审查。

1. 破产和解申请的审查

根据《破产法》第 7 条、第 95 条的规定,债务人具备了第 2 条所规定的破产

---

① [美]爱泼斯坦等:《美国破产法》,韩长印等译,中国政法大学出版社 2003 年版,第 24 页。

② 江苏省高级人民法院:《2011—2015 年江苏法院破产审判白皮书》2016 年 8 月 12 日。江苏省高级人民法院网站,http://www.jsfy.gov.cn/xwzx2014/xwfb/2016/08/12102248853.html。

原因,可以向人民法院提出破产和解申请,并提出和解协议草案。

首先,提出破产和解申请的条件与清算条件相同,即具备第2条规定的破产原因。对此人民法院应当如何进行审查?破产和解尽管不同于庭外和解,但仍然以当事人的意思自治为基础。因此即使不具备破产原因,只要当事人同意,就可以在破产框架下对其债务问题进行协商。假设债务人不具备破产原因,由于破产和解程序的约束力较弱,特别是对有担保债权人权利行使没有限制,达成和解协议的难度较大。法院审查是否具有第2条规定的情形对于双方债务协商重组没有实质性影响。因此,对债务人提出的和解申请,法院只需形式审查即可。

其次,破产法中并未规定债权人可以提出和解申请。显然债权人面临债权无法完全实现的风险,没有激励主动提出破产和解。而债务人发动的破产程序,与前文中讨论的相同,破产和解也当然可以适用立案登记制。

2. 破产重整申请的审查

债务人有破产原因或有破产之虞时,债权人和债务人均可向法院提出破产重整。是否启动重整程序,法院除了对破产原因的审查外,还需要对债务人重整的可能性进行判断。对于债务人提出的重整请求,债务人会提供相应文件和证据;对债权人而言,启动重整的申请条件与清算相同,即证明"停止支付"。

首先需要明确的第一个问题是,债权人是否应当提供"具备重整可能性的其他证据和材料"?对此一些地方法院认为,《破产法》第8条规定了申请人提出破产申请时应当提交"有关证据",破产申请书应载明人民法院认为应当载明的"其他事项"。法律并未穷尽列举重整申请应提交的证据材料而赋予了法院自由裁量权,法院应根据案件具体情况确定法律规定的"有关证据"和"其他事项"的具体所指。实践中法院可以以债权人不能提供"具备重整可能性的其他证据和材料"为由,驳回破产申请。对此,我们认为,债权人无法了解债务人的财产、债务、所处的行业以及企业自身的经营情况,能否采取合理的措施实现企业重生,即使债务人自身也未必能够明了。况且重整过程中还存在着潜在的第三方投资人,这些债权人根本无法预测,也远远超出了债权人能够掌握的信息的范畴,因此要求债权人提供这些证据和材料是不公正、不合理的。

其次是对于重整申请的审查。重整程序的目的在于挽救企业,因而除了对破产原因的审查外,法院还应当对债务人重整的可能性进行判断。由于重整大多适用于大型企业,如我国台湾地区"公司法"规定重整限于"公开发行股票或公司债之公司"。此类企业财产关系和债务情况复杂,涉及主体较多,因此启动重整应当慎重。且破产重整具有较强的法律效力,对债权的限制较多,包括有担保的债权。在重整不具备可行性的情况下盲目启动重整程序,无疑会造成社会资源和司法资源无谓的浪费,并可能最终导致企业进入破产清算程序,经营被迫停止,致使其他利益相关方受到重大损害。但对于"是否具有重整可能性"这一问题,本质上属于商业判断而非法律判断,法院的判断并不比市场更高明。从实践中分析,重整是多方谈判和博弈的结果。法院应当做的是综合考虑各方利益,是否允许债务人进入司法重整的框架。为各方搭建平台、提供充分的信息披露、保障过程的公平是法院更应当坚守的任务,而非尝试对"重整可能性"给出结论。因此我们认为,对破产重整的申请,应当保持谨慎,原则上不应适用立案登记制的形式审查,但实质审查的重点应有所调整。

最后涉及上市公司的重整申请的审查。最高人民法院2012年下发了《关于审理上市公司破产重整案件工作座谈会纪要》,其中涉及上市公司破产重整案件的申请与受理问题。对于案件的申请材料,第3条规定,"申请人除提交《企业破产法》第8条规定的材料外,还应当提交关于上市公司具有重整可行性的报告、上市公司住所地省级人民政府向证券监督管理部门的通报情况材料以及证券监督管理部门的意见、上市公司住所地人民政府出具的维稳预案等。上市公司自行申请破产重整的,还应当提交切实可行的职工安置方案"。对于申请的审查,第4条规定,人民法院应当组织召开听证会,并就申请人是否具备申请资格、上市公司是否已经发生重整事由、上市公司是否具有重整可行性等内容进行听证。

鉴于上市公司破产重整案件较为敏感,不仅涉及企业职工和二级市场众多投资者的利益安排,还涉及与地方政府和证券监管机构的沟通协调。因此,目前人民法院在裁定受理上市公司破产重整申请前,应当将相关材料逐级报送最高人民法院审查。显然对于上市公司重整案件提交材料远远超过普通企业的重整,实行实质审查原则,并且要逐级上报最高院。立案登记制在当下没有适用的余地。

四、立案登记制下破产法的完善

(一)立案登记制的检讨

立案登记制度是在诉讼制度未变革的情况下,单纯对起诉受理阶段进行的技术性调整,形式审查压缩了法院能动空间,使社会纠纷得以寻求司法之门。但从整个诉讼制度考查,立案登记制度本身也存在局限性。"现行民事案件受理体制的实质和关键问题在于起诉条件设置的不合理,即错误地将实体判决要件(诉讼要件)置入起诉条件之中。这导致起诉受理时法院必须对实体判决要件(诉讼要件)进行审查,实际上就无法实现建立立案登记制的改革目标,起诉难、告状难问题也就成为必然。"①新破产法通过以来,破产案件受理举步维艰。面对立案登记制的要求,法院不得不对立案登记制进行重新解释和结构改造。

首先,区分了立案和受理。立案即是受理是法院系统坚持的一贯态度。例如《最高人民法院关于人民法院立案工作的暂行规定》法发〔1997〕7号第7条:立案工作的范围包括:审查民事、经济纠纷、行政案件的起诉,决定立案或者裁定不予受理;审查刑事自诉案件的起诉,决定立案或者裁定驳回;对刑事公诉案件进行立案登记。在这里"决定立案"与"不予受理"是两个相反的结果,立案即是受理。学界也持同样的观点:受理,是指人民法院对起诉进行审查,对符合起诉条件的案件,予以立案的审判或诉讼行为。法院受理与法院立案往往是同一含义。② 立案登记制之后,面对破产案件,司法部门不得不将立案和受理区分开来,进行重新解释:立案并非意味着受理,立案只有经过审查后才能决定是否受理,受理是立案的结果之一,即立案也可以不受理。

其次,在结构上将立案登记分为两个阶段:立案只是受理材料,法院应当编立"破(预)"字号。正式受理案件之后才会发"破"字号受理裁定。法院仍需要对案件进行实质审查之后才能决定是否受理。

早在破产法起草过程中就有学者指出,在破产受理这个极为狭小的程序中审查破产实体要件是不合适的,应简化案件受理程序,把破产实体要件从受理程序中分离出来,明确设置专门的破产实体要件审理程序。③ 从我国司法实践中看,一些地方的破产案件从接受申请材料至裁定立案受理(审查申请、选定管理人期间)时间平均为26.1天。④ 与普通案件相比,新破产法将审查期间从原来的7天改为15天,这认可并照顾了破产审查的困难。但期间的扩张并未使审查的方式、内容、证据等方面变得明晰。对破产原因以及重整的可能性审查仍然存在诸多难以量化的主观事项。这些事项有的涉及商业经营,有的涉及专业判断,并且结果或结论往往并非唯一,这是案件破产案件难以受理的内在原因;外在的如就业、社保、维稳、上访等问题,由于法院自身的定位,同时也缺乏足够的资源、手段解决此类问题,盲目的受理破产案件会被地方政府视为添乱。内外交困使法院在破产案件的受理方面颇为纠结,而简单的延长审查期限并不能缓解这种紧张。

---

① 张卫平:《民事案件受理制度的反思与重构》,载《法商研究》2015年3期。
② 张卫平:《民事案件受理制度的反思与重构》,载《法商研究》2015年3期。
③ 韩长印、郑金玉:《破产实体要件的审理程序研究》,载《现代法学》2006年第1期。
④ 绍兴市中级人民法院课题组:《努力破解破产案件审理中的难题——浙江绍兴中院关于破产案件资产处置难的调研报告》,载《人民法院报》2016年7月21日第8版。

(二)加强对债权人申请的必要限制

如前所述,当债权人提出破产申请,且债务人提出异议的情况下,法院仍将面临破产原因的拷问。适用立案登记制能够使债权人便利地提出诉讼救济,减轻举证负担。但同样可能会使不具有破产原因的债务人被纳入破产程序,从而产生严重的法律后果。债权人类型极多,我国破产法对债权人发动破产程序没有任何的限定,原则上所有类型的债权人,无论数额大小、所占的比重、是否有担保、包括职工债权甚至公法上的债权,都可以提出。实践中也出现了税务部门作为公法上的债权人提起破产清算被受理的情况,这也引起了不小的争议。破产法规则的简单粗疏也为部分债权人滥用破产程序恶意提起破产申请提供了机会。对破产案件实行立案登记或开放破产的立案,必须对债权人申请进行必要的限制。

从国外的立法经验看,两个方面的制度建设非常重要。一是债权人数量和数额的限定。如美国《破产法典》第303(b)规定,债权人在12人以上时,3个以上债权人,且其债权额在5000美元以上的才能提出破产申请;而债权人少于12人的,则3个以上债权人,且其债权数额均须达到10775美元以上的才能提出破产申请(此数额会根据经济社会发展不断调整)。英国则要求无担保的债权必须达到750英镑。二是建立债权人不当破产申请的赔偿制度。例如,美国《破产法典》303(i)明确规定:如果强制申请被驳回,即使申请债权人并非出于恶意,原则上债务人也得请求其赔偿特定损失或者合理的律师费;而如果系出于恶意,债务人就得请求对所有损失的赔偿或惩罚性赔偿。此可以为我们所借鉴。

(三)健全对破产原因和重整可能性的判断机制

对于法院而言,如同局外的债权人一样,对破产原因和重整可能性的判断并不全面,甚至并不专业。以我国台湾地区"公司法"规定为例,公司重整除了要征询相关主管机关的意见之外,第285条还规定,"并得就对公司实务具有专门学识,经营经验而非利害关系人者,选为检查人,就左列事项与选任后三十日内调查完毕报告法院。其中第二项包括依公司业务、财务、资产及生产设备之分析,是否尚有重建更生之可能"。引入专业的咨询一定程度上能够补充法院判断的科学性。我国一些地方在破产案件受理过程中尝试引入听证制度,对于破产重整案件、债权人或债务人存在较大争议的案件等可以考虑由法院决定是否进行听证。在听证参与人的选择方面也应当保持多元和开放性,有利于法院作出更合理的判断。

(四)明确债权人债务人提交破产申请的证据和材料清单

立案登记制下,通过对当事人提交的诉讼材料的形式审查即可用发动诉讼程序。在破产案件中,破产申请人应当提交何种材料,这是破产案件审查的基础,也是实行立案登记制度的重要内容。如前述,在债权人申请重整的案件中存在法院要求债权人提交不合理甚至是不可能提交的材料,阻却案件受理的情形。① 其他申请人提出的破产申请同样也存在类似的问题,如有的地方法院以2002年最高人民法院《关于审理企业破产案件若干问题的规定》第6条中"人民法院认为当事人应当提交的其他材料"的规定,向当事人开列具提交材料书面清单,为申请人设置"不可能的任务",从而继续人为提高破产案件的立案标准。笔者登陆最高人民法院推出的"全国破产企业重整案件信息网",对于债权人申请的破产重整需要提交的证据类材料包括:债务人不能清偿到期债务的证据、债务人具有重整价值的证据材料;而债权人申请的破产清算,证据类材料则包括:股东会、董事会、主管部门或投资人同意其破产,职工名单,工资清册,社保清单,职工安置预案,资产负债表,资产评估/审计报告,资产状况明细表,债权、债务即担保情况表,所涉诉讼、仲裁、执行情况即相关法律文书。如上所述,这些材料的搜集和证明对于债权人具有极强的阻滞力。

王欣新教授认为,对于破产案件而言"形式性审查文件的缺失可以通过对立案实质性条件具备的确认而解决。其他诉讼案件如果应提交的诉状文件等不符合形式审查的要求,则法院对起诉不予受理,但在破产案件的形式审查中,即使法律规定应当附随破产申请书提交的文件有所缺失,在不影响对是否存在破产原因或破产申请原因判定的前提下,并不影响案件的受理。如果能够根据债务人的外观行为(如未清偿依法成立的到期债务)判定债务人存在破产申请原因,法院就应当受理破产申请"。②

笔者认为,破产案件受理的关键在于债务人具备破产原因,各种申请文件只是判断的辅助材料。如同普通诉讼案件一样,法院在破产案件受理上应当列出破产申请材料目录,清单制定过程中应当充分考虑文件的必要性与合理性,克服现行立案审查制的随意与无序,不得任意地扩大并实质性地损害当事人的申请权。

---

① 司法实践中,有些法院在受理债权人申请债务人破产立案时,所列的材料清单中包括:债务人的审计报告和评估报告,债务人企业的资产负债表、经营状况说明、所有者权益明细表、土地房产证书、固定资产状况说明,债务人企业职工人数、名单及安置预案,政府承诺负责职工信访维稳事项保证书,债务人企业法人代表、董事、监事、高管人员名单及联系方式,债务人企业在金融机构开设账户的详细情况,包括开户账号、资金等,债务人企业涉及的担保情况,债务人企业已发生的诉讼情况等十几项之多。

② 王欣新:《立案登记制与破产案件受理机制改革》,载《法律适用》2015年10期。

(五)有效约束法院的内部审查程序

立案登记制实行后,法院在收到破产申请后,立案部门一般以"预立案"方式收取申请材料,并为申请人出具"预立案通知书"。之后,立案部门再将申请资料移交破产审判庭进行实质审查。破产审判庭审查后认为符合破产条件的,作出"案件受理裁定书",破产案件正式立案。有些法院还需通过法院审委会研究通过后,再作出"案件受理裁定书"。据笔者了解,有些地区中级法院单独制定破产立案流程,要求基层法院受理的破产案件在基层审委会同意立案后,还需报中院审核,中院破产审判庭审核同意基层法院审委会意见的,再报中院审委会研究决定。在中院审委会同意后,基层法院方能立案受理破产案件。而根据民事诉讼法和破产法的规定,只有一审法院作出不予受理或驳回起诉裁定后,异议人可以提起上诉,此时中级院方可进行审查。而上述破产立案流程明显违反了民事诉讼法规定的两审程序,以及破产法建立起来的上级法院裁定的审查机制,通过法院内部审查程序规避、消解了法律的本旨,与立案登记制规定初衷背道而驰。这属于法院内部司法行政化的表现,必须给予足够的重视,并建立起效的监督和约束机制。

五、结论

破产法包含了诸多的程序性规范,构成我国程序法规则体系的一部分。立案登记制下的形式审查机制与破产案件受理过程中的审查存在一定的契合之处。我国从2016年开始的破产受案数量的大幅度增长不过是其他类别案件普遍增长后的补涨。立案登记制下,破产案件的提起、审查、受理与之前相比并没有本质的变化。

立案登记制的具体规则应当贯穿在破产案件受理中,不能因为破产案件的内在影响和外在复杂因素而阻碍案件的受理,特别是债务人自愿破产的情形;在债权人发动的强制破产案件中,应当坚持立案登记制的理念,以便利于当事人寻求破产救济;在债务人重整案件中则不应当适用立案登记制,而是适用实质性审查规则。

推行立案登记制还需要对破产法的相关规则进行必要的完善,包括加强对债权人发动破产的必要限制;完善破产原因和债务人重整可能性的审查机制;法院应当建立合理的破产案件受理材料清单,便利于当事人提出破产申请。

需要指出的是,破产机制的独特性要求法院应当积极作为。一般而言法院职能的发挥具有谦抑性,奉行不告不理的原则。破产程序是对所有债权人的公平清偿机制,意在防止债权人基于自利采取的先到先得的债务偿还模式。破产重整程序也将使所有利益相关方都能从中获益。可见破产程序追求社会公平，具有较高的社会效益。因此让符合条件的企业进入破产程序是构建有效市场的重要内容。一些国家的破产法采取职权主义的模式，法院可以将具有破产原因的企业主动纳入破产程序，而并非坚持完全的商人自治。从这个意义上说，适用立案登记制也应当成为破产案件受理一般原则。

数据产业法律规制路径研究
——以美国数据经纪人制度为视角

金 耀[*]

摘要: 数据当前已成为企业最重要的生产要素之一,当前我国数据产业仍处于起步阶段,研究和借鉴美国数据经纪人制度就具有重要的理论价值和现实意义。数据经纪人行业在美国较为成熟,但该行业仍存在消费者数据权利缺位、行业透明性低、潜在的消费者歧视等问题。结合国外最新的立法趋势,我国对数据行业的法律规制及相关规则的制定应坚持中立立法,提升行业透明性,弱化同意规则,引入场景风险规则。

关键词: 数据经纪人;消费者隐私;数据流通;数据行业

一、问题的提出

大数据正带来新一轮的信息革命,使人类社会从信息技术(IT)时代进入数据技术(DT)时代。数据已经渗透到每一个行业和业务职能领域,如今已成为与劳动力和资本同等重要的生产要素。[①] 有学者前瞻性地指出,大数据带来的信息风暴正在变革我们的生活、工作和思维,大数据开启了一次重大的时代转型,带来思维变革、商业变革和管理变革。大数据思维表现在:第一,需要全部数据样本而不是抽样;第二,关注效率而不是精确度;第三,关注相关性而不是因果关系。[②] 对于企业而言,数据已经成为将来最为核心的竞争力之一,数据流通和数据挖掘已经成为当前企业最为迫切的需求。我国数据产业正处于起步阶段,近

---

[*] 作者系华东政法大学研究生教育院2015级民商法学专业博士研究生。

[①] Manyika J, Chui M, Brown B, et al. Big data: The next frontier for innovation, competition, and productivity. 2011.

[②] [英]维克托·迈尔-舍恩伯格:《大数据时代》,周涛译,浙江人民出版社2012年版。

几年来我国已经成立若干大数据交易平台或数据交易中心。①

与此相对应的是,我国对该行业相关的立法较为滞后,尤其是当前我国立法明确规定个人信息不得交易,数据产业在其发展中存在着诸多不确定因素和法律风险。可以说,当前数据交易平台的运行及数据流通的规则仍处于摸着石头过河的阶段,我们不妨将视野投向数据产业较为发达的美国。美国在该领域已经就数据流通和利用建立了较为成熟的数据经纪人(data broker)制度。遗憾的是,当前我国学界对此制度并未有深入的研究,难以反映当前消费者隐私保护与数据利用规则的新动向。因而,笔者在此抛砖引玉,旨在通过研究美国数据经纪人制度的相关法律问题,以期为我国数据产业的发展和相关立法的展开贡献绵薄之力。

二、美国数据经纪人行业概述与问题

数据经纪人是指通过收集消费者信息,创建消费者个人记录文档的公司,这些公司随后向其他人出售或者分享个人信息。数据经纪人有些时候也被称为信息零售商、数据经销商,或者信息经纪人。联邦贸易委员会将数据经纪人定义为"收集信息的公司,包括从各种各样的来源收集消费者的个人信息,为了客户的各种目的将信息出售于客户,包括验证个人身份、区分记录、营销产品以及防止金融欺诈"。②

一般而言,个人不会直接与数据经纪人接触或者有商业往来。数据经纪人打包出售这些信息给其他公司(包括其他数据经纪人)、机构、政府机关,或者其他个人。在一些情况下,他们会通过合作协议相互交换信息而不是出售信息。在其他情况下,他们可能会无偿提供信息,但会通过广告或者推荐的方式获得收益。

为了进一步了解数据经纪人行业的发展,美国联邦贸易委员会于2012年年底对数据经纪人行业进行了调研,选择了数据经纪人行业具有代表性的九家企业作为调研的对象(Acixion、Corelogic、Datalogix、eBureau、ID Analytics、Intelius、PeekYou、Rapleaf、Recorded Future)。这些企业作为行业龙头公司,但其数据收集的种类、数据使用的方式、出售的产品和服务的范围并不相同。

---

① 如贵阳大数据交易所、华中大数据交易所(武汉)、长江大数据交易所(武汉)、东湖大数据交易中心(武汉)、上海数据交易中心。

② Federal Trade Commission, Protecting Consumer Privacy in an Era of Rapid Change, March 2012, p. 68.

美国联邦贸易委员会认为目前美国数据经纪人行业具有如下特征:首先,数据经纪人收集数据的来源多种多样,但大多都是在消费者未知情的情况下。其次,数据经纪人产业较为复杂,数据经纪人之间多层面相互提供数据。再次,数据经纪人收集和存储的数十亿的数据元可以覆盖到几乎每一个美国的消费者。另外,数据经纪人结合和分析消费者数据用作预测消费者行为,包括对潜在敏感行为的预测。最后,数据经纪人通过组合线上和线下方式将数据投入消费者线上市场。①

相较于我国数据产业的方兴未艾,美国在数据产业领域一直处于世界领先水平。对比美国与欧盟在数据流通与利用上的立场,美国在保护个人隐私的同时更注重对于数据的利用,而欧盟在《统一数据保护指令》(GDPR)中更强调对数据的保护以及个人对数据的控制,过高的保护水平一定程度上导致了数据行业发展的滞后。

(一)消费者数据权利的缺位

消费者对于个人数据信息缺乏控制,目前联邦隐私保护法总体上并没有赋予个人以广泛的接触、控制、修改个人信息的权利。正当信息通则(Fair Information Practice)②申明的"有限收集"和"公开收集"的原则,即个人应当可以知悉和同意其信息的收集,而"个人参与"原则表明他们有权访问其信息,要求修正错误的。然而,美国联邦并没有一部法规规定允许个人审查、控制、修正他们用于市场营销或信息检索的个人信息。③

数据经纪人掌握了大量的具体而明确的关于消费者的数据,有些甚至被认为是敏感的数据,分析利用后对消费者产生影响,并且在企业之间广泛地分享。大部分的数据经纪人在出卖销售产品时很少让消费者接触从他们那边收集的原始数据以及派生数据。大多数消费者并不存在对数据更正、选择退出的权利。此外,数据经纪人为了各种目的广泛收集消费者信息,由于这些企业基本上不与消费者直接接触,消费者通常不会意识到他们的存在,更不知其参与了各种数据收集活动。

消费者的选择权并不透明。数据经纪人赋予消费者对其数据的选择权并不

---

① Federal Trade Commission, Date Broker: A Call for A Call for Transparency and Accountability, Mar. 2014. pp. 46~47.

② 正当信息通则也称为"隐私原则"(privacy principles),作为隐私保护的基本原则,构成目前世界绝大多数现代隐私保护法的框架。

③ Government Accountability Office, Information Resellers: Consumer Privacy Framework Needs to Reflect Changes in Technology and the Marketplace, Sep 2013. p. 16.

透明和完整：一些数据经纪人为消费者提供了一些选择权，但由于数据经纪人并不是消费者可以直接面对的相对人，消费者可能并不知道哪里可以实现可供的选择权。此外，数据经纪人的选择退出权也没有清楚传递给消费者，是否可以选择退出数据的所有使用，消费者对于选择退出的申明很困惑。即使消费者知道什么是数据经纪人，找到他们的网页，花时间找到退出数据利用的选项，可能仍然不知道其中的限制。

（二）数据行业透明性较低

数据经纪人往往不是直接通过消费者收集用户数据，大部分数据经纪人在消费者不知情的情况下收集信息，并限制消费者接触此类数据。并且，很少有数据经纪人在收集数据前会评估数据的合法性，即评估数据来源网站个人隐私条款。尽管数据经纪人会与数据来源商签订相关的合同，要求数据来源商保证其数据不侵犯他人隐私权，但事实上，很少有数据经纪人会去数据来源网站确认其条款的适用性，即是否会存在侵犯他人隐私权的可能。

当然，数据经纪人并不关心数据来源商是否对消费者赋予选择退出权，即不分享不使用个人隐私的自由。此外，由于数据往往由多个元素子数据构成，数据经纪人可能会从数据来源商得到所需数据之外的数据，对于这部分多余的数据的使用和保护并无规定。对于数据经纪人超出合同约定目的使用数据的行为也无问责机制。从这些方面看，数据经纪人从数据来源处获得的数据有侵犯他人隐私权的可能。

（三）消费者潜在的歧视风险

数据经纪人提供的产品和服务为消费者带来了极大的便利，但一些强调消费者权利保护的人员认为数据经纪人产品不当使用会造成消极的影响，其认为精准市场化产品意味着消费者接触有用信息、服务和获取利益的机会是不平等的，因为这样的精准定位是基于未经消费者允许的数据文档。例如，世界隐私论坛执行董事帕姆·迪克森（Pam Dixon）这样描述："当两个人同时登录一个网页或者去同一个零售店可能基于他们的永久记录会被提供完全不同的机会、服务或者收益，而这一记录是由之前的人口、行为、交易和其他相关信息积累而成。"[①]另一个相关的问题就是，越来越详细的消费者数据是否会导致差别定价。事实上，目前美国网站零售商在客户特征分析的基础上存在以不同的价格为消费者提供相同的产品的问题。

---

① U. S. Senate Commerce Committee, A Review of the Data Broker Industry: Collection, Use, and Sale of Consumer Data for Marketing Purposes, December 2013, p. 6.

这些产品的不当应用也会带来很多潜在风险。例如,如果消费者被排除参与某个交易是基于风险控制产品中的某个错误,消费者甚至都不知道其中的原因。这种情况下,消费者不但被拒绝参与某一具体的交易,而且不能防止此类问题的继续发生。同样的,市场产品中的打分程序并不对消费者透明。消费者不能对低分的消极影响采取应对措施,比如被限制投放信用贷款广告或者接受企业不同水平的服务。

三、美国数据经纪人行业的立法规制

面对数字时代的隐私危机,国际上诸多机构及学者开始反思当前数据保护立法,欧盟、日本等国家也纷纷对现有立法进行了重新修订。美国于 2015 年发布了《消费者隐私权利法案》(Consumer Privacy Bill of Rights Act)草案,采纳了美国联邦贸易委员会新的隐私框架,构建了大数据时代的新思路。① 在数据经纪人行业领域,美国于 2014 年采取专门立法的方式提出了《数据经纪人责任制与透明法案》(Date Broker Accountability and Transparency Act)。下文将围绕这两部法案的进行立法评述。

(一)《消费者隐私权利法案》

美国于 2015 年提出了《消费者隐私权利法案》草案,将隐私视为个人自由与尊严的一部分。个人数据的生成、收集、存储和分析等行为在大数据时代日益增长,草案充分肯定了这一增长有益于人类知识、技术创新和经济增长,但也可能存在侵害个人隐私和自由的风险。法案所坚持的基本原则确保为消费者提供持续有效的隐私保护,同时为技术和商业模式的发展提供充分的灵活性。

法律的发展必须与技术和企业商业实践相适应。该法案对于大数据时代几个关键性的基础概念进行了明确定义,例如个人数据指的是规制主体控制且公众一般无法通过合法途径获取的所有数据。② 企业通过个人数据能够联系或实际上能够联系至某一特定个人,或者能够联系到某个与个人相关或其经常使用的设备,也规定了去身份信息、雇员信息、网络安全数据作为个人数据的例外。该法案在一定程度上发展了美国原有隐私保护框架,主要表现在以下几点:

---

① See Administration Discussion Draft: Consumer Privacy Bill of Rights Act of 2015.
② See Administration Discussion Draft: Consumer Privacy Bill of Rights Act of 2015.

其一,法案中特别强调了数据产业的透明性。数据行业应当为消费者提供方便、合理的访问,及时地将数据的更新、修正、处理等情况通知消费者。

其二,为消费者提供个人控制。包括为消费者提供合理的方法以控制隐私风险。消费者可以撤销之前对于数据收集和使用的同意。

其三,强调数据收集和使用的场景。即企业应在合理的情境下处理个人数据,如果其处理个人数据的方式是不符合场景的,企业应当进行隐私风险分析,包括审查系统、信息流、合作主体和数据以及分析潜在的隐私风险。在场景使用不一致的情况下,企业应当为个人提供关于数据处理的通知,以使个人决定是否减少数据的披露来降低隐私风险。

其四,数据收集和有责任的使用。企业应当在场景一致的情形下收集、使用个人数据,将其中的隐私最小化。规制主体应当在合理期限内,在其实现目的或首次收集目的之后,删除、毁坏或去身份个人数据。

其五,数据安全、准确和可访问。这一规定要求企业采取可预见的内部和外部的个人隐私和安全风险评估,建立和保障合理的安全措施,进一步强化了消费者对于数据的控制,要求企业收集和使用的数据应当准确,消费者可以对数据进行访问,对于不准确的数据应当根据消费者的申请进行修正。

其六,法案规定了责任制,企业应当对其中的隐私风险采取措施,建立隐私风险评估,系统地保护消费者隐私,否则将承担相应的责任。

可以说,该法案将成为美国消费者隐私保护新的框架性规定,也将成为数据经纪人产业必须要遵守的法律之一,对于规范数据经纪人产业,强化消费者权利保护具有重要作用。值得注意的是,该法案在加强消费者对于个人数据控制的同时,并未赋予消费者对个人数据的绝对控制权,而更多地采取行为规范的方式,加重企业的义务和责任,要求企业遵守该法确立的数据收集和利用规则。

(二)《数据经纪人责任制与透明法案》

《数据经纪人责任制和透明法案》于2014年2月由议员洛克菲勒(John D. Rockefeller)和马基(Markey)提出,2015年由美国国会第114次会议进行审议形成草案。该法案旨在规范数据经纪人收集和出售消费者信息的行为,增加行业的透明性。根据该法,数据经纪人是指收集、处理、保留个人信息的商业主体,该信息不是主体客户或者雇员的信息,旨在出售信息或者为第三方提供信息访问。[①]

---

① See Data Broker Accountability and Transparency Act of 2015.

法案明确禁止以欺诈的方式获取或教唆获取个人信息,即获得消费者的信息必须合理、合法,而且在数据收集过程中数据经纪人要最大限度地保障数据的准确性。较为重要的是,法案为消费者提供了访问权,即消费者个人可以向数据经纪人申请访问其数据,并且对其中的数据进行质疑并要求修改数据。为了强化对数据经纪人行业的规制,法案还就具体执法作了规定。确立美国联邦贸易委员会的执法权,并赋予州首席检察官可以代表州公民就违反本方案的行为提起民事诉讼的权力。

四、我国数据产业法律规制路径与完善

美国数据经纪人制度可以说是在一片质疑声中发展,无论是在行业规范还是相关的法案中,消费者的隐私保护与数据产业的利益始终存在着矛盾,而真正能调和该矛盾的只有更为科学合理的立法规范。美国大数据行业所经历的冲击和挑战,也是目前我国数据产业者正在经历的过程。从完善我国对数据行业立法规范的角度看,结合目前美国在该领域的行业和立法规范,至少有以下几点尤其值得借鉴与参考:

(一)中立立法:隐私保护与产业发展平衡

不同于欧盟法对待大数据技术创新方面的保守立场,美国 2015 年《消费者隐私保护法案》草案更好地平衡了技术创新和权利保护这两种重要的价值。美国在该领域的立法坚持了技术中立的立场和原则,在规范行业发展、保护个人隐私的同时,为产业的技术创新保留了一定的灵活性。

具体而言,从草案的基本原则看,通过赋予消费者对于企业掌握其数据的访问、修正、选择披露公开的数据的权利,草案强化了个人对数据的控制。但这一强化过程中仍然体现了立法中立原则,注重平衡隐私保护与企业创新。例如,草案在赋予消费访问数据的权利的同时,企业可以在消费者请求访问是无理取闹的情形下决绝个人访问请求,并且访问的范围应当与数据的敏感程度和使用性质相一致。同样,企业在初始目的内使用数据或者认为其行为不会给个人造成不利影响,在这一情形下可以拒绝消费者要求修改数据的请求。

再如,草案中要求企业应当为消费者访问其数据提供途径,为了保证数据的准确性,还应当采取措施保证数据的准确性,但上述途径和措施并不是绝对的,需要与隐私风险相适应,并且还要考虑到企业的成本与收益。

可见,草案无论是在基本原则还是具体规定中,一以贯之地坚持了中立立场即在强化消费者对于数据控制的同时,也为企业设定义务时提供了灵活性。这一立法态度也有为我国立法者所接纳之趋势。2017 年 5 月,最高人民法院、最高人民检察院出台的《关于办理侵犯公民个人信息刑事案件适用法律若干问题

的解释》对公民个人信息、非法提供公民个人信息的认定等问题作了规定,充分兼顾个人信息保护与大数据发展的需要。

（二）隐私系统保护:提升数据行业透明性

美国数据产业最大的问题就在于行业缺乏透明性,消费者对数据产业的众多环节并不知情。大多数消费者甚至根本不知道数据经纪人的存在,也不知数据的是被如何收集和使用的,因为数据经纪人一般不直接与消费者接触联系。如何提升数据行业的透明性,成为立法和行业规则应当重点考虑的问题。而从美国的理论和立法来看,其试图通过建立隐私系统保护（privacy by design）以实现行业透明。

所谓的隐私系统保护,最早由加拿大隐私保护官员提出,其将隐私保护的理念融入企业产生、运营的产品和服务的全过程。① 美国联邦贸易委员在2012年报告中提出的隐私保护框架中就提出了隐私系统保护,这一基本原则为草案所吸收。② 2015年美国白宫白皮书中指出,良好的透明性能够促进消费者参与,延伸消费者控制,是大数据时代隐私保护的核心手段。③ 而从《消费者权隐私权利法案》草案对此也作了完善,即企业向消费者明确解释其收集何种信息,为何收集该信息;如何使用该信息以及是否与第三方分享该信息;如果分享,又是出于何种目的,为消费者提供简明易懂的选择。尤其是在场景不一致的情况下,即在初始收集数据用途之外使用数据,企业应当将数据的收集来源、使用用途的变更等情况通知消费者,并赋予消费者退出机制,即消费者可以撤销之前的同意。另外,《数据经纪人责任制和透明法案》也强调了消费者对数据经纪人存储的数据享有访问和修正的权利。美国联邦贸易会甚至要求数据经纪人要设立专门的网站门户,为消费者提供数据的方位,简化通知,为消费者能作出合理的选择。

因此,我国在将来个人信息保护立法以及数据行业规则的制定中,可充分吸收借鉴隐私系统保护理论,通过将个人信息的保护融入企业运行的全过程,将事后被动的保护改变为事前预防保护,可有效提升数据行业的透明性。

---

① See Privacy by Design, Information & Privacy Commissioner of Ontario.
② See Federal Trade Commission, Protecting Consumer Privacy in an Era of Rapid Change, March 2012.
③ See Executive Office of the President, Big Data: Seizing Opportunities, Preserving Values, May 2014.

(三)弱化同意尊重场景一致

当前我国现有立法中坚持了个人对个人信息的控制同意权,[①]而且也为理论界所支持。[②] 赋予个人对个人信息的绝对控制权,即未经个人同意,他人不得收集和利用个人数据成为立法和理论界通说。限于篇幅,笔者无意对此进行深入检讨,但美国相关立法并未全盘接受同意规则这一动向尤为值得研究。可以说,美国立法者为了数据产业的发展,一定程度上限缩了该规则的适用。

数据时代消费者的同意权和控制权的实现陷入困境。事实上,传统意义上的数据主体的同意权在大数据时代逐渐式微,草案中更为强调消费者的知情,即企业在场景一致的情形下可不经消费者同意即可收集和使用数据。场景一致理论最早由美国联邦贸易委员会在 2012 年的报告中提出:企业收集和使用消费者数据行为,与交易场景或企业与消费者的关系一致时,或者在法律明确规定或授权的情形下,企业不需要在收集和使用前为消费者提供选择机会。只有在两种情况下,需要得到消费者的明确同意:其一,以与该数据收集时声称的方式实质上不同的方式使用消费者数据;其二,为某些用途收集敏感数据。[③]

为解决这一问题,美国《消费者隐私权利法案》草案作出重大革新,以数据收集和使用"场景一致"标准。而所谓的同意规则除了适用于敏感信息之外,只适用于企业在收集和使用数据后再向第三人披露数据,即数据向特定第三人的披露必须经数据权利人同意。草案这一变化极大地提高了消费者同意与控制的针对性,同时也减轻了企业在遵守隐私法规的遵从成本。可以说,场景一致标准的

---

① 同意规则可参见:《关于加强网络信息保护的决定》第 7 条:任何组织和个人未经电子信息接收者同意或者请求,或者电子信息接收者明确表示拒绝的,不得向其固定电话、移动电话或者个人电子邮箱发送商业性电子信息;2013 年新修订的《消费者权益保护法》中确立了消费者对个人信息收集和利用的同意规则,即第 29 条规定:经营者收集、使用消费者个人信息,应当遵循合法、正当、必要的原则,明示收集、使用信息的目的、方式和范围,并经消费者同意;2016 年颁布的《网络安全法》也遵循了该规则,其中第 41 条规定:网络运营者收集、使用个人信息,应当遵循合法、正当、必要的原则,公开收集、使用规则,明示收集、使用信息的目的、方式和范围,并经被收集者同意。

② 张新宝教授认为,个人隐私又称私人生活秘密或私生活秘密,是指私人生活安宁不受他人非法干扰,私人信息保密不受他人非法搜集、刺探和公开,参见张新宝:《从隐私到个人信息:利益再衡量的理论与制度安排》,载《中国法学》2015 年第 3 期;王利明教授认为,隐私权的内容主要包括维护个人的私生活安宁、个人私密不被公开、个人私生活自主决定等,参见王利明:《论个人信息权的法律保护——以个人信息权与隐私权的界分为中心》,载《法律科学》2013 年第 4 期。

③ See Federal Trade Commission, Protecting Consumer Privacy in an Era of Rapid change, March. 2012.

引入并非代替消费者同意规则,从另一层面看,实际上是间接增强了消费者同意权在大数据时代的落地之举,增强了消费者同意权的可操作性。因而,我国理论界应当充分研究美国的场景一致理论,论证我国适用该理论的正当性和合理性,以期实现保护个人信息安全的同时,促进数据产业的发展。

(四)合理预期与风险限定之转变

目的限定原则是个人信息保护的核心原则,即消费者数据收集和使用的目的和用途是限定的,不得在目的之外使用数据。而目的限定原则在大数据也存在着适用的困境,消费者无从得知企业是否遵守了目的限定原则。对此,如何判断企业对于数据的收集和使用行为符合初始目的就至关重要。美国《消费者隐私权利法案》草案中消费者合理预期,其构成了场景是否一致的重要标准,也构成了判断企业数据使用目的合理性的标准。进而言之,即企业在收集和使用数据形成的产品和服务的类型、范围是消费者预期范围内的,构成了消费者信息的合理使用,进而可以判断企业对数据的使用行为符合场景一致的。

仅仅依据消费者合理预期而减少数据收集和利用中的隐私风险和数据安全显然是不足的,尤其是在场景不一致的情形下更是如此。此外,若数据未经同意被披露给第三人使用,显然已经超出了消费者的合理期待。因而,草案中新增了以隐私风险评估为导向,增加了企业在场景不一致下进行隐私风险评估的义务。所谓的隐私风险评估包括了审查数据来源、系统、信息流、合作企业,以及数据分析使用中潜在的隐私的风险。在该情形下,企业采取相应措施控制风险,并将情况通知消费者,消费者以此决定是否减少披露以降低风险。通过消费者的合理预期解决了场景一致情形下数据的收集和利用效率问题,而通过风险限定规则有效地控制了场景不一致情形下的风险,因而,相较于目的限定原则,其更具有合理性和操作性。

目的限定原则最早可追溯至美国1973年的正当信息通则,并逐渐为世界各种公约和各国立法所采纳,当然我国的立法也不例外。可以说,该原则的诞生处在第二次浪潮中,适用于当时的社会环境和技术发展,但若在数据时代仍僵化地理解和适用该规则,其实际效果可谓不尽如人意。而美国立法中这一新动向,较好地体现了时代和技术的发展趋势,可为我国相关立法所借鉴。

结　语

数据的开放和流通之于数据产业而言就是源头活水,如何在保证个人信息安全和保护隐私的前提下,实现数据的开放和流通将成为数字时代任何一个国家和社会应考虑的重大战略问题。我国在"十三五"纲要中明确指出要实施国家大数据战略,把数据作为基础性战略资源。基于此,我国必须在法律和政策上为新兴数据产业的发展留出一点空间,而美国显然在这方面已经走在了世界的前列。可以说,美国数据经纪人行业的经验和立法得失为我国数据产业的发展提供了重要的参考。因此,本文从该制度的立法现状和趋势、存在的问题等方面描述了制度轮廓,并以此提出完善我国数据产业立法的建议。当然,本文只是该领域的抛砖引玉之作,对于相关具体规则的检讨和论证有待进一步深入。

宪法与行政法论坛

刑事诉讼中的行政诉讼
——刑事诉讼行政先决问题之司法审查

马生安[*]

摘要：对于刑事诉讼行政先决问题的司法审查，我国目前采用的直接审查为主、单独诉讼为辅的模式存在着重大缺陷。通过相关立法或司法解释的办法，将行政诉讼程序"嫁接"、引入刑事诉讼程序中，建立行政机关参加诉讼和刑事诉讼附属行政诉讼制度，同时保留单独诉讼和直接审查制度。如此，我国最终将形成行政机关参加诉讼为主、刑事诉讼附属行政诉讼、单独诉讼及直接审查为辅的审查模式。这四种不同的审查方式，分别适用于特定情形的行政先决问题的司法审查。这样的审查模式，能够有效地监督与制约行政权力、保障刑事被告人的人权，更好地实现刑事诉讼的公正与效率。

关键词：行政先决；司法审查；直接审查；行政机关参加诉讼；刑事诉讼附属行政诉讼

> 以正当的法律程序，最大限度地实现社会正义。
>
> ——题记

一、行政先决问题：刑事诉讼中容易被忽视的一个重要问题

（一）类案分析：刑事诉讼中的行政先决问题

刑事诉讼中，有相当比重的刑事诉讼案件的裁判结果是以某个行政行为的合法性为依据和前提的。在有的案件中，行政行为的合法性与否，则直接关

---

[*] 作者系江苏省高级人民法院行政庭二级高级法官，法学博士。

系到被告人的罪与非罪问题。在此,刑事诉讼的裁判问题为"本问题",而需要先行确定并以之作为刑事裁判依据与前提的行政行为合法性问题,则属于刑事诉讼的行政"先决问题"①。例如,在可能判处被告人死刑的刑事案件中,若被告人提出其作案时未满18周岁不应适用死刑的,则公安机关的户籍登记及颁发身份证之行政行为的合法性问题,就构成该刑事诉讼的行政先决问题。又如,假冒专利的刑事诉讼,若被告人主张专利权人的专利无效其不应构成犯罪的,则国家专利局的专利许可行为的合法性问题,也构成该刑事诉讼的行政先决问题。

实践中,以行政行为的合法性作为行政先决问题的刑事诉讼面广量大,笔者以刑法罪名为主要统计依据,将有关的罪名及其相应的行政先决问题,择要列表如下:

表1

序号	行政先决问题	相对应的刑事罪名(或"本问题")
1	户籍登记行为	被告人刑事责任能力的认定
2	事故责任认定	交通肇事罪、重大劳动安全事故罪、重大责任事故罪、工程重大安全事故罪、教育设施重大安全事故罪、消防责任事故罪、医疗事故罪等
3	行政许可	假冒专利罪、假冒商标罪、假冒注册商标罪等涉知识产权类犯罪
4	对特殊主体的身份、犯罪金额的认定	内幕交易、泄露内幕信息罪、逃税罪等

---

① "所谓附属问题,是指一个案件的判决依赖于另外一个问题的解决,虽然这个问题不构成诉讼的主要标的,但它决定诉讼的结果。"王名扬主编:《外国行政诉讼制度》,人民法院出版社1991年版,第46页。附属问题这一概念源于法国,依其是否发生在同一法院系统,又可以分为"先决问题"与"审判前提问题":若某一附属问题发生在同一系统内部两个法院之间,则构成诉讼的"先决问题",由受理主要诉讼的法院审理;若发生在两个不同系统的法院之间,则构成"审判前提问题",由对附属问题有管辖权的法院管辖。参见王名扬:《法国行政法》,中国政法大学1988年版,第591页。在存在两套不同法院系统的国家,先决问题与审判前提问题的区分,是确定附属问题管辖法院的重要依据。我国没有行政法院与普通法院之分,故所有的附属问题均是先决问题。

续表

序号	行政先决问题		相对应的刑事罪名(或"本问题")
5	对物的鉴定	毒品、酒精	危险驾驶罪、毒品类犯罪
		文物	故意(过失)损毁文物罪、倒卖文物罪等涉文物类犯罪
		货币	伪(变)造货币罪、假币类犯罪
		淫秽物	制作、复制、出版、贩卖、传授淫秽物品牟利罪,传授淫秽物品罪等涉淫秽物类犯罪
		价格	盗窃、诈骗、故意毁坏财物罪等侵财类犯罪
		农用地的性质和数量	非法转让、倒卖土地使用权罪,非法占用农用地罪等涉农用地类犯罪
		林木的规模和数量	盗(滥)伐林木罪等涉林地类犯罪
		枪支、爆炸物	非法制造、买卖、运输、邮寄、储存枪支、弹药罪等涉枪支、爆炸物类犯罪
		印章、证件、有价证券、债券、票证等的真伪鉴定	伪造、变造、买卖国家机关公文、证件、印章罪,伪造公司、企业、事业单位、人民团体印章罪,伪造、变造居民身份证罪,伪造、变造国家有价证券罪等

(二)制度反思:我国现行刑事诉讼行政先决问题司法审查模式

目前,我国对刑事诉讼行政先决问题的司法审查采用的是直接审查为主、单独诉讼为辅的制度模式。

1.直接审查。指在刑事诉讼中,对于构成行政先决问题的行政行为合法性问题,由刑事审判组织适用刑事诉讼程序,将其当作证据进行审查,并据此作出刑事裁判的审查方式。这一审查方式的优点是效率高,既可以有效地节约司法资源,又可以满足刑事被告人得到快速审判的需要。但是,直接审查方式将司法审查定位于一般的证据审查,并未适用行政诉讼程序审查,由此导致以下诸多弊端:

其一,行政先决问题司法审查制度中行政诉讼程序的缺位,导致刑事诉讼程序公正大打折扣。行政先决问题司法审查的程序公正是整个刑事诉讼程序公正的重要环节。在直接审查制度中,刑事审判组织只是简单地把行政行为当作证据使用,未经过行政审判就对行政行为的合法性问题作出判断,这对行政机关和利害关系人都是不公平的,也是违背基本法理的。① 直接审查方式中,由于没有适用行政诉讼程序,掌握证据且有举证能力,也应该承担举证责任的行政机关无须出庭举证,而刑事诉讼被告人因为举证能力的限制,虽主张行政行为不合法,但无法有效地举证证明,这样的程序显然有失公正。

其二,司法审查功能弱化,无法有效地监督和限制行政权力。直接审查方式混淆了行政行为与普通刑事证据的区别,忽视了行政行为举证责任的特殊分配原则。较之适用行政诉讼程序进行审查,直接审查方式对行政行为合法性的审查和判断标准及程序保障明显弱化,无法有效地监督和限制行政权力,切实保护刑事被告人的合法权益。

其三,行政先决问题司法审查程序公正的缺失,导致刑事诉讼实体公正亦无法保障。直接审查方式在程序上是不公正的,刑事被告人对行政行为的合法性虽有异议,却无法有效举证,有能力举证的行政机关却无须出庭参讼。鉴于我国目前的司法制度,刑事审判组织往往很难否定行政行为的合法性而对其不予采信,行政行为则被全盘接收,直接作为定案的依据,故我国当前实行的直接审查制度,极易导致司法审查的形式主义和走过场,不能保证行政先决问题司法审查的实体公正,容易导致事实上行政先决问题决定了刑事被告人的定罪量刑,无法保障刑事被告人的人权及刑事裁判的实体公正。

2. 单独诉讼。指刑事被告人对刑事诉讼中的行政先决问题提出合法性异议时,先终止刑事诉讼,由刑事被告人作为原告,就行政先决问题另行提起行政诉讼,待行政诉讼结束以后,再继续刑事诉讼的审理和裁判。这种方式虽然有利于有效监督行政权力、保障刑事被告人的合法权益、保障司法审查及刑事诉讼的实体公正,却存在诉讼效率低下等诸多弊端:其一,诉讼周期长,造成当事人诉累;其二,诉讼不经济,增加当事人的诉讼成本及司法资源的投入;其三,刑事诉讼裁判必须等待待行政诉讼的结果,会导致诉讼程序的拖延,刑事被告人无法得到及时的审判。另外,也极易出现判决间的矛盾,损害司法权威。

总之,我国刑事诉讼中关于行政先决问题的司法审查制度存在严重的缺陷和不足,无法保障刑事被告人的人权和刑事诉讼的程序及实体公正,已严重影响和制约刑事诉讼公正的实现。迄今为止,这一问题尚未引起理论与实务界的足

---

① 黄学贤:《行政诉讼与刑事诉讼之间的关系及其处理》,载《苏州大学学报(哲学社会科学版)》2005 年第 4 期。

够关注。"法律的正义唯有通过诉讼程序的公正才能真正得到实现。"①因此,亟须从理论及实践的层面上对这一制度进行深入的研究,探索建立公正、高效的刑事诉讼行政先决问题司法审查制度。

(三)行政诉讼程序:刑事诉讼行政先决问题司法审查的应然选择

刑事诉讼行政先决问题的司法审查,其本质是要解决行政行为的合法性问题,以此作为刑事判决的依据和前提。关于行政行为的合法性的事实依据与法律依据,刑事被告人无法举证,应该由作出行政行为的行政机关负责举证,因为行政机关在作出行政行为的时候,就应该具有充分的事实依据和法律依据。适用行政诉讼程序审查行政先决问题,其核心与关键就在于将行政行为合法性的举证责任和证明责任分配给作出行政行为的行政机关。总的来说,行政诉讼程序在行政先决问题司法审查中的价值与功能,主要体现为以下几个方面:

1. 监督与制约行政权力。刑事诉讼行政先决问题,其实就是行政行为的合法性问题,或者说是行政权力行使的合法性问题。刑事诉讼行政先决问题的司法审查,也就是对行政行为或行政权力行使的合法性审查,以此作为刑事诉讼裁判的依据和前提。因此,监督与制约行政权力既是行政先决问题司法审查的重要功能之一,又是行政先决问题司法审查的价值目标。

2. 保障刑事被告人的人权。在刑事诉讼过程中,刑事被告人主张构成行政先决问题的行政行为违法或无效,不能作为对其予以定罪量刑的抗辩时,就需要对于构成行政先决问题的行政行为的合法性予以司法审查。权利保障是司法审查的首要功能,对刑事诉讼行政先决问题的司法审查,并非简单地把行政行为当作证据进行合法性审查,而是对刑事被告人权利救济的重要途径。在我国当前的刑事诉讼中,有罪推定的思想盛行,刑事被告人权利保障不够到位的现象较为普遍。保障人权是刑事诉讼的基本价值目标之一,通过刑事诉讼行政先决问题的司法审查,排除那些违法、无效的行政行为,使其不能作为刑事诉讼判决的依据和前提,就是对刑事被告人权利的最好保护。

3. 保障刑事诉讼的公正与效率。根本上来说,刑事诉讼行政先决问题的司法审查,就是为了保证刑事诉讼的公正与效率。一方面,刑事诉讼行政先决问题的进行司法审查,排除违法无效的行政行为作为刑事裁判的依据,是保障刑事诉讼裁判实体公正的根本要求。可以说,刑事诉讼裁判结果的公正是刑事诉讼行政先决问题司法审查最为重要的价值目标之一。另一方面,诉讼效率也是刑事诉讼的重要价值目标。其一,行政先决问题的司法审查,必须充分合理运用诉讼

---

① 顾培东:《社会冲突与诉讼机制》,四川人民出版社1991年版,第66页。

程序,降低当事人诉讼成本及法院的司法投入,以最少的诉讼成本完成刑事诉讼。其二,快速的审判是刑事诉讼中的基本价值目标之一,也是刑事被告人的重要诉讼权利之一。① 刑事诉讼行政先决问题的司法审查,必须保障刑事被告人得到快速的审判。面对"诉讼爆炸",在保证公正的前提下如何提高诉讼效率已成为各国司法改革中的一项重要内容。

二、他山之石:刑事诉讼行政先决问题司法审查制度之域外考察

(一)域外考察

1. 法国。在法国,刑事被告人在刑事法官面前质疑检察官所提出的行政行为合法性问题,被称为"不合法的抗辩"。由于普通法院和行政法院分属不同的司法系统,行政行为的合法性作为审判前提问题,必须由行政法院裁决。在1951年的Avran-ches et Desmarets一案中(TC1951年7月5日),权限争议法庭以判例确立了刑事法院在决定一个行政行为合法性上的管辖权。② 为了社会的安定和被告人获得快速的审判,权限争议法庭以判例形成了附属问题的管辖原则,即刑事法官有完整的管辖权,由此,大部分附属问题不再作为审判前提问题,而是作为先决问题予以解决。法国诉讼中有一个格言:"案件本身的法官也是案件以外的法官。"根据这个原则,有权管辖刑事诉讼的法官,也有权管辖作为附属问题的行政行为合法性问题。尽管如此,行政行为合法性问题属于行政案件的性质并没有改变,故其作为刑事诉讼的行政先决问题,由刑事法院适用行政诉讼程序一并审查以确定其合法性。

2. 德国。在德国,普通法院和行政法院也是分属不同的司法系统,行政行为的合法性作为刑事诉讼的审判前提问题,一概由行政法院通过行政诉讼解决以后才能决定是否提起刑事诉讼。如果在刑事诉讼中发现刑事判决需要以某一行政行为合法性问题的解决为前提的话,刑事法院一般会中止刑事诉讼,告知当事人向行政法院提起行政诉讼;等待行政判决结果,再作刑事判决。但是,如果行政行为存有行政行为无效等重大而明显瑕疵的,则刑事法院很容易判断其合法

---

① 1946年《日本宪法》第37条第1款规定,在一切刑事案件中,被告人都享有接受由公平的法院进行迅速的公开审判的权利。http://www.34law.com,最后访问日期:2016年7月19日。

② [英]L. 赖维乐·布朗、约翰·S. 贝尔:《法国行政法》(第五版),[法]让-米歇尔·加朗伯特协助,高秦伟译,中国人民大学出版社2006年版,第139~140页。

性问题,由其直接审查确定其合法性问题。基于"实质关联性之审判权"理论,德国 1990 年修改的《德国法院组织法》第 17 条第 2 项规定,"在公、私法之请求权竞合时,不论事件系属,该法院均得就超越审判权范围之其他法律上理由一并予以审理"。① 据此,德国的刑事法院也取得了附属问题的管辖权,刑事诉讼中的行政行为合法性问题不再作为审判前提问题由行政法院裁决,而是作为行政先决问题,由刑事法院通过行政诉讼程序一并予以审查,以作为刑事诉讼裁判的基础与前提。从这一点来说,其与法国的情况极为类似。

3. 日本。在日本,没有独立行政法院系统,但法院在处理刑事、行政及民事争议时分别适用不同的程序。刑事诉讼中的行政先决问题构成刑事诉讼的争点诉讼,由刑事审判庭一并审理解决。② 通常的情况下,由刑事审判庭对行政行为的合法性适用行政诉讼程序进行审查,法院通知作出行政行为的行政机关参加刑事诉讼③,由行政机关提供作出行政行为的事实依据与法律依据。④ 待行政行为的合法性问题已经解决时,行政机关方可退出刑事诉讼。⑤ 此外,如果刑事诉讼被告人认为通过行政机关参加诉讼的方式,仍然不能解决行政争议以维护其合法权益的,其可以向刑事审判庭提出无效确认之诉,由刑事审判庭适用行政诉讼程序一并审查,作为刑事诉讼裁判的基础与前提⑥。若刑事被告人作为相对人已经于刑事诉讼程序之外提起无效确认之诉的,则刑事诉讼应该中止,等待行政诉讼的结果再依法恢复审理。具备合并审理条件的,也可以将行政案件移送刑事审判庭,由刑事审判庭合并审理。⑦

4. 中国台湾地区。在我国台湾地区,1998 年新修订的"台湾行政诉讼法"第 12 条规定:"民事或刑事诉讼之裁判,以行政处分是否无效或违法为据者,应以行政争讼程序定之。前项行政争讼程序已经开始者,于其程序确定前,民事或刑事法院应停止其审判程序。"据此,对于刑事诉讼中出现的行政争议,无论行政行为是否有效还是违法的问题,都应当通过行政争讼程序(包括行政诉讼程序和行

---

① 沈冠伶:《诉讼权保障与裁判外纷争处理》,北京大学出版社 2008 年版,第 26 页。
② [日]盐野宏:《行政救济法》,杨建顺译,北京大学出版社 2008 年版,第 153~155 页。
③ 参见《日本行政案件诉讼法》(1962 年)第 45 条、第 39 条、第 23 条,法条内容参见行政立法研究组编译:《外国国家赔偿行政程序行政诉讼法规汇编》,中国政法大学出版社 1994 年版,第 414~420 页,下同。
④ 参见《日本行政案件诉讼法》(1962 年)第 23 条。
⑤ 参见《日本行政案件诉讼法》(1962 年)第 45 条第 3 款。
⑥ 参见《日本行政案件诉讼法》(1962 年)第 36 条。
⑦ 参见《日本行政案件诉讼法》(1962 年)第 13 条。

政诉愿程序)来解决。若行政争议通过行政诉愿程序解决,则由相应的行政机关依法定程序解决行政争议;若行政争议通过行政诉讼程序解决,是中止刑事诉讼、另行行政诉讼解决行政争议,还是由刑事审判组织通过行政诉讼程序解决行政争议,对本条的理解上存有分歧,但根据本条"前项行政争讼程序已经开始者,于其程序确定前,民事或刑事法院应停止其审判程序"之规定,若前项行政争讼程序未开始者,民事或刑事法院则不应停止其审判程序,而是应该通过行政诉讼程序解决行政争议。

(二)有益的启示

通过对法国、德国、日本及我国台湾地区刑事诉讼行政先决问题司法审查制度的考察,在法国和德国,行政行为的合法性问题在历史上均经历了一个由审判前提问题向先决问题转变的过程,最终形成由刑事审判组织通过行政诉讼程序对行政先决问题一并审查的制度。在日本,解决行政先决问题有行政机关参加诉讼、行政行为无效确认之诉及诉的合并审理等制度。在我国台湾地区,行政先决问题一般由刑事法院适用行政诉讼程序一并审查确定。对于行政先决问题,由刑事审判组织通过行政诉讼程序一并审查,可以有效地兼顾刑事诉讼的公正与效率,这应该是域外刑事诉讼行政先决司法审查制度给我们的最大的启示。就我国的刑事诉讼而言,通过修改和完善相关立法,行政先决问题由刑事审判组织通过行政诉讼程序一并审查,应该是一个切实可行的选择。

三、刑事诉讼行政先决问题司法审查的模式选择与制度构建

诉讼公正与诉讼效率是诉讼程序制度建构时应全面考虑的价值目标[①],理想的程序制度应该在保证公正优先的前提下,实现"公正+效率"之和的最大化。我国目前实行的直接审查为主、单独诉讼为辅的模式存在着诸多的问题,应该将行政诉讼程序"嫁接"、引入刑事诉讼程序中去,建立行政机关参加诉讼和刑事诉讼附属行政诉讼制度,同时对单独诉讼和直接审查予以保留。如此,我国最终将形成行政机关参加诉讼为主、刑事诉讼附属行政诉讼、单独诉讼及直接审查为辅的制度。这四种不同的审查方式,分别适用于特定情形的行政先决问题的司法审查,从而有效地兼顾司法的公正与效率。

(一)行政机关参加诉讼

1.行政机关参加诉讼的特点与优势。行政机关参加诉讼,是指在刑事诉讼过程中,刑事被告人以行政行为不合法为抗辩理由,认为其不构成犯罪或不应该

---

① 马怀德:《行政诉讼原理》,法律出版社 2003 年版,第 90 页。

承担刑事责任时,法院依据刑事被告人的申请或依法定职权,通知作出行政行为的行政机关参加诉讼,提供作出行政行为的事实依据与法律依据,刑事审判组织据此查明先决问题的合法性并作出刑事裁判。① 这一审查方式有效结合了单独诉讼和直接审查制度各自的优点,既能保障行政先决问题司法审查的程序公正与实体公正,又能有效监督和制约行政权力、保障刑事被告人的人权,同时有利于人民法院和当事人诉讼成本的降低和诉讼效率的提高。刑事诉讼中的行政先决问题涉及行政机关鉴定、认定等行为居多,加之行政机关参加诉讼的程序优势,相应地,行政机关参加诉讼制度将成为解决行政先决问题的最为主要的方式。

2.行政机关参加诉讼制度适用条件。刑事被告人对于行政先决问题的具体主张和请求,是决定能否适用行政机关参加诉讼制度的根本依据。被告人以行政行为的不合法为刑事诉讼抗辩的理由和手段,而非提出一个真正意义的依法可以成立独立的诉讼请求,此时应该适用行政机关参加诉讼制度。反之,如果刑事被告人主张提出一个明确的诉讼请求,且依法符合与刑事诉讼合并审理条件的,则应该适用刑事诉讼附属行政诉讼制度。

3.行政机关参加诉讼制度相关程序。一是行政机关参加到刑事诉讼中,它的法律地位应该属于刑事诉讼的第三人。其作为第三人参加诉讼的权利义务也仅限于在查明行政行为合法性的范围内予以配置。二是行政机关参加诉讼的目的在于帮助法院进一步查清先决问题的行政行为的合法性、有效性与否,为正确作出刑事裁判奠定基础和前提,并非一定要证明行政行为的合法性。因此,行政机关只要就作出行政行为的事实依据和法律依据进行举证,并就行政行为的合法性作出必要的说明。行政机关不能提供证据证明案件事实并不承担相应的法律后果。三是行政机关的证明责任不限于对行政行为的合法有效进行举证,在特定的情况下,也不绝对排除其对原行政行为违法无效进行举证。即行政机关的主张和证明对象存在行政行为合法与违法两种可能性,而这两种可能性都应该为法律所允许。四是行政机关的举证时限可参照《行政诉讼法》关于行政机关作为被告参加诉讼的时效规定,但鉴于先决性行政行为的作出距离刑事诉讼的时间一般较长,法院可以给予行政机关长于 10 日的合理举证期限。

---

① 受《日本行政案件诉讼法》(1962年)行政机关参加诉讼制度的启发,笔者尝试提出,对于部分刑事诉讼行政先决问题的司法审查,也建立行政机关参加诉讼制度。《日本行政案件诉讼法》(1962年)第23条,法院认为有必要让作出处分或裁决的行政机关以外的行政机关参加诉讼时,根据当事人或其他行政机关的申请,或依职权,可决定允许其他行政机关参加诉讼。

(二)刑事诉讼附属行政诉讼

1. 刑事诉讼附属行政诉讼的特点与优势。刑事诉讼附属行政诉讼是指在刑事诉讼中遇有行政先决问题时,刑事被告人作为原告就行政行为的合法性提起行政诉讼,然后将行政诉讼并入刑事诉讼中去,形成刑事诉讼附属行政诉讼[①],由刑事审判组织通过行政诉讼程序审理行政诉讼案件,以行政诉讼案件的裁判结果作为刑事诉讼裁判的依据。[②] 这一审查方式使得刑事诉讼与行政诉讼在同一程序中得以解决,优化了司法资源的配置,降低了两种诉讼程序转换的人力、物力和时间成本;同时,由同一审判组织审理,可以有效防止冲突性裁判的产生。

2. 刑事诉讼附属行政诉讼适用条件。与行政机关参加诉讼不同,刑事诉讼附属行政诉讼适用于被告人主张行政行为的不合法不但是其刑事抗辩的理由,而且构成一个独立的诉讼请求,且符合与刑事诉讼合并审理条件的情形。刑事诉讼附属行政诉讼依刑事被告人的申请进行。对于符合刑事诉讼附属行政诉讼的条件,但刑事被告人不同意提起刑事附属行政诉讼的,人民法院依职权通知行政机关参加诉讼。

3. 刑事诉讼附属行政诉讼相关程序。一是刑事诉讼附属行政诉讼中行政机关的法律地位问题。与行政机关参加诉讼之第三人不同,行政机关的法律地位属于行政诉讼的被告人,相应的,其权利义务、举证责任、证明责任和证明标准方面,与行政机关作为第三人参加诉讼时有所区别。二是关联行政诉讼案件的移送及合并审理问题。在审判实践中,如果关于行政先决问题的行政诉讼案件与刑事诉讼案件不属于同一法院管辖,需要将其移送刑事诉讼案件所在法院管辖时,则行政诉讼可能会遇到级别管辖的障碍问题。例如,行政案件属于中级法院管辖,但受理刑事诉讼案件在基层法院。笔者认为,应该通过修改立法或者司法解释,规定该行政案件可以移送到基层法院合并审理,不受行政案件级别管辖的限制。三是刑事诉讼附属行政诉讼的起诉期限问题。考虑到行政诉讼起诉期限较短,在进行刑事诉讼时行政诉讼诉期限可能已过。由于刑事附属行政诉讼的目的在于解决行政先决问题的合法性及刑事诉讼的依据问题,故对于刑事诉讼附属行政诉讼,可以规定不受行政诉讼起诉期限的限制。

---

① 郑汝新:《对我国行政诉讼附属问题的研究》,四川大学 2007 硕士学位论文,第 4 页。

② 附带诉讼是指在一个案件的审判当中,应当事人的要求或者法律规定,一并解决与原诉讼案件相关的附带问题。附带问题则不是诉讼中必须要解决的问题,若当事人未提出附带诉讼的请求,则法院不能依职权主动对争议加以审理并作出裁判,例如刑事诉讼附带民事诉讼、行政诉讼附带民事诉讼,均是如此。附属诉讼则不然,其构成主诉解决的必然依据和前提。附属问题属于诉讼中必须要解决的问题,法院在作出判决之前必须要对之作出判断。

（三）单独诉讼

因为单独的行政诉讼存在诉讼效率低下等诸多弊端，只有在行政机关参加诉讼、刑事诉讼附属行政诉讼及直接审查制度都无法适用的情况下，才采用单独诉讼的审查方式。单独诉讼适用的情形主要有：一是因为专属管辖的规定，必须通过单独的行政诉讼程序予以司法审查的。例如，对于行政机关授予商标权、专利权的行政先决问题的刑事诉讼案件，因为授予商标权、专利权的行政争议专属于北京的法院管辖，北京以外的法院在刑事诉讼中遇到此类行政先决问题时，只能中止刑事诉讼，由刑事被告人向北京的法院提起行政诉讼，等待行政诉讼的结果再作刑事判决。二是当事人于刑事诉讼前已经提起行政诉讼的案件。但是，假如在刑事诉讼时一审行政判决尚未作出的，还是应该移送刑事诉讼法院一并审理。实践中，就刑事诉讼行政先决问题单独提起行政诉讼的情形并不多见。

（四）直接审查

在行政行为存在重大而明显的瑕疵，在刑事审判组织很容易判断其合法性问题时，应该由其直接审查确定其合法性问题。行政行为存在重大而明显瑕疵的情形在行政执法中并不多见，故能够适用直接审查的案件比例也应该很小。在刑事被告人对于行政先决问题的合法性没有异议时，可否直接予以审查？笔者认为不可，这是由刑事诉讼的证明责任和证明标准所决定的。

表2　刑事诉讼行政先决问题司法审查不同审查方式对比图

审查方式	适用条件	行政机关地位	程序问题（以行政机关为对象）			
			举证目的	举证责任	证明内容	举证期限
行政机关参加诉讼	被告人以行政行为的不合法为刑事诉讼抗辩的理由，多涉及行政机关鉴定、认定等	刑事诉讼第三人	帮法院查清行政先决行为的合法性	行政机关就作出行政行为的事实依据和法律依据进行举证，视为完成举证责任。不能提供证据证明案件事实法律后果，不由行政机关承担	不限于对行政行为合法性举证，也可对其违法性进行举证	长于10日的合理期限

续表

审查方式	适用条件	行政机关地位	程序问题(以行政机关为对象)			
			举证目的	举证责任	证明内容	举证期限
刑事诉讼附属行政诉讼	刑事被告人就行政行为的合法性提起行政诉讼,且符合与刑事诉讼合并审理的条件	行政诉讼被告	证明行政先决行为的合法性	行政机关应当提供作出该具体行政行为的证据和所依据的规范性文件。不能提供证据证明行政行为合法性的,由行政机关承担败诉风险	对行政行为的合法性进行举证	10日
单独诉讼	1.因专属管辖规定,必须提起单独行政诉讼,如授予商标权、专利权行政先决问题;2.在刑事诉讼之前行政诉讼已经审理完毕	行政诉讼被告				
直接审查	行政行为存在重大而明显的瑕疵	不参与诉讼				

结 语

关于刑事诉讼行政先决问题的司法审查,我国目前采用的直接审查为主、单独诉讼为辅的模式存在着重大缺陷,应该对这一制度予以改革与发展,最终建立行政机关参加诉讼为主,刑事诉讼附属行政诉讼、单独诉讼及直接审查为辅的审查模式。其实,不仅刑事诉讼存在行政先决问题,民事诉讼、行政诉讼也存在着这一问题。关于民事诉讼行政先决问题的司法审查,也应该建立行政机关参加诉讼为主、民事诉讼附属行政诉讼、单独诉讼及直接审查为辅的审查模式。至于行政诉讼行政先决问题的司法审查,则应建立行政机关参加诉讼为主、行政先决问题之诉与行政诉讼本诉合并审理及直接审查为辅的审查模式。

比较法研究

专业化与职业化：新加坡知识产权纠纷调解制度略考[*]

欧 丹[**]

摘要： 新加坡知识产权纠纷调解制度在亚太区域内非常有特色，其提供的调解服务也非常有竞争力。其中，新加坡主要通过专业化与职业化建设推动知识产权纠纷调解制度的发展。在新加坡，知识产权纠纷调解程序适用范围已经扩展到异议、撤销及无效等案件。新加坡通过成立专业化的调解机构或部门，吸纳专业化的调解员以及规范调解员的职业规范，引入知识产权调解促进计划，吸引更多当事人选择调解程序。这些都值得我国完善知识产权纠纷调解制度借鉴和参考。

关键词： 法院附设调解；专家裁决；专业化；职业化

引 言

近年来，知识产权纠纷案件数量正以"井喷式"的速度增加。如何合理地处理这些纠纷已经成为知识产权法律保护的新课题。在全球诉讼爆炸及诉讼延迟的背景下，各国及地区都在努力通过发展诉讼外纠纷解决机制（ADR）解决法院不堪重负的矛盾。其中，新加坡知识产权纠纷调解制度在亚太区域内非常有特色，其提供的调解服务也非常有竞争力。

根据性质不同，知识产权争议可以分为侵权纠纷、合同纠纷以及权属纠纷等。在新加坡，商标、专利、工业设计等知识产权的撤销、异议、无效及权属争议

---

[*] 本文系 2016 年国家知识产权软科学项目"设立'一带一路'地区跨境知识产权纠纷调解中心的探索与实践"（项目编号：SS16-C-24）的阶段性成果。

[**] 作者系华东政法大学法律学院博士后。

的诉讼案件由知识产权局(IPOS)专属管辖。目前,新加坡知识产权局已经引入世界知识产权组织(WIPO)调解及仲裁等其他非诉讼程序处理商标及专利的无效、撤销、权属争议等案件。因此,在新加坡,调解不仅可以用于解决商标、专利、工业设计、实用新型、地理标志、植物品种名称、域名和著作权侵权及合同争议,还可以用于解决商标异议案件、商标无效案件、商标撤销案以及专利授权和权属案件、专利撤销案件。当然,当事人也可以将上述商标及专利等侵权和合同案件以及无效及权属争议提交仲裁。

新加坡调解程序根据性质不同可以分为:法院附设调解、法院外调解(社会调解)及知识产权局调解。新加坡调解程序可以适用包括知识产权争议在内的所有民商事争议。其中,国家纠纷解决中心提供法院附设调解服务,当事人可以根据情况将知识产权相关争议提交该中心解决。新加坡调解中心及新加坡国际调解中心等调解机构也可以为当事人提供相应的调解服务。另外,新加坡知识产权局还为当事人提供专业的知识产权争议调解服务。

一、新加坡法院提供的调解服务

(一)法院附设调解的概述

法院附设调解(court-based mediation)是指法律程序启动之后,在法庭内进行或由司法人员或法官主导的调解。1994年,新加坡首次在初级法院中将法院附设调解作为试点项目。[①] 这一阶段,项目遴选的法官调解了一系列民事纠纷案件,并且效果相当不错。1995年,新加坡法院即在试点项目的基础上设立"法院调解中心"(Court Mediation Centre)。经过几年的发展,"法庭调解中心"的解决纠纷形式已不仅限于调解,还包括早期中立评估、有约束力或无约束力的评估,以及各种特殊形式的调解,如国际法庭纠纷调解中心(CDR)、专家合作调解、小型审判(mini trial)和调解—仲裁混合形式等。因此,1998年"法院调解中心"被重新命名为"初步纠纷解决中心"(PDRC, Primary Dispute Resolution Centre)。另外,1999年"初步纠纷解决中心"又引入"法院多窗口受理"(multi-door courthouse)的方式。其目的是协助和引导纠纷双方在法院系统内部或外部寻求适合的纠纷解决机制,从而促进公众对各种解决纠纷程序的了解。

2015年3月5日,新加坡设立国家法院纠纷解决中心(the State Courts

---

① 1994年6月7日,法庭纠纷调解中心(CDR)以试验计划的形式设立。

Centre for Dispute Resolution),取代已经运行 20 多年的"初步纠纷解决中心"。① 这是新加坡自 1994 年启动多元化纠纷解决机制改革以来,首次将所有纠纷集中在一个中心处理,并开始对部分纠纷的调解收费。概言之,目前新加坡法院附设调解统一由"国家法院纠纷解决中心"负责进行。为进一步规范社会调解(商业调解),2017 年 1 月 9 日新加坡国会通过《调解法》,它对新加坡调解制度进行重要的补充。新《调解法》主要是通过提升调解协议(mediation agreement)的效力、调解程序的保密性及调解最终协议(mediated settlement agreement)的执行力促使更多当事人选择调解程序解决纠纷。

(二)国家法院纠纷解决中心的调解

新加坡国家法院纠纷解决中心的成立对新加坡的司法体系产生巨大的影响。国家法院纠纷解决中心属于国家法院的一部分,它包括四个不同的部门:一般民事纠纷解决部门(general civil dispute resolution)、特殊民事纠纷解决部门(specialised civil dispute resolution)、刑事纠纷解决部门(criminal dispute resolution)、注册及行政辅助部门(centre for dispute resolution registry、operations management、planning & development)。其处理的案件都是当事人起诉到法院之后的案件。换言之,其仅处理已经在法院启动相关争议程序的案件,未在法院启动任何程序的争议则不是国家法院纠纷解决中心处理的范围。国家法院纠纷解决中心的调解程序属于比较正式的调解方式,它属于法院附设调解程序。国家法院纠纷解决中心提供的法庭附设调解充分运用公共资源,寻求纠纷解决的更佳方案,让替代性纠纷解决机制开始制度化,降低纠纷解决的费用。该中心宗旨是:节省时间、费用和维系社会关系。

1. 案件的类型和来源

新成立的国家法院纠纷解决中心统一负责之前的初步纠纷解决中心的案件和刑事法庭的调解案件。过去,初步纠纷解决中心处理初级法院各种民事侵权案件和合同案件,包括医疗过失案件以及知识产权案件等等。因此,上述案件都属于国家法院纠纷解决中心处理的范围。根据新加坡国家法院实践指示的规定,所有的民事案件都会优先转介调解,除非当事人明确表示退出调解。根据当事人对启动调解程序的控制力不同,国家法院纠纷解决中心案件的来源主要可以分为三种类型:当事人申请调解、法庭转介调解、根据法庭指令调解。首先,当事人申请调解属于当事人完全自主选择调解程序。其次,法庭转介调解适用所有民事案件,法院会优先选择转介调解,当事人可以明确表示拒绝调解。从性质

---

① 2014 年,新加坡"初级法院"(subordinate court)已经更名为"国家法院"(state courts)。

上来看,这类法庭转介调解属于推定调解(presumption mediation)。最后,根据法庭指令调解仅适用推事法庭①的案件(MC claims),通常当事人都须遵循法庭的调解指令进行调解。

新加坡国家法院实践指示明确规定:在推事法庭审理的案件,法庭有权根据实际情况发布指令调解。如果当事人缺乏合理理由的情况下拒绝法院转介的调解或者指令的调解,他们可能需要因此在诉讼费用的分担问题承担相应的不利后果。法官可以根据《法院规则》第 59 条第 5 款决定诉讼费用问题。具体而言,法官可以根据当事人参与调解或其他 ADR 程序的意愿及参与程度综合考虑案件的诉讼费用分担问题。不仅如此,高等法院也采取了类似实践指示。2013 年修订后的法院"实践指南",允许有意向选择调解程序一方当事人向对方当事人发出"ADR 要约"(ADR offer)。高等法院强调:法院也会根据《法院规则》第 59 条第 5 款的内容,综合考虑当事人非诉讼纠纷解决程序的提议及对方当事人的答复等因素来决定诉讼费用问题。

2. 调解员

新加坡国家法院纠纷解决中心现有 7 名调解法官(mediator judge)②和 100 多名志愿调解员(volunteer mediator)。所有调解法官均获得新加坡调解中心的认证,其中几位调解员还接受过英国有效纠纷解决中心、美国国家法官学院、哈佛大学的谈判项目以及其他国际知名的调解项目的培训。志愿调解员是受过专业法律训练,并获得国家法院纠纷解决中心及新加坡调解中心(SMC)双重认证的调解员。他们很多是律师协会的成员、太平绅士和受过调解培训的专业人士,还有很多志愿调解员参加过国家法院外的调解培训。一般而言,调解法官必须具备处理民事案件丰富的实践经验和娴熟的调解技能。调解法官比较容易取得当事人信任,从而推动调解顺利进行,他们在法院解决各类纠纷中扮演着重要的角色。改革之前,他们负责绝大多数法院附设调解案件。目前,新加坡国家法院纠纷解决中心的调解员则更加广泛和多样化,他们包括中心的专业人员及

---

① 推事法庭(magistrate's court)仅审理轻微刑事案件和标的额较小的案件。就刑事案件而言,推事法庭仅可以审理最高监禁刑期不超过 5 年或仅处罚款的案件,以及判处不超过三年的监禁和罚款不超过 $10000 和最多 6 杖(鞭刑)的案件。就民事案件而言,推事法庭仅可以审理标的额不超过 $60000 的案件。

② 他们包括 6 位调解法官和 1 位专家调解法官。调解法官本身就是专职法官,专家调解法官不属于专职法官,可以通过任命的方式被授予调解案件的资格。

SMC 志愿调解员等。① 在国家法院纠纷解决中心,案件由中心直接安排调解员,当事人不能协商选择调解员。当事人确认调解之后,中心会在通知中一并告知调解的时间及调解员等相关信息。

国家法院纠纷解决中心的调解法官、志愿调解员及其他从事调解工作的专业人员都要遵守相应的行为规范和职业操守。具体而言,中心调解员及其工作人员都必须遵守《国家法院调解员道德准则和基本原则》(*the Code of Ethics and Basic Principles for Court Mediators*)、《国家法院的司法声明》(*the State Courts' Justice Statement*)及《最佳调解实践的法院指南》(*the Courts' Guide on Best Practice for Mediation*)。这些调解行为规范性文件对如何进行调解的价值取向达成高度的一致意见,即:公平(fairness)、便利(accessibility)、独立(independence)、公正(impartiality)、诚信(integrity)及灵活(responsiveness)。除此之外,国家法院还针对法院调解制定了《内部的最佳调解实践指南》(*internal Guide on Best Practices for Court Mediation*)。该内部调解实践指南对法院附设调解的各个阶段的做法进行详细的建议。

3. 调解程序

国家法院纠纷解决中心的调解程序可以分为 4 个阶段:(1)初步会议(preliminary meeting);(2)联合会议(joint meeting with all parties and lawyers present);(3)单独会议(separate meetings);(4)调解结果(conclusion of mediation)。初步会议是调解程序的准备阶段。该阶段调解员仅邀请双方当事人的律师参加,当事人自己并不参加。律师需向调解员概述纠纷争议的事实以及调解过程需要讨论的问题。联合会议是调解程序的陈述阶段。该阶段调解员会邀请律师及当事人参加,并详细告知双方当事人调解的程序。期间,当事人有机会就争议事项进行陈述,调解员则须协助双方当事人对争议事项进行讨论。单独会议则是调解员邀请一方当事人及其代理律师参加的会议。在单独会议阶段,当事人与调解员进一步深入讨论己方的核心诉求并积极寻求可能的解决方案。当事人在该阶段单独向调解员陈述的任何信息都不得向对方当事人透露,除非当事人本人同意。另外,单独会议可以根据案件的实际需要举行多次,进而促成双方当事人和解。一般而言,法院附设调解案件最多经历三次会议而有结束。部分案件达成协议甚至仅进行一次会议就结束。但是,案件进行调解会议的次数及时间可能会根据案件的性质、复杂程度及当事人的态度相关。

调解结果是调解程序结束阶段。调解结果通常有三种方式:达成和解、未达

---

① George Lim and Danny McFadden (ed), Mediation in Singapore: A Practical Guide, Singapore: Sweet and Maxwell, 2015, p. 59.

成和解、延期或取消。一是达成和解。经调解,当事人各方达成和解协议,该和解协议具有与合同相同的法律约束力。一旦当事人之间达成某种协议,各方及其代理律师会同调解员一同检查和确认和解协议的相关条款,这些条款内容还须告知法官。如果案件是法庭转交的,协议双方可以要求法庭将协议内容作为"合意判决"(consent judgment)或者法庭发出"庭令"(court order)。该合意判决或庭令具有强制执行力。二是未达成和解。当事人各方经中心调解无法形成一致意见的,调解员会对案件的进一步处理给予当事人指导,然后将案件转交审判法院进行审理。如当事各方还有调解意愿,案件也不再返回到国家法院纠纷解决中心,直接由审理该案的法官处理。三是延期或取消。出于各种原因,当事人各方有调解的意愿,但不能在规定的时间内达成和解协议的,为使调解能够继续进行,促成当事人最终达成和解协议,案件可延期进入审理程序。[①]

4. 保密义务及调解费用

法院附设调解的所有信息将严格保密。如果调解后未达成和解,调解过程中双方陈述的信息则不会在法庭上公开。换言之,法院附设调解中的相关信息都不得在之后的法庭审理过程中使用。负责该调解案件的调解法官则不得参加之后的案件审理。另外,调解员可以根据需要与任何一方进行的单独会议,进而保证各方的隐私或商业秘密等信息。单独会议的任何信息也不会未经允许披露给另一方当事人。

新加坡国家法院已为当事人提供超过二十年免费 ADR 服务。目前,国家法院纠纷解决中心仍将继续为诉至推事庭的所有民事案件(即诉讼标的低于 6 万新元)纠纷提供免费 ADR 服务。自 2015 年 5 月起,中心开始针对地区法院的民事案件(不包括机动车事故和人身损害赔偿纠纷)收取一定的 ADR 费用。这些案件的诉讼标的一般都在 6 万新元至 25 万新元。国家法院纠纷解决中心属于法院附设的专门纠纷解决机构,它属于非营利性机构。该中心针对地方法院民事案件调解服务收费主要是避免中心的司法资源遭受不必要的浪费,它收取的调解费用主要是用于维护中心的正常运转。因此,该中心的调解服务收费也并不高。

新加坡法院不仅通过调解费用来吸引当事人通过调解程序解决纠纷,还通过减免诉讼费用的方式来引导当事人选择调解。新加坡最高法院发布的主簿通令规定,案件提交新加坡国家法院纠纷解决中心调解的,当事人可以免交法庭费用或者退费;当事人在首次开庭的前 14 日之内和解并书面通知法院的,法院应

---

① 龙飞:《新加坡 ADR 制度的发展及启示》,载《人民法院报》2013 年 8 月 16 日第 8 版。

退回全部法庭费用。

(三)庭前会议①的调解

新加坡法院不仅提供法院附设调解还鼓励当事人在庭前会议中调解。法院附设调解由国家法院体系负责。庭前会议的调解则既可以在国家法院(初级法院)体系也可以在高等法院体系中适用。新加坡立法明确要求高等法院及国家法院都有权进行庭前会议。早在1992年1月,新加坡司法系统在高等法院和初级法院发起成立民事案件庭前会议。1996年,新加坡最高法院通过《新加坡法院第O34A号令》正式确立了庭前会议的做法。该命令使法院有权命令当事双方出席庭前会议,或在诉讼程序启动之后的任何时刻作出其他命令或指示,以利于公正、快速、经济地处理纠纷。为进一步规范审前会议,最高法院1999年颁布《法庭规则》,它对诉讼程序中的当事人和解建议、庭前会议和解以及和解协议批准等程序作出详细规定,提供了充分的ADR介入机会。

在新加坡,庭前会议是民事诉讼程序的组成部分,它在诉讼开庭前进行。庭前会议的具体程序会根据案件类型来确定。一般而言,庭前会议是由受理案件法院的主簿(registrar)来负责主持。除此之外,庭前会议还可由外国法官或专家等专业人士协助当事人进行和解。庭前会议过程中,主簿会与当事人公开坦诚地探讨案件的实体问题,并协助当事人了解案件进入审判阶段后的后果,引导当事人权衡利弊通过合适的方式解决纠纷。不仅如此,主簿还可以根据案情协助提出最佳的、最有效的解决方案,并鼓励各方当事人通过"不带有偏见"的谈判解决相关争议。

(四)国家法院的电子调解

电子调解快速且费用低廉,且所有争议均保密,商界人士和消费者均可从中获益。随着互联网应用的普及化,早在2000年新加坡初级法院就开始引入电子调解。所有因电子商务发生的争议均可提交电子调解,包括B2B、C2C及B2C等。其中,争议类型主要包括在线消费者争议、合同争议、知识产权争议等。提交电子调解前,当事人无须先向法院起诉。

电子调解的适用前提是双方同意采用电子调解方式解决争议。申请人需向网上协调人(moderator)提交调解申请书,列明索赔和建议解决方案。协调人收到电子邮件后3日内,将其转交被申请人,同时寄发调解通知。如被申请人表示不愿进行电子调解,或不在规定期限内答复,协调人即通知申请人,不能进行电

---

① 庭前会议(pre-trial conference)也有称为"审前会议",还有根据它的功能称为"和解会议"。

子调解。如被申请人同意电子调解,协调人通知被申请人在答辩期限提交答辩书,答辩期通常为1周至4周。期间,被申请人还可提出反请求,只要反请求是因同一争议或交易发生。协调人接到双方的资料后,将争议转交适宜的调解员。调解员可以是小额法庭的调解法官、法院调解中心的调解法官、新加坡调解中心或新加坡仲裁中心的调解员。调解员确定实际解决争议的时间,也可以由当事人协商确定调解时间。所有交流和函件均以电子邮件方式进行。必要时,调解员可安排当事人面谈,或者提交书面文件及证据。调解达成协议后,也通过电子方式送达双方当事人,该调解协议即发生法律效力。

另外,新成立国家法院纠纷解决中心还启动 SKYPE(系一种视频会议软件)调解计划。在过去,新加坡已经为居住在新加坡的当事人作出特别安排,让他们通过 SKYPE 参加调解。随着当事人流动性越来越大,这些安排变得越来越普遍。在 SKYPE 调解指引通过后,当事人使用 SKYPE 设施将制度化。SKYPE 调解计划并没有改变法院 ADR 要求所有当事人亲自出席的基本立场。但是,在征得另一方当事人的同意,并提供因就医或其他原因无法前往新加坡的证据时,新加坡的当事人可以要求通过 SKYPE 参加法院 ADR。当然,现在这也适用于在新加坡没有办事处或代理处的外国企业。[①]

二、新加坡知识产权局提供的调解服务

(一)新加坡知识产权局调解的概述

新加坡知识产权局致力于公正、快速且成本合理地解决知识产权纠纷。该知识产权局还专门设立知识产权纠纷解决部门,它被称为"听证与调解小组"(the hearings and mediation group)。新加坡知识产权局提供的调解服务主要是通过与世界知识产权组织仲裁与调解中心(WIPO AMC)等机构合作来提供。

在其他专业机构开展合作的同时,新加坡知识产权局还专门任命多名专利和商标领域的法律专家作为知识产权审裁员,负责主持新加坡局中的知识产权纠纷事务,以加强其现有专业法庭力量并增强新加坡解决知识产权领域纠纷的能力。"听证与调解小组"(HMG)的听证程序主要是由该机构的首席助理常务官(principal assistant registrars)、助理常务官(assistant registrars)及知识产权审裁员(IP adjudicators)。知识产权审裁员是知识产权局从机构外聘请的专业人员。目前,HMG 共有 4 位首席助理常务官、2 位助理常务官及 5 位知识产权

---

① 梅达顺:《新加坡法院"一站式"多元化纠纷解决服务框架》,载《人民法院报》2015年4月10日第8版。

审裁员。"听证与调解小组"可以帮助当事人处理各类知识产权纠纷,例如与注册商标、专利及产品设计及职务新品种等知识产权争议。不仅如此,听证与调解小组还鼓励当事人通过 ADR 解决知识产权纠纷,并为当事人提供便利条件。

早在 2011 年,新加坡知识产权局就与世界知识产权组织达成伙伴关系,并建立了世界知识产权组织仲裁与调解中心的第一个海外办公室。它可以为当事人提供世界知识产权组织仲裁与调解中心的 ADR 服务。不仅如此,新加坡知识产权局还与新加坡调解中心及新加坡国际调解中心合作。当事人可以选择通过这两个调解机构来处理相关知识产权纠纷。另外,2016 年,新加坡知识产权局还提出一项新的知识产权纠纷调解促进计划,鼓励当事人通过调解程序解决知识产权。

(二)新加坡知识产权局与 WIPO 调解

2011 年 9 月 28 日,新加坡知识产权局(IPOS)与 WIPO 达成合作框架,并签署谅解备忘录(Memorandum of Understanding,MOU)。根据该谅解备忘录,新加坡知识产权局与 WIPO 仲裁与调解中心建立联合纠纷解决程序。这一联合程序适用于提交到新加坡知识产权局的知识产权争议案件。

(三)WIPO 与 IPOS 联合纠纷解决(调解)的方式

一般而言,联合纠纷解决可以分为以下阶段。第一,提出请求阶段。当事人向知识产权局提出请求。第二,提出请求之后,当事人须在知识产权局注册登记才会准备程序阶段。第三,在当事人提出请求之后到注册登记之前,当事人有时间认真考虑通过调解处理相关争议的意见。当事人同意,案件则提交给 WIPO 仲裁与调解中心调解;当事人不同意,案件则进入知识产权局听审的准备阶段(期间,案件还可尝试其他非诉讼程序)。当事人选择 WIPO 调解程序之后,调解成功的,他们则回到知识产权局履行必要程序(例如撤回异议申请),案件即终结;调解不成功的,案件也回到知识产权局听审的准备阶段。第四,举证阶段。双方当事人提交相应证据支持相应的请求。第五,听审前的审查阶段。该阶段知识产权局审裁官则对相应证据进行初步审查。第六,听审阶段。在这一阶段,当事人就争议事项进行辩论等其他事项。第七,知识产权局审裁官作出裁决,案件终结。实际上,当事人可以在知识产权局解决争议裁决前的任何阶段选择适用 WIPO 调解程序。换言之,当事人不仅可以在登记之后提出调解请求,还可以在准备阶段、举证阶段、听审前的审查阶段及听审阶段提出调解请求。必要时,当事人可以协商暂停相关程序,进行调解。

1. WIPO 调解程序的适用范围与启动

新加坡知识产权局与 WIPO 仲裁与调解中心建立的联合调解程序主要适用于以下几类案件:商标异议案件、商标无效案件、商标撤销案以及专利授权及权属案件、专利撤销案件。当事人将上述案件提交到新加坡知识产权局之后,该局则向各方提供通过调解解决争议的机会。当事人可以自愿适用 WIPO 调解规则解决上述争议。其中,WIPO 调解规则对解决涉外知识产权争议更具有优势。

一般而言,双方当事人同意可以将争议案件提交给 WIPO 仲裁与调解中心调解。具体而言,当事人须向 WIPO 仲裁与调解中心新加坡办公室提交调解请求。不仅如此,当事人还可以通过新加坡知识产权局向 WIPO 仲裁与调解中心新加坡办公室提供调解请求。当事人提交调解请求之后,WIPO 调解程序正式启动。另外,根据 2016 年 WIPO 最新的调解规则,即便对方当事人并未确定同意调解,当事人仍可以向需要向该中心提交 WIPO 调解申请。收到调解请求,WIPO 仲裁与调解中心会与对方当事人联系,并协助他们考虑 WIPO 调解请求。

2. WIPO 调解的程序内容

作为调解服务的提供者,WIPO 中心始终会严格秉持中立及独立的立场。WIPO 收到当事人调解请求之后,WIPO 仲裁与调解中心会就调解程序的相关内容(调解费用、调解程序的适用、调解员的选任)通知申请人。当事人可以根据自己要求选择合适的调解员。WIPO 中心则会为当事人选择调解员提供便利,它可以提供众多专业化的调解员和仲裁员供当事人选择。这些调解员、仲裁员及专家都是来自新加坡非常有知识产权争议解决经验的专家。当然,当事人也可以在 WIPO 专家名录之外选择合适的调解员。不仅如此,当事人还可以协商确定适用何种调解程序、调解的工作语言等问题。

3. WIPO 调解的费用

相比而言,WIPO 的调解费用非常低。WIPO 中心是一个非营利性机构,它仅收取非常低的行政费用及服务费用。WIPO 中心的行政费用是一次性收取的,每人各 50 新元;调解员的服务费是按时间收费,前 4 个小时每人各 500 新元,超过 4 个小时,每小时当事人各 200 新元。根据 WIPO 中心的经验,商标争议调解案件平均需要 15 个小时。

表 1

WIPO 中心的行政费用	调解员服务费
当事人各 50 新元	当事人各 500 新元,包括 4 个小时的准备及调解服务。额外费用,超过 4 个小时,每小时当事人各 200 新元。

(四)新加坡知识产权纠纷调解促进计划

为促进当事人选择调解程序,新加坡知识产权局制定知识产权调解促进计划(IP Mediation Promotion Scheme)。该计划于 2016 年 4 月 1 日开始正式实施。新加坡知识产权调解促进计划旨在鼓励企业通过调解处理纠纷,最终能够达成双赢的方案。新加坡知识产权调解计划主要是通过资助当事人参加调解的方式引导其选择调解程序解决争议。与此同时,新加坡知识产权局还任命 5 位知识产权审裁员,任期 2 年。他们同样于 2016 年 4 月 1 日开始履行职责。作为知识产权领域的法律专家,这些审裁员可以为当事人提供更为专业的法律意见。

1. 调解促进计划的资助对象

目前,该计划仅适用于在新加坡知识产权局审理的相关争议案件。它们主要包括注册商标案件(异议、撤销、无效及纠正等争议)、专利案件、产品设计及植物新品种争议。当事人可以选择将案件提交与 SIPO 合作的 WIPO 仲裁与调解中心,也可以选择新加坡调解中心或者新加坡国际调解中心等。新加坡知识产权局会都会根据资助条件决定调解费用资助。

2. 资助申请

一般而言,当事人申请知识产权局调解资助可以分为三个步骤。第一,在调解启动前,当事人事先告知知识产权局自己申请资助的意向;第二,确保当事人申请的案件符合资助条件;第三,当事人在调解开始之后 1 个月以内向知识产权局提交调解提升计划(MPS)申请书。

3. 资助条件及额度

所有在知识产权局审理的案件,当事人有意向进行调解的都可以申请调解费用资助。当事人参加调解之后是否最终调解成功并不影响当事人申请资助。不过,知识产权局给予调解费用资助,当事人还须同意三个条件,即(1)公开调解费用;(2)提供调解过程的反馈材料;(3)允许"影子调解员"观察调解过程。其中,影子调解员是知识产权局的代表,并不参与调解仅在现场进行观察。资助的费用包括在调解过程总产生的行政费用及调解员服务费用的所有费用。其中,每个案件资助双方当事人总共不超过 5500 新元。

三、新加坡调解中心调解服务

(一)新加坡调解中心的概述

1997 年 8 月 8 日,新加坡调解中心正式成立。就其性质而言,新加坡调解中心属于新加坡法律学会下属的非营利性组织,它负责管理、推广新加坡的调解及其他 ADR 程序。新加坡调解中心与许多专业团体和商业协会有密切联系,并且与国家法院调解中心也有密切联系。不仅如此,它还得到新加坡最高法院、地方法院、新加坡法律学会、新加坡律政部等机构的大力支持。不仅如此,法院会将当事人请求转介调解案件给新加坡调解中心。这是新加坡调解中心案件重要来源之一。另外,新加坡调解中心还可以根据当事人申请进行调解。

新加坡调解中心不仅提供调解服务,还提供中立评估(neutral evaluation)、裁决(adjudication)、咨询(consultancy)等服务。其中,调解服务则是它的核心业务。新加坡调解中心几乎可以调解所有的民事案件。它成功地推动新加坡调解制度的发展,致力于友好高效地解决纠纷。它的宗旨是创造一种环境,让人们有效地以非对抗性的方式寻求解决冲突的持久性解决方案,为建设一个和谐社会和繁荣的商业环境做出贡献。该调解中心受理的调解案件,其中75%的案件达成和解。调解成功的案件中,有超过90%的案件是在一个工作日内解决的。[1] 多数时候,当事人达成调解协议时双方都节省了大量的法律费用、法庭费用以及听证费用。

(二)调解员

新加坡调解中心有自己的调解员名册,调解员来自不同专业和领域,包括国会议员、前高等法院法官、资深律师、建筑师、医生、工程师、IT专家、项目经理、心理医生和大学教授等。这些调解员均训练有素、经验丰富。[2] 此外,它还专门设立调解国际纠纷的国际调解员名册,由国际知名人士进行中立调解。如纠纷需要专业技术人员解决,调解中心通常指定两名调解员,共同调解纠纷。其中一位是了解争议所涉专业知识的业内人士,另一位则是熟悉法律问题的律师及其他法律从业人员。目前,调解中心调解的案件涉及英语、汉语、中国方言、泰米尔语和马来语,因此指定调解员时,还考虑其语言能力。调解员需掌握双方当事人熟知的语言,无需翻译,避免因语言障碍影响案件调解中的交流。

大多数调解员由各自的专业或行业组织中的同事或者同行提名。获得提名者在参与新加坡调解中心的培训后接受评估,评估合格者被任命为调解员。为保证调解员的素质,新加坡调解中心设立定期培训计划和调解员认证制度,对调解员的委派期限为一年,期满之后重新任命。调解中心还专门设立首席调解员制度,确保对其他调解员的辅助和提高。首席调解员是由专业或行业组织提名后,参与调解中心组织的调解研讨会,在研讨会结束时进行评估。经评估合格的人员由调解中心委员会认可其资质及任命,任期一年,一年后再重新进行评估。

---

[1] 具体内容详见 section 1 introduction to mediation,http://www.singaporelaw.sg/sglaw/laws-of-singapore/overview/chapter-3#Section4,最后访问日期:2017年2月23日。

[2] George Lim & Danny McFadden (ed), Mediation in Singapore a Practical Guide, Sweet & Maxwell,2015,p.60.

首席调解员至少需要连续 8 年参加专业培训,每年至少调解 5 个案件。①

(三)调解程序及规则

新加坡调解中心进行调解的案件须遵循一定的程序和规则。为此,新加坡调解中心还制定相关的调解规则。该调解中心的调解程序大致可以分为四个阶段,即启动阶段、准备阶段、调解会议阶段、达成和解协议阶段。

1. 调解的启动

当事人启动在新加坡调解中心启动调解程序有两种类型。其一,法院将案件转介新加坡调解中心调解;其二,当事人向新加坡调解中心提出调解申请。调解中心收到案件后,首先对案件进行评估,看其是否适合调解。如果各方均同意调解,调解中心则受理案件,并向各方解释调解步骤,确保双方明确接受调解,帮助纠纷各方找到合适的争议解决方案,并保证遵守调解达成的结果。仅一方当事人向新加坡调解中心请求调解,该调解中心仍可以尝试促成当事人进行调解。收到一方当事人请求之后,新加坡调解中心可以在 14 日(2 周)内联系对方当事人并努力说服他们参加调解程序。不仅如此,该调解中心还可以在 21 日(3 周)内询问所有当事人是否愿意进行调解。这有利于新加坡调解中心最大限度地促进当事人进行调解。各方当事人根据规定签署同意调解协议(SMC's Agreement)意味着调解程序的正式启动。该协议表明当事人愿意接受《调解中心调解规则》的约束,并承诺在调解达成协议后履行协议内容。

2. 准备阶段

各方当事人同意调解之后,调解程序则进入准备阶段。这一阶段,新加坡调解中会指定调解日期、地点及调解员。一般而言,调解中心指定的调解日期为正式启动调解程序之日起 1 周内;紧急情况下,调解也可以在 24 小时内进行。调解会议的地点都安排在新加坡调解中心,这样可以确保中立。与此同时,调解中心还会首席调解员名册中指定合适的调解员。当事人不能随意选择调解员。如果有合理理由(例如利益冲突),当事人可以拒绝提议的调解员。如果理由成立,调解中心会再指定一名调解员。另外,当事人至少在调解正式开始前 5 日内向对方及调解员提交案件的简报说明情况,并提交相关的重要文件。其中,各方当事人须协商确定提交的材料的数量。一般而言,当事人会协议确定材料数量的上限,也可以协商提交联合材料。这些事项都是由调解中心来负责,调解中心还需要为调解提供必要行政服务支持。

3. 调解会议

根据《调解规则》,新加坡调解中心的调解必须以保密的方式进行,也不得进

---

① 龙飞:《新加坡 ADR 制度的发展及启示》,载《人民法院报》2013 年 8 月 16 日第 8 版。

行录音录像。调解会议也不会产生任何副本和正式的记录。调解会议仅允许调解员、当事人及其代理人参加。调解会议过程中进行的任何交流、信息的披露及观点的陈述都须建立在友好、无偏私的基础之上。双方当事人的同意情况下,调解员可以就某些专业技术问题咨询专家,相关专家费用由当事人承担。调解员可以根据需要主持所有当事人进行联席会议,也可以与当事人进行单独会议。在调解会议过程中,调解员主要是促进双方当事人进行谈判,促使当事人通过讨论找到最终合适的解决办法。

4. 和解协议(settlement agreement)

经过调解,当事人可以在充分沟通和交流的基础上达成和解协议。如果双方就争议问题达成一致意见,纠纷双方当事人将则可以在律师协助下订立和解协议,由双方当事人签字。当事人签字确定的和解协议则双方产生约束力。为灵活简便,当事人可以通过在线签订和解协议。不过,为避免产生疑问,当事人也可以通过电子签名的方式确认电子和解协议。如果没有达成和解,调解员还可以根据双方当事人的请求提出一份没有约束力的解决方案。调解员提出的解决方案仅仅代表自己的评估。一般而言,这份解决方案的评估报告不得在其他任何程序中使用,除非获得所有当事人及调解员同意。

5. 调解规则

新加坡调解中心制定《新加坡调解中心调解规则》和《新加坡调解中心行为准则》。《调解规则》规定,中心主持下的调解必须按照《调解规则》进行处理,明确要求所有中心委派的调解员受《新加坡调解中心行为准则》的约束,调解员在调解过程中对调解内容保密,并保持中立和公正。另外,新加坡调解中心的《调解规则》还对调解程序的终止、调解员的豁免以及调解费用进行详细的规定。

四、新加坡知识产权纠纷调解制度的借鉴意义

(一)扩大知识产权纠纷调解程序的使用范围

从成效来看,新加坡积极推动知识产权纠纷调解程序多元化发展路径非常值得借鉴,它可以引导当事人根据实际需要针对不同的知识产权纠纷在不同阶段选择不同的调解程序。在新加坡,当事人可以根据实际情况选择通过法院附设调解、社会机构调解及知识产权局调解解决相应知识产权纠纷。其中,国家纠纷解决中心提供法院附设调解服务,新加坡调解中心及新加坡国际调解中心等调解机构也可以为当事人提供相应的调解服务。另外,新加坡知识产权局还为当事人提供专业的知识产权争议调解服务。可见,当事人既可以在知识产权诉讼过程中选择调解程序解决争议,也可以在诉讼之前将案件转交给社会专业调解机构进行处理,还可以在行政机关(知识产权局)申诉/异议过程中选择调解程序。

在新加坡,调解程序不仅可以解决知识产权合同、侵权等传统纠纷,还可以解决由知识产权局专属管辖的商标、专利、工业设计等知识产权的撤销、异议、无效及权属争议的诉讼案件。换言之,调解不仅可以用于解决商标、专利、工业设计、实用新型、地理标志、植物品种名称、域名和著作权侵权及合同争议,还可以用于解决商标异议案件、商标无效案件、商标撤销案以及专利授权及权属案件、专利撤销案件。可见,新加坡知识产权纠纷调解程序的适用范围得到极大扩张。不仅如此,新加坡知识产权局还通过知识产权纠纷调解促进计划引导当事人选择调解程序解决纠纷。该计划主要通过调解费用的资助来吸引当事人选择调解程序。

相比而言,我国目前知识产权纠纷调解程序的使用情况仍有待进一步提高。我国知识产权纠纷案件调解程序主要还是以法院调解为主,社会专业机构及行政机构的调解相对较少。换言之,当事人通常是在诉讼过程中选择由法院及法官提供免费的法院调解,他们往往不会选择在诉讼之前将案件转交给社会专业调解机构。这主要是因为当事人更信任法院及法官的调解,社会专业调解机构发展程度较低以及此类专业调解机构的社会认可度也较低,选择专业调解机构进行调解需要负担调解费用。目前,我国并未引入调解费用激励机制引导当事人选择调解。另外,我国知识产权权属争议暂时无法适用调解程序。因此,我们可以从四个方面提升知识产权纠纷调解程序的使用范围,即(1)大力发展专业知识产权调解机构;(2)推动法院根据实际情况实施知识产权案件转介调解,促进当事人通过专业调解机构解决相关知识产权争议;(3)引入知识产权纠纷调解促进计划,引导当事人选择调解程序;(4)在知识产权权属争议(异议/撤销)案件引入调解程序。

(二)推动知识产权纠纷调解制度的专业化建设

各国、各地区在发展调解中面临同样一个问题,我们都必须在调解制度化和非制度化、调解职业化和非职业化、调解的程序化和非程序化之间作出价值上的取舍。[①] 在新加坡,他们选择通过调解专业化、职业化及程序化等制度化的方式来推动知识产权纠纷调解的发展。在法院附设调解中,法院则成立纠纷解决中心专门负责调解等非诉程序的工作,他们注重专业化机构及专业化人员来负责实施各类纠纷的调解工作。不仅如此,法院及知识产权行政机关还通过转介调解的方式将案件转交给社会专业调解机构进行处理。专业化调解机构及专业化

---

① [澳]娜嘉·亚历山大:《全球调解趋势》,王福华等译,中国法制出版社2011年版,第4页。

调解员更适合调解服务的制度化建设,也更有利于保障调解服务的质量。专业化调解员不仅要求具有丰富的相关领域专业知识(例如,著作权、专利、商标权等知识),而且要求具有良好的调解专业知识。另外,新加坡知识产权纠纷调解的专业化还体现在其对调解的程序化建设。这些调解程序规则对调解程序的启动、调解员的选任及回避、调解程序以及最终调解协议等相关问题进行详细的规定。

相比而言,我国法院调解允许所有法官都可以针对在审案件在诉讼的各个阶段进行调解,该制度并未区分专门的调解法官或者审案法官。它对调解员的专业知识并未作出明确要求,其通常根据以往调解经验来处理相关案件。另外,法院调解本身并不是独立于审判程序的专门化非诉讼程序,它往往与审判程序交错进行。不仅如此,法院调解仍采用较为宽松的程序化要求或非程序化要求。因此,法院调解的程序化规范建设也仍停留在理论层面,它们往往缺乏可操作性调解程序规范。由于社会专业化调解机构相对缺乏,法院及行政机关将案件转介(委托)给其他专业调解机构调解制度仍在探索之中。因此,我们可以从三个方面推动知识产权纠纷调解制度的专业化建设,即(1)在法院调解过程中,区分调解法官及审判法官,设立专门的法院调解程序或阶段,提升调解法官的专业调解知识;(2)在调解过程中,吸纳具有专业知识的调解员参与调解;(3)明确调解程序规范,细化调解员操作步骤,强化调解服务的质量。

(三)促进知识产权纠纷调解制度的职业化发展

任何专业化调解机构的正常运行都需要相当数量的高质量、专业化的调解团队。这要求具备专门机构负责考核、培养以及管理调解员,保证调解员提供调解服务的质量。这也是调解职业化的要求。[①] 在新加坡,他们主要通过调解员的任职资格、资质认证、业务培训以及职业规范等方面促进知识产权纠纷调解制度的职业化发展。在法院附设调解中,新加坡对国家纠纷解决中心的法官调解员及志愿调解员的资质都有要求。其中,法官调解都获得新加坡调解中心的资质认证,志愿调解员还获得国家法院纠纷解决中心及新加坡调解中心双重认证。不仅如此,国家法院纠纷解决中心的调解法官、志愿调解员及其他从事调解工作的专业人员都须要遵守《国家法院调解员道德准则和基本原则》《国家法院的司法声明》《最佳调解实践的法院指南》等相关职业规范。另外,新加坡调解中心制定《新加坡调解中心调解规则》《新加坡调解中心行为准则》严格规范调解员的职业操守。

[①] 欧丹:《香港调解制度的路径选择与启示》,载《法令月刊》2014 年第 7 期。

相比而言,我国法院调解没有对调解员的职业规范进行明确的要求。首先,我国法院调解对调解法官的资质并没有严格要求,任何审案法官都可以根据案情进行调解,他们更注重调解法官的实务经验。其次,我国法院调解并没有明确要求法官进行专业化调解培训。最后,我国法院调解也没有明确要求调解法官在调解过程中应当遵循的相应职业伦理及职业规范。行政机关和社会专业调解机构(商事调解机构)同样没有对调解员的职业规范进行明确规定。因此,我们认为从四个方面推动知识产权纠纷调解制度的专业化建设,即(1)设定专业调解员的任职资格和资质要求;(2)明确专业调解员的认证程序及规则;(3)强化专业调解员的调解业务培训;(4)推动制定调解员行为准则及职业伦理规范。

美国定向制裁制度对我国之影响

许恺彧*

摘要：有学者统计1997年以前,全世界有75个国家受到美国经济制裁的影响,而自从"9·11"恐怖袭击事件后,美国逐渐大范围使用定向制裁措施对抗恐怖主义,随着时间的演进,制裁项目也多样性的扩张,触角多方延伸,比如说国际毒枭、毒品走私甚至是网络恶行等,都是定向制裁项目的内容,而受到美国定向制裁的对象也包括不少中国企业或中国人,至2017年7月,美国财政部下辖的外国资产控制管理局监管大约60项的经济制裁项目,以及大约1000页的制裁名单。但是这些定向制裁的实施,并没有任何统一公开的标准或要件,一切都是以美国政府的心证为主,定向制裁的作出,甚至没有任何救济的渠道,美国政府并没有义务说明作出制裁决定的证据或理由,更有甚者,在调查的阶段,美国政府即可封锁/冻结被调查对象的资产,直至调查终结,而调查的期间,也并未有明确的时间限制。有鉴于此,文章中介绍美国定向制裁的背景发展以及相关法律规定,作为初步探讨,预期使更多中国企业和中国人民更加了解美国定向制裁之规定,除了作为遵守的依据外,文章于结论中,一并提出美国定向制裁制度缺陷之检讨。

关键词：定向制裁；聪明制裁；经济制裁；外国资产控制管理局

引 言

美国政府指称中兴通讯贩卖了价值数百万美元的美国原产地(U. S. Origin)产品,给伊朗最大的通讯公司 Telecommunication Co of Iran(TCI)以及该公司的其他单位,因此要对中兴通讯发起定向制裁。[①] 美国政府主张中兴通

---

* 作者系清华大学法学院2012级博士生。

① 《美国制裁中兴通讯引发广泛关注》,http://www.c114.net/news/127/a943901.html,最后访问日期:2017年8月6日。

讯此举违反了《国际紧急经济权力法》(International Emergency Economic Powers Act, IEEPA)①以及美国对伊朗的出口管制②,《国际紧急经济权力法》是美国商务部工业暨安全局的出口管理条例及美国财政部外国资产控制管理局(Office of Foreign Asset Control, OFAC)对伊朗交易和制裁条例的法律依据。具体来说,中兴通讯与伊朗签订项目,然后从美国公司购买了产品,随后中兴通讯在没有外国资产控制管理局授权的情况下从美国获得这些产品,并将这些从美国购买的产品出口或再出口到伊朗,这些产品受到美国《出口管理规则》(Export Administration Regulation, EAR)③的管制,产品的出口或再出口都必须得到美国商务部工业暨安全局的事前许可。

美国政府对中兴通讯的定向制裁,是将中兴通讯及其三家关联公司加入美国工业暨安全局的实体列表中(entity list),依照美国联邦法律规定,④一旦任何个人/组织被美国政府加入该列表中,所有美国公司在出口、进口或是再出口给实体列表上的个人/组织时,都必须事先取得美国工业暨安全局的事前授权核可,而该事前核可的审查基准是以推定拒绝为政策,也就是通常情况下该事前核可会被拒绝,且这项限制的适用范围并非仅限于美国公司为主体,而是跟着产品的流向决定适用的范围,只要美国原产地的产品,且该产品的组成有达到法规规定的⑤微量程度,即使产品的所有权人为外国人,都必须要受到美国工业暨安全局的事前核可的限制。简而言之,一旦任何个人/组织被美国政府列入实体列表中,不仅无法从美国公司手中购买任何商品,甚至只要商品的产地来自美国,商品组成成分中有达到微量程度的美国组成成分,实体列表中的个人/组织也无法购买。

在遭到美国政府制裁约一年,中兴通讯与美国司法部、美国商务部工业暨安全局以及外国资产控制管理局达成一致,中兴通讯承认其违反了相关法律并会支付合并罚款11.9亿美元,其中8.92亿美元立即支付,另外3亿美元暂不支付,除非中兴通讯违反和解协议。另外,中兴通讯要经过3年的企业保释期,并且有一位独立的合规督查会对其出口合规项目进行审查和报告。

随着美国共和党参选人特朗普当选并就任美国总统,特朗普屡屡对他国实

---

① 50 U.S.C. §§1701-1706.
② 15 C.F.R. §746.7.
③ 15 C.F.R. §§730-774.
④ 15 C.F.R. §§744.
⑤ 15 C.F.R. §734.4.

施经济制裁,截至 2017 年 8 月 6 日,上任后已对伊朗、朝鲜及俄罗斯发动经济制裁,①尤有甚者,特朗普也多次在公开场合表示要以经济制裁的手段,表达对中国政府的不满,②美国经济制裁制度,看似是美国国内的法律规定,但是美国的出口管制和经济制裁适用于无论身在何处的美国人和美国商品,因此,即使非美国公司或是美国境外的活动也会触犯美国经济制裁之规定。

一、美国定向制裁的沿革及发展

采取经济制裁的手段,相较于战争,曾经普遍被认为是相对较为人道的手段,但是经济制裁给一个国家(主要是该国人民)带来的影响,在近几年受到严重的批评和质疑。③ 传统的经济制裁④是以国家为制裁对象,被制裁的国家往往被切断和外界的经济联系,但最终真正受到经济制裁影响的,并不是该为经济制裁负责的国家领导精英,反而是被制裁国的人民,使得人民生活水平大幅下降,甚至会因无法获得所需的生活用品而受到伤害,以联合国安理会在 20 世纪 90 年代对伊拉克发起的传统经济制裁为例,联合国在 1990 年至 2003 年对伊拉克实施全面的传统经济制裁,是迄今人道主义影响最严重的一个实例,该传统经济制裁影响当地人民,不但使伊拉克人民无法获得食物和药品,而且摧毁了伊拉克经济,使人民无法维持生计。⑤ 根据世界卫生组织在 1996 年《针对波斯湾危机后伊拉克人民的健康状况》(The Health Conditions of the Population in Iraq

---

① 《特朗普套上"紧箍咒"美俄关系回天无力》,http://world.huanqiu.com/hot/2017-08/11082749.html,最后访问日期:2017 年 8 月 6 日。

② 《特朗普生气! 最快本周宣佈制裁中国》,http://www.msn.com/zh-hk/news/other/%E7%89%B9%E6%9C%97%E6%99%AE%E7%94%9F%E6%B0%A3%EF%B9%97%E6%9C%80%E5%BF%AB%E6%9C%AC%E5%91%A8%E5%AE%A3%E4%BD%88%E5%88%B6%E8%A3%81%E4%B8%AD%E5%9C%8B/ar-AApftWB,最后访问日期:2017 年 8 月 6 日。

③ Boris Kondoch. The Limits of Economic Sanctions under International Law: The case of Iraq. International Peacekeeping: The Yearbook of International Peace Operations, 2001, Vol. 7:267.

④ 为避免用语上的模糊,文章中使用"传统经济制裁"指称所谓以国家为对象的经济制裁,以"定向制裁"指称以个人/组织为对象的经济制裁,"经济制裁"则指称广泛含义下的经济制裁,亦即包括传统经济制裁和定向制裁。

⑤ 简基松:《联合国经济制裁的"人道主义例外"法律机制初探》,载《法学评论》2004 年第 3 期。

since the Gulf Crisis)报告显示①,伊拉克新生儿的死亡率在传统经济制裁期间是战争前的一倍,五岁以下孩童在传统经济制裁期间的死亡率是战争前的 6 倍,时任联合国秘书长安南,曾经对联合国制裁伊拉克造成的影响,讲过一段话:"伊拉克的人道问题,给联合国带来严重的道德两难议题,联合国总是站在弱势并且脆弱的一方,且总是力求解决人民的苦难,但是我们却被指控造成伊拉克人民的苦难,究竟谁应该要为伊拉克的处境负责?是伊拉克的总统还是联合国?联合国很有可能输了这项指控而成为该负责的一方。"②为了要解决传统经济制裁全面性封锁受制裁国家因而对其人民所造成的人道影响,促成了由传统经济制裁走向定向制裁(targeted sanction)或是聪明制裁(smart sanction)的改变,③所谓聪明制裁或定向制裁并没有任何差异,指的都是将制裁的力度和重点关注在作出争议行为的领导人、政治精英以及社会部分的特定群体,并因此减少对一般人民以及第三国家造成的连带损害。④

美国基于各种不同的原因,如人道主义考虑或是国家安全等,实施以及维持各种不同的定向制裁项目(sanction programs),即使国际社会对美国定向制裁域外效力的扩张多有批评,⑤但是美国仍借着定向制裁的手段,试图影响受制裁方的政策或是行为。美国经济制裁的规范,体现在各种不同类型的交易(transactions),且适用主体并不仅限于传统经济制裁以国家为对象,还包括定向制裁以个人/组织为对象,甚至于非美国国民,也被强加遵守美国经济制裁的义务,以

---

① World Health Organization, Division of Emergency and Humanitarian Action. The Health Conditions of the Population in Iraq since the Gulf Crisis. Geneva: World Health Organization,1996:section 4.

② 原文如下:Let me conclude by saying that the humanitarian situation in Iraq poses a serious moral dilemma for this Organization. The United Nations has always been on the side of the vulnerable and the weak, and has always sought to relieve suffering, yet here we are accused of causing suffering to an entire population. We are in danger of losing the argument, or the propaganda war—if we haven't already lost it—about who is responsible for this situation in Iraq—President Saddam Hussein or the United Nations. 联合国官网:http://www.un.org/press/en/2000/20000324.sgsm7338.doc.html,最后访问日期:2017 年 2 月 15 日。

③ 为免造成阅读上的混淆,文章一律使用定向制裁。

④ Gary Clyde Hufbauer and Barbara Oegg. Targeted Sanctions: A Policy Alternative. Law and Policy in International Bussiness,2000,Vol.32(1):11.

⑤ Jerold A. Friendland. Understanding International Business and Financial Transactions. Third Edition. USA:LexisNexis,2010:173.

全球特定恐怖分子的制裁项目(global terrorism sanctions regulations)①为例，所有该制裁项目定义下的"美国人"必须遵守该制裁项目的规定，而所谓的美国人，法条明订不仅是美国公民，还包括所有美国组织的海外分公司，②也就是说，即使是依照他国内国法成立的法人组织，只要其母公司是美国公司，都有义务遵守全球特定恐怖分子制裁项目的规定。

美国经济制裁的法源依据基础颁布在不同的法律中，但经济制裁最主要的法源依据就是③：1917 年制定颁布的《与敌国贸易法》④(*Trading with the Enemy Act*, TWEA)、1977 年制定颁布的《国际紧急经济权力法》⑤(*International Emergency Economic Powers Act*, IEEPA)以及 1945 年制定的《联合国参与法》⑥(*United Nations Participation Act*, UNPA)。上述法规赋予美国总统权力，得以行政命令(executive orders)的方式，发布经济制裁，由于经济制裁发布的形式是以行政命令为之，所以具体的经济制裁项目未必有相对应的法律，但是大部分美国经济制裁的相关规定都被成文化在联邦法规 31 C.F.R. Chapter V 中。该章涵盖了以国家为对象的传统经济制裁，如朝鲜、古巴、伊朗、苏丹、缅甸、津巴布韦、叙利亚、科特狄瓦、刚果、达尔富尔、黎巴嫩、伊拉克，也涵盖了以个人/组织为对象的定向制裁，如恐怖主义、毒品走私、外国毒枭集团等的定向制裁项目。

自第一次世界大战开始到冷战结束，美国经济制裁最主要的法源依据是《与敌国贸易法》，在这段时间内，该法授予美国总统相当广的权力，即不分美国是否处于战争状态，即使是和平状态下，美国总统也可以针对不友善的国家(unfriendly countries)或是政府实施经济制裁，且美国国会基于该法的规定得审查总统实施经济制裁的权限也很有限，⑦现在《与敌国贸易法》中仅剩第 5 条第(b)款以及第 16 条在第二次世界大战结束后还有效力，第 5 条第(b)款是明文

---

① 31 C.F.R. § 594.

② 31 C.F.R. § 594.315.

③ Kay C. Georgi. Paul M. Lalonde. Handbook of Export Controls & Economic Sanctions. American Bar Association, Section of International Law, 2013:1.

④ 50 U.S.C. app. §§ 1-44.

⑤ 50 U.S.C. §§ 1701-1706.

⑥ 22 U.S.C. §§ 287c.

⑦ Harvard Law Review. The International Emergency Economic Powers Act: A Congressional Attempt to Control Presidential Emergency Power. Vol. 96(5), 1983:1104-1105.

授予美国总统得以行政命令宣布进行经济制裁,①第 16 条则是违反经济制裁的罚则。② 由于担忧美国总统即使在和平状况下也可以依照《与敌国贸易法》的规定,发布行政命令执行经济制裁的权力,美国国会于公元 1977 年 12 月,制定了《国际紧急经济权力法》。③ 与此同时,美国国会修改了《与敌国贸易法》的限制,规定只有在战争状态,美国总统才可以行使《与敌国贸易法》赋予的发布经济制裁的权力,并且每年都要对进行中的经济制裁项目提出报告,检讨是否有基于国家利益的原因而须继续进行经济制裁,④在美国现行生效的经济制裁中,目前基于《与敌国贸易法》生效的经济制裁项目只剩下美国对古巴的经济制裁,且该制裁也依旧每年进行报告检讨是否有持续的必要。⑤

《国际紧急经济权力法》是美国自从 1977 年后,经济制裁最主要的法源依据,如果有来自外国对美国的国家安全(national security)、外交政策(foreign policy)以及经济方面等不寻常且异常的威胁(unusual and extraordinary threat)⑥,依据《国际紧急经济权力法》,美国总统得宣布国家处于危机(national emergency)状态进而发布经济制裁,该法授权美国总统得封锁(block)及冻结(freeze)受制裁方的资产,⑦甚至扩张总统封锁/冻结资产的权力,也就是当指定受制裁方的指名制裁程序仍在调查阶段时,外国资产控制管理局就可以直接先封锁/冻结被调查对象的资产,无论调查对象后续是否有受到指名,外国资产控制管理局可以因为预防和预先的侦查行为即无限期地冻结调查对象的资产。⑧但总统基于《国际紧急经济权力法》行使经济裁的权力,针对每一项制裁项目的发布,总统都必须向美国国会提交合理的解释说明⑨。

基于《国际紧急经济权力法》发布的经济制裁,可由美国总统发布行政命令随时终止,除此之外,若是基于该法发出的经济制裁没有按照法规内的日落条款

---

① 50 U.S.C. app. §5(b).
② 50 U.S.C. app. §16.
③ Harvard Law Review. The International Emergency Economic Powers Act: A Congressional Attempt to Control Presidential Emergency Power. Vol. 96(5),1983:1102.
④ Public Law 95-223 §101(b).
⑤ Kay C. Georgi. Paul M. Lalonde. Handbook of Export Controls & Economic Sanctions. American Bar Association,Section of International Law,2013:2.
⑥ 50 U.S.C. §§1701,1702(a)(1).
⑦ 50 U.S.C. §1703(a)(1)(B).
⑧ 50 U.S.C. §1702(a)(1)(B).
⑨ 50 U.S.C. §1703(b).

每年重新更新一次,①或是美国国会要求终止该项经济制裁,②则该项经济制裁即会被终止。但美国于 1976 年制定的《国家紧急法》(National Emergency Act,NEA)③,却又准许美国总统继续用行政命令实施经济制裁,即使《国际紧急经济权力法》规定的国家危机状态已经解除终止。④

《国际紧急经济权力法》⑤以及《国家紧急法》⑥都有规定美国总统发布经济制裁的程序以及检讨报告的要求。检讨报告要求美国总统,针对每一项发起的经济制裁项目都必须向美国国会提供初步报告、半年一次的报告以及最后经济制裁终止的终止报告。这些报告的内容描述了行政命令、规范的法规、制裁的内容(或是制裁内容须修改调整的部分)、因该经济制裁所引起的诉讼争议、政府因经济制裁所收到的民事罚金,以及联邦政府或政府机关因执行该项经济制裁所需付出的行政成本。《国际紧急经济权力法》中,认可由于在指名受制裁方的指名制裁程序(sanction designation process)中,有可能是基于机密信息所作出的制裁决定,所以该法同意当法院在审查经济制裁是否合理时,可以单方面且不公开审讯地(ex parte and in camera)检视作出制裁决定的相关机密信息是否合理。

至于《联合国参与法》则是不需额外立法,而让美国总统可以直接实施联合国安理会决议的经济制裁,但是和《国际紧急经济权力法》以及《国家紧急法》不同的是,《联合国参与法》并没有所谓的日落条款、美国总统不用向美国国会提出报告,也没有每年必须重新更新一次经济制裁的决定。

大部分的美国经济制裁来自于行政命令,美国总统得以行政命令发布经济制裁是源自于法规的授权,如《国际紧急经济权力法》⑦以及《国家紧急法》⑧。总统以其职权发布经济制裁的行政命令,也可能来自于国会基于其他法案的立法和授权,例如美国国会于 2010 年制定的《对伊朗全面制裁、究责和减资法》(Comprehensive Iran Sanctions, Accountability, and Divestment Act, CISADA)⑨、2003 年制定的《2003 年叙利亚责任与黎巴嫩主权恢复法》(the

---

① 50 U.S.C. §1703(a).
② 50 U.S.C. §1706(b).
③ 50 U.S.C. §§1601-1651.
④ 50 U.S.C. §§1631.
⑤ 50 U.S.C. §§1703.
⑥ 50 U.S.C. §§1641.
⑦ 50 U.S.C. §§1701.
⑧ 50 U.S.C. §§1621.
⑨ Public Law No. 111-195.

2003 *Syria Accountability and Lebanese Sovereignty Restoration Act*）①以及 1996 年制定的《古巴自由与民主声援法》[*the Cuban Liberty and Democratic Solidarity（Libertad）Act*]，也就是有名的《赫尔姆斯-伯顿法》，上述这些法案，都是美国国会针对个别单一国际事件而立法授权美国总统得在该法案的规范内，以行政命令宣布经济制裁。行政命令的颁布通常是公布新的经济制裁项目，或是基于现行生效的经济制裁项目基于国家危急情况再新增限制或修改限制，行政命令会阐明具体对美国的威胁、定义受制裁方受经济制裁的独特原因、指定经济制裁的生效日，以及委派实行经济制裁的机关。在大多数的情况下，美国总统委派实行经济制裁的机关会是财政部，并且由美国国务卿或其他指定的内阁官员为顾问，而财政部会将其实行经济制裁的管理及执行的权力，再委派给其辖下的外国资产控制管理局。②

由于受到财政部的委派实行经济制裁，外国资产控制管理局是美国经济制裁首要的管理机关。③ 截至 2016 年 12 月 6 日，外国资产控制管理局总共监管了 27 项经济制裁项目④，这些项目包括对国家的传统经济制裁，或是针对个人/组织的定向制裁，传统经济制裁如对苏丹或叙利亚的经济制裁、定向制裁如跨国犯罪组织（transnational criminal organizations）的制裁或是针对钻石原石交易控制（rough diamond trade controls）的制裁。针对这些经济制裁项目，外国资产控制管理局可以颁布执行经济制裁的法规、发布经济制裁的指名决定、要求受制裁方提供报告、核发授权许可同意受制裁方得例外进行经济制裁管制的交易，在违反经济制裁时进行强制执行措施。外国资产控制管理局针对经济制裁受制裁方的指名和监督，为"特别指定之国民或禁止往来之名单"（Specially Designated Nationals and Blocked Persons List，SDN List），以下称"指定制裁名单"进行管理和监控，并且检阅评估指定制裁名单上受制裁方的除名（removal or delisting）要求。

除了《国际紧急经济权力法》和《与敌国贸易法》外，1995 年 4 月发生的俄克拉荷马市爆炸案，促成了《反恐与有效死刑法》（*The Antiterrorism and Effective*

---

① Public Law No. 108-175.
② Kay C. Georgi. Paul M. Lalonde. Handbook of Export Controls & Economic Sanctions. American Bar Association, Section of International Law, 2013: 5.
③ 31 C. F. R. § 594.802.
④ Office of Foreign Assets Control Administers. Sanctions Programs and Country Information 详细内容参见：https://www.treasury.gov/resource-center/sanctions/Programs/Pages/Programs.aspx，最后访问日期：2017 年 2 月 8 日。

Death Penalty Act of 1996)①的制定和颁布,该案和6年后"9·11"恐怖袭击事件最大的不同是,该案的攻击策划者是美国人,并非外国人,但《反恐与有效死刑法》对外国恐怖组织也有定义以及规范,且该法的内容也为日后相关经济制裁法规奠定了雏形。

依照《反恐与有效死刑法》②的规定,当以下三项要件符合时,该法的监督执行单位国务院,有权力指名该外国组织为"外国恐怖组织"(foreign terrorist organization):第一,该组织为外国组织;第二,该组织进行了本法定义下的恐怖活动;第三,该恐怖活动造成美国国家安全或美国人民安全的威胁,而一旦被国务院指名为外国恐怖组织,和现今大部分经济制裁的效果相同,国务院会通知美国财政部冻结/封锁被指名对象的一切财产。

虽然《反恐与有效死刑法》的指名结果和经济制裁相同,但是该法在指名的流程和范围上却有相对合理的限缩,比方说国务院在指名的7日前,必须要通知众议院的议长以及众议院多数党和少数党的领袖,并且需附上指名的证据和理由③、国会有权力终止或是撤销国务院的指名④、国务院指名为外国恐怖组织的期间为2年⑤,以及自被指名当日起30日内,该被指名的外国恐怖组织得向国务院提交重新审议的要求,而国务院必须自收到要求的180日起,回复其重新审议的决定⑥。

《反恐与有效死刑法》在禁止和受指名的外国恐怖组织进行交易的限制也相对限缩,依照法条的规定⑦,只有在故意的情况下,提供外国恐怖组织实质上的帮助或资源会被处以罚金或是10年以下有期徒刑。

二、"9·11"恐怖袭击事件后的美国定向制裁

美国自从2001年的"9·11"恐怖袭击事件后,反恐的情绪和手段都在不断加温,发出的经济制裁数量亦一直持续增加,除了引起国际社会间的反弹以外,也有学者批评,美国对于所谓反恐所采取的措施,如国内外对恐怖分子的监视行

---

① Pub. L. No. 104-132, 110 Stat. 1214.
② 8 U.S.C. §1189.
③ 8 U.S.C. §1189(2)(A)(i).
④ 8 U.S.C. §1189(6).
⑤ 8 U.S.C. §1189(4).
⑥ 8 U.S.C. §1189(4)(B)(iv).
⑦ 18 U.S.C. §2339B(a)(1).

动,以及定向制裁受制裁方的制裁程序都有内部疏失以及违反个人基本权利的嫌疑①。

自"9·11"恐怖袭击后的两周,当时的美国总统布什基于《国际紧急经济权力法》和《联合国参与法》②所赋予的权力,发布了第13224号的行政命令③,宣布了由于"外国恐怖分子严重的恐怖攻击及其恐怖威胁的攻击行为",以及"美国和美国国民仍处于持续且即刻的攻击或威胁中",所以美国现在处于紧急状态。自2002年开始,行政命令第13224号每年都依照《国际紧急经济权力法》更新。该行政命令将经济制裁的实施委派由财政部监督执行,且该行政命令附有一份附录,透过第13224号命令,附录上直接指名涉嫌进行恐怖主义行动的个人/组织为全球特定恐怖分子(在"9·11"恐怖袭击事件发生前,被国务院依据《反恐与有效死刑法》指名为外国恐怖组织的所有名单,已全数在13224号命令的附录中直接被指名)。

财政部则将其实施经济制裁的职权委派给外国资产控制管理局,④外国资产控制管理局则基于行政命令第13224号的规定进行全球特定恐怖分子的指名,并封锁/冻结其资产。行政命令第13224号的第1条,对于全球特定恐怖分子的认定标准为⑤:犯下恐怖主义行为或是引起了严重的恐怖主义攻击的危险,造成美国国家、美国国民、美国国家安全、外交政策及经济的危机,⑥附录中的全球特定恐怖分子或其他依照本款应被视为全球特定恐怖分子所拥有、控制的个人/组织,或是代为全球特定恐怖分子所行为的个人/组织⑦、为支持恐怖主义活动,而提供全球特定恐怖分子帮助、赞助、金融资助、实质上的帮助、技术支持、金

---

① Anya Bernstein. The Hidden Costs of Terrorist Watch Lists. Buffalo Law Review, 2013, Vol. 61:461.

② 22 U.S.C. §§287c.

③ Executive Order 13224 详细内容参见:https://www.state.gov/j/ct/rls/other/des/122570.htm,最后访问日期:2017年2月8日。

④ 31 C.F.R. §594.802.

⑤ Executive Order 13224 §1(d)(i)-(ii).

⑥ Have committed, or pose a significant risk of committing, acts of terrorism that threaten the security of U.S. nationals or the national security, foreign policy, or economy of the U.S.

⑦ To be owned or controlled by, or to act for or on behalf of those persons listed in the Annex to this order or by or for persons determined to be subject to subsection 1(b),1(c),or 1(d)(i)of this Order.

援活动以及提供其他服务等①或是和全球特定恐怖分子有关联的个人/组织②，有任何上述行为的个人/组织，都会被指名为全球特定恐怖分子，而遭到财产封锁/冻结。

而"9·11"恐怖袭击之后，一个主要扩张美国总统对抗恐怖主义的权力，就是《使用适当之手段来阻止或避免恐怖主义以团结并强化美国法》③（Uniting and Strength America by Providing Appropriate Tools Required to Intercept and Obstruct Terrorism Act of 2001, Patriot Act），也就是著名的《爱国者法案》，基于防制洗钱的目的，《爱国者法案》第317条对外国洗钱者行使长臂管辖权，规定如果外国人或外国金融机构参与了洗钱活动，涉及的资金交易全部或部分发生在美国境内，或是在美国开立了银行账户，美国即对该外国人或外国金融有管辖权，④该法第311条⑤规定，针对国外金融机构或国际交易涉及的反洗钱，美国监管部门可以采取特别措施，包括获取与美国国内客户同等的信息、禁止或限制外国金融机构在美国开设和持有账户或代理行账户等。

除此之外，《爱国者法案》也是《反恐与有效死刑法的》加强修改版，在《反恐与有效死刑法的》中，对于恐怖活动的定义是使用生物、化学、核武、爆炸性或枪炮等武器，⑥但是忽略了在某些落后地区甚至会使用刀剑等锋利武器取代枪炮的使用，所以《爱国者法案》⑦修正了恐怖活动的定义，完全省略武器使用的描述，而是直接改成进行或是有意进行恐怖活动。另外，依据《爱国者法案》⑧，也修正了《反恐与有效死刑法的》中，2年指名期届满以后，即使该外国恐怖组织在2年内没进行任何的恐怖活动，但是如果该组织仍然有能力以及有进行恐怖活动的意愿，政府也可以持续其指名的决定。

三、常见的美国定向制裁样态

（一）以个人/组织为制裁对象的定向制裁

随着定向制裁的出现，美国经济制裁渐渐从传统以国家为受制裁方的经济

---

① To assist in, sponsor, or provide financial, material, or technological support for, or financial or other services to or in support of, such acts of terrorism.

② To be otherwise associated with.

③ Public Law 107-56.

④ 李瑞华：《美国对外国金融机构反洗钱执法的启示》，载《国际金融》2014年第1期。

⑤ 31 U.S.C. §5318A.

⑥ 8 U.S.C. §1182(a)(3)(B)(iii)(V).

⑦ Section 411(a)(1)(F) of Patriot Act.

⑧ Section 411(c) of Patriot Act.

制裁,改为以个人/组织为受制裁方的定向制裁,因应定向制裁的实施,产生所谓的指定制裁名单(designated sanction list),且指定制裁名单上被指名的个人,已经不再受限于特定国家或是政府有关,美国政府渐渐放宽对个人/组织实施经济制裁的认定,而是以受制裁方的行为考虑,改而针对和国际恐怖主义活动或是国际贩毒走私(narcotics trafficking)行为有关联的个人/组织,从以国家为经济制裁对象,再到以指定制裁名单上的个人/组织为经济制裁的对象。而这些指定制裁名单的制裁理由,从恐怖主义为起源,扩张到贩毒走私、武器扩张、违反人权、种族屠杀、跨国界组织犯罪,及其他一切实质上支持这些行为的活动。从1995年开始对中东进行的恐怖主义经济制裁,以及对哥伦比亚毒枭进行的经济制裁,指定制裁名单已成为美国单边经济制裁的标准模式。①

近期来,除了美国以外,包括欧洲以及联合国都渐渐改为以个人/组织为受制裁方的指定制裁名单,为主要发起经济制裁的方式。而这样的改变反映了指定制裁名单两个主要的特征:第一,指定制裁名单可以针对目标制裁的对象进行定向制裁,而不像以国家为制裁对象,是将整个经济制裁的负担施加在一般全国人民身上;第二,以指定制裁名单为制裁手段,可以相对较轻松地实施制裁,进行监督和监控。②

(二)封锁/冻结受制裁方的财产

所谓的封锁/冻结受制裁方的财产,系指封锁/冻结在美国境内或是受美国人(包括美国公司的海外子公司)所控制的受制裁方的财产及财产所生利益,只有经美国政府授权核准的情况外,这些针对封锁/冻结财产及其所生利息的移转和交易才可以例外为之。③ 按照法律规定,每一个美国人都有义务拦阻或是封锁/冻结这些受其控制或持有的受制裁方财产及财产所生的利益,且法律亦明文规定,即使美国人在经济制裁生效前和受制裁方已签有合约,美国人仍不得履行和受制裁方签订的合约。④ 依照法律规定,美国人须将其拦阻或冻结受制裁方的资金或是流动资产,包括其担保品,一并存入联邦投保的美国境内银行(federally-insured U. S. bank)中的封锁/冻结财产计息账户(blocked interest-

---

① Kay C. Georgi. Paul M. Lalonde. Handbook of Export Controls & Economic Sanctions. American Bar Association,Section of International Law,2013:11.
② Kay C. Georgi. Paul M. Lalonde. Handbook of Export Controls & Economic Sanctions. American Bar Association,Section of International Law,2013:12.
③ 31 C. F. R. §594.201.
④ 31 C. F. R. §594.201(a).

bearing account)。① 美国人阻拦或封锁/冻结的资产,都必须要在行为后的十个工作天内呈报②给外国资产控制管理局,且每年都要更新呈报一次。③

外国资产控制管理局对于所谓"财产"以及"财产所生利益"的定义非常的广④,财产的定义像是一个集合的概念,包括动产、不动产、共有财产甚至是无形资产。举例来说,资产在法条中的例示规定就包括了现金、证券、债务、担保权、货运提单、商品、应付账款、法院判决、任何类型的契约,而所谓财产所生之利益系指上述一切所列财产中所含的任何现在、未来或是或有利益。

封锁/冻结财产的经济制裁适用于所有被列在指定制裁名单上的对象,所谓名单上的对象不仅只受制裁方本人或是该组织,而是包括受制裁方所控制之组织或企业,如受制裁方持股50%以上的组织或企业,但是仅以持股比例认定是否应为制裁名单上的对象并不是一个绝对的标准,依照法律的规定⑤,法律是以"直接或间接"的控制决定,所以即使公司账面上看起来受制裁方的持股比例不到50%,但如果受制裁方对于该组织或企业有任何间接性地控制,也应被视为指定制裁名单的制裁对象,这样一个不确定的模糊标准,让遵守以及认定标准上,更加不易判断。

(三) 转让受制裁方的财产

本质上来说,所谓转让受制裁方的财产,系指美国政府将受经济制裁而封锁/冻结财产的所有权转让给其他个人/组织或政府机关。如《与敌国贸易法》⑥即允许总统得以行政命令转让封锁/冻结的财产,在20世纪90年代时,美国总统克林顿即以行政命令宣布,将封锁/冻结古巴的财产转让给1996年遭古巴击落的两架救难兄弟会(Brothers to the Rescue)民航机飞行员的家属,用以赔偿古巴政府的行为。

除此之外,《爱国者法案》中也授权美国总统,针对美国进行武装敌对行为或是攻击美国的政府或个人/组织,美国总统得以行政命令转让该政府或个人/组织受经济制裁所封锁/冻结的财产⑦,比如为了进行安理会第1483号决议案中重建伊拉克的宗旨,美国政府将所有封锁/冻结伊拉克前政府以及海珊的财产全都转让给伊拉克发展基金(Development Fund for Iraq),用以进行伊拉克的重建。

---

① 31 C. F. R. §594.203.
② 31 C. F. R. §501.603(b)(1).
③ 31 C. F. R. §501.603(b)(2).
④ 31 C. F. R. §515.311.
⑤ 31 C. F. R. §515.302.
⑥ 50 U. S. C. app. §5(b).
⑦ Public Law 107-56, Section 106(1)(D).

(四)禁止和受制裁方的交易

禁止和受制裁方交易,其手段和限制内容,是由美国总统以行政命令决定,限制内容可以是禁止美国人和受制裁方从事交易、禁止帮助交易进行,或是禁止某种特定交易的服务出口,而受制裁方可以是一个国家,或是个人/组织,总统决定的限制内容也可以具体到禁止某种产品的进口,或是概括到禁止一切的交易和产品服务的进出口。

四、美国定向制裁监管及其制裁内容

美国财政部负责监督执行美国经济制裁已经历史悠久了,最远的时间甚至可以追溯至1812年的第二次独立战争①,财政部在第二次世界大战时建立了外国资产控制管理局的前身,也就是外国资金控制管理局(Office of Foreign Funds Control),通过封锁/冻结被纳粹和苏联占领国家的人民的财产,如挪威和波罗的海诸国,借着外国资金控制管理局封锁/冻结该国人民的财产,外国资金控制管理局提供这些人民财产上的保护,②亦防止该国人民的财产遭到纳粹和苏联政府强行的重新分配,而外国资金控制管理局也对纳粹的财产进行封锁/冻结,并且禁止人民与其进行贸易或金融上的交易,③第二次世界大战结束后,财政部结束了外国资金控制管理局,改建立了外国资产控制管理局,专门负责封锁/冻结受制裁方的资产,外国资产控制管理局是美国境内负责监管绝大多数依行政命令以及法律规定所发起的经济制裁,包括交易限制以及财产封锁/冻结,外国资产控制管理局并且负责所有经济制裁项目的实行和监督,包括调查经济制裁的违反,以及对违反者发动民刑事的惩罚。④

外国资产控制管理局监督执行的各个经济制裁项目,具体都规定在联邦法规第五章中,⑤而根据各个经济制裁项目的不同,受制裁方的判定标准、经济制裁的

---

① 外国资产控制管理局,https://www.treasury.gov/about/organizational-structure/offices/Pages/Office-of-Foreign-Assets-Control.aspx,最后访问日期:2017年2月16日。
② David Cortright and George Lopez. Smart Sanctions: Targeting Statecraft. 1st edition. USA: Rowman & Littlefield Publishers, Inc., 2002:24.
③ 外国资产控制管理局,https://www.treasury.gov/about/organizational-structure/offices/Pages/Office-of-Foreign-Assets-Control.aspx,最后访问日期:2017年2月16日。
④ David Cortright and George Lopez. Smart Sanctions: Targeting Statecraft. 1st edition. USA: Rowman & Littlefield Publishers, Inc., 2002:72.
⑤ 31 C.F.R. Chapter V.

限制内容以及违反效果也应按照相对应的制裁项目内容个别判断之。①

(一)受制裁方

受制裁方的认定标准会因为经济制裁项目的不同,而有定义上的区别,以全球特定恐怖分子的制裁项目为例,所谓的全球特定恐怖分子的定义,按照法律的规定,是指任何行政命令第13224号指定的全球特定恐怖分子外,及其他经外国资产控制管理局、国务卿、国土安全局以及司法部长商议后作出的决定,认定该外国组织或外国个人已经对美国造成恐怖主义的威胁或是很有可能对美国造成恐怖主义的威胁,进而影响到美国国民安全、国家安全、外交政策以及美国经济者,都会被认定为全球特定恐怖分子。② 再者,如果任何外国组织或外国个人,经外国资产控制管理局、国务卿和国土安全局以及司法部长商议后认定,是全球特定恐怖分子所持有、控制或为全球特定恐怖分子的代理人,也应被认定为全球特定恐怖分子。③ 最后,经外国资产控制管理局、国务卿和国土安全局以及司法部长商议后认定,若有任何外国组织或外国个人协助、赞助、提供财政或技术支持,或是提供金融及其他服务,用以支持威胁美国国民安全、国家安全、外交政策以及美国经济的恐怖活动,也应被认为是全球特定恐怖分子。④ 为了避免有任何行为规范上的漏洞,本条还有一个概括条款,也就是任何人只要和本条定义的受制裁方有牵连时,也是全球特定恐怖分子。而本条所称的恐怖主义是指:任何行为牵涉到暴力行为或是造成人身、财产或公共建设的危险,且其目的明显是恐吓或胁迫一般社会大众、借着恐吓或胁迫影响政府的政策,或是借着大规模的毁灭行动、暗杀、绑架或是胁持人质影响政府的行为。⑤

除了全球特定恐怖分子的制裁项目以外,以另一个特定恐怖分子(specially designated terrorist)的制裁项目为例,按照法律的规定,是指任何行政命令第12947号指定的特定恐怖分子外,其他经外国资产控制管理局、国务卿以及司法部长协调商议后作出的决定,认定该外国组织或外国个人已经破坏或意图破坏或影响中东和平进程,应被认定为特定恐怖分子。⑥ 任何外国组织或外国个人协助、赞助、提供财政或技术支持,或是提供金融及其他服务用以破坏或意图破坏或影响中东和平进程,以及任何外国组织或外国个人,是特定恐怖分子所持有、控制或为特定恐

---

① 文章以较为大众熟悉的恐怖主义相关的经济制裁项目作为主要举例说明,若其他经济制裁项目有较为特殊或不同之处亦会额外补充之。
② 31 C. F. R. §594.201(a)(2).
③ 31 C. F. R. §594.201(a)(3).
④ 31 C. F. R. §594.201(a)(4).
⑤ 31 C. F. R. §594.311.
⑥ 31 C. F. R. §595.311.

怖分子的代理人,也应被认定为特定恐怖分子。

(二)谁要遵守经济制裁

在全球特定恐怖分子以及特定恐怖分子的制裁项目,对于哪些人要遵守经济制裁的规定都是相同的。① 所谓的美国人指的是美国公民、拥有美国永久居留权的外国人、依据美国法成立的组织、受美国法管辖的组织,且包括其境外分公司,以及任何在美国境内的人。

总结法规的定义可以得出只要是美国公民或拥有美国永久居留权的外国人,无论是否在美国境内,都必须要遵守美国的经济制裁;依据美国法成立的美国公司及其境外的分公司(即使是依据他国内国法成立),也必须遵守美国经济制裁;以及任何组织或个人,无论其国籍,只要是行为当时是在美国境内,也必须遵守美国经济制裁。因此前述的美国人持有或控制,任何全球特定恐怖分子以及特定恐怖分子的财产时,该美国人都必须要遵守美国经济制裁的限制,封锁/冻结受制裁方的财产并且禁止与其交易②。

以补充古巴经济制裁项目③的规定为例,该项目对于应遵守经济制裁的对象涵盖范围更广,除了上述的范围外,还包括了任何组织,无论该组织是在何地成立或是有否在美国境内进行业务往来,只要该组织是受美国人所拥有或控制,也都必须遵守对古巴的经济制裁。

(三)经济制裁的制裁内容

在全球特定恐怖分子以及特定恐怖分子的制裁项目中,对于经济制裁的制裁内容是相同的。④ 除了经美国政府授权外,即使美国人和受制裁方于经济制裁决定生效前就签有合约,任何美国人皆不得和全球特定恐怖分子或特定恐怖分子进行任何生意,包括但不限于:禁止一切进出口、禁止捐献或提供任何资金、商品、服务或是任何有助于恐怖分子进行恐怖主义的物资;美国人不得接受任何资金、商品、服务的捐献或是供给或是任何有助于恐怖分子进行恐怖主义的物资。

为了避免经济制裁执行上的漏洞而影响到经济制裁的效果,这两个制裁项目都有对所谓的"不作为犯""共犯"或是"未遂犯的着手"作出规范。在全球特定恐怖分子的制裁项目中,⑤美国人以任何回避、避免、以回避或避免为目的的手法逃避经济制裁的限制,或是企图违反经济制裁的限制,以及为了违反经济制裁的限制而

---

① 31 C.F.R. §594.315 以及 31 C.F.R. §595.315.
② 31 C.F.R. §594.201(a)以及 31 C.F.R. §595.201(a).
③ 31 C.F.R. §515.329.
④ 31 C.F.R. §594.204 以及 31 C.F.R. §595.204.
⑤ 31 C.F.R. §594.205.

共谋,都属经济制裁的违反。在特定恐怖分子的制裁项目中①,则是规定任何的交易,如果是以回避或避免为目的、造成回避或避免的影响,或是帮助回避或避免经济制裁的遵守,或是企图违反经济制裁的限制,以及为了违反经济制裁的限制而共谋,皆属经济制裁的违反。

(四)何谓受制裁方的财产

所谓受制裁方的财产,在全球特定恐怖分子以及特定恐怖分子的制裁项目中,定义是完全相同的,指的是被指定为全球特定恐怖分子的个人或组织其所拥有的银行账号、财产以及财产所生利益,②财产包括直接、间接、有形、无形或共有财产等一切财产,③财产所生利益的范围也非常的广,④包括任何现在、未来以及或有利益。

(五)违反经济制裁的后果

违反全球特定恐怖分子以及特定恐怖分子的制裁项目,后果是一样的,两个制裁项目的违反⑤都准用《国际紧急经济权力法》的规定⑥,任何违反经济制裁管制的美国组织或美国人,民事上得处以罚金(两者取其高)25万美元以下或是该违反经济制裁管制的主要交易金额的两倍;刑事责任则为刑事罚金100万美元以下,且违反经济制裁管制的自然人还可以被处以20年以下的有期徒刑。

若违反的是《与敌国贸易法》(该法目前也仅存于对古巴的经济制裁),按照法律规定⑦,违反的法律效果为民事罚金65000美元以下;组织违反的刑事责任则为罚金100万美元以下,若是组织内的主管、董事或代理人故意或有意违反者,处10万美元以下及10年以下有期徒刑,若违反经济制裁管制的自然人则为美金10万元以下,以及处以10年以下的有期徒刑;除了上述的民刑事责任外,在财政部的行政裁量考虑下,财产、资金、文件、物品、船只、设备等,也可能会被美国政府没收。另外,若有法条规定加重之情事发生,⑧如违反经济制裁的限制而造成他人死亡结果,则法院得加重其刑事罚金为个人25万美元以下,组织为100万美元以下。

以补充全球毒枭经济制裁项目(foreign narcotics kingpin sanction)为例,考虑毒枭的犯罪特性、手法及其不法获利的高所得,所以违反该项经济制裁管制的罚金

---

① 31 C.F.R. §595.205.
② 31 C.F.R. §594.301 以及 31 C.F.R. §595.301.
③ 31 C.F.R. §594.306 以及 31 C.F.R. §595.307.
④ 31 C.F.R. §594.309 以及 31 C.F.R. §595.310.
⑤ 31 C.F.R. §594.701 以及 31 C.F.R. §595.701.
⑥ 50 U.S.C. §1705.
⑦ 50 U.S.C. app. §16.
⑧ 18 U.S.C. §3571.

金额相对非常高,①民事罚金为不超过175万美元;组织的形式罚金则为不高于1000万美元,组织内的主管、董事或代理人故意或有意违反者处以500万美元以下之罚金及30年以下之有期徒刑,且该法亦有规定重大情节得加重刑罚。②

五、受制裁方应如何救济:指定制裁名单的除名

如果遭到外国资产控制管理局认定为恐怖分子,或是按照其他制裁项目决定该个人或组织须受到经济制裁,外国资产控制管理局得将该个人/组织指名放入指定制裁名单。法律规定被指名的受制裁方,可以向外国资产控制管理局提交理由或证据,证明该局的指名决定基础并不充分,且如果受制裁方认为有补救的步骤可以"推翻"外国资产控制管理局的决定,受制裁方可以向该局提出建议,比如说受制裁方可以向该局提出,已经从受制裁的组织中辞职,则外国资产控制管理局可能就会认定没有继续指名的必要,而将受制裁方除名。③

在审查受制裁方的除名要求时,为了澄清或证实受制裁方的主张,外国资产控制管理局可以要求受制裁方再提交额外的信息。④ 受制裁方亦可以向外国资产控制管理局要求会面,但是该局并没有答应的义务。⑤ 依照现在的程序,受制裁方并没有权利要求外国资产控制管理局和受制裁方进行任何会面、举行听证会,也没有权利对外国资产控制管理局主张审讯或检视证据的权利。

外国资产控制管理局审议完受制裁方除名化的请求后,按照法律,该局必须提供受制裁方一个书面的决定,告知受制裁方,其要求除名的请求是否被接受。⑥ 由于法律只要求外国资产控制管理局告知受制裁方其决定的结果,外国资产控制管理局并没有提出说明或解释的义务,所以受制裁方也往往不知道该局的心证过程、该局是依据何种的证据作出决定,以及是否有哪些反证可以提出抗辩。法律并未规定外国资产控制管理局需要在几日内回复受制裁方的除名要求,因此受制裁方也只能无止境地等待该局的回复决定。

受制裁方按照法律规定,必须先向外国资产控制管理局的指名决定提出除名化的请求,如果请求失败,受制裁方才能向联邦法院请求法院判决。⑦ 外国资产控制管理局作为一个行政机关,司法体系审查其决定的合法性时,司法

---

① 31 C.F.R. §598.701.
② 18 U.S.C. § 3571.
③ 31 C.F.R. §501.807(a).
④ 31 C.F.R. §501.807(b).
⑤ 31 C.F.R. §501.807(c).
⑥ 31 C.F.R. §501.807(d).
⑦ 31 C.F.R. §501.807.

体系必须遵守《行政程序法》(Administrative Procedure Act, APA)的规定[1],而依照该法的规定,行政机关有权力依据行政纪录解决事实上的争议,[2]也就是外国资产控制管理局有权力依据其搜集到的行政纪录,比如证人的证词或是监听报告,判断受制裁方事实上到底是否为恐怖分子,因而要放入指定制裁名单中。

但相反的,司法体系在审查行政机关的决定时,仅能就该行政机关在作出决定时,所搜集到的行政纪录是否足以正当化该决定[3],作为司法审查的根据。依据《行政程序法》,如果行政机关的决定是武断地、任意地、滥用裁量权或是违反法律的,法院应将行政机关的决定认定为违法并且驳回该决定。[4] 司法审查在判断行政机关决定时,美国最高法院在 Motor Veh. Mfrs. Ass'n v. State Farm Ins. 案中阐明司法审查的审查标准[5],法院须缩小其审查范围,法院并不是要以法院判决去取代行政机关的行政决定。且该案中最高法院进一步指示,行政机关的行政决定享有合法推定原则,也就是说除非有相反证据,否则原则上推定行政机关的决定符合其法定权限,并且法院在审判过程中探究案件事实时,必须要彻底且慎重,司法介入审查行政机关决定时应相对限缩[6],从以上的司法审查见解可以得知,司法审查对于行政机关的行政决定,是非常尊重的,由于达到《行政程序法》的高门槛规定实属不易,所以大部分外国资产控制管理局的指名决定,都会通过司法审查。

受制裁方为外国人时的司法审查标准受限于篇幅限制,仅以本案例作为介绍。"People's Mojahedin Organization of Iran"和"National Council of Resistance of Iran"是一连串三次的诉讼案件[7],原告伊朗人民圣战组织(People's Mojahedin Organization of Iran,以下简称 PMOI),在 1997 年、1999 年以及 2001 年连续遭到美国国务院依据《反恐与有效死刑法》三次指名为外国

---

[1] 5 U.S.C. § 706.

[2] 5 U.S.C. § 554.

[3] Securities and Exchange Commission v. Chenery Corporation, 318 U.S. 80(1943).

[4] 5 U.S.C. § 706(2)(A).

[5] Motor Vehicle Manufacturers Association of the United States, Inc. v. State Farm Mutual Automobile Insurance Co., 463 U.S. 29 (1983).

[6] Citizens to Preserve Overton Park v. Volpe, 401 U.S. 402 (1971).

[7] 三次诉讼先后分别为:People's Mojahedin Organization of Iran v. United States Department of State, 182 F.3d 17 (1999), National Council of Resistance of Iran v. Department of State, 251 F.3d 192 (2001)以及 People's Mojahedin Organization of Iran v. United States Department of State, 327 F.3d 1238 (2003).

恐怖组织,在第二次的指名时,由于国务院主张伊朗反抗力量全国议会（National Council of Resistance of Iran,以下简称 NCRI)是 PMOI 的分身,所以 NCRI 也一同遭到第二次及第三次的指名,PMOI 三次和 NCRI 两次的指名都向美国法院起诉要求司法审查,主张其美国宪法第五修正案的正当法律程序遭到国务院的违反。

在第一次的指名时,是基于 1993 年美国情报局的情报,指出 PMOI 是最大且最活跃的反政府组织,该组织最主要的宗旨是推翻现有的伊朗政权,并且建立自己的共和国,PMOI 一向以恐怖主义和暴力手段实现其政治上的主张闻名,自从 20 世纪 60 年代成立后,PMOI 受到伊斯兰教的影响,一直参与对抗西方文化活动,PMOI 为了达到其目的,计划暗杀至少 6 名美国公民、计划接管美国大使馆以及反对释放受挟持的美国公民。在 1972 年时,PMOI 在德黑兰、伊朗境内的美国小区、可口可乐以及通用汽车办公室等地引爆了至少 12 次以上的定时炸弹;1972—1975 年,PMOI 继续使用炸弹攻击美国公司以及英国组织,由于 PMOI 开始将目标转回伊境境内的恐怖活动加上伊朗政府对其进行镇压,自 20 世纪 80 年代起,PMOI 渐渐停止活动;于 1987 年,PMOI 成立了伊朗民族解放军(National Liberation Army of Iran,以下简称 NLA),NLA 主要活动范围为伊拉克东部至伊朗及伊拉克边境中部。1992 年,PMOI 利用其在美国、加拿大、德国、法国、英国、瑞士、荷兰、瑞典、挪威、丹麦以及澳洲的支持者,同时攻击伊朗大使馆以及军事驻地。1994 年,通过美国路透社以及英国 BBC 报道,PMOI 主张其战士攻击并瘫痪了伊朗北部古泽斯坦省的 14 条油管,以及 3 月间在伊朗境内发生的 25 件攻击事件。PMOI 在欧洲、北美、中东以及澳洲都有办公室和员工,办公室主要是用来募集民间的捐款,尤其是那些流亡在外的伊朗人。

遭到第一次指名后,PMOI 遂向美国法院主张国务院的指名[1],没有提供通知也没有提供答辩的机会,违反了 PMOI 美国宪法第五修正案的正当法律程序。但是本案法院认为 PMOI 无法主张美国宪法的适用,因为 PMOI 是外国组织,没有财产在美国遭到封锁/冻结,也没有存在于美国,所以无法主张美国宪法的保护。本案法院再进一步表示,由于 PMOI 没有美国宪法的保护,只能主张《反恐与有效死刑法》中法条赋予的权利,按照该法对外国恐怖组织的定义:第一,该组织必须为外国组织;第二,该外国组织从事法条定义的恐怖行为;第三,该恐怖行为造成美国国家安全或美国人安全的威胁。

---

[1] People's Mojahedin Organization of Iran v. United States Department of State, 182 F. 3d 17 (1999).

即使本案法院直接承认,国务院在提交数据说明 PMOI 有进行法条定义的恐怖行为时,并未有实质的证据证明国务院的主张,但是只要证据可以显示 PMOI 为了达到其政治目的而进行炸弹或是杀戮,本案法院认为只要有一件事发生,PMOI 就是外国恐怖组织,法院认为,即使国务院依赖的基础是完全的传闻证据、证据也未经过 PMOI 的反证、PMOI 也没有被提供答辩的机会,但是法院的角色,就只是审查确认国务院是否有足够的讯息支持其作出指名的决定,且国务院并未被禁止使用传闻证据,有鉴于国务院信息的来由,即使国务院的决定可能是错的,这也不是法院能决定的领域,法院不对国务院的指名决定进行实质审查,只要有足够证据可以合理支持国务院的指名决定即为已足。由于 PMOI 并不是和美国有实质连结的外国组织,所以无法主张美国宪法的保护,国务院的指名没有违反《行政程序法》的规定,所以法院维持 PMOI 第一次的指名决定维持。

接着于 1999 年,PMOI 受到国务院第二次指名为外国恐怖组织,与 PMOI 一起被同时指名为外国恐怖组织的还有 NCRI,国务院指名 NCRI 的理由是国务院认定 NCRI 是 PMOI 的分身,PMOI 遂和 NCRI 一起向美国法院主张国务院的指名,[①]由于并未提供通知以及听证答辩的机会,所以违反了宪法第五修正案的正当法律程序。

虽然在第一次指名时,法院认定 PMOI 为外国组织,没有美国宪法的保障驳回了 PMOI 的违宪主张,但是和前次情况不同的是,这次和 PMOI 一起被指名的 NCRI,据政府的指名理由是"NCRI 为 PMOI 的分身",所以本案法院认为,如果 NCRI 在本案中被认定为存在于美国的外国组织,则由于 NCRI 是 PMOI 的分身,所以 PMOI 也会被视为存在于美国的外国组织,而得以主张美国宪法的保护。法院表示,在认定外国组织存在于美国时,法院不去探究实质连结的程度,相反的,只要法院认为依据整体的证据考虑,NCRI 可以合理地主张其在美国管辖范围内并且有实质连结,即可以主张美国宪法的保护,NCRI 在华盛顿特区的全国记者大楼设有办公室,是明显公开的存在,且在美国银行也有小额存款,所以法院认定 NCRI 是和美国有实质连结,存在于美国的外国组织,因此可以主张美国宪法的保护,而既然 NCRI 为 PMOI 的分身,所以当 NCRI 被认为是存在于美国的外国组织,同样的,PMOI 也因此被认定为存在于美国的外国组织。法院亦进一步表示,当外国组织在美国境内所持有的财产可能因为政府的干预而受到威胁时,该外国组织可以主张宪法的保护。

---

① National Council of Resistance of Iran v. Department of State, 251 F. 3d 192 (2001).

在认定 PMOI 和 NCRI 可以主张美国宪法保护后,法院接着判断国务院是否有违反其正当法律程序。法院认为:第一,一旦被指名为外国恐怖组织,资产就会被冻结,美国政府有权利禁止该组织的成员入境,以及禁止任何美国国民资助外国恐怖组织,政府的指名的确有剥夺 PMOI 和 NCRI 的财产利益。第二,在判断怎样的正当法律程序该提供给人民时,是一个弹性的考虑,正当法律程序必须取决于具体的事实情况决定要给予怎样的正当程序,所以法院下一步考虑何时要给予正当法律程序以及怎样的程序是正当。

本案法院认为,判断何时给予正当法律程序时,应该要考虑事前通知或事后通知两者间,哪一个时点会让正当法律程序最有效的发挥,国务院主张,如果事前通知,会影响到职务执行的成效并且影响到外交政策的实行和国家安全。法院表示同意国务院的主张,事前通知外国恐怖组织告知其将要被指名,并且附上指名的非机密原因及证据,即使该原因和证据并非机密,但是对于外国恐怖组织来说,这些原因和证据可能还是揭露了情报来源,所以法院也理解事前的通知可能会造成的影响,且法院也并非要求国务院不能保持机密信息的机密性,但是在本案的诉讼过程中,法院认定国务院并未善尽举证义务,国务院没有举证证明无法提供 PMOI 及 NCRI 事前通知的原因,所以法院仍认定国务院违反了 PMOI 及 NCRI 的正当法律程序。

正当法律程序的核心要求就是提供有意义的通知和答辩机会,基于上述理由,法院认为,在没有其他证据证明国务院有正当理由不提供事前通知的情况下,国务院在指名之前就必须要通知调查对象,让该调查对象知道可能即将被指名为外国恐怖组织,在不揭露机密信息的情况下,国务院必须要附上该调查对象即将被指名的原因,并且让该调查对象有机会可以提出反证的证明和答辩的机会。本案法院亦进一步表示,虽然没有理由去推断 PMOI 和 NCRI 有办法提出足够的反证,使国务院可以改变其指名的决定,但是在没有正当法律程序的保护下,法院不可以去反推 PMOI 和 NCRI 无法提供足够的反证。

虽然 PMOI 和 NCRI 的正当法律程序遭到违反,法院应将该指名予以撤回,但是法院表示外国恐怖组织的指名是国家安全和外交政策的领域,①所以本案法院不撤回指名,但是国务院应该要提供 PMOI 和 NCRI 答辩并且提交反证的机会,再由国务院重新审议该指名的决定。

2001 年,PMOI 和 NCRI 又第三度被国务院指名为外国恐怖组织,PMOI

---

① 本案判决决定时为 6 月 8 号。

和 NCRI 主张国务院使用非公开的机密信息,是违反其正当法律程序①,但法院予以拒绝,法院认为国务院只要认定 PMOI 和 NCRI 有符合法条对外国恐怖分子的定义:第一,该组织必须为外国组织;第二,该外国组织从事法条定义的恐怖活动;第三,该恐怖活动造成美国国家安全或美国人民安全的威胁,国务院就有权利指定其为外国恐怖组织。再加上,本案法院认定在第二次指名的判决中,该案法院已经指定了国务院应提供的正当法律程序,也就是在指名外国恐怖组织前提供通知给该组织,并且提供该组织有意义的答辩机会(包括适当的时机以及方式),而证据显示国务院已遵守法院指示,本案法院表示,第二次指名的法院已提供正当法律程序的指示,且国务院也已照做,所以 PMOI 和 NCRI 第三次被指名的决定并没有正当法律程序的疑义,国务院的第三次指名决定维持。

结 语

当外国人/组织在面对外国资产控制管理局的经济制裁指名时,除了依照法律规定请该局重新审议外,可以寻求司法体系的审查,但是要能赢得司法审查可能性的前提,必须是该外国人/组织可以建立和美国间的实质连结,方得以主张美国宪法的保护。美国宪法是一切法律的最高指导原则,美国境内的任何法律都不能与之相违背,如果有宪法的保护作为请求权基础,外国人/组织的胜算会高上许多,否则如果没有美国宪法的保护,最后结局就会像是 PMOI 第一次被指名的结局一样,没有宪法的主张保护,外国人/组织只能主张法条的权利,如果回归到法条的适用,只要政府的指名决定没有到《行政程序法》的武断、任意、滥用裁量权或是违反法律,政府的指名决定都会通过司法审查。

以 POMI 第二次被指名案例为例,在同样的事实背景下,第一次被指名时,由于和美国没有实质关联所以无法主张宪法保护,只要外国资产控制管理局的指名决定有合理基础,该指名决定就不会被法院废弃;但是当 PMOI 第二次被指名时,由于得以主张美国宪法的保护,第二次的指名决定就被法院认定违反其正当法律程序,法院指示外国资产控制管理局必须在符合正当法律的情形下,才能指名,比方说应给予在调查中尚未被指名的组织事前通知,PMOI 的指名案,充分地说明外国人/组织能不能主张宪法保护,最终结果有可能是天差地别。

受制裁方为美国人/组织时,至少还有美国宪法的保护可以与外国资产控制管理局对抗,当受制裁方为外国人/组织,而该外国人/组织又无法建立和美国有实质连结,则仅剩的就是法条上的权利,因为法院推翻政府指名决定的高门槛,

---

① People's Mojahedin Organization of Iran v. United States Department of State,327 F. 3d 1238 (2003).

所以当剩下的只有法条权利时,受制裁方几乎难以成功挑战政府的指名。

毕竟经济制裁作为取代武力威胁以外最有效的外交手段,要求美国政府不采取经济制裁无异于缘木求鱼,但也正是基于这样的立场,美国政府有义务要将经济制裁衍生的问题减低到最小,美国政府必须将外国资产控制管理局的指名程序和实质认定标准规定清楚,包括一切相关的救济程序,毕竟并不是所有受制裁的外国人/组织都可以主张美国宪法的保护,一套制度的适用,不应该在不同主体的适用保护程度上产生如此大的差别,尤其经济制裁给受制裁方带来的效果是深远且剧烈的,必须更加审慎为之。